了解作者的相关研究成果。至于有的作者希望出版修订后的作品，自然为我们所期盼。

“当代中国人文大系”是一套开放性的丛书，殷切期望新出现的或可获得版权的佳作加入。弘扬学术是一项崇高而艰辛的事业。中国人民大学出版社在学术出版园地上辛勤耕耘，收获颇丰，不仅得到读者的认可和褒扬，也得到作者的肯定和信任。我们将坚守自己的文化理念和出版使命，为中国的学术进展和文明传承继续做出贡献。

“当代中国人文大系”的策划和出版，得到了来自中国社会科学院、北京大学、清华大学、中国人民大学、北京师范大学、复旦大学、南京大学、南开大学等学术机构的学人的热情支持和帮助，谨此致谢！我们同样热切期待得到广大读者的支持与厚爱！

中国人民大学出版社

目　录

中编　庄子哲学

后编　庄学演变

序　一

张岱年

《庄子》书中包含非常深邃的思想，发人深省；而其表现形式又绚烂多彩、奇特超拔。因而其在中国哲学史和文化史上发生了深远的影响，这是理所当然的。但是关于《庄子》的问题很多，庄子哲学观点是唯心论还是唯物论？如系唯心论，是客观唯心论还是主观唯心论？《庄子》书分内、外、杂篇，旧说内篇在先，近人或谓应打破内外的界限，或谓外篇早于内篇。究应如何处理，都是必须解决的重要问题。

刘笑敢同志在北京大学哲学系于1982年起攻读博士学位，对于《庄子》进行了系统的钻研。他首先考察了内外杂篇的先后问题，提示出内篇之中只有道、德、命、精、神等概念，而没有道德、性命、精神等复合词；外杂篇中道德、性命、精神等复合词便屡见不鲜了。参照《左传》、《论语》、《老子》、《孟子》以及《荀子》、《韩非子》、《吕氏春秋》等书中用词情况，足证复合词的出现确实较晚，于是《庄子》书中内外杂篇的先后早晚便得到无可争辩的证明。其次，又对庄子哲学的基本范畴、庄子的学说体系及其理论贡献，作了比较深入的考察分析，亦多自得之见。这可以说是关于庄子研究的值得注意的新成果。当然也还有一些问题没有完全解决。学无止境，还有待于今后的努力。

刘笑敢同志的这本论著，虽然是在我的指导之下写成的，但书中发前人所未发的新见解都是他自己提出来的。我为中国有自己培养的哲学博士而高兴。

1985年9月，序于北京大学

序　二

李泽厚

这是一篇成功的博士论文，是一本好书。其好有二，一曰全面，二曰新颖。本书上编讲考据，中编谈思想，下编论演变，接触到庄子研究的全部重要问题，涉及、评点了各家议论，是新中国成立后少见的全面论述庄子的学术著作。不过全面倒并非此书主要特点，更为重要的是，此书各部分都饶有新意。

作者在前编中，从汉语词汇的使用特征来考证庄子内篇与外杂篇的同异，用全面统计的方法来准确计算词语和内容的出现情况，这显然引入了现代科学观念和方法，远比过去那种引几条材料就下断语就定案作结的考据传统常规，要高明得多。看来，考据领域内也不是不可以改革和现代化的。特别是对今天那些自以为拿出几条材料就能吓唬人打垮人的人来说，刘著的考证应该使他们清醒一下才好。

作者在中编中细致地剖析了《庄子》一书中的“道”、“命”等基本概念的多层含义，揭示了庄子哲学是“安命”而非宿命，是怀疑论而非不可知论，揭示了精神自由与迁就现实的尖锐矛盾，等等。其论点虽多与时贤有异，我却愿引为同调，因为我以为他这些论点、论证是有道理有分析有说服力的。他所说“庄子哲学中既有至高无上的道，又有通于天下的气；既讲安然顺命，又讲绝对自由；既有怀疑主义，又有理想主义；既有辩证法，又有诡辩论；既有与人不争、安时处顺的一面，又有傲视权贵，放达不羁的一面；既有对现实的深刻观察和批判，又有对现实的冷漠超脱；这些不同侧面在庄子哲学中都是有机地联系在一起的”。我以为，这基本上抓住了庄子的矛盾特点。

作者在后编中将《庄子》外杂篇按思想脉络分为三派，也持之有故，言之成理。它把向来混沌一团纠缠不清的问题作了明晰的表述和区分，对进一步探究，指出了一个很好的方向。

总而言之，尽管有些看法与自己不尽相同，尽管哲学的深度发掘似乎还不够，但我认为，刘著是本有见解有功力的书。比起来，我自己那两篇讲庄子的文章就显得单薄多了。“后生可畏，焉知来者之不如今也”，这大概是确定不移的事实了。近年来我看到与本书作者年龄大体相同的和比作者年纪更小的一批又一批年轻学人的出现。他们的确前程无量，在不久的将来，各个学术领域都必将是他们的天下。我惭愧，但更欣喜。“后之视今，亦犹今之视昔”，结论不应是“悲乎”，而该是“不亦乐乎”。

是为序。

1986 年夏

序　三

陈鼓应

（一）

世人常以老庄并称，事实上庄子哲学确实是从老子哲学发展而来的。但若论到哲学论题的深度、广度及其繁复性，庄子则大大超过了老子。老庄之间虽有密切关系，但彼此之间也有很大不同。

首先，老子很重视治世之道，《老子》五千言基本上讲的是“治道”，庄子却反对任何形式的统治，是个“无治主义”者，这一点在《应帝王》中表现得很明显。

其次，老子入世的方式和儒家有很大不同。儒家强调用道德的力量来维系人与人之间的关系，特别是上下尊卑的关系，以稳定政治局面，而老子认为这种由上而下的道德力和政治力对于人民恰好是一种束缚力，因此他希望人们能收敛自己侵占的冲动，特别是要求当权阶级消解他们的权力意欲，让人民发挥更多的自主性、自由性。庄子处于人间世则表现为一种与现实保持一定距离的艺术性的游世态度。

庄子的生活环境比老子的境遇更为惨烈，特别是他对知识分子的危疑处境有着更为痛切的感受。庄子所处的社会环境很像存在主义者在经历世界大战的普遍灾难之后所描绘的人类“极端情境”(extreme situation)。在战祸连绵的战国时代，危机感是普遍存在的，像庄子这样的知识分子对这种“极端”情况有更为深切而敏锐的感受，这是形成他避世态度的根本原因。由于庄子处于这危机四伏的环境中，因而如何避免“中于机辟，死于网罟”就成为他所忧虑的一个核心问题。

面对不幸的现实，虽然庄子追求着“逍遥游”的境界，然而他的逍遥游却是寄沉痛于悠闲的——表面看来是悠然自适，但内心中却充满着处世的忧患感。《天下》篇说“天下之治方术者多矣”，说明当时的知识分子在普遍关心如何拯救乱世的心情中提出了许多不同的方案。《庄子》书上提出的“内圣外王”便成为当时知识分子共同的理想和抱负。庄子“著书十余万言”，说明他对社会人生仍有着深切的关怀，并不完全是避世，更不是出世。庄子关心着知识分子在乱世的人际关系中、特别是在权力阶层中的地位和命运。《人间世》就突出表现了知识分子与权势人物难以分解的矛盾和微妙复杂的关系。庄子对社会现实的深刻批判，也表达了他对社群的关切。因此，我们完全有理由说，庄子的生活态度并不是出世的，而是介于避世与入世（“游世”）之间的。

庄子作为士阶层中的隐士一系，与儒家“学而优则仕”之文士有明显不同。儒家之文士多不免于卷入功、名、利、禄的网络中，而庄子的游世态度则要在权力结构的笼罩下保持其人格的独立，避免沦为工具价值或市场价值，要从功、名、利、禄的网络中提升一级，保持其无欲则刚的心灵和清醒的头脑。庄子更从宇宙的规模来把握人的存在，使人的精神从现实中升华，以艺术的心灵、审美的目光来观照事物。所以，这种游世的态度，并不能说完全是消极的。

庄子思想的内容，是异常丰富的。庄子所提出或使用过的概念与范畴，在形而上学、认识论、方法论、人生哲学（尤其是他所提出的境界哲学）等方面，都有重要的影响。庄子哲学中概念范畴之丰富是先秦诸子难以相比的，中国哲学史上的主要论题和基本概念多是引发于庄子的。至于庄子在文学艺术上的贡献，更是难以估量。他的独特的思想风格，影响着两千年来的许多大文学家、大艺术家，而成为中国古代文化中浪漫主义的重要泉源。

《庄子》一书，给人的重大收获之一，是破除自我中心，使人从故步自封、自我局限的狭隘心境中透脱出来。例如《秋水》篇中批评“以天下之美为尽在己”的河伯型心态，就是反对褊狭的自我满足和自我中心意识。《齐物论》篇批评人们“终身役役”而不知其所归，就是指出人们在庸庸碌碌之中迷失了自我。这都是要人们从更高的层次上认识外界事物和个人价值。《庄子》一书确实能扩展人们的思想视野，开阔人们的心灵空间，使人们的思想认识和精神内涵达到一个新的境界。

(二)

先秦文化中对后代影响最大的是儒家和道家。儒道两家的思想有重大不同，但若从异中求同的观点来看，儒道两家对社会人生的观点，都属于士阶层的世界观与人生观，不同于墨家站在“农与工肆之人”的立场上反映问题，他们没有墨家那种着眼于社会下层、维护“万民之利”的态度。先秦大家，除儒、道、墨以外还有法家，相对于商、韩来说，儒墨两家的最大缺点是流于人治（虽然这两家的阶级立场根本不同），疏于法治。从整个社会力量的动员及生产力的发展方面来看，法家恰好可以救治儒家拱手谈仁义之弊。孔子在《乡党》篇中所极力维护的贵族的特权生活正是法家的主要攻击对象。此外，法家具有尼采所推崇的那种浓厚悲剧精神，这种悲剧精神是其他各家所欠缺的。因此，就先秦诸子来说，应该重视儒、道、墨、法之互补。

若从同中之异来看，儒家与道家之间的对抗性尤大于儒家与墨家之间的对抗性。孔孟极力维护封建宗法和礼制文化的统治，老庄则持反对立场。儒家的忠君思想、等级观念、权威意识、保守倾向及其对农工与妇女的鄙视都是与道家精神相对立的。治人与治于人的观念使孔子成为历代专制政体的保护神。至于儒家的等级伦常之发展为后代的礼教文化决不是偶然的。现在有所谓新儒家，为儒家使用一些现代概念的包装，但其基本精神与现代政治是背道而驰的。现代政治生活中，要求民主、自由、平等及普遍参与等，而儒家，从孔孟开始就是与此相反的。

儒家的文化道统与政统相结合强化了中国的封建专制统治，如果没有老庄对儒家的抨击，那么孔孟之礼网对人民思想之束缚、对人性之桎梏必然会使中国的文化传统更加干涸闭塞，而庄子哲学对此却有莫大的通解作用。虽然庄子没有普遍参与的观念，可是他强调万物之平等，强调万物各有其内涵，强调个性解放、言论自由，这对于儒家的桎梏人心的道德教条是一个有力的抗衡。儒家强调“攻乎异端”，反对言论开放，强调“天无二日”，这与庄子“十日并出”的主张，提倡自由与包容的精神，适成对照。

1919 年以后，马克思主义在中国逐渐广泛传播并产生了巨大影响。我以为，在人文主义、人道主义、思想解放、个性解放、反对压迫等方面，庄子与马克思主义是有相通之处的。只有思想解放者的马克思主义、人道主义者的马克思主义加上庄子的开放的心灵才可以救治儒家封建性的思想弊端。

（三）

以上仅是我个人的一些概括性意见。从20世纪60年代起，我因为特殊的境遇逐渐对庄子哲学产生了浓厚的兴趣，先后出版过几部有关庄子哲学的书。刘笑敢和我是在不同的社会环境中研究庄子的，但我们的看法即有许多相通之处。比如他指出庄子是平民知识分子的代表，认为对庄子哲学不能一味贬低批判，强调庄子哲学不属于主观唯心主义，这些观点与国内许多学者的见解迥然不同，我却认为是比较正确的。因此，我为能参加他的博士论文答辩而感到荣幸，同时也很愿意在他的论文交付出版之际写一些个人的看法。

刘笑敢的著作中有许多创造性的方法和见解，他充分吸收了前人的研究成果，又能力排众议，在许多问题上提出自己的创见。比如，从范畴、学说、总体三个方面逐步深入剖析庄子的思想体系，在进行总体研究时，又能从内在矛盾、合理因素、基本属性、主要特色、社会意义诸方面逐层展开论证，这样多方面、多层次地解剖哲学体系的方法是独具匠心的，在一般哲学史著作中是不多见的。

这本书的理论分析也常有精辟入微之处，比如把"道"分为自然观中的最高实在和认识论中的无差别境界，把"德"分为淳朴的本然之性和最高的修养境界，指出庄子的安命论一方面把道家的无为论推到了极端，另一方面又清除了儒家命定论中的神意，指出庄子的天人合一思想与儒家的天人合一的联系与区别，指出庄子的直觉主义与老子、孟子的直觉主义之异同，这些精微的论述使人感到耳目清新。此外，作者还澄清了许多流行的误解，比如把"有待""无待"当作庄子哲学的基本范畴、把庄子哲学与阿Q精神相提并论、把怀疑主义与不可知主义相混淆等，这对于学术研究的发展也是很有厘清作用的。

这本书的一大优点是把理论研究建立在扎实的考据学的基础之上。作者从汉语词汇发展的客观历史论证《庄子》内篇早于外杂篇，从先秦汉初古籍引用《庄子》书的情况论证外杂篇基本上完成于先秦，用穷举对比和统计分析的方法论证外杂篇的分类及各类文章与内篇的关系，这些论证有着无可辩驳的说服力。这些考证不仅为哲学史、思想史研究提供了坚实的基础，而且纠正了古史辨派的方法和结论，是自古史辨派以来考据学的一大重要成就，是作者的重要贡献。

总之，本书多有创见，是多年来庄子研究的集大成之作，在庄子研究的历史上取得了突破性、阶段性的成就。我希望作者将来能进一步从文学、艺术和美学的角度，更深入地研究庄子思想，那将取得更为丰富的成果。

1986 年秋

前　言

（一）

庄子是一个襟怀宏博、理论深微的大哲学家，又是一个独树一帜、奔放不羁的大思想家，也是一个才华横溢、睿智超群的大文学家。

庄子生活在风云多变、战乱不断的战国中期。他社会地位低下，至多当过管理漆树园的小吏。这一职位使他既有机会了解社会上层的黑暗，又有机会与下层劳动者融合相处，他的深厚的文化素养大概也是在这一时期打下的基础。他晚年可能生活更为窘迫，有时得靠打草鞋为生，有时还得去告贷。他对国君富贾无比鄙视，常有辛辣的讽刺和笑骂，对各种劳动者和贫困的残疾者却常常流露出同情和赞颂之意。这说明庄子是一个平民知识分子的代表，他对社会现实的厌恶之情正是小生产者对统治阶级的绝望与痛恨之心，他对社会现实的逃避正是小生产者无力与现实抗争的反映。把庄子宣判为没落统治阶级的代表，恐怕是没有什么道理的。

孔子创建的儒家学派发扬光大于孟子，老聃始创的道家学派则得力于庄子。庄子是道家巨擘，没有庄子，道家便难以成为一个能与儒家相抗衡并共存的思想流派。庄子不仅创立了一个独特而玄深的哲学体系，而且影响了一批后学弟子。庄子的后学弟子不仅阐发了庄子本人的本根论、宇宙论、本体论、怀疑论、齐物论，而且创立了道家的性超善恶的人性论，提出了以人的自然本性为核心的价值观和道德观，发展了君无为而臣有为的治世之道，庄子及其后学的色彩斑斓的理论大大丰富了中国古代的文化宝藏。

庄子的理论学说中，有不少错误的结论，有明显的消极倾向，因此长期以来，庄子哲学基本上是被全盘否定的。但是应该看到，庄子的错误结论常常来源于深邃的思考，因此荒谬中常见智慧的闪光，能给人以有益的启迪。庄子的消极态度，实源于对社会现实的独特洞见，因此消极中深蕴着无言的愤懑，常激起有识之士的深思。事实上，庄子哲学对中国古代思想发展的激发作用和启示作用常常超过了它的消极影响，而后人的消极态度也不能完全归咎于庄子。总之，我们应该充分肯定庄子在中国文化史上的重要地位。

（二）

庄子哲学首先来源于老子。庄子关于道生天、地的论述，实本于老子所谓“道生一，一生二，二生三”的说法。庄子关于避世而不争、顺物自然而无私的主张，也出于老子的“夫唯不争故无尤”，“辅万物之自然而不敢为”的理论。庄子关于逍遥无为的思想，也是老子无为论的延续和发展。所不同的是庄子把无为论推到了极端，改造成了无心于一切，而不再幻想通过无为的手段达到无不为的目的。庄子与老子的历史联系是人所共知的，这里不必多说。

庄子与同时代的惠施似乎关系更为密切。惠施“逐万物而不反”，好像与庄子主张物我俱忘全然不同，但实际上庄子对自然、社会、人生的观察，也是相当深入的。这一方面他并不比惠施逊色。所以他才能与惠施旗鼓相当地进行辩论。不过庄子并不停留于对具体事物的探讨，而是能从更高的层次上，对世界作出更为一贯的哲学概括，所以他又能在气势上略高于惠子一筹。惠施讲“万物毕同毕异，此之谓大同异”，这对庄子似有直接影响。只是惠子虽重万物之毕同，却不否定毕异，而庄子则一味从万物毕同的角度作论证，强调“自其同者视之，万物皆一也”。惠施又讲“泛爱万物，天地一体也”。这种万物一体的理论，则成了庄子实际追求的最高理想境界。王夫之说庄子“或因惠施而有内七篇之作”，虽无确证，却也看到了庄子与惠子在思想上相互激发影响的事实。

首倡超是非、齐万物的似乎是彭蒙、田骈、慎到一派。《庄子·天下》篇说他们“齐万物以为首”，即以齐物论为首要理论。他们齐物的根据是“万物皆有所可，有所不可”，这在庄子思想中也有所反映。但庄子对齐物论的论证更为详尽充分，似乎是发展了彭蒙等人的理论。此外，彭蒙之师曾曰：“古之道人，至于莫之是莫之非而已矣。”这说明超是非的观点由来已久。慎到明确认识到“舍是与非，苟可以免”，即把超是非作为避祸全生的秘诀。慎到还进一步主张“弃知去己而缘不得已”，“至于若无知之物而已”，这是主张摒弃思虑而随顺世俗。庄子无心而安命的主张或即本于此。但庄子不仅止于无心而顺物，更要在对外无心无情的基础上，追求精神的逍遥，追求更高的精神享受，这是庄子哲学的特色和长处。如果没有逍遥游，那么无心而顺物就是纯消极的随波逐流了，那决不是庄子哲学的真义。庄门弟子深知慎到之学与庄子的不同，所以他们嘲笑慎到之学“非生人之行，而至死人之理”，即把活生生的人混同于无知之物，这是庄子学派所鄙夷的。

庄子虽然批判了儒家，但他在思想上与儒家传统也仍有丝丝缕缕的联系，最突出的就是命的观念。庄子虽然不相信意志之天，不相信天命，但他还是把自己所感受到的无可奈何的必然趋势归之于命，这是他未能彻底摆脱儒家影响的反映。此外他所追求的人与天一的境界与儒家的“天人合一”的理想也有相通之处。只是儒家强调天人本来即是和谐一致的，而庄子则是在提示天人对立的基础上追求天人合一的体验。

庄子哲学还受到了当时的一些自然科学知识的影响。他相信宇宙无穷的观念，他的宇宙无穷的理论，孕育了后来天文学中的宣夜说。他的宏大的哲学胸怀有着一定的自然科学知识的基础。他用阴阳之气的失调或凌乱，来解释人的生理变化，也显然是采纳和改造了传统的医学理论。他用气之聚散来解释生命的发生与消亡也正确地把生命现象放到了物质世界的演化过程之中，打破了关于生命现象的迷信。

此外，庄子的心斋、坐忘、外物等修养方法与气功类锻炼方法也有明显关系，庄子很可能是借用当时的气功式健身术的修炼方法来发展自己的逍遥游理论的，他的逍遥游的境界很可能与气功“入静”以后的自我体验有相通之处。这也就是说，庄子的逍遥游不仅能使人忘却现实中的烦恼，得到精神上的享受，而且可能对人的身心健康有实际益处，这或许是有许多弟子相信他追随他的重要原因之一。古代学术文化尚在雏形之中，各种学科尚无明确分工，科学与迷信、哲学与宗教常交融在一起，在这种情况下，修身与养心合而为一也是不难理解的。

总之，庄子哲学虽然独树一帜，与众不同，却并不是个人突兀的臆造，而是思想文化发展孕育的产儿。当然，这也离不开庄子本人的创造性思维。

（三）

前人关于庄子的著述甚丰，本书试图在前人研究的基础上做一些尝试。在史料考证上，力求寻找客观性比较强的方法和证据。在解剖哲学体系时，尝试由范畴（点）到学说（面）再到通论（体），逐层深入，逐步达到全面和完整。同时试图确定哲学范畴与一般词语的区别，明确某些哲学概念的不同含义，描摹一个哲学体系的理论结构，同时也试图从中心问题、内在矛盾、合理因素、主要特色等方面来全面把握一个哲学体系的基本内容。在研究庄子后学的作品时，试图从庄学思潮发展变化的角度勾勒出庄子哲学演变的脉络。这些设想并不成熟，加之本书稿在仓促完成之后一直无暇认真修改润色，许多师友的建议和意见未及采纳，所以缺点问题一定不少，欢迎各位师友同好批评指正。

本书在写作过程中，参阅了许多学者的论著，凡是引用或利用了前人观点之处都尽可能予以注明，如有疏漏也恳盼各界赐示。

本书原是作者的博士论文，论文的写作过程始终得到了张岱年先生的指导和教诲，北京大学哲学系中国哲学史教研室的其他各位老师、同事也对我多有指导和帮助，这都是我所衷心感激的。

李泽厚同志和黄德志、王生平同志一直关心和督促着本书的写作与出版，陈鼓应先生为我从海外带来许多宝贵的参考书，国内二十多位专家学者审阅了本书的初稿，有的还提供了详尽的修改建议，所有这些同志的鼓励和帮助都是我终生难忘的。

在本书的写作过程中，中国社会科学出版社、中华书局、中国大百科全书出版社以及其他许多单位的同事朋友和领导也都在多方面给予了关心和帮助，这也是我要深致谢意的。

多年来，我的亲人们也都为我的学习与研究承受了许多负担，付出了辛苦的劳动，这是使我深感愧疚的。

在本书交付出版之际，我还特别怀念我的小学老师和中学老师，他们可能已经记不得我，我却越来越怀念他们。当然，我也常常想到我的大学老师。最后，向在我生命旅途的不同阶段中信任过关心过我的各位师友致意。

刘笑敢

1986年4月于北京安外

修订版引论
关于考据方法的问题

本书最初作为“中国社会科学博士论文文库”的第一册由中国社会科学出版社出版于 1988 年。二十多年后，首先想到的是要感谢李泽厚先生。1983 年笔者的文章《〈庄子〉内篇早于外杂篇之新证》在《文史》辑刊第十八辑发表，李泽厚看到了，就对中国社会科学出版社的编辑黄德志女士说：“有一个年轻人，我认为他是年轻人，写了一篇关于庄子的文章，很好。你们应该找他写一本书，十几万字，我写序，你们出。”当黄德志知道我正在写博士论文后，就建议我将博士论文交给他们出，由此又引出了后来的博士论文文库。这里特别令人感念的是，当时李泽厚先生全然不知道我是谁。

其后，密歇根大学的 Donald Munro（孟旦）教授向密歇根大学中国研究中心提出翻译本书的第一部分作为专书出版①；成中英教授安排将此书的第三部分翻译成英文分两期发表在 *Chinese Studies in Philosophy*②；郑仁在教授建议崔珍皙博士将本书翻译成韩文出版。这些都是应该特别感谢的。此书 1993 年重印一次，后来脱销已久。曾经计划出版台湾版，并写好了序言（见本版附录五），但有始无终。中国社会科学出版社的冯斌先生几次表示要再版此书，但由于新的任务不断逼上来，迟迟未能付诸实行，一拖就是十年。这次若不是甘琦女士具体推动，再版之事恐怕仍难提上日程。需要特别提到的是，香港中文大学哲学系博士研究生林光华女士重新校阅了本书，并帮忙编制了书目和索引。应该感谢的人还很多，真意在心，

---

① Liu Xiaogan, *Classifying the Zhuangzi Chapters*, Ann Arbor, MI: Centre for Chinese Studies, The University of Michigan, 1994 (hardcover), 2004 (paperback).

② Liu Xiaogan, “The Evolution of Three Schools of Later-Day Zhuang Zi Philosophy (I),” In *Chinese Studies in Philosophy*, winter, vol. 23, no. 2, 1991—1992, pp. 1-88. “The Evolution of Three Schools of Later-Day Zhuang Zi Philosophy (II),” In *Chinese Studies in Philosophy*, fall, vol. 24, no. 1, 1992, pp. 3-54.

不一一具名。

近十年来，笔者的工作主要集中于中国哲学之诠释理论和研究方法方面，这方面的工作已经收入《诠释与定向——中国哲学研究方法之探究》一书①，关于庄子思想之新的研究已经收入本书的本版附录二、三、四中，关于笔者对本书的比较全面的回顾、分析和讨论，已经收入本版附录五中。所以，本导论不以思想理论内容为主。可以简单提到的是，我发现自己近年来所提出的关于中国哲学研究方法的一些概念和理论都在本书中初露端倪。比如与“反向格义”有关的是本书已经提出西方之“主观唯心主义”和“不可知主义”等概念不适用于中国思想家，主张在哲学基本问题之外讨论思想家之主要特色。与“两种定向”和“顺向拟构”的思想相关的内容已经体现于本书中编对“庄子哲学”所作的概念、理论以及整体的分析和把握。但笔者最新的研究成果已经将隐含的思想比较充分地展开了，所以相关内容在此引论中完全从略。本书的文献考证部分颇受学术界注意，但我从未做进一步申论或回答朋友们的问题，所以本引论以考据问题为中心。

一

关于本书的考证部分，特别是关于《庄子》内篇早于外杂篇的部分，当时得到了学术界的好评，未曾有任何悬念和质疑。然而，近一二十年来渐渐看到和听到了一些不同的意见或质疑。发生这种情况的根本原因是年代不同了。在我做博士论文的时候，学术圈比较小，老学者、老权威比较多，共识也比较多。我的考证是以当时学术界的共识为背景和出发点的。一个最基本的共识就是《庄子》书中有庄子的作品和后学的作品。争论最大的问题是《庄子》书中内篇和外杂篇的区分有无意义，内篇和外杂篇孰早孰晚。大家相信，早出的应该是庄子的作品，晚出的应该是后学的作品。在这个大背景下，我发现内篇只有“道”、“德”、“命”、“精”、“神”，没有“道德”、“性命”、“精神”这三个复合词，加上在当时公认的战国中期以前的几部作品中（《左传》、《论语》、《墨子》、《老子》、《孟子》）

① 刘笑敢：《诠释与定向——中国哲学研究方法之探究》，北京，商务印书馆，2009。

都没有这三个复合词，大家就都认为内篇早于外杂篇已得到有力的证明。

时过境迁，这个共识和大背景消失了，疑问就出来了。有老朋友发电邮提出疑问：内篇与外杂篇思想不同，就可以证明外杂篇不是庄子写的吗？一个人的思想可以很丰富，可以前后很不同的呀。有的美国同行从完全相反的角度说，《庄子》书不过是很多编在一起的文章而已，不一定与庄子有任何关系。也有的朋友根本不理会《庄子》内、外、杂的传统区分以及各篇之间的不同，认为《庄子》全书有一个“系统的、前后一贯”的思想体系。这些观点或做法相互冲突，都是无法证实也无从讨论的，笔者不想公开回应。其原因在于提问题的人没有系统论证他们的观点，也没有对笔者或传统的观点提出有力的反驳，只是提出一种纯粹逻辑上的可能性或表达一种建基于对不同观点怀疑之上的自信，因此很难展开讨论。

二

对本书考证部分质疑最认真的是李锐的长文。[①] 李锐好学深思，而他的误解之处是其他青年学者也会有的，所以值得重视和讨论。我曾见到有年轻学者试图“模仿”我的考证方法考证魏晋时期的文献，虽然质疑和模仿是完全不同的立场和做法，但二者对我的做法的基本原则和必要条件的误解却具有共性。因此认真地公开地讨论相关疑问对学术发展不仅是必要的，而且是有益的。

根据李文的提要，其主要的观点是认定唐钺与笔者认为“在《庄子》内篇中出现的一些单字概念，在《庄子》外杂篇中组合成为了词，如性、命合成为‘性命’，总共举出了‘性命’、‘情性’、‘道德’、‘精神’四个证据，据之认定《庄子》内篇早出。此方法被许多学者赞赏，并为许多学者仿效。但是根据新出土郭店楚墓竹简《唐虞之道》篇出现的‘性命’以及相关传世文献，可以发现上述四个证据并不足以证明《庄子》内篇早出，而唐、刘二先生的研究方法本身，也可能存在一些问题”。

这里，我的回答要点有三。第一，我的证据、推论和思路与唐

---

① 参见李锐：《郭店简〈唐虞之道〉中出现的“性命”与〈庄子〉内篇早出的问题》。该文曾在台湾学术会议上宣读。笔者感谢作者惠赐大作。

钺等人不同。第二，我从来没有单纯地将复合词的使用当作可以用于许多考证的普遍方法。第三，我当年考证的结论并不因简帛文献的出土而受影响，有的结论得到了简帛发现的支持。

三

我在《〈庄子〉内篇早于外杂篇之新证》一文发表之后才看到唐钺的文章，当时就觉得其文和我的论证没有什么关系。唐的文章只是一篇札记，提出一些看法，并无严格的论证。唐文提到《庄子》内篇没有“情性”二字连用，而外杂篇《庚桑楚》和《盗跖》用了“情性”二字，因此断言“此二章非庄周之作，乃后人之言”。（张岱年先生亲口告诉我，唐先生写此文时已经九十岁。那时也没有计算机，仅凭手查脑记写文章已经难能可贵了。）

我当然会注意到外杂篇有“性情”一例，“情欲”一例，“情性”二例，但是在我的考证中不提此事，是因为有一两例复合词的使用并不足以证明一篇文章的年代先后，更不足以作为整个外杂篇年代先后判断的根据，正如一两扇门窗不足以说明一个大型建筑或建筑群的年代和风格一样。不过，唐钺先生这样讲，我也没有必要批评，留给读者自行判断。唐钺之说不可靠的关键原因不在于战国中期是否有“情性”一词，而在于他用以立论的语言现象的实例太少，不足以说明问题。在进行比较的两组语言材料库中，仅有三两个语言实例是不足以说明重要问题的。这里的关键之一是数量，那么，数量多少才有考据的价值呢？当然是越多越好。但多少为够？却无人能提出个确定的标准。一两例显然太少，那么，二三例呢？三四例呢？够不够呢？没有人能够回答。但是我发现《庄子》外杂篇中“道德”出现 16 次，“性命” 12 次，“精神” 8 次，共计 36 次。然而“内篇”一例都没有，0 比 36，二者差别应该很难归之于偶然。同时，36 例复合词分布于 13 篇中，其中外篇 9 篇，杂篇 4 篇，分布相对均匀，也很难归之于个别作者的写作习惯。这里“0 比 36”与唐钺的“0 比 2”显然不可同日而语。这首先说明“内篇”与外杂篇之不同是有客观性的，不像是随意安排或巧合的结果。根据这一发现，我认为王叔岷等人认定“内、外、杂之区分，盖由私意所定”是没有可靠证据的。

四

“巧合”的是，当时大家公认的战国中期以前的著作，如《左传》、《论语》、《墨子》、《老子》、《孟子》都没有“道德”、“性命”、“精神”这三个复合词，而在战国后期的《荀子》、《韩非子》、《吕氏春秋》三部书中，这三个词用得就比较多了。这说明有无“道德”、“性命”、“精神”三个词的使用有年代先后的意义。这里的关键在于《庄子》书内两部分之间的“0 比 36”，而不在于战国中期是否绝对没有这三个词出现。即使当时我发现在《左传》或《墨子》中有三两例“道德”“性命”或“精神”，也不会认为“0 比 36”的结果就无效。战国中期开始出现一些散见于不同典籍中的“道德”、“性命”或“精神”这样的复合词，到了战国末期这样的复合词使用渐渐广泛，在同一部书中也反复出现，这是词汇演变的一般情况。而《庄子》内篇还没有出现这样的复合词，外杂篇开始反复使用这些复合词了。这里《庄子》书内部词汇使用情况的变化，与同时代词汇使用的变化趋势恰相吻合，大时代词汇变化的趋势“恰好”可以为《庄子》书内部词汇使用情况的不同提供一个很好的解释。而战国中期有个别的分散的若干几例“道德”、“性命”或“精神”，正是语言发展变迁过程中正常现象的反映，并未对我的考证和推断构成根本影响。这正如唐钺的两例“情性”不足以证明外杂篇晚出一样，假使《左传》中出现一两个“道德”也不足以证明《庄子》中有“道德”一词的外杂篇有可能出现于《左传》时期，这中间值得考虑的因素很多，如庄子可能的生卒年代以及《庄子》书形成的可能年代等，不能孤立地靠若干复合词的出现作结论。

五

我的发现和结论在当时得到许多肯定和鼓励。朱伯崑老师当时对我说，你这个做法很好，应该用这个方法接着研究《管子》和《易传》。李泽厚也说过，这样做很好，接着写下去。但是，我当时心里明白，语言材料之间的客观性比较是有价值的，但是不同文本所体现的客观的语言现象和语言特征可能很不同，并非所有的考据课题都能用同一类语言特征（如复合词的使用）作为有说服力的客观的年代或作者考证的依据，也不是所有的考证课题最终都能找到一定数量的适当的客观的语言资料来做参照和分析。像《庄子》书中内篇与外杂篇之复合词的使用上有 0 比 36 这样明显不同的个案会极少，很难在别的文献中找到，因此不能简单地将这种做法当作普适规律用于其他文献的考证。

我在考证《老子》年代时，也面临《庄子》考证时类似的情况，即大家根据同样的传世文献（如《老子》、《庄子》、《史记》、《吕氏春秋》等）却得出不同的结论，众说纷纭，莫衷一是。要想在考据方面有新的进展，不能只靠对传统文献的解说和推论，而应该寻找新的有一定数量的客观性的材料，最有可能发现的就是语言特征方面的可以比较的对推断年代问题有参考价值的资料。考察复合词之使用的做法在《老子》年代的考证中不适用。经过反复思考，笔者尝试将《老子》中四句以上（分散在 51 章中）的韵文段落与《诗经》和《楚辞》相比较，考察其句式、修辞（章内回环、章际回环、顶真、倒字换韵）、韵式（句句韵、叠句与叠韵、交韵、偶句韵、富韵）以及合韵等方面的特点，再将各个比较项在《老子》、《诗经》与《楚辞》中分别出现的情况进行全面对照，发现结果是令人惊讶的一致：所有项目的对比结果都是《老子》与《诗经》基本一致或相当一致，而《老子》与《楚辞》则相当不同。① 这是说明《老子》成书于战国中期以前的比较客观的考察。这一考证方法与笔者的《庄子》考证方法似乎完全不同，因为没有用到复合词的比较。不过，这一方法与前者还有相当的一致性，即努力寻找一定数量的比较客观的语言资料，从中发现对年代考证有启示意义的内容。李泽厚认为这一考证不如笔者的《庄子》考证精彩，不过，这已经是笔者尽了最大努力所能找到的最多而最客观的语言资料。至于说服力强不强，还会有见仁见智之不同，这也是正常的，只能留待读者和时间来检验。

总之，我从来没有想过或说过仅仅依靠有没有若干复合词就可

---

① 参见刘笑敢：《老子——年代新考与思想新诠》第一章，台北，东大图书公司，1997（2005 年修订）；又见刘笑敢：《出土简帛对文献考据学的启示——以〈老子〉考证为例的探讨》，见《中国哲学与文化》第六辑，25～43 页，桂林，广西师范大学出版社，2009。

以判断一部文献的年代。我从来没有提出这是一种有普遍性的考据方法。我重视的是具有客观性的语言材料的搜集与分析，从中发现语言材料与年代之间可能的关联。在这方面进行尝试的人很多，但如何进行并不简单，结果如何并无保障。比如，已故的威斯康星大学的周策纵教授曾指导学生用计算机分析《红楼梦》前八十回与后四十回的用语特点，并进行两部分的比较，结论是《红楼梦》全书语言特征基本一致，应该是由一人完成的。但据悉在国内也有人用计算机分析《红楼梦》前八十回与后四十回用语特点，得出的结论却相反。可见，用一个似乎可靠的方法也未必能得出可靠的结论。其中的曲折与复杂会因考证对象之不同、操作人员的知识和眼光的不同而各有长短，不能指望有一种可靠的方法可以用于所有的文献考证。至于一些朋友借助复合词的使用推断一些文献的年代，可能有些比较细密，有些比较简单，有的分析可靠性会高一些，有的可靠性差一些，不能一概论断其得失短长。但是，仅仅依据复合词的使用情况来推断作品的年代显然是不够的。

六

语言现象是复杂的，语言现象的演变可能会有一个较长或很长的连续和渐进的过程。“道德”、“性命”或“精神”这样一些词汇的使用必然有一个从局部开始扩散，从无到有，从少到多，从多到普遍和广泛使用的逐渐演变发展的过程。但在20世纪70年代末和80年代初，大家公认的战国中期以前的几部书中完全没有“道德”、“性命”、“精神”三个复合词，真是一种巧合，巧得我当时都感到奇怪，有点不安心，“怎么会这么巧?”新出土的竹简《唐虞之道》中有一例“性命”，正好打破了这种出奇的巧合，但这并不能说明《庄子》书中的“0比36”没有意义，不能说明有“性命”一词的外杂篇有可能出于战国中期。一些词汇在一个大时代的很多经典中零星的分散的使用和在一部书中比较集中而反复使用之意义是不同的。在我的考证中，战国中期“道德”、“性命”、“精神”等词的使用是解释《庄子》书中内篇和外杂篇两部分之间“0比36”之关系和意义的背景和参照系，并不是考证的唯一的根据和关键性前提。在这里“完全没有”和“零星散见”之间的不同对《庄子》书内部的“0比

36”的解释没有重大的本质的差别。比如，万里无云是晴天，有若干云朵，也仍然是大晴天。有一些云彩不等于是有雨。战国中期的一些典籍中有一些零散使用的复合词是一点也不值得奇怪的。这时有少量“道德”、“性命”、“精神”等复合词的使用不足以说明《庄子》内部的“0 比 36”的不同没有年代上的意义。

这里重要的是我所比较的三个复合词使用的情况是在同一个语料库中两个相关的子语料库中的不同，相比较的两组材料关系很密切、很具体、很明确，是一早一晚的关系。这不是在任意的、开放的所有文献中的语言资料的比较。在无限开放的语言世界，若干词汇的比较是无法说明问题的。如果我们只知道有两本书，其中甲书中提到了齐宣王，乙书中没有提到齐宣王，我们能够说乙书一定早于甲书吗？显然不能，因为齐宣王以后的书也不必都提到齐宣王。只有当我们确切地知道甲乙二书中有一书早于齐宣王时，我们才可以推定乙书早于甲书。这种前提条件在我的考证中没有强调，是因为当时的学术界对于《庄子》内篇与外杂篇之一早一晚的关系是有共识的。如果不是这种特定的语料库之间的比较，而是完全不知年代线索的任意两本书之间，甲书用到“道德”、“性命”、“精神”，乙书没有用到，我们是否可以断言乙书就一定早于甲书呢？显然不能，因为后出的书因为内容的关系或个人语言风格习惯的关系，也有可能不用这些复合词（当然，这也仍然可以说是我的疏忽，没有把这种作为考证前提的“共识”作为必要条件明确提出，造成一些人的误解或简单模仿）。

除了《唐虞之道》中有一例“性命”以外，李文又举了《逸周书》、《战国策》、《易传》中的《彖传》和《说卦》，显然，按照现在出土文献的情况推测，这些书也有可能比原来主流观点认为的时间要早。但是早到什么时间、有没有后加的词语，我感到难以断定。《庄子》一书成书的上限也比较模糊。根据马叙伦和钱穆的推断，庄子大约生于公元前 368 或公元前 369 年之后，那么“内篇”有可能完成于公元 300 年以前，那时“道德”、“性命”、“精神”的使用还是零星和散见的，而到《庄子》外杂篇的时候，以及《荀子》、《韩非子》、《吕氏春秋》的时候，这些词就普遍使用了。在这个背景下，《庄子》内篇和外杂篇之间的“0 比 36”就仍然是有意义的。总之，在这里，战国中期是否一例“道德”、“性命”、“精神”都没有，不是我立论的前提，二十多年前，学术界公认早出的文献中“没有”

这些复合词是巧合，而不是我立论的必要条件。①

七

我最初的文稿对“道德”、“性命”、“精神”是词组还是复合词的问题有一些讨论，但我知道这是难以有确切结论的。一位哲学系的老师还要我讨论这些词的思想意义，我知道这也是很难的，但也勉为其难地做了。然而，中华书局《文史》编辑部李解民给我的审稿意见是建议我将这些内容全部删去。开始还有点舍不得，但最终我也知道“道德”、“性命”、“精神”是否是严格意义的复合词，这些词的思想意义如何，对我的考证没有直接影响，全部删去完全不影响我的结论。李锐说这些字的连用“是作为词还是词组，今人尚无法判断”② 是对的，所以当时编辑部建议我将这类讨论全部删去是正确的，而且它的确与我的考证是否成立无关。（当时在《文史》编辑部工作的盛冬岭曾对我说：我们裘先生对你的文章评价很高呵。那时我才知道他们编辑部的意见主要是裘锡圭先生的意见。我对裘先生是心存感激的。）当然，如果我当时说明定义复合词之困难所在，并说明我所说的复合词是宽泛意义的用法会更好。

这里再谈所谓“完全归纳”的问题。其实我根本没有进行归纳。只是简简单单地列出了若干经典中有什么或没有什么。我的立论完全建基于当时大家公认的可信的经典上。现在是否可以完全列出所有经典呢？仍然不能。因为，可信的经典及不同经典的年代问题永远不会有清晰的一致的意见，也就是说没有一个清晰的范围和边界。在这种情况下，所谓的完全归纳是不可能的。此外可以顺便说一下，我在书中提到“穷举对比法”，这明显是指在《庄子》一书中对特定

---

① 假使以后我们发现战国中期有大量使用“道德”与“性命”等复合词的文献，那么《庄子》中内篇与外杂篇之间的“0 比 36”仍然可以说明这两部分的作者之间有思想或语言风格的重要不同，而配合其他证据，我们仍然可以说内篇应该早于外杂篇。《庄子》中关于庄子的故事有 29 段，内篇的四段全部排在正文的最后，而外杂篇的 25 段绝大部分都排在正文前部和中部。对此只能有一个解释，那就是内篇是较早的先生的作品，因此学生所记的关于先生的故事只能排在最后；而外杂篇的情况则相反。参见本书第一章第二节“内篇早于外杂篇——其他方面的证明”。

② 前述李锐文之语。

的语言现象的穷尽性统计和比较，而不是指对所有文献的统计比较。有年轻人指责我没有做到“穷尽性”是因为我没有统计其他文献中的资料。其实，任何穷尽性的工作都只能是在特定范围内进行的，不明确特定范围的边界是不可能进行穷尽性统计的。对所谓战国末期或中期的文献进行完全的、穷尽性统计是不可能的，因为所谓战国中期或末期之文献的边界是不确定的。而本书不同部分的考证所需要统计的资料内容也不同，根本不需要（也不可能）“穷尽”其他文献。

八

这里还有必要讨论一下更一般的考证方法问题。在中国20世纪的学术文化史上，从对待古史和古籍的态度来看，上半期以“古史辨派”的疑古为新潮之主流，下半期则因出土简帛的大丰收而奏出了“走出疑古时代”的新潮之主调。两种新潮的方向、论点似乎完全不同，然而，二者推理、论证、考据的方法似乎并没有根本不同的分水岭，推其核心，都包含了“类同举例”的原则。

类同举例法的有效性是显而易见的，但是对于它的局限性则鲜有论及。疑古思潮的失误，往往在于简单地运用类同举例法。古史辨派的意图与功绩都是不可抹杀的，然而，其疑古过勇、论断失当的弊端也是斑斑而现、无法遮掩的。历数其失误、批评其误断，固有其学术价值，然而，揭示或嘲笑别人的错误，并不能防止自己犯同样的错误。今天，根据出土简帛，我们很容易鄙视或抛弃古史辨派的具体结论，但是，如果我们不能从方法论的角度对古史辨派的失误原因作比较深入的剖析，那么我们会和古史辨派一样犯类似的错误，尽管观点或方向可能是相反的。

显然，在新出简帛的研究中，我们不得不用传统的、古史辨派也使用过的类同举例的方法进行推断、论证，但大家对这种方法的局限性仍没有足够的自觉和警惕，因此，尽管许多论者的观点与古史辨派相反或毫不相关，而其方法、逻辑、思路却基本相同，这就无法避免应该避免的失误。对以古史辨派为代表的传统考据方法作全面的剖析，需要大量的深入研究，非一人一时所能完成。这里仅就类同举例法的局限性作一个提示，希望引起注意和进一步的研究、讨论。

九

“类同举例”是传统考据常用的一个重要方法。看到甲书与乙书有某词、某句或某段相同，论者往往就据以怀疑甚至断言甲书和乙书属于同一时代、或同一作者、或同一学派、或甲或乙因袭了对方。这里仅举一例。多数学者都认为《庄子》包含了汉代的作品，其常用的论证方法就是指出《庄子》书中的某些词语、文句与汉代作品相同或相似，如认为“六经”、“素王”、“三皇五帝”、“白云帝乡”等说法是汉代书籍常见的，因此，《庄子》中有这些词语的篇章就应该是汉代的作品。笔者在本书中曾经论证，《庄子》全书，包括外杂篇应该大体完成于《吕氏春秋》与《韩非子》之前，不可能是汉代才成书的。笔者的主要方法是将先秦古籍中引用到《庄子》的全部文句列出分类统计，发现在《吕氏春秋》和《韩非子》中引用到的《庄子》的篇章多达十四篇、三十段，分布在内篇三、外篇六、杂篇五，这一分布比例与今本内篇七、外篇十五、杂篇十一出奇地一致。加上其他证据，我们应该相信《庄子》中的外杂篇在先秦已经大体完成了。后人窜入修改的文句应该是个别的，不影响《庄子》成书的大体年代①（本书第二章）。最近，李学勤先生根据江陵、阜阳等地出土的竹简《庄子》，认为《庄子》内篇很可能出于庄子本人，《庄子》外杂篇也应该是先秦的作品。② 李氏根据出土竹简的推论与笔者的考证不谋而合，二者结合可以更有力地推翻传统的论断。这里说二者结合会更有力是因为出土的竹简只是若干碎片，坚持怀疑的人仍可以说一些片断不足以证明《庄子》全书的年代。

---

① 质疑者可曰，有些文句可能是当时流行的其他书中的内容，不一定是引自《庄子》的。这种可能性是存在的。但是，我们无法依据今天不存在的文献做论据，而且估计那种情况不应该有太多，而我们所得到的材料不是个别的，因而我们的结论不会因少量例外而受根本影响。

② 参见李学勤：《〈庄子·杂篇〉竹简及有关问题》，见《陕西历史博物馆馆刊》第五辑，126～131页，西安，西北大学出版社，1998。

十

那么，传统的考证方法为什么会得出错误的结论呢？我以为一个重要的原因就是简单地运用“类同举例”的方法作为考证的可靠方法。“类同举例”是文献考证中必不可少的方法，是我们不得不用的方法，然而，这种方法不能简单地运用，不能仅仅依靠某些文句的相同或相似就作结论。在相同的文献资料之间，必须考虑到多种可能性，并且应该有全面的统计比较，最好能穷尽相关的“类同”的资料，从而推出比较可靠的结论。“举例”的方法当然是可以用的，但是，如果只举若干例子就推出结论，那么很可能以偏概全，制造许多“冤假错案”。笔者对这种方法比较敏感是因为年轻时曾经历过这样一个时代，那时，如果有人发现你的话和孔子相似，你就是“孔老二的孝子贤孙”，如果你写过“国富民穷”之类的话，你就是“林彪死党”或“残渣余孽”。这与学术讨论当然无关，但其推理的方法和逻辑与文献考证中简单的类同举例法却如出一辙。这不是很可笑、很可怕的推理方法吗？可见，简单的或单纯的“类同举例”是极不可靠、极危险的方法。我们在古文献考证中，在出土简帛的断代、分类、命名、辨伪中是不是也有类似的根据简单的“类同举例”就作结论的情况呢？比如，有人根据郭店竹简与《古文尚书》有同样的材料，就认为《古文尚书》不伪。对此，裘锡圭先生已有批评。① 这或许是个别的例子。我们很难说某位先生或某篇文章用的就是这样简单的方法，但是，从很多文章中，我们感到不少推理和结论对类同举例法的局限性没有足够的警觉。你看到出土简帛的这一段像甲书，就说它是甲派文献，我看到另一段与乙书相似，就说它的作者是乙派学者，这样的争论、讨论是没有多少学术价值的。总之，我们不能简单地依靠“类同举例”法来断定出土简帛的学派、作者和年代，必须辅以更全面的考查、统计、比较，才可能作出比较可靠的结论。

有人说我在本书中使用的也是语言材料的类同举例。其实我的方法不是“举例”，而是列出所有相关的材料，而且我从来不依靠一

① 参见裘锡圭：《中国古典学重建中应该注意的问题》，见《中国出土文献十讲》，13页，上海，复旦大学出版社，2004。

两个、三四个例子作判断。这里需要整体性的观念。要考察一座楼房的年代和风格，必须尽可能了解楼房的全貌，避免根据个别门窗或若干装饰就作判断。另外，对语言材料之间是否相同，不同人会有不同判断。我的做法是避免用“思想相同”的材料。因为“思想”往往隐藏在语言背后，有时需要分析解释才能知道其思想如何。这样，对同样的词汇、词组或句子就可能读出不同的思想，在这种情况下将“思想相同”作为考据的资料往往没有客观性。我所列举和统计的是明显相同的词语、词组和特殊用语，是一般人都可以看出相同或类似而不需解释的。当然，即使如此，也仍然没有办法得出所有人都百分之百地赞成的相似和相同的标准。但是由于我发现的用于对比分析的语言材料数量比较多，即使去掉个别可能有争议的词项，总的结论却不会有改变。

十一

我的考证当时得到一致好评，现在看来，这种好评也有某种盲目性，即没有注意到我是以当时学术界的共识为前提的，没有这些共识，我的考证就未必有说服力。此外，一些朋友对我的方法有误解，以为我的结论系于战国中期完全没有“道德”、“性命”、“精神”这样的复合词，或者以为我只是依靠先有单纯词、后有复合词就来断定一部文献的先后早晚。如果我当时能够想到后来可能会有的误解并加以解说，当然效果会更好。这里要感谢很多朋友的不同意见，是不同的质疑让我对自己的方法和前提有了更深入的思考和澄清。

如果把我的方法理解为没有前提条件的仅仅根据有无复合词作判断，那么这是本来就不存在的“海市蜃楼”。如果看到我的“方法”有很多具体的“共识”作前提，并且看到我所追求和列举的都是客观的语言材料，对这些客观材料的意义的不同解说可以做分析，作比较，从中探讨怎样的证据和推论是可靠的，怎样的证据和推论是不可靠的，哪些考证是比较可靠的，哪些考证是不太可靠的，那么这一切都是正常的必要的学术讨论和研究工作，就不是“空中楼阁”了。① 绝对的无条件的方法在学术研究中是不存在的。如果某

① 李锐文“附识”说：“笔者初学思想史时，很信服刘笑敢先生的论证。但是偶读郭店简，顿然发现以前深信不疑的方法，竟然如空中楼阁。”

个学科有了简单的绝对可靠的普遍性方法，那么这个学科就无需存在，就会消失。所以，对已有的认真的研究成果进行分析、比较、鉴别是必要的工作，不能只在“信服”和“不信”两者之间作简单的选择和判断。考古研究和发现往往是有相当客观性的，但仍有不同观点的争议。比如，考古学界认为依据楚墓研究的断代分析，郭店楚墓的年代当在公元前 278 年以前。然而，仍有少数海内外的学者对此提出挑战，不相信考古学家的结论，认为郭店楚墓有可能晚至于战国末期。显然，我们并不能由此而否定考古学研究的方法。

十二

文献考证必然有可靠与不可靠的不同，或比较可靠与不大可靠的不同。但可靠的考证也要不断接受新资料、新文献、新方法的检验或挑战，进行必要的补充或修正。学术研究不会有一劳永逸、毫无条件、绝对正确的成果。即使找到某种比较可靠的方法也并不意味着我们可以将所有古文献做出清晰的年代考订或划分。① 不过，承认文献考据工作的困难、不足和局限，又不意味着我们可以否定文献考证工作的价值和意义。得不到绝对正确的结论并不等于我们应该完全放弃努力和追求。要纠正的是我们自己的两极化的思维方式和价值期待：要么绝对可靠，要么毫无价值。

上文说过，期待一个简单有效的普遍的方法本身是不现实的，因而是错误的。学术研究的大量工作是要比较不同的证据，要对这些证据的客观性做出分析和判断，而且要分析和比较对这些客观性证据的解释是否有同样的可靠性，是否可以找出相对最为可靠的判断，或者找出可以作为进一步研究之基础和起点的结论，以便推进研究，同时检验作为暂时性假说的结论。这样，已经有的研究和考据无论是否绝对可靠，都可以成为继续攀登前进的阶梯。笔者的观点是，在传世文献和考古文献都无法得出有力结论的情况下，不必放弃考据工作，而是应该从事更深入细致的对不同观点或假说之证据的比较。

① 李锐文“附识”说：“咨询时贤，或答曰今日的古典学，还不足以完全划分古书年代（后来访及西人，其划分古典学年代之方法亦很有限）。”对李文的这类观点我都是赞成的。

第一，可以比较证据的客观性，证据或证据来源越客观的考据就越可靠。客观性的标志之一是不需要多做解释和引申，尤其是不能依靠智者见智、仁者见仁的解释。显然，《庄子》书中内篇中没有“道德”、“性命”、“精神”这三个复合词，而外杂篇有36个就是内篇与外杂篇之分有客观性的客观证据。这比相反的观点有明显的客观性支持。

第二，可以比较证据的多面性，证据来源越是多方面、越丰富就越可靠，如文本自身的证据，历史文献的证据，不同文献的证据，考古资料的证据，间接的证据。比如，关于内篇与外杂篇之不同，还可以从二者对庄子之逸事安排的不同①以及内篇与外杂篇在命名方式上的不同等提供证据②，所以，承认内篇与外杂篇这一区分之客观性比认为内篇与外杂篇之间是“私意去取”的所谓“证据”有更多客观之来源。

第三，可以比较证据之间的一致性。所有证据之间越是融洽一致，其结论的可靠性越高。本书前两章分别考察《庄子》内篇与外杂篇的年代问题，第三章考察外杂篇的分类问题。全书的观点是融贯而一致的。

第四，可以比较不同证据所引起或所要面对的困难，其引起或面对困难越多，则可靠性越低。依笔者分析，本书的考证面对的困难很小，至少比相反的观点面临的困难要少、要小。

第五，可以比较不同论证对相反观点处理与回答的方法和说服力。完全不能面对相反观点的论证就没有说服力或不可靠，对相反观点回答得比较周严、比较有说服力的论证，可靠性就比较高。本文即是对不同观点的比较详尽的回答。

以上五个方面可以帮助我们对现有各种考据方法和结论进行比较和鉴别。我欢迎读者按照这几个方面将我的证据和结论与其他同类工作进行比较，也欢迎读者提出新的可以比较的内容。

总之，我对本书的考据部分和理论部分都是仍然满意的，认为不需要作根本性修改。当然，一些细节的改进是值得考虑的。比如，我应该将本书考证的若干前提明确提出。最重要的前提即当时学术界的共识，即《庄子》书中有庄子及后学的作品。没有这一共识，本书的考证既无必要，亦无可能。不过，这一共识也不是个别人任

---

① 参见本书第一章第二节。

② 参见本书第二章第三节。

意提出的，而是在几十年甚至上百年的有关讨论中逐步形成的。相反的假设，如认为《庄子》一书与庄子无关，或认为《庄子》一书都是庄子作品，都没有长期积累的学术讨论的支持，也没有任何有力的新证据，所以，对本书的考证前提没有根本影响。此外，本书没有在脚注中提到年代有争议的《象传》中有“性命”的用法，没有说明本书所说的复合词是宽泛的用法，也都是可以改进之处。还有，当时是手工作业，没有电脑之检索，有些统计有遗漏，凡是发现的，都已补上，读者如有新的发现，请不吝赐教。补上的新例句或可稍稍增强笔者整体的论证。

这次再版，对正文只作个别增补，正文新增的语句放入黑体方括号中，不另作说明，新增的脚注则注明“补注”。新版增加了引用书目，故脚注中的书目资料或有省略。需要特别说明的是，本书所引《庄子》原文多据清代郭庆藩之《庄子集释》，书中多用通假字、异体字或本字，如“齋”（斋）本字为“齊”（齐），故“齋戒”可作“齊戒”，“懸”（悬）本字为“縣”（县），故“懸解”可作“縣解”，但是如果直接将古书用法转为简化字就会出现“齐戒”和“县解”这样莫名奇妙的词，如果再加解说，就非常烦琐，对常读古书的学者来说，这是无须说明的常识，对一般读者来说，这是无须了解的古文字知识，故本书径直将“齐戒”引作“斋戒”，将“县解”引作“悬解”，而避免出现“齐戒”和“县解”这样的怪词。同理，“不说生”直接引作“不悦生”，“柰何”直接引作“奈何”。此外，古书“太”、“大”、“泰”常通用，“钧”、“均”等常通用，类似这种情况都选用适当的简化字，不另加说明。

2009年6月30日于香港

前　编
文献疏证

研究古代哲学，必须有可靠的文献资料，这正如建筑高楼大厦必须有稳固的基础。研究庄子哲学的体系及庄学的演变，也必须有可靠的依据，亦即准确的资料。由于年代久远，书缺有间，对于一些史料疑案，难以作出精确的判断，但是，力求从现有的文献中求得大致可靠的结论，不仅是可能的，而且是十分必要的，否则，在流沙上建楼阁是没有意义的。

研究庄子或庄学，应以《庄子》书为依据，这似乎是不成问题的。但现存的《庄子》只有晋人郭象所注的三十三篇本一种，自北宋以来，此书中某些篇章的真伪问题，就成了庄子研究中的疑点，此疑点愈演愈浓，以至成了庄子研究中的一大疑障。最初，宋人苏轼提出《让王》等四篇不是庄子所作，后来，明清学者提出外杂篇大多不是庄子所作，但承认是庄子后学所作，近代罗根泽等人又提出外杂篇中许多文章不但不是庄子后学所作，而且不是先秦人所作。20 世纪 60 年代以来，矛盾更为复杂化，以至内篇是不是庄子所作或是不是先秦所作，似乎都成了问题。因此，本书在研究庄子哲学的体系及庄学的演变之前，不得不对《庄子》内篇及外杂篇的年代和作者问题作一番较为深入的考察和论证，这就是文献疏证编的任务。

本编分三步对《庄子》全书进行梳理考证。

第一章考察《庄子》内篇的年代。汉语词汇发展的历史规律以及内篇与外杂篇的区别，为我们提供了《庄子》内篇早于外杂篇的有力证明，因而肯定内篇大体上为庄子所作是可信的，研究庄子思想应以内篇为基本资料。

第二章考察《庄子》外杂篇的年代。《韩非子》、《吕氏春秋》及贾谊赋引用《庄子》的情况，证明《庄子》在战国末年已有较广泛的流传，那些认为《庄子》外杂篇的许多文章作于汉初的疑似之词，大多是经不起推敲的，应该肯定《庄子》外杂篇的主体也是战国末年以前的作品。

第三章对《庄子》外杂篇进行分类梳理。《庄子》外杂篇的文章有同有异，这种同异正是庄子后学既相一致又有分化的反映。外杂篇的作品可分为三大类，【用穷举统计对比的方法可以证明这种分类的合理性。外杂篇的】三类作品分别代表了庄子后学的三个支派，由此可以发现庄学演变的主要脉络和线索。

第一章
《庄子》内篇的年代

序 问题的历史和现状

《庄子》内篇的年代问题、《庄子》内篇的作者问题、研究庄子哲学是不是应以内篇为依据的问题，这三个问题实际上只是一个问题，即《庄子》内篇是不是早于外杂篇的问题。对于这个问题，学术界主要有四种不同观点。

一、认为《庄子》内篇早于外杂篇，肯定内篇为庄子所作。自王夫之以来多数学者持此观点。

二、认为《庄子》内篇晚于外杂篇，外杂篇是庄子所作。此说以任继愈先生为代表。①

三、认为《庄子》内篇与外杂篇已被晋人郭象搞乱，研究庄子思想应以《逍遥游》、《齐物论》二篇为依据，打破内外杂篇的界限来选择有关资料。此说以冯友兰先生为代表②，但冯先生没有指明到底哪些文章是与《逍遥游》、《齐物论》相一致的。

四、认为《庄子》一书基本上是庄周的著作，对《庄子》内篇与外杂篇不必加以区别。③

上述四种观点概括起来就是：（1）内篇为庄子所作，（2）外杂篇为庄子所作，（3）内篇与外杂篇各有一部分为庄子所作，（4）内篇与外杂篇都是庄子所作。在承认《庄子》一书与庄子有关的前提下，上述四种观点，已是关于庄子作品问题所可能有的全部观点，观点分歧

---

① 参见任继愈主编：《中国哲学发展史·先秦卷》，386页，北京，人民出版社，1983。
② 参见冯友兰著：《中国哲学史新编》第一册，367页，北京，人民出版社，1965。
③ 参见陆钦：《庄周思想研究》，1页，郑州，河南人民出版社，1983。

之大，说明用传统的考证方法解决这一问题是有一定困难的。

传统的考证方法，主要是以某些资料为依据，鉴定《庄子》书中哪些是庄子的作品，哪些不是庄子的作品。冯友兰先生说："凡是研究历史，无论哪一段，总得有几个大家都认为是可靠的史料作为支点，以它为标准，鉴别别的史料，不然，研究就无法进行。"① 据此，我们可以把传统的考证方法称为"支点法"。目前，关于《庄子》考证的"支点"大约有五个：(1)《庄子·天下》，冯友兰先生主要以此为支点；(2)《史记·老子韩非列传》，任继愈先生主要以此为支点；(3) 汉初以前古籍中明引"庄子曰"的文句（《庄子·天道》一段，《吕氏春秋·去尤》一段，《淮南子·道应》一段），张恒寿先生主要以此为支点②；(4)《荀子·解蔽》中对庄子的批评；(5)《庄子》书中关于庄子言行的二十九段记载③。但是，上述"支点"的文句都很简略，加之不同人对"支点"的理解也有所不同，所以考证结论难得一致。

既然现有的"支点"不足以划清庄子及其后学的界限，既然在《庄子》书以外找不到更充分的考证依据，那么，能不能就在《庄子》一书内部寻觅庄子及其后学之间的分界呢？道理很简单，如果《庄子》书中内篇与外杂篇的分别是历史的分界，那么在内篇与外杂篇之间，必定存在着客观的差别，如果这客观的差别，能指明二者年代的早晚，那么矛盾就迎刃而解了。反之，如果内篇与外杂篇的分别是郭象的任意安排，那么我们就不可能找到二者之间的客观区别。所以，问题的焦点是：内篇与外杂篇之间有没有客观的界限，这客观的界限能不能指明二者年代的先后。

下面就是我们对这一"焦点"进行考察的结果。

一、内篇早于外杂篇——概念方面的证明

在内篇与外杂篇之间进行多方面的比较研究后，我们发现内篇与外杂篇之间在概念的使用上存在着明显的区别。这就是内篇虽然用了道、德、命、精、神等词，但没有使用道德、性命、精神这三个复合词（由词根和词根合成的词），而在外杂篇中，道德、性命、

① 参见冯友兰：《中国哲学史新编》第一册，367 页。

② 参见张恒寿：《庄子新探》，38 页，武汉，湖北人民出版社，1983。

③ 这一"支点"是我的同窗程宜山同志提出的。

精神这三个复合词都反复出现了。

（一）内七篇中道字出现四十二次，德字出现三十四次。由道组成的词组或复合词有大道、妙道、人道、道术；由德字组成的词组有全德、大德等。如："鱼相忘乎江湖，人相忘乎道术"（《大宗师》），"而我以为妙道之行也"（《齐物论》），"日渐之德不成，而况大德乎"（《人间世》），"形全犹足以为尔，而况全德之人乎"（《德充符》）。

但内篇绝没有道德二字连用之例，而在外杂篇中，道德连用已有十六处了，兹列于下：

①多方乎仁义而用之者，列于五藏哉！而非道德之正也。（《骈拇》）

②则仁义又奚连连如胶漆缥索而游乎道德之间为哉。（同上）

③余愧乎道德，是以上不敢为仁义之操，而下不敢为淫僻之行也。（同上）

④道德不废，安取仁义。（《马蹄》）

⑤毁道德以为仁义，圣人之过也。（同上）

⑥夫虚静恬淡寂寞无为者，天地之平而道德之至。（《天道》）

⑦夫帝王之德，以天地为宗，以道德为主，以无为为常。（同上）

⑧是故古之明大道者，先明天而道德次之。（同上）

⑨道德已明而仁义次之。（同上）

⑩夫恬惔［淡］寂寞虚无无为，此天地之平［本］而道德之质也。（《刻意》）

⑪若夫乘道德而浮游则不然。（《山木》）

⑫弟子志之，其唯道德之乡乎。（同上）

⑬士有道德不能行，惫也。（同上）

⑭道德不能持，而况放道而行者乎。（《庚桑楚》）

⑮道德于此，则穷通为寒暑风雨之序矣。（《让王》）

⑯天下大乱，贤圣不明，道德不一。（《天下》）

（二）内七篇中命字共十六处，无一性字，无性命一词。而外杂篇中性命二字连用已有十二外，兹列于下：

①彼正［至］正者，不失其性命之情。（《骈拇》）

②不仁之人，决性命之情而饕贵富。（同上）

③吾所谓臧者，非所谓仁义之谓也，任其性命之情而已矣。（同上）

④自三代以下者，匈匈焉终以赏罚为事，彼何暇安其性命之情哉。（《在宥》）

⑤天下将安其性命之情，之八者，存可也，亡可也。（同上）

⑥天下将不安其性命之情，之八者，乃始脔卷獊囊，而乱天下也。(《在宥》)

⑦无为也而后安其性命之情。(同上)

⑧大德不同，而性命烂漫矣。(同上)

⑨轩冕在身，非性命［之有］也。(《缮性》)

⑩莫得安其性命之情者，而犹自以为圣人，不可耻乎。(《天运》)

⑪君将盈耆欲、长好恶，则性命之情病矣。(《徐无鬼》)

⑫性命非汝有，是天地之委顺也。(《知北游》)

（三）内七篇精字两见，神字二十见，神字组成的词组有“神明”，没有精神二字连用之例，而在外杂篇中，精神二字连用已有八例，兹列于下：

①水静犹明，而况精神！(《天道》)

②此五末者，须精神之运，心术之动，然后从之者也。(同上)

③精神四达并流，无所不极。(《刻意》)

④汝斋戒，疏瀹而心，澡雪而精神。(《知北游》)

⑤夫昭昭生于冥冥，有伦生于无形，精神生于道。(同上)

⑥彼至人者，归精神乎无始而甘冥乎无何有之乡。(《列御寇》)

⑦小夫之知，不离苞苴竿牍，敝精神乎蹇浅。(同上)

⑧独与天地精神往来而不敖倪于万物。(《天下》)

上述情况可以列成下面的统计表。(见表1—1)

表1—1

《庄子》篇名		“道德”使用次数	“性命”使用次数	“精神”使用次数	三概念使用总数
内七篇		0	0	0	0
外篇	《骈拇》	3	3	0	6
	《马蹄》	2	0	0	2
	《在宥》	0	5	0	5
	《天道》	4	0	2	6
	《天运》	0	1	0	1
	《刻意》	1	0	1	2
	《缮性》	0	1	0	1
	《山木》	3	0	0	3
	《知北游》	0	1	2	3
杂篇	《庚桑楚》	1	1	0	2
	《让王》	1	0	0	1
	《列御寇》	0	0	2	2
	《天下》	1	0	1	2
合计		16	12	8	36

内篇的文章没有使用过道德、性命、精神这三个复合词，而外杂篇的文章已经多次使用这三个复合词了。这一确凿的事实在内篇与外杂篇的之间画出了一道明显的分界线。那么，如何认识这一分界呢？

汉语词汇发展的历史告诉我们，在汉语词汇中首先出现的是单纯词，只是随着社会生活的发展，复合词才逐步出现。虽然在整个上古语言中使用得较多的还是单纯词，但随着历史的演进，复合词的使用数量是一直在逐步增加的，使用范围是一直在逐步扩大的。① 这说明在几类不同时期的文字材料中，只要每一类材料都有【一定的可比性和】足够的代表性，那么使用复合词较少的一类，必然是早出的，使用复合词较多的一类，必然是晚出的。由此我们可以初步推断《庄子》内篇是早出的，而外杂篇是晚出的。

以上只是大致的推测，进一步考察道德、性命、精神这些概念在历史上产生的实际过程就可以帮助我们确定内篇与外杂篇在时间上的具体分界。

（一）在《左传》中，道字出现一百余处，德字出现一百五十余处，但没有道与德二字的连用。《左传》中性字五见，命字二百多个，无一性命连用之例。《左传》中精字两见，神字三十多处，无一精神连用之例。

（二）在《论语》中，道字出现约一百处，德字出现近四十处，道与德的连用绝无一例。《论语》中性字两见，命字约二十见，精字一见，神字六见，也没有精神、性命二词。

（三）在《墨子》中，道字出现了一百六十多处，德字出现三十多处，没有道德连用之例。《墨子》中性字只有两处，命字约有一百五十余处，同样没有性命一词。《墨子》中精字只有两三处，神字约有百处，也不见精神一词。

（四）在《老子》中，道字出现七十多处，德字出现四十多处，也没有道德二字连用之例。《老子》中命字只见三四处，没有性字，没有性命一词。《老子》中有三四个精字，七八个神字，也没有精神一词。②

---

① 【补注】王力云："汉语近代双音缀以上的词渐渐增加，但我们越远溯至古代，则双音缀的词必越少。"见王力：《汉语音韵学》，452 页，北京，中华书局，1956。

② 【补注】当年写作时，《老子》早于《庄子》是共识，但海外 A. C. Graham（葛瑞汉）主张的老子晚出说却有相当影响，因此刘述先教授曾致函提出，本书未论及《老子》之年代是一遗憾。笔者关于《老子》年代考证可见于《老子——年代新考与思想新诠》。关于 A. C. Graham 等人的考据方法，笔者近日有专文讨论，《出土简帛对文献考据学的启示——以〈老子〉考证为例的探讨》，见《中国哲学与文化》第六辑，25～43 页。

（五）在《孟子》中，道字使用约一百五十次，德字使用约四十次，也还没有道德一词。《孟子》是最早重视性字的思想家，他的书中性字之多超过了以往任何一部书，有三十多个，命字也有五十左右，也没有性命组合的例证。《孟子》中不用精字，神字只有四五例，没有精神一词。

在上述著作中，由道、德、性、命、精、神诸字与其他字连用组成的复合词或词组很多，但各书都没有使用道德、性命、精神这样的复合词，可见这不是偶然情况。进一步查证，在《诗经》、《尚书》、《国语》等战国中期以前的著作中也没有发现这三个词，这样我们就可以肯定，在战国中期以前，约相当于《孟子》的时代以前，还没有出现道德、性命、精神这三个复合词。上述古书中，有的可能混入战国中期以后的作品，但这并不影响我们的结论。

按照由远而近的顺序继续考察，我们首先在《荀子》书中发现道德、性命、精神这三个概念，以后的《韩非子》、《吕氏春秋》等书中也都出现了这三个概念。

（一）在《荀子》中，道德一词已出现十一次：

①故学至乎《礼》而止矣，夫是之谓道德之极。（《劝学》）

②言道德之求，不二后王。（《儒效》）①

③全道德，致隆高，綦文理……天王之事也。（《王制》）

④……无他故焉，道德诚明，利泽诚厚也。（《王霸》）

⑤……于是有能化善、修身、正行、积礼义、尊道德……（《议兵》）

⑥有道德之威者，有暴察之威者。（《强国》）

⑦故赏不用而民劝，罚不用而威行，夫是之谓道德之威。（同上）

⑧道德之威，成乎安强，暴察之威，成乎危弱。（同上）

⑨道德纯备，智慧甚明。（《正论》）

⑩道德纯备，谗口将将。（《赋》）

⑪君子好以道德，故其民归道。（《尧问》）②

《荀子》中性命一词出现一次：

行既已由之矣，则若性命肌肤之不可易也。（《哀公》）

---

① 【补注】此句前有“言道德之求，不下于安存”一句。但杨倞注疑“道德”二字为“政治”之误，故不取此句。

② 【补注】《荀子·乐论》中有“金石绿竹，所以道德也。”此处道为动词“导”之义，故不取。

《荀子》中精神一词出现两次：

①精神相及，一而不二为圣人。(《成相》)

②广大精神，请归之云。(《赋》)

(二) 在《韩非子》一书中，道德一词两见：

①圣人为法国者，必逆于世，而顺于道德。(《奸劫弑臣》)

②上古竞于道德，中世逐于智谋，当今争于气力。(《五蠹》)

《韩非子》中性命一见：

性命者非所学于人。(《显学》)

《韩非子》中精神十见：

①啬之者，爱其精神，啬其智识也。(《解老》)

②凡所谓祟者，魂魄去而精神乱。(同上)

③精神乱则无德。(同上)

④魂魄不去，而精神不乱。(同上)

⑤精神不乱之谓有德。(同上)

⑥上圣畜积，而鬼不乱其精神，则德尽在于民矣。(同上)

⑦是以圣人爱精神，而贵处静。(同上)

⑧不爱精神不贵处静①，此甚大于兕虎之害。(同上)

⑨今治身而外物，不能乱其精神。(同上)

⑩精神竭于外貌，故中无主。(《喻老》)

(三) 在《吕氏春秋》中，道德两见：

①以和氏之璧、道德之至言，以示贤者。(《异宝》)

②若夫道德则不然，无讶无訾。(《必已》)

《吕氏春秋》中性命十一见：

①有慎之，而反害之者，不达乎性命之情也。(《重已》)

②不达乎性命之情，慎之何益。(同上)

③耳之可以断也，反性命之情也。(《谨听》)

④今夫惑者，非知反性命之情。(同上)

⑤先见其化而已动，远乎性命之情也。(《观世》)

⑥故善为君者，矜服性命之情，而百官已治矣。(《勿躬》)

⑦君服性命之情，去爱恶之心。(《知度》)

⑧【上服性命之情，则礼义之士至矣。(同上)】

⑨【治道之安，存乎性命。(同上)】

---

① 【补注】通行本或无此句，此据陈奇猷《集释》及周钟灵等《索引》校补。

⑩固必通乎性命之情者，当无私矣。(《有度》)

⑪【惟通乎性命之情，而仁义之术自行矣。(同上)】

《吕氏春秋》中精神两见：

①故精神安乎形，而年寿得长焉。(《尽数》)

②精神尽矣，咸若狂魄。(《论威》)

随着历史的推移，在汉代的《新语》、《淮南子》、《论衡》等书中，道德、性命、精神这三个概念使用得就更普遍了。

事实说明，在战国中期，在孟子及孟子以前的时代还没有人使用过道德、性命、精神这三个复合词，只是到了战国后期，大约在荀子生活的时代，这些概念才开始出现并流传开来。从逻辑上讲，我们并不能否认在荀子之前有人使用过这三个复合词的可能性。但即使在荀子之前有人使用过这三个复合词，也不可能很多很早，否则在诸多的先秦典籍中是很难全无痕迹的。

以上事实告诉我们，《庄子》书中内篇与外杂篇之间在使用概念方面的区别，正是历史为我们留下的客观的年代分界，这条分界线告诉我们，外杂篇不可能是战国中期的作品，只有内篇才可能是战国中期的文章，而庄子恰好是战国中期人，所以只要我们不怀疑《庄子》书中包括庄子本人的作品，那么，我们也就无法怀疑内篇基本上是庄子所作，而外杂篇只能是各派后学所作了。这就是汉语词汇发展的一般规律和三个复合词概念演化形成的具体历史留给我们的启示。

我们知道，在经文和为经作解的文字当中，经文肯定是早出的，作解的文字一定是晚出的，于是可以肯定《管子》书中的《形势解》一定比“经言”《形势》篇晚出，而早出的“经言”《形势》篇中果然没有道德、性命这样的概念，晚出的《形势解》中果然出现了道德、性命这样的概念(“必服道德而勿厌也”，“言而语道德忠信”，“各终其性命”)。这也证明，在两类可以进行比较的文字材料中，有道德、性命、精神这几个复合词的为晚出是可信的。

或许还会有这样的疑问：外杂篇中，并不是所有的文章都有道德、性命、精神这几个概念，那么为什么不说外杂篇中没有这三个概念的文章，也是战国中期的作品呢？对这个问题可以从三个方面来回答。首先应该明确，要进行词汇的考察，必须依据足够的文字材料，考察的范围越小，偶然性越大，可靠程度就越差；【这正如要考察一座建筑物的年代，必须从整体上或尽可能多的方面进行分析，

如果仅根据一门一窗就下断语是很困难且不可靠的。】

这就是说，只有在一定的范围内，有了较完备的文字材料，才能有较可靠的结论。因此我们不能孤立地就《庄子》书中某一篇某一段来进行概念的比较，只能在若干类作品之间进行考察。首先，《达生》篇没有道德等复合词，但只要我们承认它和《山木》等篇为同类作品，那么我们也就没有理由单独把《达生》当作战国中期的作品了。其次，【虽然我们发现了历史上留下来的内篇与外杂篇之间在概念使用上的一个重要区别，但我们并不能脱离一定的条件把这一区别当作一个公式简单地到处运用，去判断任意一篇或一组文字作品的年代。因为一些晚出的作品由于作品内容、作者风格等方面的原因也可能不用道德、性命、精神这样的复合词，这并不足以证明它们是战国中期或以前的作品。最后，】我们也可以从其他角度指出外杂篇中没有道德、性命、精神等概念的文章晚于内篇的依据，其中某些新的根据将在下文提到。

二、内篇早于外杂篇——其他方面的证明

在思想的源流关系方面对内篇与外杂篇进行比勘考察，我们可以发现内篇的作者反复宣扬了至人“不溺”、“不热”、“不伤”之类的奇特论点，例如：“古之真人……登高不慄，入水不濡，入火不热。”（《大宗师》）“至人神矣！大泽焚而不能热，河汉沍而不能寒，疾雷破山［飘］风振海而不能惊。”（《齐物论》）“之人也，物莫之伤，大浸稽天而不溺，大旱金石流土山焦而不热。”（《逍遥游》）

值得注意的是，内篇虽然极力渲染至人如何神奇高超，但从未解释过这种“不热”、“不溺”、“不伤”的实质是什么。而外杂篇的作者们却围绕着这个问题进行了解释或发挥。《秋水》曰：“至德者，火弗能热，水弗能溺，寒暑弗能害，禽兽弗能贼，非谓其薄之也，言察乎安危，宁于祸福，谨于去就，莫之能害也。”这是把“不热”、“不溺”的原因归之于机智和谨慎。《达生》篇则说：“子列子问关尹曰：至人潜行不窒，蹈火不热，行乎万物之上而不慄。请问何以至于此？关尹曰：是纯气之守也，非智巧果敢之列……夫醉者之坠车，虽疾不死，骨节与人同而犯害与人异，其神全也……彼得全于酒而

犹若是，而况得全于天乎？圣人藏于天，故莫之能伤也。”《达生》篇的作者否定了《秋水》篇的解释，认为至人“不热”、“不溺”不属“智巧果敢之列”，而是一切因任自然（“神全”、“藏于天”）的结果。《田子方》篇的作者则比较简捷地说：古之真人，“死生亦大矣，而无变乎已……若然者，其神经乎大山而无介，入乎渊泉而不濡……”原来“不热”、“不溺”只是精神超然于溺热之外。显然，外杂篇的作者们是按照自己的理解，从不同角度，有意识地解释内篇内容的。

逻辑和历史的顺序都告诉我们，一个论题，总是先由先生提出来，而后由学生分别进行解释或发挥的，因此提出论题的必定是早出的先生的文章，而分别解答问题的，必定是后出的学生的作品。据此我们可以确信，提出不热、不溺等论题的内篇，必定早于解释和发挥这一论题的外杂篇，因而内篇为庄子所作是可信的。同时这也证明《秋水》、《达生》、《田子方》三篇虽然没有使用道德、性命、精神这三个概念，但断定它们晚于内篇是可靠的。

在文章的编排体例上，对内篇与外杂篇进行比勘考察，也可以发现内篇为庄子所作的根据。一般说来，学生关于先生言行的记述，只能附在先生文章的末尾，只有在学生自己的作品中才能放在篇首和篇中，即使是学生假托于先生名下的故事，也只能如此安排。在《庄子》全书中，直接提到庄子言行的记载共有二十九段，除去内篇的庄周梦蝶等个别段落有可能是庄子自述以外，大体上都可以看作庄子后学对庄子言行的记述。下面就是这二十九段记述的主要内容。

①惠子谓庄子曰“魏王贻我大瓠之种”。（《逍遥游》）

②惠子谓庄子曰“吾有大树，人谓之樗”。（同上）

③昔者庄周梦为胡［蝴］蝶。（《齐物论》）

④惠子谓庄子曰“人故无情乎？”（《德充符》）

⑤庄子曰“吾师乎！吾师乎！”（《天道》）

⑥商大宰荡问仁于庄子。（《天运》）

⑦公孙龙闻庄子之言，汒焉异之。（《秋水》）

⑧庄子钩于濮水，楚王使大夫二人往先焉。（同上）

⑨惠子相梁，庄子往视之。（同上）

⑩庄子与惠子游于濠梁之上。（同上）

⑪庄子妻死，箕踞鼓盆而歌。（《至乐》）

⑫庄子之楚见空髑髅。（同上）

⑬庄子行于山中见大木。(《山木》)

⑭庄子衣大布而补之，过魏王。(同上)

⑮庄周游于雕陵之樊，睹一异鹊。(同上)

⑯庄子见鲁哀公曰“鲁少儒”。(《田子方》)

⑰东郭子问庄子曰“所谓道恶乎在?”(《知北游》)

⑱庄子曰“射者非前期而中”。(《徐无鬼》)

⑲庄子闻长梧封人言，曰“今人之治其形”。(《则阳》)

⑳庄子送葬，过惠子之墓。(《徐无鬼》)

㉑庄周家贫，故往贷粟于监河侯。(《外物》)

㉒惠子谓庄子曰“子言无用”。(同上)

㉓庄子曰“人有能游，且得不游乎?”(同上)

㉔庄子谓惠子曰“孔子行年六十而六十化”。(《寓言》)

㉕庄子曰“知道易，勿言难”。(《列御寇》)

㉖庄子谓宋人曹商曰“秦王有病召医”(同上)

㉗人有见宋王者，锡车十乘，而骄稺庄子。(同上)

㉘或有聘于庄子，庄子应其使曰“子见夫牺牛乎?”(同上)

㉙庄子将死，弟子欲厚葬之。(同上)

此外《天下》篇有一段明确评述庄子思想的文字，因《天下》篇体例与其他各篇不同，不能作为同类文章相对照，所以这里不作统计比较。

值得注意的是，上述二十九段文章中，内篇的四段都附在篇末，而外杂篇的二十五段却大部分在篇首和篇中，详见表1—2。

表 1—2

篇名		全文节数	记载庄子言行的节数	在篇中的位置	
内篇	《逍遥游》	5	2	第4、5节	末
	《齐物论》	10	1	第10节	末
	《德充符》	6	1	第6节	末
外篇	《秋水》	7	4	第4、5、6、7节	中末
	《至乐》	7	2	第2、4节	前中
	《山木》	9	3	第1、6、8节	前中
	《田子方》	10	1	第5节	中
	《知北游》	11	1	第6节	中
	《天道》	10	1	第2节	前
	《天运》	7	1	第2节	前

续前表

篇名		全文节数	记载庄子言行的节数	在篇中的位置	
杂篇	《徐无鬼》	15	2	第5、6节	中
	《则阳》	12	1	第6节	中
	《外物》	11	3	第2、7、8节	前中
	《寓言》	7	1	第2节	前
	《列御寇》	12	5	第2、4、10、11、12节	前中末

从表上不难看出，在外杂篇，记有庄子言行的十二篇文章，基本上把这些记述放在篇首和篇中（只有两篇是篇中到篇末都有的），其中有七篇文章把这种记述安排在前面第一节或第二节，而内篇仅有的四段记载却都毫无例外地附于篇末。对于这种编排体例上的明显区别，只能有这样一个解释：内篇是先生自己的文章，记载先生言行的文字只能附在先生的文章之末；外杂篇是学生的文章，因而关于先生言行的记载，被置于文章的主要部分。【先生的作品排在前面，学生的作品排在后面，这是古书编排的惯例。如《墨子》中后期墨家的作品排在后面。《管子》中“经言”在前，《管子解》在后。】这一例证也可以补充说明外杂篇中没有道德、性命、精神这三个概念的《至乐》、《徐无鬼》、《则阳》、《外物》、《寓言》等篇也是后学所作。

在某些词语的使用上对内篇与外杂篇进行比勘考察，也可以发现一些蛛丝马迹。先看用“来”字作语末助词的情况。

内篇“来”字作语末助词的有三处四例。①“嗟来桑户乎！嗟来桑户乎！”（《大宗师》）②“虽然，若必有以也，尝以语我来！”（《人间世》）③“子其有以语我来！”（《人间世》）而在外杂篇中，“来”字作语末助词只有一例：“周（庄周）问之曰：‘鲋鱼来！子何为者邪？’”（《外物》）

为什么内篇十七个来字中（不包括人名中的来）作语末助词的就有四例，而外杂篇的六十个来字仅有一例，并且是作为庄周引语出现的呢？这一情况是不是巧合呢？如果不是，那么似乎只能作这样一种解释：在《庄子》各篇的许多作者中，只有内篇的作者习惯用“来”字作语末助词，这个作者就是庄周，因而《外物》的作者在记述庄周的语言时有意模仿了这种用法，以求逼真。当然，在《孟子》等古籍中也有用来字作语末助词的情况，因而我们不能说来字作语末助词只是庄周特有的语言习惯，但若仅就《庄子》一书来说，要想解释上述情况，除了我们这里的推测以外似乎是难以找到其他理由的。

在其他词汇的使用上对内篇与外杂篇进行比勘考察，也可以说明一些问题。所谓其他词汇主要是指“游”和“逍遥”。“游”和“逍遥”二词应该是《庄子》书中最有特色的词，这种特色首先表现在《庄子》书中大量使用了这两个词，而先秦其他子书很少使用这两个词，这种情况通过表 1—3 可以一目了然。

表 1—3

书名	“游”字使用情况［次］	“逍遥”使用情况［次］
《论语》	5	0
《孟子》	8	0
《墨子》	1	0
《荀子》	4	0
《周易》	2	0
《韩非子》	39［不含人名］	0
《吕氏春秋》	4	0
《庄子》	96	6

从表上不难看出，多数哲学古籍都不用“逍遥”一词（《诗经》、《楚辞》另论），“游”字在《庄子》书中出现次数也大大高于其他子书，可见“游”与“逍遥”是《庄子》书中颇有特色的词语。在《庄子》书中，游字不仅有交游、游说、游玩之意，而且有精神逍遥自在之意，这和其他子书也是不同的。实际上，《庄子》书中游字使用次数之多也正因为游字用法之特殊。值得注意的是这两个有特色的词在《庄子》内七篇中共出现 32 次，平均每一万字 20 次，每一篇 4.6 次；而在外杂篇的 26 篇文章中共出现 69 次①，平均每一万字只有 11 次，每一篇只有 2.7 次。无论按字数平均，还是按篇数平均，内篇使用这两个词的频率，都是外杂篇的 1.8 倍。因此，只要我们承认“游”和“逍遥”二词是《庄子》书中最有特色的词汇，那么我们就不得不承认内篇比外杂篇更能代表《庄子》书的特色，更符合庄子的思想特点。

前文说到，我们主要是从总体上肯定内篇早于外杂篇的，但也可指出外杂篇各篇晚于内篇，或不是庄子所作的其他理由。上面已陆续提到外杂篇的大部分文章，现在再来看一下尚未提到的《天地》、《胠箧》、《盗跖》、《渔父》等篇。《天地》第四节讲到“尧之师

---

① 这里所说的外杂篇不含《说剑》，但把《在宥》分作两篇，故总数仍是 26 篇，详见本书第三章。又内篇总字数约为 15 980，外杂篇约为 58 430。

曰许由，许由之师曰齧缺，齧缺师曰王倪，王倪之师曰被衣。”把尧、许由、齧缺、王倪、被衣这些不相干的五个人物连成一章，已属奇怪，后面却又根本没有提到被衣，而故事的内容似乎也无须罗列五人的师承关系，这就更值得奇怪了。原因何在？原来，内篇《逍遥游》有许由教训尧的故事，而《齐物论》、《应帝王》中又有“齧缺问乎王倪……行以告蒲衣子”的故事（成疏：蒲衣子“即被衣子也”）。显然，是《天地》篇的作者把内篇的几个寓言人物串起来了，因此《天地》篇不可能早于内篇。如果硬要反过来，认为《天地》早于内篇，那么，作者为什么要凭空编出五个人的师承世系、编出来以后又为什么置之不理，就都是无法解释的了。

《胠箧》篇有“田成子一旦杀齐君”、“十二世有齐国”，说明此篇不可能为战国中期所作。《盗跖》、《渔父》两篇距离《天下》篇所说“谬悠之说，荒唐之言，无端崖之辞，时恣纵而不傥”的思想文风较远，与《寓言》篇“寓言十九，重言十七，卮言日出”的说法也不尽吻合，故不可能是庄子本人所作。至于司马迁在《老子韩非列传》中说的庄子“作《渔父》、《盗跖》、《胠箧》以诋訾孔子之徒”的话也全然不能证明这三篇就是庄子所作，更不能证明他没有提到的就不是庄子所作。因为司马迁认为庄子“著书十余万言”，就是说，司马迁认为《庄子》原书都是庄子所作（今本《庄子》只有七万多言），他根本没有意识到《庄子》书中哪些篇是庄子所作、哪些篇不是庄子所作的问题，不能认为司马迁是在回答他根本没有意识到的问题。事实上，司马迁仅仅是举例说明《渔父》等篇诋訾孔子最为明显，丝毫也没有其他诸篇不是庄子所作的含义。认为司马迁提到的篇目就是庄子所作，司马迁没有提到的篇目就不是庄子所作的推论是难以成立的。

总而言之，从概念的使用、思想的源流、文章的体例、特殊词汇的用法等多方面对《庄子》内篇与外杂篇进行的比勘考察，都证明在内篇与外杂篇二者之间，只有内篇才可能在总体上为庄子所作，而外杂篇中虽可能有庄子的佚文断简，但从总体上看，则不是庄子的作品。

三、关于内七篇的相互联系与差异

对《庄子》书中的词汇、概念等方面的统计比较，说明《庄子》

书中内篇与外杂篇的分界是有意义的。然而，《庄子》内七篇的思想观点并不完全一致，所以有的学者认为《人间世》或《人间世》的前三节不是内篇的作品，即不是庄子的作品。为了回答这一问题，我们有必要考察一下内七篇的相互联系和差异。

在《庄子》内七篇之中确实存在着许多明显的一致之处。按照一般的论证方法，我们只能举出若干例证说明某篇与某篇有联系、某篇与某篇相一致就可以了。但为了更充分地说明问题，我们准备把内七篇语言形式或思想观点明显相同或相通的材料全部罗列出来，基本上不加解释，让事实自作证明。至于思想实质相通语言形式联系不明显的材料则尽可能不用。

①《逍遥游》云“乘云气，御飞龙，而游乎四海之外”，《齐物论》亦有“乘云气，骑日月，而游乎四海之外”。

②《逍遥游》云“彷徨乎无为其侧，逍遥乎寝卧其下”，《大宗师》亦有“芒然彷徨乎尘垢之外，逍遥乎无为之业”。

③《逍遥游》云“树之于无何有之乡，广漠之野”，《应帝王》亦云“而游无何有之乡，以处圹埌［垠］之野”。

④《逍遥游》“肩吾问于连叔曰：‘吾闻言于接舆’”，《应帝王》亦有“肩吾见狂接舆”，《人间世》亦有“楚狂接舆游其门”。

⑤《逍遥游》云“之人也，物莫之伤，大浸稽天而不溺，大旱金石流土山焦而不热”，《齐物论》云“至人神矣！大泽焚而不能热，河汉沍而不能寒，疾雷破山［飘］风振海而不能惊”，《大宗师》云“若然者，登高不慄，入水不濡，入火不热”。

⑥《逍遥游》云“孰肯以物为事！”《德充符》云“彼且何肯以物为事乎！”

⑦《逍遥游》云“吾有大树……其大本臃肿而不中绳墨，其小枝卷曲而不中规矩”，《人间世》亦有“仰而视其细枝，则拳曲而不可以为栋梁；俯而视其大根，则轴解而不可以为棺椁”。

⑧《逍遥游》云“无所可用，安所困苦哉！”《人间世》亦有“予求无所可用久矣”。

⑨《齐物论》云“日夜相代乎前，而莫知其所萌”，《德充符》云“日夜相代乎前，而知不能规［窥］乎其始者也”。

⑩《齐物论》有“啮缺问乎王倪曰：‘子知物之所同是乎？’”《应帝王》亦有“啮缺问于王倪，四问而四不知”。

⑪《齐物论》云“庸讵知吾所谓知之非不知邪？庸讵知吾所谓

不知之非知邪？”《大宗师》亦有“庸讵知吾所谓天之非人乎？所谓人之非天乎？”“庸讵知吾所谓吾之（非吾）① 乎？”“庸讵知夫造物者之不息我黥而补我劓。”《人间世》亦有“外合而内不訾，其庸讵可乎！”

⑫《齐物论》云“且女亦大早计，见卵而求时夜，见弹而求鸮炙”，《大宗师》云“浸假而化予之左臂以为鸡，予因以求时夜；浸假而化予之右臂以为弹，予因以求鸮炙”。

⑬《养生主》云“古者谓之遁天之刑”，《德充符》云“天刑之，安可解！”

⑭《养生主》云“安时而处顺，哀乐不能入也，古者谓是帝之悬解”，《大宗师》亦云“安时而处顺，哀乐不能入也，此古之所谓悬解也”。

⑮《人间世》云“乘物以游心”，《德充符》云“游心乎德之和”，《应帝王》云“汝游心于淡”。

⑯《人间世》云“人谓之童子，是之谓与天为徒……人亦无疵焉，是之谓与人为徒”，《大 宗师》亦云“其一与天为徒，其不一与人为徒”。

⑰《人间世》云“一宅而寓于不得已，则几矣”，又云“托不得已以养中，至矣”，（大宗师）亦云“崔［崔］乎其不得已乎［也］②”，“以知为时者，不得已于事也”。

⑱《人间世》云“知其不可奈何而安之若命，德之至也”，《德充符》亦云：“知不可奈何而安之若命，唯有德者能之”。

⑲《人间世》云“何暇至于悦生而恶死”，《大宗师》亦云“不知悦生，不知恶死”。

⑳《人间世》云“此以其能苦其生者也，故不终其天年而中道夭”，又云“故未终其天年，而中道之夭于斧斤”，《大宗师》亦云“终其天年而不中道夭者，是知之盛也”。

㉑《人间世》云“支离疏者，颐隐于脐，肩高于顶，会撮指天，五管在上，两髀为胁”，《大宗师》亦有“曲偻发背，上有五管，颐隐于齐［脐］，肩高于顶，句赘指天”。

㉒《德充符》云“常因自然而不益生也”，《应帝王》亦云“顺

① “非吾”二字据朱桂曜、刘文典、王叔岷诸说补。

② “崔”、“也”二字据《阙误》引文如海、成玄英、张君房本补改。见郭庆藩辑：《庄子集释》校勘记，北京，中华书局，1961。以下校改依据见于该书的不再出注。

物自然而无容私焉”。

㉓《大宗师》云“夫盲者无以与乎眉目颜色之好，瞽者无以与乎青黄黼黻之观”，《逍遥游》云“瞽者无以与乎文章之观，聋者无以与乎钟鼓之声”。

㉔《大宗师》云“彼方且与造物者为人”，《应帝王》亦有“予方将与造物者为人”。

㉕《应帝王》云“汝又何帠［为］以治天下感予之心为?”《逍遥游》云“孰弊弊焉以天下为事!”

㉖《齐物论》“已乎已乎，旦暮得此，其所由以生乎!”“已乎”的用法，亦见于《人间世》“已乎已乎，临人以德”。

上述材料说明，在内篇的七篇文章之间，确实存在着明显的联系。上述材料共 26 条，平均每篇 3.7 条。而外杂篇的各类文章中，相互联系最多的一类，平均每篇只有 2.3 条（参见本书第三章的第一节和第四节）。内七篇相互联系的材料明显多于外杂篇中任何一类文章内部相互联系的材料。这说明内篇的七篇文章在《庄子》书中不仅自成一类，而且是相互联系最为密切、思想内容最为集中的，因而应该肯定内篇大体上是一个整体。根据上面的 26 条材料，我们可以画出内七篇相互联系的示意图（见图 1—1）

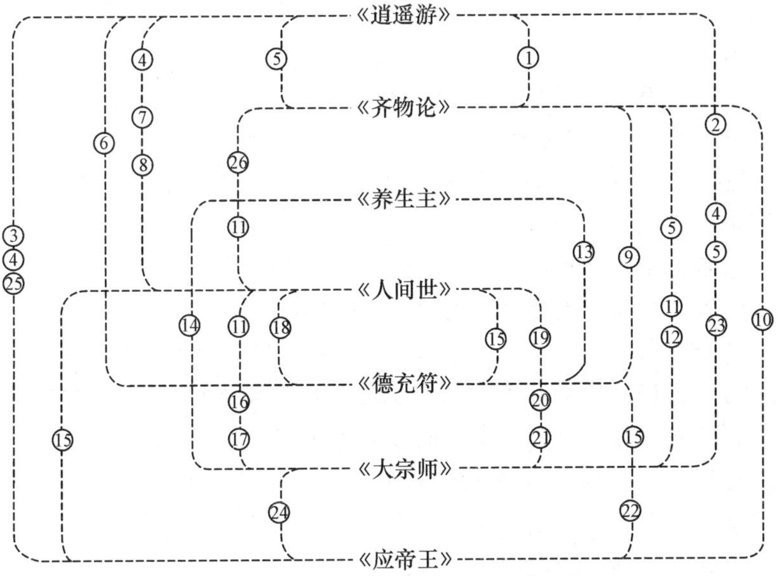

图 1—1　内七篇文章相互联系示意图

图中虚线表示不同文章间的联系，虚线上的数码即上面 26 条材料的数码，根据图上的数码可查出每条虚线所依据的资料。上述材料和示意图说明应该把内七篇看作一个整体。

现在，我们来专门研究一下内篇中争议较大的《人间世》篇。关于《人间世》，叶国庆在《庄子研究》中首先提出疑问，但未作详细论证。张恒寿先生的《庄子新探》发展了叶国庆的观点，明确提出《人间世》的"主要章节（前三节）非庄子作品"①。张先生的论证较为详细，可谓持之有故，自成一说。但张先生的论证仍不能从根本上排除《人间世》属于内篇或为庄子所作的可能性，因为《人间世》前三节与内篇或庄子的联系还是比较多、比较明显的。

①《人间世》前三节有"知其不可奈何而安之若命，德之至也"，《德充符》亦有"知不可奈何而安之若命，唯有德者能之"。

②前三节讲到"人谓之童子，是之谓与天为徒……人亦无疵焉，是之谓与人为徒"，《大宗师》亦云"其一与天为徒，其不一与人为徒"。

③前三节讲到"乘物以游心"，"游心"亦见于《德充符》（"游心乎德之和"）、《应帝王》（"游心于淡"）。

④前三节讲到"彼且为婴儿，亦与之为婴儿；彼且为无町畦，亦与之为无町畦"，此与《应帝王》"一以己为马，一以己为牛"的态度相同。

⑤前三节有"且若亦知夫德之所荡而知之所为出乎哉？德荡乎名，知出乎争"。按王孝鱼先生的标点，《外物》有"庄子曰……德溢乎名，名溢乎暴，谋稽乎诋，知出乎争"。是《外物》作者或认《人间世》为庄子之文。

⑥前三节有"一宅而寓于不得已"，"不得已"亦见于《大宗师》（"崔［崔］乎其不得已乎［也］"，"以知为时者，不得已于事也"）。

⑦前三节有"若成若不成而后无患者，唯有德者能之"。《山木》记"庄子笑曰：周将处乎材与不材之间。材与不材之间，似之而非也，故未免乎累。若夫乘道德而浮游则不然"。"材与不材之间"与"若成若不成"似有相通之处。而《山木》对"材与不材之间"亦有所否定，主张进一步追求"乘道德而浮游"的境界，说明《人间世》早于《山木》所记庄周之言。

---

① 张恒寿：《庄子新探》，84～100 页。

⑧前三节讲到“心斋”，颜回曰“未始有回也，可谓虚乎？”“未始有回”与《齐物论》“今者吾丧我”相通，与《大宗师》“九日而后能外生”、“堕肢体，黜聪明”亦相通。这也说明“心斋”与“坐忘”、“见独”都是相通的，如说“心斋”不是庄子的修养方法，根据是不足的。

⑨前三节有“尝以语我来”，“子其有以语我来”。“来”作语末助词亦见于《大宗师》（“嗟来桑户乎！嗟来桑户乎！”）。《外物》所引庄周语亦有“鲋鱼来！子何为者邪？”杨树达说“庄子恒用‘来’为语已词”①。

⑩前三节有“而况散焉者乎”，此散字用法同于《人间世》后四节“而几死之散人，又恶知散木”。这说明《人间世》前三节与后四节也有一定联系，不应把前三节与后四节截然分开。

⑪张恒寿先生也说“从文辞用语方面看，这三章和庄派作品，也有某些相近的痕迹：如‘庸讵’、‘未始’二词，和当作何字用的‘恶’字，都是《齐物论》、《大宗师》等篇常用的语词”②。这也证明《人间世》前三节与《庄子》内篇各篇有一定联系。

总之，《人间世》前三节与内篇其他篇章虽有一些不同，但也确有很多联系，这种联系明显多于它与外杂篇或《管子》等书的联系，因此《人间世》前三节完全有可能是内篇之文，亦即有可能是庄子所作。

那么，如何看待《人间世》或《人间世》前三节与内篇其他篇章的某些不同呢？我们认为，这首先要打破一个人只能有一种思想的假定。一个人的思想可能是多侧面的，也必然是有一个发展变化过程的，而不可能是凝固不变的，这样，在一个人的作品中就会出现某种不尽一致的思想观点，这是不足为怪的。比如，孔子既讲性相近，习相远，又讲上智下愚不移；墨家极力否认人生而有命，却相信天鬼能赏善罚恶；韩非子是集权主义者，却喜欢老子的无为理论。柳宗元是唯物主义者，却推崇佛教。就以思想宏富精深的朱熹来说，既讲过理先气后，又讲过理气本无先生。这种思想不尽一致的情况在思想史上并不少见，在庄子思想中为什么就不能有呢？

《人间世》与内篇其他文章的主要区别，在于对现实，包括对统

---

① 杨树达：《庄子拾遗》，见《积微居读书记》，北京，中华书局，1962。

② 张恒寿：《庄子新探》，100 页。

治者的态度上。正如张恒寿先生所说：“《逍遥游》、《齐物论》等篇总的态度是对人生社会的前途极端失望，而在虚幻的想象上，追求主观的自由和欣悦。因此各篇中对一般社会伦理问题，则表示轻蔑而不关心的态度。而《人间世》前三章的中心问题，则在于如何事父事君，既能不辱君命而又能保全性命，这是《逍遥游》等篇所不加讨论的。”既然庄子总的态度是“对人生社会的前途极端失望”，那么人们就有理由问，庄子是自幼就“对人生社会的前途极端失望”的吗？显然不是。一个天真的少年刚刚进入社会，整个世界对他来说是新奇、神秘并富于魅力的，这时他不可能“极端失望”，等到社会龌龊见得多了，或欲逃避而不成，或欲改造而不得，则会想到洁身自好，进而可能极端失望而追求绝对脱俗的精神生活。不管怎样，从幼年到对现实极端失望、再到以逍遥游为生活理想，必有一个发展过程，在这发展过程中的某一阶段，庄子对社会黑暗已有一定认识但又未完全绝望，因而希望“既能不辱君命而又能保全性命”是完全可能的。所以，根据《人间世》不够“轻世离俗”而断定它的主要章节不是庄子所作的理论前提是不成立的。事实上，《人间世》的主旨不在于“不辱君命”，而在于全生保身。《人间世》前三节与全篇如何保身的主旨是完全契合的。

实际上，除《人间世》以外，内篇其他文章在轻世离俗和超脱放达的程度上，也是不尽相同的。《天下》篇说庄子“独与天地精神往来而不傲倪于万物，不谴是非，以与世俗处……上与造物者游，而下与外死生无终始者为友”。内篇中最能反映这种风格的是《逍遥游》、《齐物论》、《大宗师》三篇，《德充符》、《应帝王》二篇稍次之，《养生主》、《人间世》又次之。这种差别是内七篇在大体一致的前提下所包含的“量”上的差别，而不是“质”的差别。如果庄子思想确有一个从不够轻世离俗，到完全超世脱俗的发展过程，如果这种逻辑的发展顺序，与历史的实际过程是一致的，那么我们就可以说，《人间世》、《养生主》是庄子思想发展前期的作品，《应帝王》、《德充符》是庄子思想发展趋向成熟的作品，《大宗师》、《齐物论》、《逍遥游》则是庄子思想成熟期的代表作。《人间世》前三节的内容与《天下》篇所说“不谴是非，以与世俗处”之意正相吻合，所以也应该是庄子的作品。

总之，庄子内七篇同中有异，同大于异，基本上是同一思想体系的作品。

四、关于内篇与外杂篇的相互错杂

以上我们证明了内篇基本上是一整体、内篇年代早于外杂篇，但是，还有一些学者否认内篇与外杂篇的区别，认为内外杂篇的界限已被郭象搞乱，从而否认内篇大体上为庄子所作的可能性，为此我们有必要对《庄子》书中内篇与外杂篇相错杂的情况，做一些辨析。论证内外杂篇已被郭象搞混乱最为有力的是王叔岷，所以我们主要分析一下他的几个有代表性的论据。

（一）王叔岷说："内篇《齐物》第二'夫道未始有封'下释文引崔课云'齐物七章，此连上章，而班固说在外篇'，可知班固所见五十二篇本'夫道未始有封'章原在外篇也。"①

然而崔课所引班固之语意义并不明确，"班固说在外篇"可能是班固见到了这一章在外篇的本子，而这一本可能是可靠的，也可能是不可靠的，这句话的意思还可能是班固认为这一段内容应该属于外篇，蒋锡昌就是这样理解的，他说："'班固说在外篇'，乃言班固本此章亦在本篇，但班固验之于义，以为应在外篇也。"② 另据孙冯翼所辑佚的《司马彪庄子注》，在"夫道未始有封，言未始有常"一句下有司马彪注："常，久也。"如果孙冯翼所辑之文是可靠的，那就说明司马彪本"夫道未始有封"一段原在内篇，不在外篇。极而言之，即使"夫道未始有封"这一段的确是外篇的内容，也只能说明内篇中某些段落混入了外杂篇的文字，并不能说明《齐物论》不当属于内篇，更不足以说明内篇在总体上不是庄子所作。

（二）王叔岷说："又如隋释吉藏《百论疏》卷上之上云'《庄子》外篇，庖丁十二年不见全牛'，今本此文在内篇《养生主》第三。"

事实上，今本内篇《养生主》中并没有"庖丁十二年不见全牛"这句话，与这句话意思有关联的只有"三年之后，未尝见全牛也"，"今臣之刀十九年矣"，这两句话与吉藏所引之语在句式上、内容上都不大相同，且今本《养生主》也没有断简的明显痕迹。把吉藏所引之语插入今本《养生主》既相重复，又相龃龉，因而不能肯定

① 王叔岷：《庄子校释·自序》，上海，商务印书馆，1947。

② 蒋锡昌：《老庄哲学·齐物论校释》，上海，商务印书馆，1937。

“十二年不见全牛”之语出自今本《养生主》，所以也无法肯定《养生主》原在外篇。实际上，“庖丁十二年不见全牛”很可能是外篇中关于庖丁解牛的又一种记述，因其重复被郭象等人的缩编本删掉了。这种情况是不难理解的，如今本《齐物论》与杂篇《徐无鬼》中都有“南郭子綦隐机而坐”的故事，内容似同而非同。如果有人据《徐无鬼》篇记载道：“杂篇曰：南郭子綦隐机而坐”如何如何，后人就不能据此断定《齐物论》中“南郭子綦隐机而坐”一段原在杂篇，不在内篇。类似的情况还有大木之喻、鱼水之喻、柤梨橘柚之喻、为牛为马之喻等。在郭象的缩编本中，外杂篇与内篇相重复之处，尚且如此之多，那么原来的五十二篇本中重复之多就可想而知了。我们不能根据古书中某句若似若非的记载就断定某篇当在某处，不当在某处。

（三）王叔岷说：“如《荀子·正论》篇云‘语曰坎井之蛙不可与语东海之乐’，此即引《庄子》外篇《秋水》之文也。荀子去庄子未远，则《秋水》虽在今本外篇而为庄子所作自可无疑。”

这种论证不是“自可无疑”而是大可怀疑的。因为荀子的引语与《秋水》篇文字并不相同，坎井之蛙的说法也有可能是当时大家共同使用的比喻之辞。退而言之，即使荀子的“语曰”真是从《秋水》篇中提炼出来的，也只能证明《秋水》篇出于荀子《正论》之前，并不能证明《秋水》篇为庄子所自作。假使荀子与庄子生卒相续，那么在庄子的鼎盛年与荀子的鼎盛年之间，尚可能有一二十年到三四十年的时间，《秋水》篇作于此时是完全可能的。

前面我们已经提到《秋水》篇为庄子后学所作的理由，这里我们还可再简要说明《秋水》篇不可能是庄子本人所作的理由。首先，庄子的思想及文风都是狂放不拘的，而《秋水》却层层推理，细密拘谨，又把“不热”、“不溺”归之于“察乎安危”、“谨于去就”，毫无逍遥放达之风，这说明二者风格不同。其次，《秋水》讲到“差其时逆其俗者，谓之篡夫；当其时顺其俗者，谓之义徒”，这沾染了法家应时顺俗的色彩，不是道家超世脱俗的思想，说明二者内容有异。再次，《秋水》使用了理、权、时势等概念。这在全书中都是少见的，没有形成一个相互呼应的思想体系，这说明《秋水》篇概念特殊。最后，《秋水》篇中讲到了魏牟与公孙龙的对话，另外在讲到“之哙让而绝”时用了“昔者”作时间状语，似乎年代已远。这些说明王叔岷关于《秋水》为庄子所作的论证在逻辑上、事实上都是不可信的。

我们说内篇基本上是庄子所作，就说明我们并不否认内篇与外杂篇的某些词句段落会有掺杂错落之处。但究竟哪些是错落之处，全书错杂到什么程度，要有可靠的根据，不能依据只言片语的材料轻下断言。王叔岷说“郭本内外杂篇之区划，盖随意升降”、“以私意去取”，正是夸大了内外杂篇可能有的错杂之处，以至认为内篇与外杂篇之分毫无道理，所以轻率地否定了内篇大体上为庄子所作的传统意见。

陆德明说：“内篇众家并同。”这是说各本内篇之间出入不大，可知内篇与外杂篇相错乱的情况并不严重。我们的考证和辨析也证实了这一点。有人把“内篇众家并同”一语仅仅解释为篇数相同，这是不够全面的。陆德明《经典释文·序录》的原文是这样说的：“《汉书·艺文志》：《庄子》五十二篇，即司马彪、孟氏所注是也。言多诡诞，或似山海经，或似占梦书，故注者以意去取。其内篇众家并同，自余或有外而无杂。唯子玄所注特会庄生之旨，故为世所贵。”显然，陆德明在这里的论述重点并不是内篇或外杂篇的数目问题。“注者以意去取”的只是“或似山海经，或似占梦书”的许多内容，去掉这些芜杂之处并不影响内篇的基本面貌，所以陆德明才说“内篇诸家并同”。显然这不仅是就篇数来说的，也是就内容来说的。

值得注意的是陆德明特别肯定了郭象本的价值，说它“特会庄生之旨”，“为世所贵”。陆德明见过司马彪注、崔譔注等多种本子，他又是斟字酌句的校勘家和训诂家，很难想象他会不选择一个错误较少的本子作底本。此外，在他之前的徐邈、李轨作音“皆依郭本”也决不会是没有道理的。显然，陆德明等人经过比较研究的结果，要比佛藏中的只言片语更为可信。轻易否定郭本内篇与外杂篇的区别是欠妥的。

这里顺便讨论一下内篇的篇题问题。《庄子》内七篇的篇题都是比较稀奇的三个字，这在先秦古籍中是比较少见的，有的学者据此说明内七篇作于汉代①，有的学者认为内篇大体是庄子所作，但篇题是汉代淮南王刘安及其门客所加，如张恒寿先生认为“先秦诸子基本上是以两个字为篇名的”，认为《墨子》中的《备城门》、《备高

① 参见任继愈：《庄子探源》，见《哲学研究》编辑部编：《庄子哲学讨论集》，184页，北京，中华书局，1962。

临》等篇，《管子》中的《臣乘马》、《山国轨》等篇“多半不是先秦的作品”，并认为“三字名篇是西汉初年的特殊趋向”[1]。事实上，以三个比较稀奇的字作标题，在历史上总要有一个开始，如果认为这是开始于《庄子》，也不是没有理由的。庄子著书，以“恣纵”、“俶诡”为特点，是他开创了以三个字作标题的先例也是可以理解的。[2] 因此，把三个字的标题当作汉初的特殊现象，根据是不足的。且不说《墨子》、《管子》中的以三个字为标题的文章，仅就这些年出土的帛书、竹简来看，先秦古籍中的三个字的标题就不少见，如《孙膑兵法》中有《擒庞涓》、《威王问》，《十六经》中有《雌雄节》，这说明“三字名篇”并不是西汉初年的特殊趋向，认为《庄子》内篇的标题为汉人所加的根据是不充分的。

总而言之，《庄子》书中内篇与外杂篇的区分是历史遗留的分界。肯定内篇早于外杂篇是有多方面的、客观的根据的。在内篇与外杂篇之间，应该大体肯定内篇是庄子的作品，外杂篇是庄子后学的作品。研究庄子思想应以内篇为基本依据。内七篇的思想有某种程度的不一致，内篇与外杂篇之间也可能有某些错杂，但这都不妨碍我们以内篇为主体研究庄子哲学。

[**编者附记**][3] 刘笑敢同志对于《庄子》内篇、外杂篇先后次序的考证，曾以论文的形式发表于《文史》第十八辑上。

刘文发表后，《新华文摘》曾摘要转载。这一成果迅速为学术界所知，受到好评。然而，在刘文发表前，唐钺先生曾有类似的看法。刘笑敢同志建议编者能在书中附上一笔，说明一下客观情况。

情况是这样的。唐曾有一篇《考订古书撰作年代通则补说》，刊于《文史》第十五辑。唐文中关于《庄子》内篇、外杂篇的先后次序的考证，同刘文有一致之处。例如，唐文认为外杂篇有“性命”一词，内篇没有，因而内篇在前，外杂篇在后。

就公开的文字看，唐在先；就实际情况说，唐文发表前，刘也得出了这一结论（唐文发表于 1982 年，刘文写成于 1981 年初），只是未发表罢了。

为了避免不必要的误解，我们询问了深知此事的张岱年教授，

---

① 张恒寿：《庄子新探》，27～31 页。

② 参见张岱年：《中国哲学史史料学》，69 页，北京，三联书店，1982。

③ 【补注】此附记出于当时的责任编辑之一王生平先生。他当时正在研究科学发明史上不约而同的发现的历史，因此对此事有兴趣，并建议请张岱年先生写信作证。

他给我们写了回信。信中所说，与我们了解到的吻合一致：刘、唐的结论是各自独立作出的。

张岱年先生的来信附录于下。

中国社会科学出版社编辑部：

刘笑敢同志从先秦时代单词与复词出现的先后来论证《庄子》内外杂篇年代的先后，这是他的创见。他在写硕士论文时已经提出这个见解。次年我访问唐钺先生，唐老交给我一篇文章，也谈到先秦古书中单词与复词的先后问题，我将唐老文章推荐给《文史》杂志。刘笑敢同志并未看到唐老的文章，刘笑敢同志的见解与唐老先生见解，确有暗合之处，这也是学术界常见的情况。我深知事情经过，特写此笺，以为证明。

顺致

敬礼

张岱年（印）1986 年 7 月 3 日

第二章
《庄子》外杂篇的年代

序　问题的历史和现状

《庄子》内篇与外篇之分起于何时，外篇与杂篇之分始于何人，这一问题现已无法确考，因此我们只能把内篇当作一大部分，把外杂篇当作一大部分分别进行考察。上一章已考证了内篇的年代问题，本章则专门讨论外杂篇的年代问题。在上一章我们已经肯定《庄子》内篇早于外杂篇，这就说明《庄子》外杂篇年代的上限不会早于战国中期，因此本章所谓外杂篇的年代问题主要是下限问题，具体说来也就是《庄子》外杂篇完成于战国末年以前还是完成于汉代初年的问题。

《庄子》是先秦子书，自然完成于秦始皇统一中国以前，这本来是不成问题的。在汉代，司马迁、刘向父子和班固等人还没有对《庄子》内篇与外杂篇进行辨析，他们实际上认为《庄子》十余万言为庄子所作，这意味着他们认为《庄子》外杂篇也是战国时期的作品。这一观念延续了数百年，司马彪、郭象、陆德明等人均未对此提出过疑问。对《庄子》外杂篇首发其难的是宋代的苏轼，他在《庄子祠堂记》中最先提出外杂篇中的《让王》、《说剑》、《渔父》、《盗跖》四篇非庄子所作，但还没有提出这四篇是不是先秦之作的问题。明代焦竑认为《胠箧》"十二世而有齐国"是"秦末汉初之言"（《庄子翼》）。清初王夫之已怀疑《天道》篇的写作年代，他认为《天道》"盖秦汉间学黄老之术、以干人主者之所作也"。此外，较早怀疑《庄子》外杂篇中某些篇章为汉代作品的还有清人姚鼐的《庄子章义》和吴汝纶的《点勘庄子读本》。姚鼐说"孔子西藏书于周室"一段"亦汉人语"，"上仙"也是"秦以后人语"，吴汝纶也说

“独弦哀歌卖名声等字非周秦人语”，姚、吴二人实际上认为《天道》、《天运》等篇是汉代的作品。

近代以来，叶国庆的《庄子研究》已明确把《在宥》、《天地》、《天道》、《天运》当作汉初作品，把《刻意》、《缮性》等篇当作秦汉间作品。罗根泽也把《天地》、《天道》、《天运》当作汉初作品，把《刻意》、《缮性》当作秦汉间作品。① 这种观点一直影响到关锋。关锋也认为《天地》、《天道》、《天运》三篇“是汉初的作品，最早也在统一的秦帝国建立之后”，认为《刻意》、《缮性》“可能是秦汉间的作品”②。这些观点实际上都是《庄子》一书完成于汉初的说法，在肯定内篇早于外杂篇的前提下，《庄子》成书于汉初也就是说《庄子》外杂篇完成于汉初。在这里，《庄子》一书完成年代的下限与《庄子》外杂篇完成年代的下限是一回事，所以我们可以把这两个问题当作一个问题来讨论。

上述观点虽不认为《庄子》外杂篇全部作于汉初，但都肯定外杂篇中的一部分是汉初所作，这就是把《庄子》或《庄子》外杂篇完成年代的下限定在汉初，我们可简称其为“汉初说”。目前“汉初说”在学术界占相当的优势，冯友兰先生也说“《庄子》是战国以至汉初道家、尤其是庄子一派著作的总集”③。张恒寿先生对《庄子》一书进行过详细的考证辨析，其结论也是“汉初说”，认为“现在的《庄子》书，可以说包含着从战国到汉初这一长时期中各派道家的作品”④。这都是认为《庄子》书或《庄子》外杂篇完成于汉代初年。

然而，认为《庄子》外杂篇完成于汉代初年，具体说来，认为《天地》、《天道》、《天运》等篇作于汉代初年究竟有多少确实的根据呢？据我们考察：“汉初说”的根据大多是经不起推敲的，因而是难以成立的。下面我们就分几步来阐述这一问题，先从《韩非子》、《吕氏春秋》引用《庄子》的情况来推断《庄子》成书的年代，再从贾谊赋用典的情况来辅助说明上面的结论，然后从《天下》、《天道》、《天地》、《天运》诸篇的原文来推测其年代，最后再辨析“汉初说”的几个主要论据。

---

① 参见罗根泽：《诸子考索》，288～291页，北京，人民出版社，1958。

② 关锋：《庄子内篇译解和批判》，336、338页，北京，中华书局，1961。

③ 冯友兰：《中国哲学史新编》第一册，356页。

④ 张恒寿：《庄子新探》，145页。

一、从《吕氏春秋》等书看《庄子》外杂篇的年代

首先，我们通过《吕氏春秋》和《韩非子》引用《庄子》的情况来考察《庄子》外杂篇的写作年代。

《吕氏春秋》与《庄子》互见的段落很多，那么这些互见的文字是谁抄于谁呢？一般说来，只能是《吕氏春秋》抄《庄子》，而不可能是《庄子》抄《吕氏春秋》。根据有三：第一，《吕氏春秋》编辑宗旨就是集合他人之言以成无所不包之体系。《史记·吕不韦列传》说："吕不韦乃使其客人人著所闻，集论以为八览、六论、十二纪，二十余万言，以为备天地万物古今之事，号曰《吕氏春秋》。"与此相反，庄子及其后学的思想和风格都是以"洸洋自恣以适己"（《史记·老子韩非列传》）著称于世的，这一特点不可能靠抄录他书而形成。第二，《吕氏春秋》的体例是每篇引若干史实、轶闻或寓言，前面加上小引，后面加上结论，有时在一段故事之后也加上几句点题之语；以服务于全篇之中心，其意在借人之说，成己之言。这一体例决定《吕氏春秋》必然要大量引用其他书。而《庄子》书却没有这种需要，它可以自由地编故事，讲寓言，发议论，自由地表达思想。所以，假设《吕氏春秋》引用《庄子》的寓言、加上自己的议论以点明全篇的宗旨是合情合理的；反过来，假设《庄子》去掉《吕氏春秋》的点题之语，单纯抄录其中的寓言来表达自己的观点，则是不合逻辑的。第三，《庄子·达生》有云："仲尼曰：'善游者数能……以瓦注者巧，以钩注者惮，以黄金注者殙。其巧一也，而有所矜，则重外也。凡外重者内拙。'"这一段在《吕氏春秋·去尤》中作："《庄子》曰：'以瓦者翔，以钩者战，以黄金投者殆。其祥一也，而有所殆者，必外有所重者也，外有所重者泄，盖内拙。'鲁人可谓外有重矣。"这是吕氏门客抄录《庄子》之明证，反过来，却无法找到庄子后学抄袭《吕氏春秋》的证据。

《韩非子》中也有抄录《庄子》之处。如《庄子·庚桑楚》说："一雀适羿，羿必得之，威也；以天下为之笼，则雀无所逃。"这一段在《韩非子·难三》中作："故宋人语曰：'一雀过羿，羿必得之，则羿诬矣。以天下为之罗，则雀不失矣。'夫知奸亦有大罗，不失其一而已矣。"庄子即宋人，庄子后学亦必多有宋人，韩非子把《庚桑

楚》之文引为“宋人曰”，正是抄录《庄子》之明证。

现在我们把《吕氏春秋》和《韩非子》抄引《庄子》的情况列成下表（表中《吕》即《吕氏春秋》，《韩》即《韩非子》）。

表 2—1

《庄子》篇名		引文大意	《吕》、《韩》篇名
内篇	《逍遥游》	尧让天下于许由，许由辞。	《吕·论二·求人》
	《养生主》	庖丁解牛。	《吕·纪九·精通》
	《大宗师》	道，维斗得之……日月得之……	《韩·解老》
外篇	《胠箧》	盗亦有道。	《吕·纪十一·当务》
	《天地》	尧治天下，伯成子高辞为诸侯。	《吕·览八·长利》
	《达生》	单豹养内而虎食外，张毅养外而病攻内。	《吕·览二·必己》
		以瓦注者巧，以黄金注者殙。	《吕·览一·去尤》
		东野稷以御见庄公。	《吕·览七·适威》
	《山木》	庄子行于山中见大木。	《吕·览二·必己》
		丰狐文豹，以皮之美自为罪。	《韩·喻老》
		杨子之宋，于逆旅见美丑二妾。	《韩·说林上》
	《田子方》	仲尼见温伯雪子而不言。	《吕·览六·精谕》
	《知北游》	至言去言，至为去为。	（同上）
杂篇	《庚桑楚》	以天下为笼，则雀无所逃。	《韩·难三》
	《徐无鬼》	篇仲病荐隰朋。	《吕·纪一·贵公》
	《外物》	外物不可必。忠未必信，老未必爱。	《吕·览二·必己》
	《让王》	舜以天下让其友石户之农。	《吕·览七·离俗》
		舜以天下让其友北人无择。	（同上）
		汤将伐桀，为卞随而谋。	（同上）
		尧以天下让子州支父。	《吕·纪二·贵生》
		越人求王子搜为君。	（同上）
		道之真以治身，其余绪为国家。	（同上）
		大王亶父居邠。	《吕·论一·审为》
		韩魏相与争侵地，子华子说昭僖侯。	（同上）
		中山公子牟谓詹子，詹子曰重生轻利。	（同上）
		孔子穷于陈蔡之间，言穷达之道。	《吕·览二·慎人》
		子列子穷。	《吕·览四·观世》
		昔周之将兴。	《吕·纪十二·诚廉》
	《盗跖》	尧不慈，舜不孝，禹偏枯……	《吕·纪十一·当务》
		人上寿百岁。	《吕·纪十·安死》
14 篇		30 段	《吕》16 篇，《韩》4 篇

上表说明，在战国末年，《庄子》书中至少约有十四篇已经被《吕氏春秋》、《韩非子》引用过，这十四篇占今本《庄子》三十三篇的42%左右，这一比例是相当高的，假如当时《庄子》尚未成书、尚没有较广泛的流传是不可能出现这种情况的。在《吕氏春秋》和《韩非子》引用过的十四篇文章中，内篇三、外篇六、杂篇五，这与今本《庄子》内七篇、外篇十五、杂篇十一的比例也是相当接近的。这说明《庄子》内篇、外篇、杂篇在当时都已有了一定规模，即使不能肯定当时已有内篇、外篇、杂篇之分，也应该肯定内、外、杂三部分的内容在当时已经基本具备，这也就是说《庄子》外杂篇在战国末年已经大体完成了。

这里需要说明的是上表中所作的统计是不完全的，如《庄子·秋水》篇有"然且语而不舍，非愚则诬也"，《韩非子·显学》篇亦有"故明据先王，必定尧舜者，非愚则诬也"，"非愚则诬"的说法有可能是先秦的通用语，但也有可能是《韩非子》受《庄子》影响而来。此外《庄子》中《知北游》、《缮性》等篇已有"性命"一词，《骈拇》、《在宥》已反复使用"性命之情"的术语，《吕氏春秋》中《重己》、《谨听》、《观世》、《勿躬》、《知度》、《有度》诸篇也都使用了"性命之情"的术语，"性命之情"在当时可能已成通用语，但也很可能是《吕氏春秋》的作者们直接受了《庄子》的影响，因为《荀子》、《韩非子》中都没有"性命之情"的说法。此外我们的统计也难免有一些遗漏，这都说明《庄子》一书在先秦被引用的情况不止于上表中所列的例证。

这里需要说明的另一点是《庄子》原本有五十二篇，今本只有三十三篇，已佚十九篇，而《吕氏春秋》、《韩非子》不可能只引用现存的三十三篇，不引用已佚的十九篇。如唐人杨士勋所作《春秋谷梁传疏·哀公二年》引《庄子》曰："楚有卖矛及盾者，见人来买矛，即谓之曰：'此矛无何不彻。'见人来买盾，则又谓之曰：'此盾何能彻者。'买人曰：'还将尔矛刺尔盾，若何'？"① 此寓言已不见于今本《庄子》，当是已佚的十九篇中的文字。今《韩非子·难一》篇所讲的矛盾的寓言很可能就引自原本《庄子》。《韩非子·难一》云："楚人有鬻盾与矛者，誉之曰：'吾盾之坚，莫能陷也。'又誉其矛曰：'吾矛之利，于物无不陷。'或曰：'以子之矛陷子之盾何如？'

---

① 王叔岷辑：《庄子佚文》，见《庄子校释》附录。

其人弗能应也。”这与《庄子》佚文的词句不完全相同，但故事的基本情节和结构是一样的，很可能是韩非子据《庄子》原本转述的。

又如《太平御览》卷七六七引《庄子》曰：“师旷为晋平公作清角，一奏，有云从西北起，再奏，大雨大风随之，裂帷幕，破俎豆，堕廊瓦。平公惧，伏于室内。”此段收在“杂物部”，说明《太平御览》的作者对此文不甚重视，难免有删节。此文在《韩非子·十过》篇作“一奏之，有玄云从西北方起；再奏之，大风至，大雨随之，裂帷幕，破俎豆，堕廊瓦。坐者散步，平公恐惧，伏于廊室之间。”《韩非子》此文很可能也是引自《庄子》五十二篇本的。总之，《吕氏春秋》和《韩非子》等书完全可能引用《庄子》中已佚的十九篇文章。假定被引用的佚文有四到六篇，再假定我们上表所作的统计有两篇遗漏，那么上表所统计的十四篇就应该再加上六到八篇，据此，先秦已被引用的《庄子》原文或佚文应有二十到二十二篇，如果此数占《庄子》全书的42%，那么当时的《庄子》书约有五十几篇，与《汉书·艺文志》所说《庄子》五十二篇之数大致相合。如果这一推论大体成立，那就说明《庄子》成书于战国末年是完全可能的。

这里有必要特别讨论一下的是《让王》篇与《吕氏春秋》的关系。罗根泽等人断定《让王》袭自《吕氏春秋》，张恒寿先生在《庄子新探》中又进一步论证了这一点，但据我们考察，《让王》篇与《吕氏春秋》的关系虽有些蹊跷，却还不足以断定《让王》抄袭了《吕氏春秋》。就以《让王》第一节来说，这一节有四层近于排比的文字：第一层是“尧以天下让许由，许由不受。又让于子州支父”；第二层是“舜让天下于子州支伯”；第三层是“舜以天下让善卷”；第四层是“舜以天下让其友石户之农”。其中第一层同于《吕氏春秋·贵生》，第四层同于《吕氏春秋·离俗》，如果说《吕氏春秋》的《贵生》、《离俗》两篇各取了《让王》中的一层为自己立论，这没有什么困难，但要反过来说《让王》分别取了《贵生》、《离俗》中的一节作为自己的第一层和第四层，自己又创作了第二层和第三层，那就无法解释《让王》的作者为什么要这样做，如果是为了铺排渲染，为什么不把后面第十三节“舜以天下让其友北人无择”一段（亦见于《离俗》）一起抄过来？《让王》的作者既然有能力创作第二层和第三层，为什么不能创作第一层和第四层？事实上，这四层结构整齐，观点相通，与庄子学派也有一定联系，很难说这是杂辑《吕氏春秋》而成的。第一层“唯无以天下为者，可以托天下也”与《逍遥游》“无所用天下为”相通；第二层“此有道者之所以异乎俗者也”亦是道家语言；第三层“逍遥于天地之间而心意自得，吾何以天下为哉”更是庄子派的风格；第四层“以舜之德为未至也”也与庄学相通。这密切相关的几层怎么会是杂辑《吕氏春秋》而成的呢？

此外，从一些词句的变动情况来看，也能找到《吕氏春秋》引用《让王》篇的证据。如《让王》第一节讲尧以天下让许由，许由不受，又让于子州支父，后面讲到“唯无以天下为者，可以托天下也”，文通理顺，十分自然。但在《吕氏春秋·贵生》篇这一句却改为“唯不以天下害其生者也”，突然提出反对“害其生”的问题显然是为了牵合篇题《贵生》之旨。又如《让王》篇第五节“若颜阖者，真恶富贵也”，此句在《吕氏春秋·贵生》篇中又改作“若颜阖者，非恶富贵也，由重生恶之也”，这一改一加，显然也是为了扣合“贵生”之篇题。这些例证还有不少，都可说明是《吕氏春秋》转引《让王》篇，而不是相反。

其次值得注意的是《让王》篇第一节中的两段，第二、三、四、五、六各节，第十一、十二、十三、十四、十五各节在《吕氏春秋》中的位置依次为第二、第十九、第二十一、第二、第二十一、第二、第十六、第二十一、第十四、第十九、第十九、第十二卷，毫无规律可循，为什么会这样呢？如果认为这是《让王》的作者有意掩人耳目，那是难以讲通的，因为《吕氏春秋》写成后曾“布咸阳市门，悬千金其上，延诸侯游士宾客有能增损一字者予千金”（《史记·吕不韦列传》），这说明《吕氏春秋》的内容是众所周知的，在这种情况下既要抄袭又要瞒人，无异于掩耳盗铃，这说明假定《让王》篇抄袭《吕氏春秋》是不合乎逻辑的。

反之，如果假定是《吕氏春秋》抄袭了《让王》就没有这种矛盾。如《让王》篇第一节第一层（尧以天下让于子州支父）、第三节（越人求王子搜为君）、第五节（鲁君闻颜阖得道）在《吕氏春秋·贵生》篇中恰巧是顺次相排，前后相接；又如《让王》篇第一节第二层（舜以天下让子州支伯）、第十三节（舜以天下让北人无择）、第十四节（汤将伐桀）在《吕氏春秋·离俗》篇中也恰巧是顺次相排，前后衔接；又如《让王》第二节（大王亶父居邠）、第四节（韩魏相与争侵地）、第十一节（中山公子牟谓詹子）在《吕氏春秋·审为》篇中又恰巧是依次排列，前后相连。为什么会出现这样整齐而有规律的现象呢？只能有一种解释，那就是《吕氏春秋》中《贵生》、《离俗》、《审为》各篇的作者从前往后在《让王》中选择对自己有用的故事，顺次写入了自己的文章之中，由于这种写法既省事，又不违反全书的编写要求，所以作者无须调整这些故事的前后顺序。这说明肯定《吕氏春秋》抄袭了《让王》比认为《让王》抄袭了《吕氏春秋》更为合乎逻辑。

《让王》篇第七节（楚昭王失国）、第八节（原宪居鲁）、第九节（曾子居卫）、第十节（孔子谓颜回）以及第一节第二、三两层（舜让天下于子州支伯、舜以天下让善卷）不见于《吕氏春秋》，如说《让王》是抄袭自《吕氏春秋》，那么这几节就没有着落。张恒寿先生认为这几节中的楚昭王失国、原宪居鲁两个故事辑自《韩诗外传》、《新序》，但此说与张先生自己关于《庄子》编定于淮南王时期的观点相矛盾，因为刘向的《新序》只能作于西汉末年成帝以后，不可能作于淮南王刘安在世以前。事实上，只能是《新序》因袭《庄子》，不可能是《庄子》抄录《新序》。如李善《文选注》中（任昉《天监三年策秀才文》）所引叶公好龙的故事便出于《庄子》①，并非出于《新序》，这说明《新序》中叶公好龙的故事来源于《庄子》原本，这是《新序》采辑《庄子》的明证，说《庄子》抄录《新序》则是毫无根据的。

总之，《吕氏春秋》确实有可能抄录《让王》篇，断言《让王》篇"大部承袭《吕氏春秋》"，"全篇系杂辑旧说而成"② 根据仍嫌不足。但这一问题对于本文的考证来说并不是十分重要的，即使对《让王》篇存而不论，《韩非子》和《吕氏春秋》所引《庄子》仍有十三篇之多，仍占今本《庄子》的 39.4%，这对于我们上面的考证方法和考证结论来说并没有根本影响。总而言之，从《韩非子》和《吕氏春秋》引用《庄子》的情况来看，《庄子》外杂篇完成于战国末年以前是完全可能的。【或者说，《庄子》（包括外杂篇）应该完成于吕不韦卒年（公元前 235）与韩非子卒年（公元前 233）之前。】

二、从贾谊赋看《庄子》成书年代

贾谊生于公元前 200 年，上距刘邦称帝不过两年。从他的《吊

① 参见马叙伦、王叔岷辑：《庄子佚文》，见马叙伦：《庄子义证》，上海，商务印书馆，1930；又见王叔岷：《庄子校释》。

② 张恒寿：《庄子新探》，287、288 页。

屈原赋》和《鹏鸟赋》来看，他熟读《庄子》，颇得其旨，由此也可推出《庄子》大致成书于战国末年，也就是说，《庄子》外杂篇大体完成于先秦时期。

先看《吊屈原赋》（文据《史记·屈原贾生列传》）：

①“世谓伯夷贪兮，谓盗跖廉。”此意源于《庄子·骈拇》：“奚必伯夷之是而盗跖之非乎！”

②“袭九渊之神龙兮，沕深潜以自珍。”典出《庄子·列御寇》：“夫千金之珠，必在九重之渊而骊龙颔下……”

③“彼寻常之汙渎兮，岂能容吞舟之鱼，横江湖之鳣鲟兮，固将制于蚁蝼。”语出《庄子·庚桑楚》：“夫寻常之沟，巨鱼无所还其体”，“吞舟之鱼，砀而失水，则蚁能苦之”。

④“所贵圣人之神德兮，远浊世而自藏。”“自藏”，见于《庄子·则阳》：“是圣人仆也，是自埋于民，自藏于畔。”

再看《鹏鸟赋》：

⑤“且夫天地为炉兮，造化为工。”典出《庄子·大宗师》：“今一以天地为大炉，以造化为大冶，恶乎往而不可哉！”

⑥“合散消息兮，安有常则。”意出《庄子·知北游》：“人之生，气之聚也；聚则为生，散则为死。”“孰知其纪。”

⑦“千变万化兮，未始有极。”语同《庄子·大宗师》：“若人之形者，万化而未始有极也。”

⑧“忽然为人兮，何足控揣。”意同《庄子·大宗师》：“今一犯人之形，而曰：‘人耳！人耳！’夫造化者必以为不祥之人。”

⑨“化为异物兮，又何足患。”意同《庄子·大宗师》：“亡，予何恶！浸假而化予之左臂以为鸡，予因以求时夜；浸假而化予之右臂以为弹，予因以求鸮炙……且夫物不胜天久矣，吾又何恶焉！”

⑩“小知自私兮，贱彼贵我。”意同《庄子·秋水》：“以物观之，自贵而相贱。”

⑪“通人大观兮，物无不可。”语同《庄子·齐物论》：“物固有所然，物固有所可。无物不然，无物不可。”《寓言》篇亦有此语。

⑫“至人遗物兮，独与道俱。”《庄子·田子方》云：“遗物离人而立于独。”《庄子·山木》篇云：“独与道游于大漠之国”“至人”亦《庄子》常用语。

⑬“真人淡漠兮，独与道息。”《庄子·缮性》云：“与一世而得淡漠焉。”“独与道息”意即“独与道游于大漠之国”（《山木》）。“真

人”亦《庄子》用语。

⑭“释知遗形兮，超然自丧。”意出《庄子·大宗师》：“离形去知，同于大通。”又《齐物论》：“今者吾丧我。”

⑮“寥廓忽荒兮，与道翱翔。”意同《庄子·山木》：“乘道德而浮游。”

⑯“其生若浮兮，其死若休。”语见《庄子·刻意》：“其生若浮，其死若休。”

⑰“澹乎若深渊之静，泛乎若不系之舟。”语出《庄子·列御寇》：“饱食而敖游，泛若不系之舟。”

⑱“不以生故自保，养空而浮。”颜师古引服虔曰：“道家养空虚，若浮舟也。”（《汉书·贾谊传》）此即《庄子·山木》虚舟之喻：“方舟而济于河，有虚船来触舟，虽有惼心之人不怒……人能虚己以游世，其孰能害之！”“养空而浮”意即“虚己以游世”。“不以生故自保”即“生而不悦，死而不祸”（《庄子·秋水》）。

⑲“德人不累兮，知命不忧。”“不累”见于《庄子·在宥》：“成于德而不累。”“知命不忧”，意同《庄子·养生主》：“安时而处顺，哀乐不能入也。”“德人”亦见于《庄子·天地》：“德人者，居无思，行无虑。”

⑳“贪夫徇财兮，烈士殉名。”意出《庄子·骈拇》：“小人则以身殉利，士则以身殉名。”《庄子》佚文中亦有“胥士之徇名，贪夫之徇财”①。

㉑“大人不曲兮，亿变齐同。”意同《庄子·齐物论》：“天地一指也，万物一马也。”

贾谊的《吊屈原赋》和《鹏鸟赋》共计不过八百字，其中借用或发挥《庄子》之意的竟有二十几处，涉及《庄子》内外杂各篇十四篇文章，其中内篇三，外篇八，杂篇三。这一方面说明贾谊深受《庄子》熏染，另一方面也说明《庄子》在当时已有一定的规模，故能产生较广泛的影响。

贾谊约二十三岁作《吊屈原赋》，约二十六岁作《鹏鸟赋》。史称贾谊“年十八，以能诵诗属书闻于郡中……颇通诸子百家之书”（《史记·屈原贾生列传》）。这里的“诸子百家之书”当然包括《庄子》。由此可知贾谊读《庄子》时不过十几岁，离刘邦称帝也不过十

---

① 王叔岷辑：《庄子佚文》，见《庄子校释》附录。

几年。如果这时流传的《庄子》只有部分篇章，那么，在“续貂”之作完成之后就会有两种《庄子》的写本传世，那么，同时代的司马迁、稍后的刘向、刘歆以及班固就不会不置一词。因此，贾谊所读的《庄子》应该已经是完本。

那么，完本完于何时呢？第一，不会在刘邦即位后。因为刘邦在位时，秦代挟书之律仍在实行，直到惠帝四年始“除挟书律”，这期间不大可能续作《庄子》。同时，在那帛简手抄的年代，一部十几万字的书也很难在短时间内编撰完毕并广泛流传。第二，不会在楚汉相争、战乱不断的秦汉之际。第三，不会在严禁私藏“诗书百家语”的秦代。据此推知，《庄子》成书大体应在秦始皇统一六国以前。

一般说来，一部书作于什么时代总会对这个时代有所反映。如《吕氏春秋·观世》说：“今周室既灭，天子既废，乱莫大于无天子，无天子则强者胜弱，众者暴寡，以兵相残，不得休息而佞进，今之世当之矣。”这说明《吕氏春秋》写作时代大致在周期灭亡之后、秦始皇统一天下之前。又如陆贾《新语》中有“齐桓公尚德而霸，秦二世尚刑而亡”（《道基》），“文武之朝多贤良，秦王之庭多不祥”（《思务》），这说明《新语》作于秦朝灭亡之后。贾谊《新书》中有《过秦论》，曰“今汉兴三十年矣，而天下愈屈食至寡也”（《忧民》），这明确说明《新书》写于汉代初年。《淮南子》中也有“物丰则欲省，求澹则争止。秦王之时人或菹子，利不足也；刘氏持政，独夫收孤，财有余也”（《齐俗》）。这也明确反映了《淮南子》的写作年代。但是，在《庄子》书中是找不到这类能确实说明外杂篇作于秦代或汉初的证据的。

如果我们假定《庄子》外杂篇中的某些篇完成于汉代，那么我们就无法解释，像秦始皇兼并六国、统一天下，刘邦剿灭群雄、平定海内这样重大的事件，为什么在这些篇中毫无反映？为什么《庄子》书中可见梁惠王、楚威王、宋王偃的故事，而不见秦皇汉祖的踪影？为什么《庄子》书中的寓言人物都是战国以前的人，没有一个秦将汉臣？只要我们承认文章是社会现实的反映，我们就无法回答这个问题。

总而言之，《庄子》成书于汉初之说是根据不足的。《庄子》外杂篇完全有可能是战国末年以前的作品。

三、从《庄子》本书看外杂篇的年代

以上我们主要是以其他书为旁证来推断《庄子》的成书年代，从而说明外杂篇完成于先秦的可能性。这里我们从《庄子》书本身出发考察一下外杂篇的写作年代。我们的论证重点在于外杂篇作于先秦，因此只讨论那些疑问较大的篇章，如《天下》、《天地》、《天道》、《天运》等。如果对这些篇的疑问消除了，那么《庄子》外杂篇大体完成于先秦的问题也就解决了。

我们首先来考察《天下》篇的写作年代。《天下》篇在中国古代学术史上有重要地位。关于它的写作年代众说纷纭，有主“先秦说”者，有主“汉初说”者，本文则通过考察《庄子》各篇的篇题，发现了《天下》篇早于《至乐》篇的证据，从而肯定了“先秦说”。

《庄子》各篇的命名是有规律的。内七篇全是有意义的三字题，外杂篇除《让王》、《盗跖》、《说剑》、《渔父》外，基本上是以篇首二三字来命名的。详情可见下表：

表 2—2

篇题		首句	命题情况
外篇	《骈拇》	骈拇枝指，出乎性哉！	首二字。
	《马蹄》	马，蹄可以践霜雪……	首二字。
	《胠箧》	将为胠箧探囊发匮之盗，而为守备……	第三、四字，不取虚字“将”、“为”。
	《在宥》	闻在宥天下，不闻治天下也……	第二、三字，不取单字“闻”。
	《天地》	天地虽大，其化均也……	首二字。
	《天道》	天道运而无所积……	首二字。
	《天运》	天其运乎？地其处乎？	第一、三字，不取虚字“其”。
	《刻意》	刻意尚行，离世异俗……	首二字。
	《缮性》	缮性于俗，俗学以求复其初……	首二字。
	《秋水》	秋水时至，百川灌河。	首二字。

续前表

篇题		首句	命题情况
外篇	《至乐》	天下有至乐无有哉？	取第四、五字，不取首二字“天下”，不取单字“有”。
	《达生》	达生之情者……	首二字。
	《山木》	庄子行于山中，见大木……	取第五、九字，不取“庄子”，不取单字，虚词。
	《田子方》	田子方侍坐于魏文侯……	首三字。
	《知北游》	知北游于玄水之上……	首三字。
杂篇	《庚桑楚》	老聃之役，有庚桑楚者……	第六、七、八三字，不取单字和虚词，不取“老聃”。
	《徐无鬼》	徐无鬼因女商见魏武侯……	首三字。
	《则阳》	则阳游于楚……	首二字。
	《外物》	外物不可必……	首二字。
	《寓言》	寓言十九，重言十七……	首二字。
	《列御寇》	列御寇之齐，中道而反……	首三字。
	《天下》	天下之治方术者多矣……	首二字“天下”。

从表上不难看出，外杂篇是以取篇首二、三字为命题原则的，这二、三字或是人名（如《则阳》、《徐无鬼》），或是双音实词（如《外物》、《秋水》），或是多音节词组（如《知北游》），其意义都比较完整，不包含虚词。例外情况有二：（一）篇首二、三字中有虚词或单音词则顺次取后面的实词，如《胠箧》不取虚词“将”、“为”，《在宥》不取单音词“闻”；（二）篇首人名是老子和庄子时则顺次取后面的实词，以避免篇名与《老子》、《庄子》书名相重，如《庚桑楚》、《山木》（这正如《孟子》第一篇首句为“孟子见梁惠王”，篇名取“梁惠王”而不取“孟子”）。这种对例外情况的处理，也说明外杂篇以篇首取字来命题的原则，是贯彻始终的。那么，《至乐》篇首句是“天下有至乐无有哉”，本应取“天下”二字为题，但为什么不取呢？只有一种可能，那就是《天下》篇已经取首二字“天下”为题，《至乐》也取“天下”为题就会重复，所以顺次取了后面一个双音实词为题。此外很难找到其他的合理解释。据此可以断言，《天下》篇的写作年代早于《至乐》篇，既然没有理由怀疑《至乐》篇

作于先秦，也就不应怀疑《天下》篇亦作于先秦。

或问，《庄子》各篇的篇题是什么时候加上去的呢？如果是秦汉以后某整理者一次加上去的，我们上面的考证就失去了依据。但是据我们考察，这种可能性几乎是不存在的。首先，战国古籍中随写随命题的情况已经相当普遍。如银雀山汉墓竹简《孙膑兵法》，马王堆汉墓帛书《经法》、《十六经》等古籍都已有篇名，这些出土古籍都是抄于汉初、作于战国时期的作品①，抄写者不是整理校勘者，因此这些古籍之篇题多数应是原有的，依此类推，《庄子》各篇之篇题在战国已有，是完全可能的。其次，《庄子》之书命题情况有三种，第一种是内篇整齐的三字题，第二种是上表所列的以篇首二三字命名的篇题，第三种是《让王》、《盗跖》、《说剑》、《渔父》四篇，是概括文章内容的二字题。这也说明《庄子》全书并非后人统一命题，而是在编写过程中逐次命题的。因此我们从命题方法的角度所作的考证是可以成立的。

下面再从文章的内容来印证《天下》篇的年代。《天下》开宗明义便说："天下之治方术者多矣，皆以其有为不可加矣……"劈头就讲"天下"如何，显然是在评论当时的情况，而不是追述历史。接着是"天下大乱，贤圣不明，道德不一，天下多得一察焉以自好……天下之人各为其所欲焉以自为方。悲夫，百家往而不反，必不合矣！"这里描写的正是诸子蜂起、百家争鸣的战国时期，最后的感叹更说明百家之学方兴未艾，作者并没有看到秦汉时期天下定于一尊、学术归于一统的局面。

此外，《天下》说古之道术"散于天下而设于中国者，百家之学时或称而道之"。"时"是时常，这是说现在的百家之学还常常讲到古代的道术。如果是后代追忆百家之学，那就应该说"百家之学之时"，"时"前的"之"字是不能省略的。又如"今墨子独生不歌，死不服"中的"今"字，墨子后学"至今不决"的"今"字，"将使后世之墨者"的"将"字都说明《天下》篇写于墨家尚未绝迹的时代，因而不可能在秦汉以后。

对于《天地》、《天道》、《天运》三篇，历史学者怀疑较多，然而据我们考察，《天地》、《天道》、《天运》三篇文章晚于《天下》，但也是先秦之作。

---

① 参见张震泽：《孙膑兵法校理》自序，北京，中华书局，1984；裘锡圭：《马王堆〈老子〉甲乙本卷前后帛书与"道法家"》，见《中国哲学》第二辑，69页，北京，三联书店，1980。

《天地》篇中有一段尧和华封人的对话。其中尧说到“多男子则多惧，富则多事，寿则多辱”，这正是对战国时期子弑父、臣弑君、贱凌贵等现实的无限忧惧。此外，《吕氏春秋·长利》引用了《天地》篇中尧治天下、伯成子高辞为诸侯的寓言，这也可证明《天地》是先秦之作。

《天道》篇的年代当晚于孟子，早于秦汉。《天道》中有这样一段寓言：“老聃曰：‘请问仁义，人之性邪?’孔子曰：‘然。君子不仁则不成，不义则不生。仁义，真人之性也，又将奚为矣?’”仁义为人性之端是孟子特有的学说，这段文章显然是受孟子影响而作。《天道》篇又云：“夫兼爱，不亦迂乎！无私焉，乃私也。”这是在反对墨家“兼相爱”、“交相利”的理论，说明在写作《天道》篇时墨家尚有影响，所以《天道》不会是秦汉以后的作品。《天道》篇又说：“虚静恬淡寂寞无为者，万物之本也……以此退居而闲游江海，山林之士服；以此进为而抚世，则功大名显而天下一也。”《天道》的作者反复宣传虚静无为的主张，认为“以此进为而抚世”则可以统一天下，这说明当时道家尚未占统治地位，天下尚未安定统一，因而《天道》不应是秦汉以后的作品 。

《天运》篇有云：“故夫三皇五帝之礼义法度，不矜于同而矜于治。故譬三皇五帝之礼义法度，其犹柤梨橘柚邪！其味相反而皆可于口。故礼义法度者，应时而变者也。今取猨狙而衣以周公之服，彼必龁齧挽裂，尽去而后慊。观古今之异，犹猨狙之异乎周公也。”这种关于该不该应时而变法的议论正是战国时期特有的思想表现，与《韩非子·五蠹》中“世异则事异”，“事异则备变”，“不期修古，不法常可”的说法，与《吕氏春秋·察今》中“世易时移，变法宜矣”的主张都是一致的。要不要应时变法的问题随着秦始皇统一中国而解决了，因此《天运》篇也不当是秦汉以后的作品。

关于《刻意》篇，姚鼐曾说：“此篇乃司马谈论六家要旨之类，汉人之文耳。”(《庄子章义》) 近代学者也多认为此篇是秦汉之际的作品。但《刻意》分别评论了“语仁义忠信，恭俭推让”的儒家和“语大功，立大名，礼君臣，正上下”的法家，同时论及了“山谷之士，非世之人”，“江海之士，避世之人”，“道引之士，养形之人”，这基本上还是百家之学尚未归于一统时的情况，不像秦汉以后一家独尊的局面。《刻意》作者又提出：“不刻意而高，无仁义而修，无功名而治，无江海而闲，不导引而寿，无不忘也，无不有也，澹然无极而众美从之。此天地之道，圣人之德也。”对以上所说的各种人都有所批判，另外提出了自己的“澹然无极”的主张，这与司马谈较客观地概括总结儒、墨、道、法等各家是不同的。此外《刻意》中，“尊主强国”、“致功并兼”的说法更是先秦的语言，秦汉以后兼并战争已经结束，就谈不上“尊主强国”、“致功并兼”了。

对于《在宥》篇也有人提出疑问，但《在宥》说：“今世殊死者相枕也，桁杨者相推也，形戮者相望也。而儒墨乃始离跂攘臂乎桎梏之间。”这里所说的“今世”显然是儒墨并称显学之时，当然不会是秦汉以后的作品。

以上我们说明了《庄子》外杂篇中疑问较大的诸篇文章都可能是先秦之作。那么，认为这些文章晚出的根据应该如何解释呢？或者说“汉初说”的论据为什么不能成立呢？

四、“汉初说”失误举例

认为《天下》等篇为汉初作品的重要理由是这几篇文章中出现了“六经”、“十二经”、“三皇五帝”、“素王”等提法。

刘节先生曾指出，《周易》是后来才被列为经书并逐渐变为“六经”之首的。① 根据这一提示，我们考察了“六经”之说产生演变的历史。

荀子第一个提出了“经”的概念。《劝学》篇说：“学恶乎始？恶乎终？曰：其数则始乎诵经，终于读礼。”这是称儒家典籍为“经”的开始。接着荀子顺次赞颂了《礼》、《乐》、《诗》、《书》、《春秋》诸经。在《儒效》篇，荀子又说到：“《诗》言是，其志也；《书》言是，其事也；《礼》言是，其行也；《乐》言是，其和也；《春秋》言是，其微也。”这时《易》还没有进入经书之列。

我们暂且不谈《庄子》。汉初提到六种经书的有贾谊的《新书》和《淮南子》，在《新书》中“六经”的排列顺序是《诗》、《书》、《易》、《春秋》、《礼》、《乐》（参见《新书》之《六术》、《道德说》）。在《淮南子·泰族》中，“六经”的顺序有两种，一种是《诗》、《书》、《易》、《礼》、《乐》、《春秋》，《易》为第三。另一种是《易》、《乐》、

① 参见刘节：《“易象”和“鲁春秋”》，载《学术研究》，1981（2），57～62页。

《诗》、《书》、《礼》、《春秋》，《易》已跃居首位。在《史记·太史公自序》中也出现了以《易》为“六经”之首的排列法，即《易》、《礼》、《书》、《诗》、《乐》、《春秋》。这时《易》为“六经”之首的地位还不稳定，常有其他排列法同时存在着。刘节先生认为是《汉书·艺文志》最后确立了《易》为“六经”之首的地位。从此，《易》、《书》、《诗》、《礼》、《乐》、《春秋》的排列顺序就被固定下来了。既然《易》在汉代初年已被列为“六经”之第三，并很快进到首位，那么，《易》刚刚进入经书之列，即《易》为“六经”之末的环节在哪里呢？

值得注意的是陆贾《新语》已有“五经”之说：“校修五经之本末，道德之真伪。”(《术事》) 据顾颉刚先生考证，“五经”之说出现于“六经”之后，是汉人因《乐》有谱无文，因而从“六经”中去掉了《乐》的结果。① 据此，《易》成为“六经”之一当在陆贾《新语》之前。《新语》写于刘邦即位不久，而秦代不可能产生并流行“六经”之说，因而“六经”之说当产生于秦代以前的典籍中。

现在再来看《庄子》罗列“六经”的两处记载。《天运》篇：“孔子谓老聃曰：‘丘治《诗》、《书》、《礼》、《乐》、《易》、《春秋》六经，自以为久矣……’”《天下》篇：“《诗》以道志，《书》以道事，《礼》以道行，《乐》以道和，《易》以道阴阳，《春秋》以道名分。”两处都以《易》为单字经之末，这很可能就是《易》进入经书之列的最早的情况，因为把《易》附在双字经《春秋》之后会破坏语言的节奏，所以《易》一开始就被列在了《春秋》之前。这可能就是汉初所没有的《易》为“六经”之末的环节。因此，“六经”之说产生于先秦是完全可能的，《庄子》中关于“六经”的说法肯定是较早的，不能因为有“六经”的提法就把《天下》、《天运》的年代推迟到汉初。

奇怪的是《天道》篇中有“十二经”的说法。陆德明曲与解说，于义未惬。近年有人提出“十二”乃“六”字之坏，折而为二，衍为“十二”②，这是很有道理的。事实上，唐代中期才合刻十二经，汉代也没有十二经的说法，把《天道》篇的年代推到汉初，仍然不能说明“十二经”的来源。“十二经”不能作为《天道》篇年代考证的依据。

---

① 参见顾颉刚：《秦汉的方士与儒生》，58页，上海，群联出版社，1955。

② 陈鼓应：《庄子今注今译》引严灵峰说，347～348页，北京，中华书局，1983。

“三皇”、“五帝”的说法也不是汉代才有的。《荀子·大略》云：“诰誓不及五帝，盟诅不及三王。”《韩非子·五蠹》云：“超五帝侔三王者，必此法也。”在《吕氏春秋》中“三皇”、“五帝”已经连称。如《贵公》：“万物皆被其泽，得其利，而莫知其所始，此三皇五帝之德。”《用众》：“夫取于众，此三皇五帝之所以立大功名也。”《孝行》：“夫孝，三皇五帝之本务，而万事之纪也。”王国维《说文讲义》云“三皇五帝之称颇晚，乃战国时后起之义”是十分正确的。罗根泽虽然承认这一点，却说“以政治言皇，以政治分别皇帝王霸，盖在西汉”①，此说晦昧不明。罗先生从汉代纬书中举出许多以政治分别皇帝王霸的例子，其中讲到“三皇”、“五帝”的仅有几例，如《孝经纬·援神契》云“三皇无文，五帝画象，三王肉刑”，《孝经纬·钩命决》云“三皇步，五帝趋；三王弛，五霸惊”，又曰“三皇设言民不违，五帝画象事顺机，三王肉刑揆渐加，应世黠巧诈伪多”②。如果这是“以政治分别皇帝王霸”的标准，那么《天运》篇的说法，与此是显然不同的。下面是《天运》篇讲到“三皇五帝”的全部例句：

①夫三王五帝之治天下不同，其系声名一也。

②小子少进！余语汝三皇五帝之治天下。

③三皇五帝之治天下，名曰治之，而乱莫甚焉。

④故夫三皇五帝之礼义法度，不矜于同而矜于治。故譬三皇五帝之礼义法度，其犹柤梨橘柚邪！

这和纬书的说法有什么相同之处呢？这算不算“以政治分别皇帝王霸”呢？如果这也是“以政治分别皇帝王霸”，那么《吕氏春秋·先己》说“五帝先道而后德，三王先教而后杀”岂不是和罗氏所引纬书之文更为相近，更应算“以政治分别皇帝王霸”吗？可见，“以政治分别皇帝王霸”的说法，在这里没有什么意义。

罗根泽还说《天运》篇“不惟提出三皇五帝，且提出三皇五帝之治，也是作于西汉之证”③。此说似乎有失轻率。先秦能讲“三皇五帝”，为什么就不能讲“三皇五帝”之治呢？再则，《天运》篇也没有提出“三皇五帝之治”的概念，只不过三次提到了“三皇五帝之治天下”的情况。这一点只要看看前面的前三个例句就会明白。

---

① 罗根泽：《诸子考索》，290～291页。

② 同上书，128页。

③ 同上书，291页。

“素王”一词也是“汉初说”的重要论据。姚鼐云“素王”“是汉人语”(《庄子章义》)。张恒寿先生说:“考‘素王’一词是汉初公羊春秋家尊称孔子之名,隐含孔子当为帝王之意。”“无论意义如何,都说明这一名称是到了汉初才出现的。”① 这是强调《天道》篇提到了“素王”一词,因而是汉人所作。其实《天道》篇中的“素王”是泛称,“素王”之道是“虚静恬淡寂寞无为”,与孔子没有关系。《史记·殷本纪》载伊尹“五反然后肯往从汤,言素王及九主之事”。“素王”、“九主”的说法一直来源不明。马王堆汉墓帛书的出土,证明先秦确有托名伊尹的著作明白地讲到“九主”的含义。这说明司马迁所记确有所本,因而“素王”一词也不是随意加在伊尹名下的,很可能先秦的伊尹之书已使用“素王”一词(《汉书·艺文志》:道家有“《伊尹》五十篇”,小说家有“《伊尹说》二十七篇”)。此外,《鹖冠子·王𫓧》中有“素皇”一词:“故其威立而不犯,流远而不废,此素皇内帝之法。”“素皇”与“素王”之意相同,《鹖冠子·王𫓧》当是先秦作品②,《王𫓧》中有“素皇”一词也说明“素王”之类的说法原非儒家对孔子之专称。汉初《淮南子·主术》也有“素王”一词:“勇力不闻,专行教道以成素王,事亦鲜矣。”始尊孔子为“素王”的是董仲舒的《天人三策》:“孔子作《春秋》,先正王而系万事,见素王之文焉。”(《汉书·董仲舒传》)据《汉书·武帝记》,《天人三策》作于元光元年(公元前134)以后,故晚于《淮南子》。综上所述,“素王”一词本是先秦道家所用,原与孔子无关,明确尊孔子为“素王”是汉儒后起之事,《天道》篇言“素王”,而不及孔子,正是先秦道家之特点。以“素王”证《天道》出于汉代,是缺乏根据的。

事实上,关于《天下》、《天道》、《天运》等篇为汉人所作的理由,多为怀疑揣测之词,往往经不起推敲。如姚鼐《庄子章义》说《天道》“孔子西藏书于周室”一段“亦汉人语。藏书者,谓圣人知有秦火事而预藏之”。其实这一段纯属寓言,不过是为了引出老聃批评孔子的言论,丝毫没有暗示孔子藏书的原因。再者,焚书也不仅只有秦火一事。《韩非子·和氏》即载:“商君教秦孝公以连什伍,设坐告之过,燔诗书而明法令,塞私门之请,而遂公家之劳。”这说

---

① 张恒寿:《庄子新探》,157、158页。

② 参见张岱年:《中国哲学史史料学》,99页;吴光:《黄老之学通论》,151～158页,杭州,浙江人民出版社,1985。

明先秦也有“燔诗书”之事，仅据孔子藏书不能说明《天道》为汉人所作。

又如林希逸曾说：“据《盗跖》篇‘今谓宰相曰’，战国之时未有称宰相者，此为后人私撰明甚。”（《南华真经口义》卷三十一）这是说《盗跖》作于战国以后。然《韩非子·显学》篇已有“故明主之吏，宰相必起于州部，猛将必起于卒伍”。因此林希逸的论据是虚而不实的。

类似于这样经不起推敲检验的揣测之词还有不少，如姚鼐说“上仙”是“秦以后人语”（《庄子章义》），吴汝纶说“白云”、“帝乡”、“亦非雅词，周秦人无比”（《点勘庄子读本》），等等。揣测不能代替考证，怀疑不等于事实。论者关于《庄子》外杂篇有秦汉作品的论点，实在没有什么确凿有力之证。从《韩非子》、《吕氏春秋》和贾谊赋引用《庄子》的情况来看，从《庄子》外杂篇所反映的时代背景来看，都应该肯定《庄子》外杂篇写作的年代大体不晚于战国末年。笼统说来，《庄子》内篇和外杂篇都可能掺入若干后代的文字，但是认真推敲起来，这种掺杂似乎并不严重，《庄子》还是一部比较可靠的先秦子书。

第三章
《庄子》外杂篇的分类

序　问题的历史和现状

在上一章，我们考证了《庄子》外杂篇的年代问题，这对于《庄子》外杂篇的研究是必要的，但仅有年代的考证，仍然是不够的。因为《庄子》外杂篇并非出于一人之手，其观点之歧异和对立是不容忽视的。就以对仁义的态度而言，有的激烈抨击，有的轻视贬低，有的吸收融合。对这些观点不作辨析，就不能对庄子后学的思想有清楚的认识，就无法描绘庄子后学的思想演变，同时也无法正确选择研究庄子思想的参考资料，因而我们有必要对《庄子》外杂篇进行梳理分类。

在明清时期，已有人对外杂篇作过一些分类，但那种分类是模仿儒家以传解经的方法，把内七篇当作经文，把外杂篇当作传释，把外杂篇的一部分或全部文章分别附于内七篇之下。如明代陈治安的《南华真经本义》以《达生》解《逍遥游》，以《寓言》解《齐物论》，以《外物》解《养生主》等等。清代周金然的《南华经传释》以《秋水》、《马蹄》、《山木》释《逍遥游》，以《徐无鬼》、《则阳》、《外物》释《齐物论》等等。这种做法并非毫无所见，但在总体上看，则十分牵强，不足为训。

近代也有一些人对《庄子》外杂篇进行了分类。如叶国庆的《庄子研究》以《骈拇》、《马蹄》、《胠箧》、《刻意》、《缮性》五篇为一类，认为是秦汉间作品；以《在宥》、《天地》、《天道》、《天运》四篇为一类，认为是汉代作品。叶国庆的分类是较早的，考证比较简略。罗根泽的考证比较详细，他在《庄子外杂篇探源》中以《骈拇》、《马蹄》、《胠箧》、《在宥》为一类，认为是战国末年左派道家所作；以《秋水》、《达生》、《山木》、《田子方》、《寓言》为一类，认为是庄子派所作；又以《至乐》、《知北游》、《庚桑楚》为一类，认为是老子派所作。罗氏之考证在《庄子》研究中影响较大。此外，日本的武内义雄在《老子与庄子》一书中，也对外杂篇作过分类，他以《至乐》、《达生》、《山木》、《田子方》、《知北游》、《列御寇》、《寓言》七篇为一类，认为是庄门弟子所作；以《庚桑楚》、《徐无鬼》、《则阳》、《外物》四篇为一类，认为是比庄子稍晚的后学所作。武内义雄的分类也有一定影响。

新中国成立以来，关锋曾对外杂篇作过分类，他在《庄子外杂篇初探》中，以《骈拇》、《马蹄》、《胠箧》、《在宥》为一组，称之为老子后学左派所作；以《天地》、《天道》、《天运》为一组，认为是宋尹学派的后学所作；以《秋水》、《至乐》、《达生》、《山木》、《田子方》、《知北游》、《庚桑楚》为一类，认为是庄子后学较为完整的篇章。关锋采纳了罗根泽的一些观点，但态度较为武断。张恒寿先生的《庄子新探》对庄子书考证最为详细，他以《骈拇》、《马蹄》、《胠箧》和《在宥》篇的前两章为秦统一前夕道家“左派”之作；以《天地》、《天道》、《天运》、《刻意》、《缮性》等篇为道家“右派”之作；以《秋水》、《至乐》、《达生》、《山木》、《田子方》、《知北游》六篇为庄子嫡派或庄子后学作品；以《庚桑楚》、《徐无鬼》、《则阳》、《外物》、《寓言》、《列御寇》为先秦时所作；又认为《让王》、《盗跖》、《渔父》和道家思想有些联系，认为《天下》篇是介于儒道之间的学者所作。张恒寿先生的分类是近年公开发表的外杂篇研究的最新成果。

既然前人已作过多次分类，为什么还要重新进行分类？本文的分类与以往的分类有哪些不同呢？第一，上述各家都没有专门对外杂篇进行分类研究，他们的分类主要是为年代考证服务的，而年代考证的依据与思想分类的依据是不同的，所以年代考证与思想分类工作应该分别进行。上一章我们已经考证了外杂篇的年代，这一章就可以专门进行关于分类的考证工作了。第二，上述各家的分类缺乏明确的统一的分类标准，似乎有时以年代为依据，有时以思想内容、文章风格为依据，我们则尝试以思想观点、主要是与内篇的关系为分类的统一标准。第三，上述两点的不同，引出了分类结果的不同，这就是以往各家的分类多比较零散，如罗根泽分为十二类，关锋分为八类，有支离琐碎之嫌，我们则尝试以庄学演变为线索，把外杂篇分为三大类。

上述三点不同，来源于对外杂篇的根本看法不同。概括起来，对《庄子》外杂篇大致有两种不同的态度：一种是强调外杂篇的“乱”与“杂”，抹杀外杂篇中的某种一致性，从外杂篇中分出了老子派、宋尹派、杨朱派、隐逸派、神仙家等五花八门的派别；另一种是看不到外杂篇中不同思想观点的区别，不加分析地引用外杂篇的资料研究庄子思想。总之，前者有见于其杂乱，无见于其中的一致；后者有见于其一致，无见于其杂乱。我们则主张，既要看到外杂篇之“杂”，又要看到外杂篇之“一”（本书所说外杂篇一般不含《说剑》篇），就是说，既要看到外杂篇各类文章之间的区别，又要看到外杂篇各类文章的一致性。《庄子》外杂篇大体上都是庄子后学的作品，而庄子后学的思想观点并不一致，应该分别进行研究，这就是我们对《庄子》外杂篇的根本观点，也是本章所要讨论的中心问题。

以往分类的论证方法多是“举例说明法”，即以若干材料为例说明此篇与某篇相同或相异。用这种方法，不同人以不同的例证可以对同一问题得出不同的结论，这样，即使论者的结论是比较可靠的，也仍有可能被视作见仁见智之说。为了避免这种情况，本文在论证方法上拟作两点尝试：第一，选择同异关系比较明显的原文逐条进行对比，尽可能靠原文本身说明问题，不完全靠我们的解释说明问题；第二，尽可能罗列出同异关系较为明显的全部原文资料，并对这些原文的条数进行统计比较，从而说明《庄子》外杂篇各类文章之间以及外杂篇各类文章与内篇之间的相互联系和区别。这样做仍不可能达到自然科学的定量分析的精确水平，但可以提高论证的客观性，防止以偏赅全。这种论证方法可称为“穷举对比法”。当然，这种方法主要是论证方法，至于对外杂篇进行分类的根本原则，仍然是思想上的异同关系。

为了叙述的方便，我们先把本文的分类结果列成下表，然后再逐步论证。

表 3—1　　《庄子》外杂篇分类表

类目	篇目	与内篇关系
第一类 （12）	（1）《秋水》、《至乐》、《达生》、《山木》、《知北游》、《田子方》 （2）《庚桑楚》、《徐无鬼》、《则阳》、《外物》、《寓言》、《列御寇》	同大于异 （超越儒墨）

续前表

类目	篇目	与内篇关系
第二类 (7)	(1)《在宥下》*、《天地》、《天道》、《天运》《刻意》、《缮性》 (2)《天下》	同异参半 (融合儒法)
第三类 (7)	(1)《骈拇》、《马蹄》、《胠箧》、《在宥上》* (2)《让王》、《盗跖》、《渔父》	异大于同 (抨击杨墨)

* 表中《在宥上》即《在宥》篇第一节，其他各节即《在宥下》，详见本章第二节。

表上第一类文章的突出特点是阐释或发挥内篇的思想观点，而没有提出重要的、与内篇有明显不同的论点，这一派在百家争鸣中基本上是超越儒、墨之争的。表上第二类文章的主要特点，是不排斥百家之学，反而吸收容纳了儒家和法家的一些理论观点，重视君人南面之术，提出了君无为而臣有为的主张。表上第三类文章的突出特点是直接抨击现实，追求人的自然之性的彻底解放，幻想没有君臣之分、没有等级压迫的至德之世。这三类文章的思想特点将在本文后编（第七章、第八章、第九章）详细阐发，为避免重复，在这里就不作展开说明了。下面我们主要通过对思想上、语言上明显相通的材料进行排比和统计，来检验和证明上表的分类结果。

一、阐发内篇的第一类

所谓第一类文章包括外篇的六篇，即《秋水》、《至乐》、《达生》、《山木》、《知北游》、《田子方》，杂篇的六篇，即《庚桑楚》、《徐无鬼》、《则阳》、《外物》、《寓言》、《列御寇》，合计十二篇。这十二篇文章相互一致、相互联系之处很多，并且每一篇都与内篇有较为直接的联系。下面先来考察这一类文章之间的联系，再考察这类文章与内篇的联系，然后讨论这类文章与内篇的不同及其命名问题。

第一类文章中，语言形式及思想观点明显一致的原文 29 处，兹列如下。

①《至乐》“昔者海鸟止于鲁郊”的故事亦见于《达生》“昔者有鸟止于鲁郊”。

②《至乐》“杂乎芒芴之间，变而有气，气变而有形，形变而有生”，意同于《知北游》“人之生，气之聚也；聚则为生，散则

为死”。

③《至乐》“死生为昼夜”，同于《田子方》“死生终始将为昼夜”。

④《达生》“生之来不能却，其去不能止”，语似《田子方》“吾以其来不可却也，其去不可止也”，又似《知北游》“哀乐之来，吾不能御，其去弗能止”（张恒寿先生说）。

⑤《达生》“死生惊惧不入乎其胸中”，略同于《田子方》“喜怒哀乐不入于胸次”（张恒寿先生说）。

⑥《达生》“今汝饰知以惊愚，修身以明污，昭昭乎若揭日月而行也”，同于《山木》“子其意者饰知以惊愚，修身以明污，昭昭乎如揭日月而行，故不免也”。

⑦《山木》“物物而不物于物，则胡可得而累邪！”语似《知北游》“天地之强阳气也，又胡可得而有邪！”（张恒寿先生说）

⑧《知北游》“大马之捶钩者，年八十矣，而不失豪芒。大马曰：‘子巧与？有道与？’曰：‘臣有守也。’”语似《达生》“仲尼适楚，出于林中，见佝偻者承蜩，犹掇之也。仲尼曰：‘子巧乎？有道邪？’曰：‘我有道也。’”

⑨《秋水》有“（神龟）宁其生而曳尾于涂中”的故事，其寓意与《达生》“为彘谋，曰不如食以糠糟而错之牢筴之中”相似，并与《列御寇》“（牺牛）虽欲为孤犊，其可得乎”的寓言相似。

⑩《则阳》“斯而析之，精至于无伦，大至于不可围”，语同《秋水》“至精无形，至大不可围”。

⑪《列御寇》“若是者，迷惑于宇宙形累，不知太初”，相似于《知北游》“若是者，外不观乎宇宙，内不知乎太初”。

⑫《则阳》“蘧伯玉行年六十而六十化……未知今之所谓是之非五十九非也……已乎已乎！且无所逃”。同于《寓言》“孔子行年六十而六十化……未知今之所谓是之非五十九年非也……已乎已乎，吾且不得及彼乎！”

⑬《列御寇》“列御寇之齐……遇伯昏瞀人”，二人名见于《田子方》：“列御寇为伯昏无人射。”

⑭《徐无鬼》“南伯子綦隐几而坐，仰天而嘘。颜成子入见”，二人名似于《寓言》：“颜成子游谓东郭子綦曰……”

⑮《庚桑楚》“知止乎其所不能知，至矣”，语似《徐无鬼》“言休乎知之所不知，至矣”。

⑯《庚桑楚》“若有不即是者，天钧败之”，“天钧”亦见于《寓言》“是谓天均。天均者天倪也”。

⑰《列御寇》“达生之情者傀，达于知者肖；达大命者随，达小命者遭”，略似于《达生》“达生之情者，不务生之所无以为，达命之情者，不务命之所无奈何”。

⑱《列御寇》“离外刑者，金木讯之；离内刑者，阴阳食之”，意有似于《达生》“豹养其内而虎食其外，毅养其外而病攻其内”。

⑲《庚桑楚》“有不能以有为有，必出乎无有”，意有似于《知北游》“物物者非物，物出不得先物也”。

⑳《则阳》有“有国于蜗之左角者曰触氏”的故事，其意与《徐无鬼》“（豕虱）择疏鬣自以为广宫大囿”的故事相似，亦与《秋水》“（井蛙）跨跱坎井之乐”的寓言相通。

㉑《徐无鬼》“足之于地也践，虽践，恃其所不蹍而后善博也”，意向于《外物》“天地非不广且大也，人之所用容足耳。然则厕足而垫之致黄泉，人尚有用乎？”

㉒《徐无鬼》“恃其所不知而后知天之所谓也”，有似于《则阳》“莫知恃其知之所不知而后知，可不谓大疑乎！”

㉓《至乐》“支离叔与滑介叔观于冥伯之丘”，支离叔之名与《列御寇》“朱泙漫学屠龙于支离益”相似。

㉔《寓言》“彼强阳则我与之强阳”，“强阳”一词又见于《知北游》“天地之强阳气也”。

㉕《山木》“人能虚己以游世，其孰能害之”，“虚己以游世”略同于《列御寇》“虚而遨游者也”，“游世”又同于《外物》“游于世而不僻”。

㉖《达生》“游乎万物之所终始”，似于《山木》“浮游乎万物之祖”，又似于《田子方》“吾游心于物之初”。

㉗《山木》“游于无人之野”、“独与道游于大漠之国”意同于《知北游》“游乎无何有之宫”。

㉘《山木》“至人不闻，子何喜哉？”有似于《秋水》“道人不闻，至德不得”（张恒寿先生说）。

㉙《知北游》“与物化者，一不化者也”同于《则阳》“日与物化者，一不化者也”。

以上材料说明，第一类的十二篇文章之间是有密切联系的，这种联系可画成下面的示意图（见图3—1）。图中的虚线表示不同文章间的相互联系，虚线上的数码即上面所列材料的数码，通过数码可以查出各条虚线的资料依据。示意图可以更直观地说明把《秋水》等十二篇文章划为一类是有充分根据的。

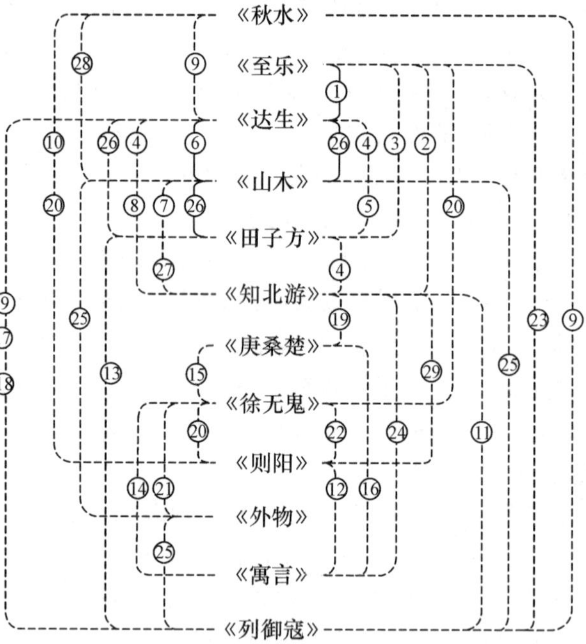

图 3—1　外杂篇第一类文章相互联系示意图

现在我们再来考察第一类文章与内篇的联系。兹列第一类各篇文章与内篇相通之材料如下。

(一)《秋水》与内篇

①《秋水》云“得而不喜，失而不忧”，“故生而不悦，死而不祸”，意同于《大宗师》“不知悦生，不知恶死；其出不䜣，其入不距”。

②《秋水》云“万物一齐，孰短孰长”，意同于《齐物论》“天地一指也，万物一马也”。

③《秋水》云“夏虫不可以语于冰者，笃于时也”，意同《逍遥游》“朝菌不知晦朔，蟪蛄不知春秋”。

④《秋水》云“以其至小求穷其至大之域，是故迷乱而不能自得也”，意通《养生主》“吾生也有涯，而知也无涯。以有涯随无涯，殆已”。

⑤《秋水》云“以道观之，物无贵贱；以物观之，自贵而相贱”，意同《德充符》“自其异者视之，肝胆楚越也；自其同者视之，万物皆一也”。

⑥《秋水》云“始于玄冥，反于大通”，语同《大宗师》“离形去知，同于大通”。

⑦《秋水》云“牛马四足，是谓天；落马首，穿牛鼻，是谓人”。其天、人之意同于《养生主》“天也，非人也。天之生是使独也，人之貌有与也。以是知其天也，非人也”。

⑧《秋水》云“因其所然而然之，则万物莫不然；因其所非而非之，则万物莫不非”，意同于《齐物论》“恶乎然？然于然。恶乎不然？不然于不然”。

⑨《秋水》云“至德者，火弗能热，水弗能溺”，意同于《大宗师》“入水不濡，入火不热”，又同于《逍遥游》“大浸稽天而不溺，大旱金石流土山焦而不热”，亦同于《齐物论》“至人神矣！大泽焚而不能热，河汉沍而不能寒”。

此外《秋水》篇记载了公孙龙闻庄子之言、楚王聘庄周、惠子搜庄子于国中、庄惠观鱼于濠梁等四个寓言。这也说明《秋水》篇与庄子思想关系密切。

明人陈治安云“《秋水》篇与《逍遥游》篇相似也”（《南华真经本义》）。清人王夫之云“（《秋水》）因《逍遥游》、《齐物论》而衍之”（《庄子解》）。林云铭云“是篇大意自内篇《齐物论》脱化出来”（《庄子因》）。近代刘咸炘云“（《秋水》）兼有《逍遥游》、《齐物》二篇之义”（《庄子释滞》）。罗根泽云“《秋水》推衍庄子的认识论”（《庄子外杂篇探源》）。台湾张成秋云“大体而论本篇近乎《庄子·齐物论》之言，甚为可信”（《庄子篇目考》）。张恒寿先生说“从思想方面看，它（《秋水》）综合了《逍遥游》、《齐物论》的理论”（《庄子新探》，下同）。各家所说都证明《秋水》与内篇关系密切。

（二）《至乐》与内篇

①《至乐》有“支离叔与滑介叔”的寓言，支离叔之名同于《人间世》“支离疏者”。

②《至乐》篇“支离叔曰：‘子恶之乎？’滑介叔曰：‘亡，予何恶……我又何恶焉？’”同于《大宗师》“子祀曰：‘女恶之乎？’曰：‘亡，予何恶……吾又何恶焉！’”

③《至乐》“颜渊东之齐，孔子有忧色”的寓言意同于《人间世》“(颜回）将之卫”，孔子曰“若殆往而刑耳”。

④《至乐》“善之诚善邪，诚不善邪?”“乐之果乐邪，果不乐邪?”语似《齐物论》“果且有彼是乎哉？果且无彼是乎哉?”“果且有成与亏乎哉？果且无成与亏乎哉?”

此外，《至乐》记载了庄子妻死鼓盆而歌、庄子之楚见空髑髅的佚事，说明此篇与庄子关系密切。

陈治安认为“(《至乐》）亦《大宗师》注义也”(《南华真经本义》，下同)。林云铭亦云：“此篇鼓盆、支离叔、空髑髅、百岁髑髅四段，理解精辟，得未曾有，可上拟《大宗师》篇内子祀、子桑户、孟孙才三段，但议论稍逊耳。”(《庄子因》，下同）胡远濬曰：“(《至乐》）与《大宗师》同旨，而词间涉诡激。”(《庄子诠诂》，下同）张恒寿先生云：“(《至乐》）除第一章和第五章外，都和《齐物论》、《大宗师》的内容相同，正是庄学的正统思想。”诸说皆有所见。

(三)《达生》与内篇

①《达生》“忘其肝胆，遗其耳目，芒然彷徨乎尘垢之外，逍遥乎无事之业”同于《大宗师》“忘其肝胆，遗其耳目；反复终始，不知端倪；芒然彷徨乎尘垢之外，逍遥乎无为之业”。

②《达生》“至人潜行不窒，蹈火不热，行乎万物之上而不慄”通于《大宗师》、《齐物论》、《逍遥游》诸篇“不溺”、“不热”、“不惊”之意。

③《达生》“死生惊惧不入乎其胸中”有似于《大宗师》、《养生主》“哀乐不能入也”。

④《达生》“游乎万物之所终始”有似于《大宗师》“与造物者为人，而游乎天地之一气”。

⑤《达生》“夫形全精复，与天为一”通于《大宗师》“其一与天为徒”。

归有光曰：“(《达生》）与《养生主》篇相发。”(《南华真经评注》）林云铭云：“此篇中大旨，发内篇《养生主》所未备。”周金然、胡远濬亦以《达生》解《养生主》。王夫之则云：“(《达生》）于诸外篇中，尤为深至，其于内篇《养生主》、《大宗师》之说独得其要归。”“其文词沉邃，足达微言；虽或不出于庄子之手，要得庄子之真者所述也。”罗根泽说“《达生》篇则推衍庄子的养生术”。张恒寿先生亦认为“《达生》为庄子派较早作品”。

(四)《山木》与内篇

①《山木》云“此木以不材得终其天年”，意同《人间世》“予求无所可用久矣”。

②《山木》“洒心去欲，而游于无人之野”，“独与道游于大漠之国”，意同《逍遥游》、《齐物论》“游乎四海之外”，“游乎尘垢之外”。

③《山木》“人能虚己以游世，其孰能害之”，意同于《人间世》“且夫乘物以游心，托不得已以养中，至矣”。

④《山木》有“孔子问子桑雽”，子桑雽之名见于《大宗师》“子桑户、孟子反、子琴张三人相与友”。

⑤《山木》“形莫若缘，情莫若率”，同于《人间世》“形莫若就，心莫若和”(张恒寿先生说)。

⑥《山木》“为人臣者，不敢去之，执臣之道犹若是，而况所以待天乎!”有似于《人间世》“臣之事君，义也……无所逃于天地之间”(张恒寿先生说)。

本篇记有庄子行于山中见大木、庄子衣大布过魏王、庄子游于雕陵之樊三个故事，也说明作者与庄子关系较为密切。

王夫之曰:“(《山木》)引《人间世》之旨，而杂引以明之。”姚鼐云:“此篇与《人间世》同旨。”(《庄子章义》)林云铭云:“此篇阐发全身远害之理，可以补内篇《人间世》所未备。”陆树芝曰“此篇言处世之道，与内篇《人间世》互相发。”(《庄子雪》)王先谦引苏舆云:“此亦庄徒所记，旨同于《人间世》处浊世避患害之术也。”张成秋云:“本篇多成于庄子后学之手，且多申《人间世》之旨，与庄子之学相去不远，足可为吾人参会者也。”

(五)《田子方》与内篇

①《田子方》“吾一受其成形，而不化以待尽，效物而动”同于《齐物论》“一受其成形，不忘以待尽。与物相刃相靡”。

②《田子方》“行小变而不失其大常也;喜怒哀乐不入于胸次”有似于《大宗师》、《养生主》“安时而处顺，哀乐不能入也”。

③《田子方》“薰然其成形，知命不能规[窥]乎其前”有似于《德充符》“日夜相代乎前，而知不能规[窥]乎其始者也”。

④《田子方》“夫天下也者，万物之所一也。得其所一而同焉，则四支［肢］百体将为尘垢”，同于《德充符》“自其同者视之，万物皆一也……物视其所一，而不见其所丧，视丧其足犹遗土也”。

⑤《田子方》“夫哀莫大于心死，而人死亦次之”有似于《齐物论》“其形化，其心与之然，可不谓大哀邪”（张恒寿先生说）。

⑥《田子方》“藏丈人昧然而不应，泛然而辞”同于《德充符》“闷然而后应，氾而若辞”。

⑦《田子方》“吾游心于物之初”，意同于《德充符》“不知耳目之所宜，而游心乎德之和”。

⑧《田子方》“且万化而未始有极也，夫孰足以患心！”有似于《大宗师》“若人之形者，万化而未始有极也，其为乐可胜计邪？”

⑨《田子方》“列御寇为伯昏无人射”，伯昏无人之名亦见于《德充符》“同师于伯昏无人”。

⑩《田子方》“今视子之鼻间栩栩然，子之用心独奈何”有似于《德充符》“若然者，其用心也，独若之何？”（张恒寿先生说）

⑪《田子方》“死生亦大矣，而无变乎已，况爵禄乎”同于《德充符》“死生亦大矣，而不得与之变”。

《田子方》亦有庄子见鲁哀公的故事，其事未必实有，但亦可见作者与庄子确有联系。

陆西星云《田子方》当“与《大宗师》参看”。陈治安亦云：“(《田子方》)重德于内，遗形于外，《德充符》之事也。”王夫之云：“(《田子方》)以忘言为宗，其要则《齐物论》‘照之以天’者是也。”张成秋云：“大体言之，此篇文句，多与《齐物论》、《养生主》、《德充符》等篇有相同处，而其内容，亦多申庄子之言。”张恒寿云：“(《田子言》)是庄子派遗作的较好作品，是无可怀疑的。”

(六)《知北游》与内篇

①《知北游》“若死生为徒，吾又何患！故万物一也……”有似于《德充符》“自其同者视之，万物皆一也”。

②《知北游》“故曰通天下一气耳，圣人故贵一”有似于《齐物论》“唯达者知通为一”。

③《知北游》“彼其真是也，以其不知也”，崇尚“不知”，同于《应帝王》“齧缺问于王倪，四问而四不知，齧缺因跃而大喜”。

④《知北游》“形若槁骸，心若死灰”，有似于《齐物论》“形固

可使如槁木，而心固可使如死灰乎”。

⑤《知北游》“(汝身) 是天地之委形也”，意同于《德充符》“道与之貌，天与之形”。

⑥《知北游》“道不可见，见而非也；道不可言，言而非也”，意同于《大宗师》“(道) 可得而不可见”，《齐物论》“夫大道不称”。

⑦《知北游》“奚足以为尧桀之是非”意同于《大宗师》“与其誉尧而非桀也，不如两忘而化其道”。

⑧《知北游》“尝相与游乎无何有之宫”，同于《应帝王》“游无何有之乡，以处圹埌［垠］之野”。

⑨《知北游》“无有所将，无有所迎”，同于《应帝王》“不将不迎，应而不藏”。

⑩《知北游》“啮缺问道乎被衣”，二人名见于《应帝王》“啮缺因跃而大喜，行以告蒲衣子”(崔譔云：“蒲衣子”即“被衣”)。

此外本篇还记载了庄子与东郭子论道的对话，说明作者与庄子有一定联系。

王夫之解《知北游》云：“此篇衍自然之旨”，“其说亦自《大宗师》来，与内篇相为发明，此则其显言之也”。张恒寿先生论《知北游》云：“全篇共十五章”，“大体说来，都对内篇思想有相当的阐发”。

(七)《庚桑楚》与内篇

①《庚桑楚》“目之与形，吾不知其异也，而盲者不能自见；耳之与形，吾不知其异也，而聋者不能自闻；心之与形，吾不知其异也，而狂者不能自得”。意有似于《逍遥游》“瞽者无以与乎文章之观，聋者无以与乎钟鼓之声，岂唯形骸有聋盲哉？夫知亦有之”。

②《庚桑楚》“身若槁木之枝而心若死灰”，意同于《齐物论》“形固可使如槁木，而心固可使如死灰乎？”

③《庚桑楚》“知止乎其所不能知，至矣”。同于《齐物论》“故知止其所不知，至矣”。

④《庚桑楚》“若有不即是者，天钧败之”，“天钧”同于《齐物论》“是以圣人和之以是非而休乎天钧”。

⑤《庚桑楚》“若是而万恶至者，皆天也，而非人也，不足以滑成，不可内于灵台”，同于《德充符》“故不足以滑和，不可入于灵府”。

⑥《庚桑楚》“寇莫大于阴阳，无所逃于天地之间”同于《人间

世》“无适而非君也，无所逃于天地之间”。

⑦《庚桑楚》“道通，其分也，［成也；］其成也，毁也”同于《齐物论》“道通为一，其分也，成也；其成也，毁也”。

⑧《庚桑楚》“古之人，其知有所至矣。恶乎至？有以为未始有物者，至矣，尽矣，弗可以加矣。其次以为有物矣，将以生为丧也……”同于《齐物论》“古之人，其知有所至矣。恶乎至？有以为未始有物者，至矣，尽矣，不可以加矣。其次以为有物矣，而未始有封也……”

⑨《庚桑楚》“既而有生，生俄而死；以无有为首，以生为体，以死为尻；孰知有无死生之一守者，吾与之为友”。同于《大宗师》“孰能以无为首，以生为脊，以死为尻；孰知死生存亡之一体者，吾与之友矣”。

⑩《庚桑楚》“今之人也，是蜩与学鸠同于同也”，“蜩与学鸠”同于《逍遥游》“蜩与学鸠笑之曰……”

⑪《庚桑楚》“有为也欲当，则缘于不得已，不得已之类，圣人之道”。“不得已”见于《人间世》“无门无毒，一宅而寓于不得已”，亦见于《大宗师》。

王夫之云：“此篇之旨，笼罩极大，《齐物论》所谓休之以天均也。……庄子之旨，于此篇而尽揭以示人。所谓忘小大之辩者此也，所谓照之以天者此也，所谓参万岁而一成纯者此也，所谓自其同者此也，所谓目无全牛者此也，所谓知天之所为者此也，所谓未始出吾宗者此也。”胡远濬云：“此与《逍遥游》篇相发。”张恒寿先生云：“《庚桑楚》篇不是老子派的作品，而是庄子派的作品”，“是《庄子》较早篇目”。

(八)《徐无鬼》与内篇

①《徐无鬼》“南伯子綦隐几而坐，仰天而嘘。颜成子入见曰……”同于《齐物论》“南郭子綦隐机而坐，仰天而嘘，嗒焉似丧其耦。颜成子游立侍乎前”。

②《徐无鬼》“彼之谓不道之道，此之谓不言之辩”，语同《齐物论》“孰知不言之辨，不道之道”。

③《徐无鬼》“吾所与吾子游者，游于天地”略同于《大宗师》“游乎天地之一气”。

④《徐无鬼》“吾与之乘天地之诚，而不以物与之相撄”同于

《逍遥游》“乘天地之正”。

⑤《徐无鬼》“予又且复游于六合之外”同于《逍遥游》“游乎四海之外”。

⑥《徐无鬼》有“齧缺遇许由”，齧缺之名见于《齐物论》、《应帝王》“齧缺问乎王倪”。

⑦《徐无鬼》“言休乎知之所不知，至矣”同于《齐物论》“故知止其所不知，至矣”。

⑧《徐无鬼》“自以为足矣，而未知未始有物也”同于《齐物论》“有以为未始有物者”。

此外，《徐无鬼》中还记有庄子谈射者非前期而中、庄子过惠子之墓两个故事，说明此篇与庄子确有较近关系。

张成秋云：“此篇决为庄子弟子或后人所作，皆道家言也。其中有近老者，有近庄者，亦有近乎法家权谋之变者。”张恒寿先生谈《徐无鬼》说：“仔细考察其内容，有许多珍贵的史料和深妙的理论，同内篇中《逍遥游》、《齐物论》等篇的价值，相差不远。”

（九）《则阳》与内篇

①《则阳》“周尽一体矣，而不知其然，性也”同于《齐物论》“已而不知其然，谓之道”。

②《则阳》“复命摇作而以天为师”同于《大宗师》“与天为徒”。

③《则阳》“冉相氏得其环中以随成”同于《齐物论》“枢始得其环中，以应无穷”。

④《则阳》“知游心于无穷，而反在通达之国”，同于《逍遥游》“以游无穷”，《德充符》“游心乎德之和”。

⑤《则阳》“遁其天，离其性，灭其情”，有似于《养生主》“遁天倍情……古者谓之遁天之刑”。

⑥《则阳》“已乎已乎！且无所逃”，同于《人间世》“已乎已乎，临人以德”。

⑦《则阳》“人皆尊其知之所知，而莫知恃其知之所不知而后知”有似于《大宗师》“以其知之所知，以养其知之所不知”。

⑧《则阳》“睹道之人，不随其所废，不原其所起，此议之所止”，有似于《齐物论》“六合之外，圣人存而不论；六合之内，圣人论而不议”。

此外《则阳》记有庄子批评长梧封人的一段话，也说明此篇与庄子有一定联系。

陆西星曰："此篇多有精到之语，却与内篇何异。"(《南华真经副墨》) 王夫之云："(《则阳》) 要其于内篇之旨，皆有所合。"胡远濬曰："此与《齐物论》篇相发。"张恒寿先生云："《则阳》篇是杂篇中比较整齐而思辨哲学极为精到的作品，全篇合章中，均有和《逍遥游》七篇（即内篇）及《秋水》六篇互相印证之处。"

(十)《外物》与内篇

①《外物》"与其誉尧而非桀，不如两忘而闭其所誉"，同于《大宗师》"与其誉尧而非桀也，不如两忘而化其道"。

②《外物》所记惠子谓庄子曰"子言无用"，同于《逍遥游》所记惠子谓庄子曰"今子之言，大而无用"。

③《外物》"凡道不欲壅，壅则哽，哽而不止则跈"，有似于《人间世》"夫道不欲杂，杂则多，多则扰，扰则忧"。

④《外物》"唯至人乃能游于世而不僻，顺人而不失己"，有似于《人间世》"且夫乘物以游心，托不得已以养中，至矣"。

⑤《外物》"胞有重阆，心有天游"，"心有天游"即《人间世》、《德充符》、《应帝王》之"游心"。

⑥《外物》"德溢乎名，名溢乎暴，谋稽乎誸，知出乎争"，同于《人间世》"德荡乎名，知出乎争"。

此外，本篇有庄子贷粟于监河侯、庄子讲无用之用、庄子论人有能游三段庄子之言行，也说明《外物》与庄子思想有一定联系。

王夫之说"(《外物》) 其于内篇之指，皆有所合"。张恒寿先生说《外物》许多章节"虽内容性质不同，文辞的连贯性程度不同，但都能表现庄子思想的某一方面。当是先秦庄子派的遗作"。

(十一)《寓言》与内篇

①《寓言》"卮言日出，和以天倪，因以曼衍，所以穷年"，于《齐物论》"和之以天倪，因之以曼衍，所以穷年也"。

②《寓言》"恶乎然？然于然。恶乎不然？不然于不然……固有所然，物固有所可。无物不然，不物不可"，同于《齐物论》"恶乎然？然于然。恶乎不然？不然于不然。物固有所然，物固有所可"。

③《寓言》"始卒若环，莫得其伦，是谓天均"。"天均"见于

《齐物论》“是以圣人和之以是非而休乎天钧”。

④《寓言》“已乎已乎！吾且不得及彼乎”，“已乎已乎”的说法见于《人间世》“已乎已乎，临人以德”。

⑤《寓言》“颜成子游谓东郭子綦曰……”二人名同于《齐物论》“南郭子綦隐机而坐……颜成子游立侍乎前”。

⑥《寓言》“众罔两问于景曰：若向也俯而今也仰……向也坐而今也起，向也行而今也止，何也?”同于《齐物论》“罔两问景曰：曩子行，今子止；曩子坐，今子起，何其无特操与?”

此外，《寓言》记有庄子与惠子的对话，也证明此篇与庄子有一定联系。

陆树芝曰：“此篇即《齐物论》无有是非、无有言说之旨。”(《庄子雪》)庄万寿曰：“《寓言》篇自‘庄子谓惠子’以上，乃是庄子后学申论《天下》篇庄子学术中‘以卮言为曼衍，以重言为真，以寓言为广’之语……以下发明庄子思想。”(《庄子学述》)张恒寿先生说：“本篇是庄子正统派思想的继承和发挥。”

(十二)《列御寇》与内篇

①《列御寇》篇“列御寇之齐……遇伯昏瞀人”，“伯昏瞀人”之名同于《德充符》“同师于伯昏无人”。

②《列御寇》“巧者劳而知者忧，无能者无所求”，有似于《人间世》“以其能苦其生”。

③《列御寇》“饱食而遨游，泛若不系之舟，虚而遨游者也”，其意与《德充符》“不知耳目之所宜，而游心乎德之和”相通。

④《列御寇》“古者谓之遁天之刑”，同于《养生主》“遁天倍［背］情，忘其所受，古者谓之遁天之刑”。

⑤《列御寇》“古之［至］人，天而不人”之意，与《大宗师》“不以人助天”相通。

⑥《列御寇》“归精神乎无始而甘冥乎无何有之乡”，有似于《应帝王》“出六极之外，而游无何有之乡”。

此外，本篇载有庄子讥曹商舐痔、庄子讲宋王如骊龙、庄子辞聘、庄子将死、庄子讲天而不人等五段逸事逸闻，这也说明《列御寇》与庄子思想有较密切联系。

王夫之云：“此篇之旨，大率以内解为主，以葆光不外炫为实，以去明而养神为要，盖庄子之绪言也。所引虽驳杂，有精粗之异，而要可相通。”胡远濬曰：“此篇与《养生主》篇相发。”张恒寿先生认为《列御寇》是“杂辑庄子师徒的零碎言论而成”。

综上所述，这第一类的十二篇文章与内篇相同相通的有 90 处，平均每篇 7.5 处。同时这一类文章中，除《达生》、《庚桑楚》两篇以外，其他每一篇都有直接记述庄子言行的文字，最多的一篇达 5 节。外杂篇关于庄子言行的记载共有 25 段，其中 23 段在这一类文章中。这些事实和前人的有关论述，都证明这第一类的十二篇文章与内篇关系相当密切，这是这一类文章的突出特点。这一特点也可进一步证明这十二篇文章的作者大体属于一派。

现在我们再来考察第一类文章与内篇的不同及其命名问题。

第一类文章与内篇并不是毫无区别的。仅以概念为例，这十二篇文章中有七篇文章使用了“性”的概念（《秋水》1 例，《达生》4 例，《山木》1 例，《庚桑楚》2 例，《徐无鬼》1 例，《则阳》7 例，《列御寇》1 例，合计 17 例），有两篇文章使用了“道德”的概念（《山木》3 例，《庚桑楚》1 例），有两篇文章使用了“性命”的概念（《徐无鬼》1 例，《知北游》1 例），有两篇文章使用了“精神”的概念（《知北游》2 例，《列御寇》1 例），而内篇是没有性、道德、性命、精神这些概念的。此外，内篇很少用“理”或“诚”字，而这一类的《秋水》、《知北游》、《则阳》等篇多次讲到了“理”，《徐无鬼》、《庚桑楚》篇反复讲到了“诚”。因此，尽管这十二篇文章与内篇关系相当密切，却仍不能与内篇等同视之。

第一类文章与内篇有同有异，既有密切联系，又有所区别，那么哪一方面是主要的呢？显然，相同和密切联系的一面是主要的。第一，这一类文章虽然使用了一些新概念，但基本上没有提出重要的新思想。如《山木》篇说：“若夫乘道德而浮游则不然，无誉无訾，一龙一蛇，与时俱化，而无肯专为……”这里虽然使用了道德这一概念，却仍是在发挥内篇“彷徨乎尘垢之外，逍遥乎无为之业”的基本宗旨。又如《徐无鬼》说：“君将盈耆欲，长好恶，则性命之情病矣。”这里虽然使用了性命一词，但仍是在阐发内篇“游心于淡”的基本思想。

第二，这些文章中偶或出现一个较有意义的新观点，也得不到其他文章的响应。如《秋水》说：“帝王殊禅，三代殊继。差其时逆其俗者，谓之篡夫；当其时顺其俗者，谓之义之徒。”主张“当其时、顺其俗”，反对“差其时、逆其俗”，这是内篇所没有的观点，但这一观点在《秋水》中不占主要地位，在其他篇中也没有得到呼应。

第三，这类文章中虽有一些观点与内篇不尽相同，但究其实质与根源，与内篇仍有相通之处。如《秋水》以“察乎安危”、“谨于去就”解释入火不热，入水不溺，完全没有内篇神秘绝俗的神韵，但作者毕竟是在有意解释内篇的观点。《达生》讲的“佝偻承蜩”、“蹈水有道”的寓言，远不如内篇超脱放达，但仍与庄子宁神虚静、因其自然的基本观点有相通之处。总而言之，第一类的十二篇文章与内篇虽有不尽一致之处，但这只是大同中的小异，没有形成普遍或重要的差别。

总起来看，第一类的十二篇文章与内篇关系相当密切，几乎每一篇文章都在有意阐发内篇的思想，或有意记述庄子的言行，各篇都没有提出带普遍性的新观点，可谓对庄子思想是“述而不作”，因此我们称这第一类文章的作者为述庄派，述庄派是庄子后学的嫡派，述庄派的作品是研究庄子思想的主要参考资料。

二、兼容儒法的第二类

第二类文章包括外篇的《在宥下》、《天地》、《天道》、《天运》、《刻意》、《缮性》和杂篇的《天下》，共计七篇。现在先来说明所谓《在宥下》的问题。

本书把《在宥》篇分为上下两部分，《在宥上》系指原《在宥》篇的第一节（“闻在宥天下”至“吾又何暇治天下哉”），以下各节即《在宥下》。我们把《在宥上》归入《骈拇》、《马蹄》、《胠箧》一组，把《在宥下》归入《天地》、《天道》、《天运》一组。这样做主要是因为《在宥》第一节与前面的《骈拇》等三篇明显一致。第一，有共同的体裁。都是直抒胸臆的政论文，不同于其他各篇借寓言故事曲与为说的思想风格；都以驳论为主，多用设问句、反问句和排比句，批判的锋芒犀利明快。第二，有共同的思想。都是直接面对现实，反对一切人为和一切统治术，追求自然之性的解放，不太讲玄虚的哲理。第三，有共同的概念。都特别重视“性”字，都用“性”与“德”对举，都爱讲“性命之情”，这些在全书中都是比较独特的，显然是自成体系的。同时，《骈拇》、《马蹄》、《胠箧》也是全书篇幅最短的一组，《马蹄》篇只有640字左右，而《在宥》篇第一节也约有560字，未尝不可独立成篇。《在宥》后几节有两千多字，更可独立成篇。《在宥》后几节与第一节显然不类，而与后面《天地》等三篇大体属于同一体系。比如，以寓言体为主，较重视统治术，讲君无为而臣有为，也常渲染玄妙的哲理，认为“道”以“天”为法，重视天与德的关系等。由此看来，《在宥》篇很可能原来是两篇，在流传编纂过程中因为字数较少而又前后相连，被误合为一篇。所以本文称原《在宥》第一节为《在宥上》，后几节为《在宥下》，分别归入两类，以求思想脉络清晰。

《在宥》篇的归类本来比较困难。叶国庆把《在宥》归入《天地》、《天道》、《天运》一组，而罗根泽、关锋则把它归于《骈拇》等篇。这是因为这一篇的内容，既与前面《骈拇》等篇有相似之处，又与后面《天地》等篇有相通之处。清人姚鼐、日人武内义雄等人已看到这一问题，所以他们单独把《在宥》的前两节（“闻在宥天下”、“崔瞿问于老聃”）与《骈拇》等篇相提并论，张恒寿先生亦持此说。我们没有完全采纳此说，只把《在宥》第一节归为《骈拇》一类，这是因为《在宥》第二节采用了寓言对话的形式，老聃的谈话内容虽与《骈拇》等篇大致相合，但《骈拇》等篇不讲儒墨，只讲杨墨，第二节却讲儒墨，而不讲杨墨，所以这第二节不一定要归入《骈拇》等篇。考虑到《骈拇》等三篇本来都是精粹短小的议论文，这在全书中是很突出的，为了保持这一组文章的特点，我们就只把《在宥》第一节归入《骈拇》一类，而把第二节归入《天地》一类。《天地》、《天道》、《天运》诸篇本来就比较驳杂，多此一节亦无碍大局。

我们把《在宥》分为两部分，只解决了明显而又容易解决的矛盾，并没有解决全部矛盾。比如《天地》篇“至德之世，不尚贤，不使能；上如标枝，民如野鹿”一段与《马蹄》篇“至德之世，同与禽兽居，族与万物并，恶乎知君子小人哉”的思想风格十分相近。又如《天地》篇末段“百年之木，破为牺尊”的议论与《马蹄》篇“纯朴不残，孰为牺尊”的说法十分一致，而且也讲曾史、杨墨，与《骈拇》、《马蹄》、《胠箧》显然是一组文章。但是，如果要把这类零星断简都挪移到一起，那么势必要重新编排《庄子》全书，这是没有意义的，是不必要的。《庄子》书中许多篇都有一些错杂的痕迹，但这并不影响我们对外杂篇作一大致清晰的分类。

现在我们就来考察《在宥下》、《天地》、《天道》、《天运》、《刻意》、《缮性》、《天下》诸篇自成一类的根据，也就是考察这七篇的相互联系。

①《在宥下》云“无为而尊者，天道也；有为而累者，人道也。主者，天道也；臣者，人道也”，明确讲君无为而臣有为，同于《天道》“上必无为，而用天下，下必有为，为天下用，此不易之道也”。

②《在宥下》云“何谓道？有天道，有人道……天道之与人道也，相去远矣”，明确讲天道，以天道与人道对称，有似于《天道》“天道运而无所积，故万物成；帝道运而无所积，故天下归”。

③《在宥下》云“中而不可不高者，德也；一而不可不易者，道也；神而不可不为者，天也”，认为天高于道，同于《天地》“义兼于德，德兼于道，道兼于天”，又同于《天道》“以天地为宗，以道德为主，以无为为常”，又同于《天下》“以天为宗，以德为本，以道为门”。

④《天道》云“其动也天，其静也地”，天动地静，同于《天运》“天其运乎？地其处乎？”

⑤《天道》云“此之谓辩士一曲之人也”，同于《天下》“虽然，不该不遍，一曲之士也”。

⑥《天运》有云“古之至人，假道于仁，托宿于义，以游逍遥之虚”，不完全排斥仁义，通于《在宥下》“会于仁而不恃，薄于义而不积”，又通于《缮性》“德无不容，仁也；道无不理，义也”，又通于《天下》“以仁为恩，以义为理”。此外《天道》云“道德已明，而仁义次之”，《刻意》亦云“语仁义忠信，恭俭推让，为修而已矣”。

⑦《天地》“以道观言，而天下之君正，以道观分，而君臣之义明”，讲君臣尊卑，同于《天道》“朝廷尚尊”，“君先而臣从”。

⑧《天地》有云“夫子曰：夫道，覆载万物者也，洋洋乎大哉”，又云“夫子曰：夫道，渊乎其居也”，有似于《天道》“夫子曰：夫道，于大不终，于小不遗，故万物备，广广乎其无不容也，渊乎其不可测也”。

⑨《天地》“天下有道，则与物皆昌；天下无道，则修德就闲”，有似于《缮性》“当时命而大行乎天下，则反一无迹；不当时命而大穷乎天下，则深根宁极而待”。

⑩《天地》“德全者形全，形全者神全”，德全可神全，有似于

《刻意》“邪气不能袭，故其德全而神不亏”。

⑪《天道》云“夫虚静恬淡寂寞无为者，天地之平［本］而道德之至，故帝王圣人休焉”，又云“夫虚静恬淡寂寞无为者，万物之本也”，同于《刻意》“故曰，夫恬惔［淡］寂寞虚无无为，此天地之平［本］而道德之质也。故曰，圣人休休焉则平易矣”。

⑫《天道》云“禽兽固有群矣，树木固有立矣……又何偈偈乎揭仁义，若击鼓而求亡子焉？”同于《天运》“又奚傑然若负建鼓而求亡子者邪？夫鹄不日浴而白，乌不日黔而黑”。

⑬《天运》云“天机不张而五官皆备，此之谓天乐”，有似于《天道》“覆载天地刻雕众形而不为巧，此之谓天乐”，“与天和者，谓之天乐”。

⑭《刻意》云“故曰圣人之生也天行，其死也物化；静而与阴同德，动而与阳同波……故无天灾，无物累，无人非，无鬼责……其神纯粹，其魂不罢”。《天道》亦云“故曰知天乐者，其生也天行，其死也物化，静而与阴同德，动而与阳同波……故知天乐者，无天怨，无人非，无物累，无鬼责……其鬼不祟，其魂不疲”。

⑮《缮性》云“逮德下衰，及燧人伏羲始为天下，是故顺而不一。德又下衰，及神农黄帝始为天下，是故安而不顺。德又下衰，及唐虞始为天下，兴治化之流，澡淳散朴，离道以善，险德以行……然后民始惑乱，无以反其性情而复其初”。此言自上古帝王至唐尧虞舜，道德日衰，天下日乱，有似于《天运》“黄帝之治天下，使民心一，民有其亲死不哭，而民不非也。尧之治天下，使民心亲，民有为其亲杀其杀，而民不非也。舜之治天下，使民心竞，民孕妇十月生子，子生五月而能言……则人始有夭矣。禹之治天下，使民心变……是以天下大骇，儒墨皆起”。

根据上述15条材料，我们可画出第二类文章相互联系的示意图（见图3—2）。从上述材料和示意图不难看出，把《在宥下》、《天地》、《天道》、《天运》、《刻意》、《缮性》、《天下》七篇归为一类是有充分根据的。

现在我们再来考察第二类文章与内篇的异同关系及其命名问题。

第二类文章与内篇的区别是明显的。首先，在这类文章中，《在宥下》、《天地》、《天道》、《天下》等篇都以天兼道，认为天高于道，这与内篇道生天生地的思想恰好相反，与外杂篇的其他两类文章也有明显不同（见上面材料③）。其次，在这类文章中，《在宥下》、

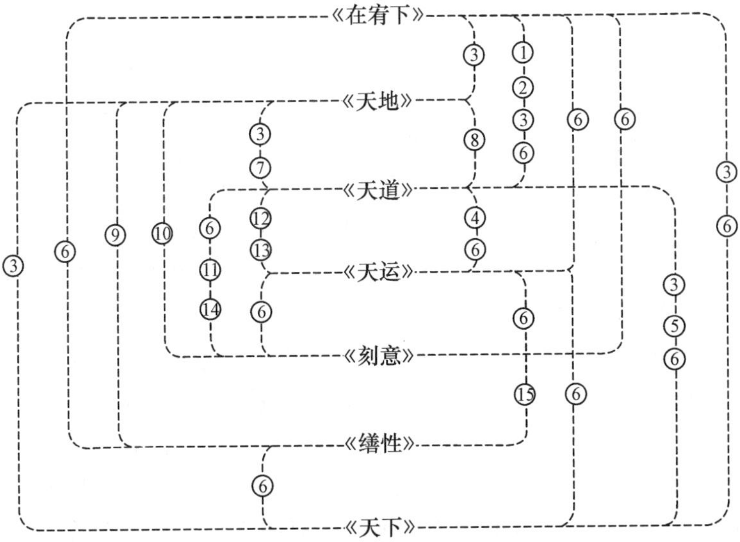

图 3—2　外杂篇第二类文章相互联系示意图

《天运》、《天道》、《刻意》、《缮性》、《天下》诸篇都有明显的兼容仁义的倾向（见上面材料⑥）。此外《天道》讲到“五变而形名可举，九变而赏罚可言”，《天下》篇还讲到“以法为分，以名为表，以参为验，以稽为决”。总的看来，这一类文章对儒法两家比较宽容，并有所吸收和肯定。这与内篇及外杂篇的其他两类文章也造成对照。再次，这类文章强调上下尊卑的君臣关系（见上面材料⑦），与内篇也是明显不同的。最后，这类文章明确提出了君无为而臣有为的观点，这在《庄子》书中，是比较特殊的。这一类文章与内篇的区别是重要而明显的。

这一类的七篇文章共同的突出的特点是兼谈仁义礼法，包容儒法墨诸家，这与司马谈所说的道家“采儒墨之善，撮名法之要”（《史记·自序》）恰好一致。汉初所谓道家，不是今日所说的以老庄为代表的道家，而是所谓黄帝老子之术，即今日所称“黄老学说”，因此这第二类文章的作者可名之为庄子后学中的黄老派。关于这一派的思想特点将在本书第九章详细论述。

第二类文章与内篇的相同之处也是比较明显的。

①《在宥下》“入无穷之门，以游无极之野”有似于《应帝王》“出六极之外，而游无何有之乡，以处圹埌［垠］之野”。

②《在宥下》“堕尔肢体，吐尔聪明，伦与物忘，大同乎涬溟”有似于《大宗师》“堕肢体，黜聪明，离形去知，同于大通”。

③《天地》云“夫大壑之为物也，注焉而不满，酌焉而不竭”同于《齐物论》“注焉而不满，酌焉而不竭，而不知其所由来”。

④《天地》“犹螳螂之怒臂以当车轶，则必不胜任矣”有似于《人间世》“汝不知夫螳螂乎？怒其臂以当车辙，不知其不胜任也”。

⑤《天地》“老聃曰：是胥易技系，劳形怵心者也”同于《应帝王》“老聃曰：是于圣人也，胥易技系，劳形怵心者也”。

⑥《天地》“有人治道若相放，可不可，然不然”有似于《齐物论》“是不是，然不然”。

⑦《天道》“庄子曰：‘吾师乎！吾师乎！韲万物而不为戾，泽及万世而不为仁，长于上古而不为寿，覆载天地刻雕众形而不为巧，此之谓天乐’”。同于《大宗师》“许由曰‘噫！未可知也，我为汝言其大略。吾师乎！吾师乎！韲万物而不为义，泽及万世而不为仁，长于上古而不为老，覆载天地刻雕众形而不为巧。此所游已”（此条也是《天道》晚于《大宗师》和《大宗师》为庄子所作的明证）。

⑧《天道》“审乎无假而不与利迁，极物之真，能守其本”同乎《德充符》“审乎无假而不与物迁，命物之化，而守其宗也”。

⑨《天道》“昔者子呼我牛也而谓之牛，呼我马也而谓之马”同于《应帝王》“一以已为马，一以已为牛”。

⑩《天运》“三皇五帝之礼义法度，其犹柤梨橘柚邪？”“柤梨橘柚”的说法亦见于《人间世》“夫柤梨橘柚，果蓏之属”。

⑪《天运》“泉涸，鱼相与处于陆，相呴以湿，相濡以沫，不若相忘于江湖”，同于《大宗师》“泉涸，鱼相与处于陆，相呴以湿，相濡以沫，不如相忘于江湖”。

⑫《天运》“傥然立于四虚之道，倚于槁梧而吟”，有似于《德充符》“倚树而吟，据槁梧而瞑”。

⑬《刻意》“其寝不梦，其觉无忧”同于《大宗师》“古之真人，其寝不梦，其觉无忧”。

⑭《缮性》“道固不小行，德固不小识。小识伤德，小行伤道”，有似于《齐物论》“道隐于小成，言隐于荣华”。

总计第二类文章与内篇有明显联系的约有 14 处，平均每篇 2 处，因而这第二类文章仍应看作庄子后学的作品。所谓黄老派仍是庄子后学中的黄老派，是庄子后学中受儒法影响较多、已形成黄老学说的一个支流，是战国时期诸子百 家相互斗争、又相互融合的产物。第二类的七篇文章，既是研究庄子后学的思想资料，又是研究先秦黄老学说的思想资料。

三、抨击儒墨的第三类

第三类文章以《骈拇》、《马蹄》、《胠箧》、《在宥上》四个短篇为主体和核心，因《让王》、《盗跖》、《渔父》三篇与这一组也有若干联系，故归为一类。

我们先来考察这七篇文章可以归为一类的根据，也就是考察这七篇相互间的联系。七篇中，《骈拇》、《马蹄》、《胠箧》、《在宥上》四个短篇的相互联系在上一节已经讲到，这里可以再作一些补充论证。

①常以师旷与离朱、聪与明对举。《骈拇》云："属其性乎五声，虽通如师旷，非吾所谓聪也；属其性乎五色，虽通如离朱，非吾所谓明也。"《胠箧》云："塞瞽［师］旷之耳①，而天下始人含其聪矣……胶离朱之目，而天下始人含其明矣。"《在宥上》云："而且说明邪？是淫于色也；说聪邪？是淫于声也。"

②重视性命之情。《骈拇》云："彼正［至］正者②，不失其性命之情。""不仁之人，决性命之情而饕贵富。""吾所谓臧者，非所谓仁义之谓也，任其性命之情而已矣。"《在宥上》云："彼何暇安其性命之情哉！""天下将安其性命之情，之八者，存可也，亡可也；天下将不安其性命之情，乃始脔卷獊囊而乱天下也。""无为也而后安其性命之情。"（"性命之情"在《庄子》全书中共出现八次，其中七次在上述例句中，只有一例在《天运》篇，"性命之情"是这一组文章中颇有特色的词组）

③习惯于称曾史，并以曾史、杨墨对举。《骈拇》云："枝于仁者……而曾史是已，骈于辩者……而杨墨是已。"《胠箧》云："削曾史之行，钳杨墨之口，攘弃仁义，而天下之德始玄同矣。""彼曾史、杨墨、师旷、工倕、离朱，皆外立其德而以爚乱天下者也。"《在宥上》云："于是乎天下始乔诘卓鸷，而后有盗跖、曾史之行。""下有桀跖，上有曾史，而儒墨毕起。""焉知曾史之不为桀跖嚆矢也。"

---

① "师"据王叔岷说校改。

② "至"据俞樾说校改。

④习称“自三代以下”云云。《骈拇》：“自三代以下，天下何其嚣嚣也。”“自三代以下者，天下莫不以物易其性矣。”《胠箧》：“甚矣，夫好知之乱天下也！自三代以下者是已！”《在宥上》：“自三代以下者，匈匈焉终以赏罚为事。”

⑤惯称“至德之世”。《马蹄》：“故至德之世，其行填填，其视颠颠。”“夫至德之世，同与禽兽居，族与万物并。”《胠箧》：“子独不知至德之世乎？”（“至德之世”在《庄子》全书中共有四例，除上述三例外，仅有一例在《天运》篇）

⑥习用“尝试论之”。《骈拇》：“故尝试论之，自三代以下者，天下莫不以物易其性矣。”《胠箧》云：“故尝试论之，世俗之所谓知者，有不为大盗积者乎？”又云：“尝试论之，世俗之所谓至知者，有不为大盗积者乎？”

上述材料可以进一步说明，将《骈拇》、《马蹄》、《胠箧》、《在宥上》视为一类文章是有充分根据的。问题在于《让王》、《盗跖》、《渔父》三篇。这三篇和《说剑》是《庄子》书中最早被疑为“伪作”的文章。如果说这四篇不是庄子所作，那是毫无疑问的，但如果说《让王》、《盗跖》、《渔父》三篇与《说剑》同样与庄子毫无关系，那就不符合事实了。据我们考察，《说剑》篇与庄子确实毫无联系，研究庄子或庄子哲学完全不必考虑它。但《让王》、《盗跖》、《渔父》三篇则不同。这三篇虽然不是庄子后学嫡派所作，却也受到了庄子及庄学的一些影响，这三篇之间以及这三篇与《骈拇》等四篇之间也都有一定的联系。

⑦《让王》云“夫子再逐于鲁，削迹于卫，伐树于宋，穷于商周，围于陈蔡”，《盗跖》亦有“子自谓才士圣人邪？则再逐于鲁，削迹于卫，穷于齐，围于陈蔡，不容身于天下”。《渔父》亦云“丘再逐于鲁，削迹于卫，伐树于宋，围于陈蔡，丘不知所失”。

⑧《让王》云“尧以天下让许由……夫天下至重也，而不以害其生”。又云“舜以天下让善卷”。《盗跖》亦云“尧、舜为帝而雍……不以美害生也；善卷、许由得帝而不受……不以事害己”。

⑨《让王》“唯无以天下为者，可以托天下也”语似《在宥上》“故贵以身于为天下，则可以托天下”。

⑩《盗跖》“民知其母，不知其父……耕而食，织而衣，无有相害之心，此至德之隆也”有似于《马蹄》“彼民有常性，织而衣，耕而食……故至德之世……”。

⑪《盗跖》“孔子……避席反走，再拜盗跖”有似于《渔父》“孔子反走，再拜而进”。

⑫《盗跖》“子胥沈［沉］江，比干剖心，此二子者，世谓忠臣，然卒为天下笑”有似于《胠箧》“比干剖……子胥靡”。

⑬《盗跖》“小盗者拘，大盗者为诸侯”同于《胠箧》“窃钩者诛，窃国者为诸侯”。

⑭《盗跖》“小人殉财，君子殉名。其所以变其情，易其性，则异矣；乃至于弃其所为而殉其所不为，则一也”有似于《骈拇》“小人则以身殉利，士则以身殉名……事业不同，名声异号，其于伤性以身为殉，一也”。

根据上述材料，我们可画出第三类文章相互联系的示意图（见图3—3）。上述材料和示意图都说明第三类文章相互间确有一定联系，是可以归为一类的。

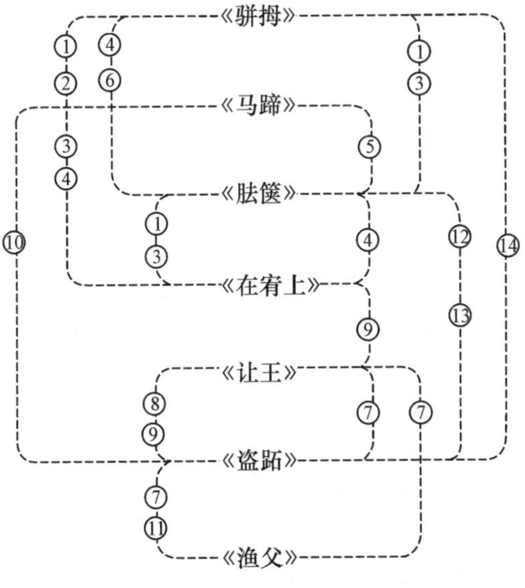

图3—3　外杂篇第三类文章相互联系示意图

现在我们来考察第三类文章与内篇的异同及其命名问题。

《骈拇》、《马蹄》、《胠箧》、《在宥上》四篇与内篇有明显不同。第一，这四篇全是短小精悍的议论文，没有内篇那种恢恑谲怪的寓言故事。第二，这四篇都直接抨击现实，没有内篇那种游乎四海之外的超脱态度。第三，这四篇都以人的自然本性的解放为最高目的，不同于内篇以得道的神秘体验为最高的追求。《让王》、《盗跖》、《渔父》一直被认作“伪作”，其与内篇或其他文章的不同也是显然易见的。王夫之就说过：“《让王》称卞随务光恶汤而自杀；徇名轻生，乃庄子之所大哀者。”“《渔父》、《盗跖》则妬妇詈市，瘈犬狂吠之恶声；列之篇中，如螳螂之与苏合，不辩而自明。”王夫之对这三篇未免贬低过分，但指出这三篇与其他文章有明显区别则是正确的。

这第三类文章的思想与《抱朴子·诘鲍》篇中所叙的无君论十分接近。这一派强调“安其性命之情”，无君论者也主张“各附所安”、“承柔刚以卒性”；这一派反对仁义道德和礼义赏罚，无君论者也反对“间之以礼度，整之以刑罚”；这一派反对任何人的任何统治，无君论者也说“古者无君，胜于今世”。这一派说过“故纯朴不残，孰为牺尊！白玉不毁，孰为珪璋！道德不废，安取仁义！”（《马蹄》）无君论者也说过“故曰白玉不毁，孰为珪璋！道德不废，安取仁义！”这一派向往“赫胥氏之时，民居不知所为，行不知所之，含哺而熙，鼓腹而游”，无君论者也向往“曩古之时，无君无臣……含哺而熙，鼓腹而游”。此外，《让王》“日出而作，日入而息”，《马蹄》“山无蹊隧，泽无舟梁”等语也见于无君论者之言。可见，这一派奏出了中国思想史上无君论的先声，因而我们可称之为无君派。

这第三类文章虽与内篇有重要不同，但也有着蛛丝马迹的联系。

①《骈拇》“奚必伯夷之是而盗跖之非乎”与《大宗师》“与其誉尧而非桀也，不如两忘而化其道”相通。

②《骈拇》“夫适人之适而不自适其适，虽盗跖与伯夷，是同为淫僻也”同于《大宗师》“是役人之役，适人之适，而不自适其适者也”。

③《盗跖》“神农之世，卧则居居，起则于于”同于《应帝王》“泰氏，其卧徐徐，其竟于于”。

④《盗跖》“操有时之具而托于无穷之间”有似于《养生主》“以有涯随无涯，殆已”。

⑤《让王》“尧以天下让许由，许由不受……唯无以天下为者，可以托天下也”有似于《逍遥游》“尧让天下于许由”，“许由曰……归休乎君，予无所用天下为”。

⑥《让王》“日出而作，日入而息，逍遥于天地之间而心意自得，吾何以天下为哉”有似于《大宗师》“而游乎天地之一气”，《逍遥游》“孰弊弊焉以天下为事”。

第三类文章与内篇联系较为明显的大致即此六处，约平均每篇一处，是三类文章中与内篇联系最少的一类。尽管如此，这七篇文章与内篇毕竟有一定的联系，所以这一类文章仍可看作庄子后学的作品，所谓无君派仍是庄子后学中的无君派。这一派的思想特点将在本书第八章评述。

上面我们分别考察了外杂篇三类文章与内篇的联系，从而说明三类文章都是庄子后学的作品，现在我们再来考察外杂篇三类文章之间的联系，从而进一步说明三类文章之间的一致性。

第一类与第二类文章之间的相通之处较多，有10条。

①《在宥下》“明乎物物者之非物也，岂独治天下百姓而已哉”！有似于《知北游》“物物者非物，物出不得先物也”。

②《天地》云“有人治道若相放，可不可，然不然。辩者有言曰，离坚白若悬宇”。《秋水》亦云“合同异，离坚白，然不然，可不可”。

③《天运》云“由中出者，不受于外”，“由外入者，无主于中”，《则阳》亦云“是以自外入者，有主而不执；由中出者，有正而不距”。

④《天运》云“至仁无亲”，《庚桑楚》亦有“至仁无亲，至信辟金”。

⑤《天运》“夫刍狗之未陈也，盛以箧衍，巾以文绣，尸祝斋戒以将之，及其已陈也……”其寓意及“巾以文绣”的说法有似于《列御寇》“衣以文绣，食以刍叔，及其牵而入于太庙……”

⑥《天运》“故伐树于宋，削迹于卫，穷于商周……”同于《山木》“吾再逐于鲁，伐树于宋，削迹于卫，穷于商周，围于陈蔡之间”。

⑦《天道》云“此之谓辩士一曲之人也”，有似于《秋水》“曲士不可以语于道”。

⑧《刻意》“此山谷之士、非世之人、枯槁赴渊者之所好也”有似于《徐无鬼》“枯槁之士宿名”。

⑨《天下》“判天地之美，析万物之理，察古人之全”同于《知北游》“圣人者，原天地之美，而达万物之理”。

⑩《天下》“以卮言为曼衍，以重言为真，以寓言为广”与《寓言》“寓言十九，重言十七，卮言日出”相一致。

第一类与第三类文章的相通之处有5处。

①《马蹄》云“我善治木，曲者中钩，直者应绳”。《徐无鬼》

亦云“吾相马，直者中绳，曲者中钩”。

②《骈拇》云“凫胫虽短，续之则忧；鹤胫虽长，断之则悲”。《徐无鬼》亦有“鸱目有所适，鹤胫有所节，解之也悲”。

③《胠箧》云“昔者龙逢斩，比干剖”，《外物》亦云“故龙逢诛，比干戮”。

④《让王》“无财谓之贫，学而不能行谓之病。今宪，贫也，非病也”有似于《山木》“士有道德不能行，惫也；衣弊履穿，贫也，非惫也”。

⑤《让王》、《盗跖》、《渔父》皆有“孔子再逐于鲁”的故事，《山木》亦有“吾再逐于鲁，伐树于宋……”。

第二类与第三类也有 3 处相通。

①《天运》有“三皇之知，上悖日月之明，下睽山川之精，中堕四时之施”。《胠箧》亦有“故上悖日月之明，下烁山川之精，中堕四时之施”。

②《天运》“故伐树于宋，削迹于卫，穷于商周”诸语亦见于《让王》、《盗跖》、《渔父》。

③《天运》“莫得安其性命之情，而犹自以为圣人”，“性命之情”屡见于《骈拇》、《在宥上》。

上述例句说明《庄子》外杂篇的三类文章之间也有若干联系，我们完全可以把三类文章的作者看作统一的一大派，而把它们之间的不同看作一大派之中各支派间的差别。由于这三类文章都与内篇有程度不同的联系，所以这三类文章都可称作庄子后学的作品。

四、统计与比较

在以上几节，我们分别对外杂篇的三类文章进行了考察和命名。我们把与内篇联系最为密切的第一类文章（以《秋水》、《庚桑楚》为代表）称为述庄派作品；把有融合儒道法倾向的第二类文章（以《天道》为代表）称为黄老派作品；把激烈抨击现实的第三类文章（以《骈拇》为代表）称为无君派的作品。现在我们再概括地对三类文章做一些比较研究。

（一）关于三类文章之间的一致性。外杂篇三类文章都与内篇有相同相通之处，其中述庄派有 90 处，黄老派有 14 处，无君派有 6

处。三类文章之间也有一些较为明显的相通之处，其中述庄派与黄老派之间有 10 处，述庄派与无君派之间有 5 处，黄老派与无君派之间也有 3 处。这说明在《庄子》外杂篇的三类文章之间确实存在着一致性，因而应该把《庄子》外杂篇看作庄子后学的作品汇编，不应把《庄子》外杂篇看成各派道家的杂集。《庄子》外杂篇的三类文章（不含《说剑》）都与庄子思想有或多或少的联系，这些作品不是偶然凑合在一起的，而是由于作者们都在不同程度上受到了庄子思想的影响，都在不同程度上有宗庄的倾向，因而才把他们的作品附在庄子的作品（内篇）之后的。所以，尽管《庄子》书有某些错杂掺乱之处，但从总体上看，《庄子》书还是庄子及其后学的作品总集。

（二）关于三类文章各自内部的联系。外杂篇三类文章内部都有较多的相同相通之处，其中述庄派为 29 处，黄老派为 15 处，无君派为 14 处。平均起来，述庄派每篇为 2.4 处，黄老派为 2.1 处，无君派为 2.0 处，平均值相当接近。各类文章内部相互联系的情况相差不多，说明每一类文章自成一类的根据都是比较充分的，没有悬殊的差别。至于述庄派内部相通的情况稍多一点，说明述庄派的思想比其他派的思想更为集中一致，这集中一致的核心就是庄子的思想。这都说明我们对外杂篇所作的分类是比较合乎实际情况的。

（三）关于三类文章与内篇的联系。述庄派作品与内篇有明显联系的有 90 处，黄老派作品与内篇有明显联系的有 14 处，无君派作品与内篇有明显联系的是 6 处。平均起来，述庄派每篇 7.5 处，黄老派每篇 2.0 处，无君派每篇 0.9 处。7.5∶2.0∶0.9，悬殊相当大，这证明述庄派作品与内篇的联系是很突出的，而无君派作品与内篇的联系是最少的。

这一点还可以从“游”与“逍遥”两个词的使用情况得到验证。在述庄派作品中，游与逍遥二词共用 40 次；在黄老派作品中，共用 21 次；在无君派作品中共用 8 次。平均起来，述庄派每篇 3.3 次，黄老派每篇 3.0 次，无君派每篇 1.1 次。述庄派作品使用游与逍遥的频率最高（但低于内篇的每篇 4.6 次），无君派作品使用游与逍遥的频率最低，这也证明述庄派作品与庄子思想最为接近，而无君派作品较少体现庄子风格。

此外，庄子外杂篇中有关庄子言行的记述共有 25 节，其中 23

节（92%）在述庄派作品中，2节在黄老派作品中，无君派作品中一节没有，说明述庄派的作者对庄子及其思想更为重视，在思想上与庄子关系最为密切，而无君派与庄子在思想上的联系较少。从不同角度进行的统计与比较都得出了同样的结果，可见我们的分类是有客观基础的。

（四）三类文章内部的联系多于三类文章之间的联系。述庄派内部相同相通的有29处，黄老派内部相同相通的有15处，而这两派之间相通的只有10处。无君派内部明显相通的有14处，述庄派是29处，而这两派之间相通的只有5处。黄老派内部互通的有15处，无君派有14处，而两派之间相通的只有3处。各类文章内部的相互联系明显多于各类文章之间的相互联系，这说明我们的分类已经比较充分地概括了三类文章内部的共同之处，也比较准确地反映了三类文章之间的不同之处，因而是比较合理的。

（五）各类文章与内篇的联系多于各类文章之间的联系。为了叙述的方便，我们可以把不同文章相同相通之处的数字简称为“指数”。由此我们可以看到，三类文章中与内篇联系的最高指数90（述庄派与内篇）明显高于三类文章之间相联系的最高指数10（述庄派与黄老派）；三类文章与内篇相联系的最低指数6（无君派与内篇）也明显高于三类文章之间相联系的最低指数3（无君派与黄老派）；三类文章与内篇相联系的中间指数14（黄老派与内篇）也明显高于三类文章之间相联系的中间指数5（述庄派与无君派）。这种关系可以画成下面的示意图（见图3—4）。图中的虚线表示外杂篇各类文章之间的联系，实线表示外杂篇各类文章与内篇之间的联系，实线与虚线上的数字即上文所说之“指数”。

从图上不难看出，每一条半径（实线）上的数字都大于相邻的两条弧（虚线）上的数字，这就是说，外杂篇每一类文章与内篇的联系都多于它与外杂篇其他两类文章的联系，这说明外杂篇三类文章确实是以内篇为核心的。这里无君派与内篇的联系是6，与述庄派的联系是5，似乎不足以说明问题，但是如果考虑到内篇只有7篇文章，而述庄派有12篇文章，6∶7明显大于5∶12（0.86＞0.42），则上述结论仍然可以成立。这再次证明《庄子》书确实是以内篇为核心的庄子学派的作品，也再次证明了研究庄子应以内篇为主要依据。

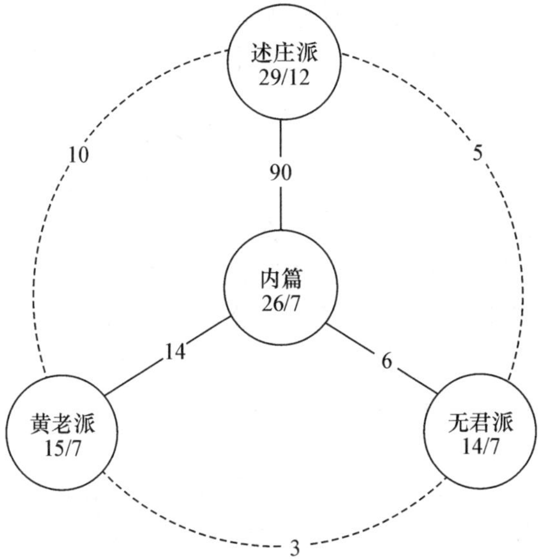

图 3—4　内篇与外杂篇三类文章相互联系示意图①

（六）述庄派在庄子后学中的地位。从上面的示意图中还可以看到，在外杂篇的三类作品中，黄老派、无君派与述庄派相联系的指数分别是 10 与 5，明显高于黄老派与无君派之间的指数 3，这说明述庄派是外杂篇三类中影响最大的一类，也是外杂篇中与内篇联系最多的一类（指数 90），因而述庄派是庄子后学中的主流，是庄子后学的嫡系。

（七）外杂篇三类文章的大致年代。在《庄子》外杂篇中，道德、性命、精神三个复合词共出现 36 次，其中述庄派使用 10 次（《山木》3 次，《知北游》3 次，《庚桑楚》2 次，《列御寇》2 次）；黄老派使用 13 次（《在宥下》1 次，《天道》6 次，《天运》1 次，《刻意》2 次，《缮性》1 次，《天下》2 次）；无君派使用 13 次（《骈拇》6 次，《马蹄》2 次，《在宥上》4 次，《让王》1 次）。在述庄派作品中，使用这三个复合词的有 4 篇文章，占总数（12 篇）的 33%；在黄老派作品中，使用这三个复合词的有 6 篇文章，占总数（7 篇）的 86%；在无君派作品中，使用三个复合词的有 4 篇文章，占总数（7 篇）的 57%。显然，述庄派作品使用这三个复合词的比例最低，黄

① 【补注】图中"内篇"、"述庄派"等四个圆中的数字代表每一组中的"指数"与篇数之比。如"述庄派"中的"29/12"代表这一组中有 12 篇文章，其中内部相通的指数是 29。

老派作品使用这三个复合词的比例最高。如果按每篇使用情况来看，述庄派平均每篇使用 0.83 次，黄老派每篇使用 1.86 次，无君派每篇也使用 1.86 次，仍然是述庄派使用这三个复合词的频率最低，黄老派使用这三个复合词的频率最高。考虑到道德、性命、精神这三个复合词的使用是逐步广泛化的，所以我们可以大胆地推测，使用三个复合词最少的述庄派的作品是《庄子》外杂篇中年代最早的一类，使用三个复合词最多的黄老派的作品是《庄子》外杂篇中年代较晚的一类（当然这是从总体上来说的，个别例外总是有的，如黄老派中的《天下》篇就不一定比述庄派的每一篇都晚）。

一般说来，在一种思潮的发展演变过程中，距离这种思潮产生的年代愈久，其思想的变化也愈大，反之亦然。据此我们也可推测，与内篇思想关系最为密切的述庄派作品其年代也最接近战国中期，与内篇思想关系较远的黄老派和无君派的作品其年代则相对较晚。这一结论与上面从复合词使用情况得出的推论是一致的。

我们的推测与学术界多数学者的意见是大体一致的，但许多学者认为黄老派的作品当晚至汉代初年才出现，而我们则认为这些作品在战国末年就已经完成了。

本章主要是通过对不同文章之间语言形式或思想观点明显相通的材料进行统计比较来进行考证的。也许有人要问，所谓语言形式或思想观点明显相通的标准可以因人而异，怎么保证这里的考证是客观的呢？我们的考虑是，本章所举的原文相同或相通的例句绝大多数是熟悉《庄子》的人一看便知的，可能“因人而异”的例句只能是个别的，“因人而异”的可能范围是不大的。因此，无论什么人，只要他的选择标准是前后一贯的，那么尽管他所得出的绝对数字可能与我们不同，但各项数字间的关系则是不会有根本变化的。例如，述庄派作品与内篇相通的例句有 90 条，我们也可以举出 95 条或只举出 85 条，但不论这一具体数字怎样变化，述庄派与内篇相通的例句也不会少于黄老派或无君派与内篇相通的例句。又如，黄老派与述庄派之间相通的例句有 10 处，别人也许会找出 12 处或只承认 8 条，但任何人也不会发现这两类文章之间的联系会多于其中一类文章内部的联系。所以，尽管个别材料的取舍会有因人而异的情况，但各组材料之间的数字关系却是很难根本推翻的。

由于本文的论证不是选取少数典型例证来说明不同文章之间的联系，而是把思想上或语言形式上有明显联系的例句尽可能没有遗漏地罗列出来进行统计和计较，所以有些例句单独作为论据似乎不够充分，但从全面统计比较的角度来看还是有意义的。总而言之，我们的论证方法尽可能从总体上避免因人而异、各取所需的可能性，力求比较客观地证明我们的分类是合理的、可靠的。此外，本书后编（第七章、八、九章）对三派文章的内容所作的阐述和分析也可进一步印证我们的分类是有充分根据的。

总结前编三章，我们可以肯定，《庄子》内篇基本上是战国中期的作品，《庄子》外杂篇基本上是庄子后学的作品。庄子后学大体上包括述庄派、黄老派和无君派三个支派。庄子及其后学三派的总和，就是庄子学派。

研究庄子本人的思想应以内篇为主要资料。《庄子》书中关于庄子言行的许多记载虽不一定是信史，但也透露了庄子本人的一些生活经历和思想特点，也是研究庄子的重要依据。外杂篇中述庄派的文章对庄子思想多有阐发，是研究庄子思想的重要参考材料。在一般情况下，不宜引用外杂篇中黄老派或无君派的作品来说明庄子本人的思想。

庄子后学三派的文章都有双重的史料价值。一方面，这三派的作品都是研究庄子学说演变的基本资料；另一方面，这三派的作品也都有其特殊的意义。述庄派的作品，是研究庄子本人思想的重要参考资料，黄老派的作品，是研究道家黄老之学的重要资料，无君派的作品，则是研究古代无君论思潮的重要资料。

下面在中编和后编中，我们将根据这里的考证结果分别研究庄子的哲学体系和庄子学说的演变。

中　编

庄子哲学

本编拟从三个方面剖析庄子哲学的体系。

首先，分析庄子哲学最主要的几个哲学范畴——道、天、命、德、气，此即范畴篇（第四章）的内容。庄子之道既有世界本根之义，又有最高认识之义。道的两种意义一致而不同，混淆道的两种意义是庄子研究中产生混乱的原因之一。道作为世界之本根既不同于精神主宰，也不同于万物中的规律，庄子之道是抽象的、绝对化的观念性实体。庄子之天是自然界或自然而然的状况，天的这种意义是庄子的创造。命也是庄子哲学的一个基本范畴，但庄子所谓的命与宗教的命运观念有所不同。庄子所谓德也颇能反映他的思想倾向，是理解庄子哲学的一个关键。庄子也很重视气的观念，气的观念与整个庄子哲学是不可分离的。此外本章还讨论了为什么"有待"与"无待"不是庄子哲学范畴的问题。

其次，分析庄子哲学的几个重要的思想侧面——安命论、逍遥论、真知论、齐物论，此即学说篇（第五章）的内容。庄子的思想学说可分为两大部分，一为人生论，一为方法论。庄子的人生论包含安命论与逍遥论。安命论指出人生本来受外在必然性的支配，是没有自由的，因而要"安时而处顺"；逍遥论则指出只要无心无情、忘怀一切，直接去体认与万物融为一体的境界，就可进入逍遥游的自由天地。庄子的方法论包含真知论与齐物论。真知论否认一切耳目闻见之知，表现为怀疑主义，但他又宣称可以通过"心斋"、"坐忘"直接体认世界之本根——道，从而走入直觉主义。齐物论由承认对立面之统一的辩证法出发，最终滑向了抹杀对立面之差别的诡辩论。庄子哲学以安命论为起点，以逍遥论为归宿，以方法论（真知论与齐物论）为起点与归宿之间的桥梁。

最后，从总体上分析庄子哲学的内在矛盾、合理因素、属性和特色以及庄子哲学的中心问题、阶级属性和历史地位，此即通论篇（第六章）的内容。庄子是一个平民知识分子，从庄子的经济地位和思想特色来说，庄子哲学不代表统治阶层，而代表小生产者，庄子哲学所要解决的中心问题是平民阶层如何生存、如何获得精神自由的问题。庄子哲学充满了矛盾，如安命与逍遥、外化与内不化、消极与积极、孤傲与随俗，等等，但在诸多矛盾中，最根本的矛盾则是命定之必然与自由之理想的矛盾。庄子学说的结论无一不是错误的，但在错误的结论中，却也包含着一些富有启发性的见解，同时，庄子哲学也提出了一些在人类认识史上有意义的问题，对自然与社会也有一些深刻的观察与推测，对于这些合理因素还是应该有所肯定的。庄子哲学比较复杂，从自然观认识论的角度来看，庄子哲学基本上是客观唯心主义，但也包含了一些唯物主义因素。庄子哲学的主要特色是追求超现实的、纯精神的个人自由。

本编从范畴、学说、通论三个方面解剖了庄子哲学，用比喻的方法来说，范畴篇有如"点"的研究，学说篇有如"面"的研究，通论篇有如"体"的研究。通论篇的内容既是解剖庄子哲学体系的一个步骤，又是对庄子哲学体系全面解剖的最后完成。只有深入剖析一个哲学家的基本范畴，才能正确理解他的理论学说的各个方面；只有准确认识一个哲学体系的不同侧面及其相互关系，才能从总体上深刻而全面地把握一个哲学体系。这一过程有似于从若干点到若干面，又由若干面到一个总体。点、面、体的结合是我们解剖庄子哲学的一个尝试。

根据前编的考证，本编对庄子哲学的剖析主要依据三方面的材料：一，《庄子》内篇；二，《庄子》外杂篇中有关庄子言行的记载，这两部分是研究庄子思想的基本依据；三，《庄子》外杂篇中述庄派的作品（即以《秋水》、《知北游》、《庚桑楚》为代表的十二篇文章，详见第三章），这些文章常把内篇闪闪烁烁的思想明确地表述出来，是研究庄子思想的重要辅助材料。在本编中，其他材料仅偶或用及。

第四章
范 畴 篇

范畴是最普遍最基本的概念，是人类理论思维的结晶。一个哲学家的主要范畴和概念凝聚着他的基本立场和观点。抓住哲学家的主要范畴和概念也就抓住了解剖他的思想体系的关键。中国古代的哲学家虽然不像亚里士多德那样明确地提出过范畴体系，却也都在创造着或运用着自己的哲学范畴或哲学概念。没有一个哲学家可以不用一定的哲学范畴或概念来表述自己的哲学思想，这说明概念、范畴在人的认识活动和哲学的理论体系中起着关键性的作用，因此我们在剖析一个哲学体系时可以而且应该从考察范畴和概念入手。下面我们就来分析庄子的几个主要哲学范畴和概念。

第一节　道——世界之本根

道是庄子的最基本最重要的哲学概念。如何理解庄子的道，这是庄子研究中争论最多、歧义最大的一个问题，也是研究庄子哲学的首要问题。

关于庄子的道，学术界有许多看法和解说。1917 年，胡适首先提出道是“一种无意识的概念”①，30 年代，冯友兰先生认为“道为天地万物所以生之总原理”②，张岱年先生说，庄子“发挥老子的思想，亦主张道是宇宙之究竟本根”③，这些说法是比较正确的。此外，关于庄子之道还有种种观点，或认为道是一种“物质力量”，又

---

① 胡适：《先秦哲学史》，122 页，上海，学林出版社，1983。

② 冯友兰：《中国哲学史》上册，280 页，北京，中华书局，1961。

③ 张岱年：《中国哲学大纲》，22 页，北京，中国社会科学出版社，1985。

是一种“根本法则”①，或认为道是“主体的纯粹精神”、“纯粹经验”②，或认为道只能是“绝对精神”③，或说道是“精神的实体”④，诸说中以“绝对精神”或“精神的实体”的说法最为流行，此外也还有道是“全”、道是“神”、道是“绝对空虚”等等说法。这种众说纷纭的情况表明关于庄子的研究既是十分活跃的，又是亟待深入的。那么怎样深入呢？应该从两个方面入手：第一，全面而细致地分析道的不同含义和主要特点；第二，正确理解和运用西方哲学的基本概念。

在《庄子》书中，有关道的叙述很多，其中有些叙述不尽相同，有的叙述含义不很明了，但根据庄子的主要的、明确的论述来看，道大体上有两个基本含义：一是指世界的本原；一是指最高的认识。前者是道的实体意义，即自然观中的道；后者是道的认识论意义，即认识论中的道。这两种意义是一致的，但不是同一的。这两种意义的混淆是庄子讨论中产生混乱的重要原因之一。

我们先来讨论道的第一种意义，即道作为世界本原的作用、性质和特点。

（一）本根的作用

以道为世界之本原不起源于庄子，而起源于老子。在先秦，除老庄之外的其他思想家也常讲道，但他们所谓的道都没有实体的含义。《论语·里仁》篇说：“夫子之道，忠恕而已。”《墨子·尚贤中》说：“祖述尧舜禹汤之道。”《管子·任法》说：“故法者，天下之至道。”这些所谓道都是指道德原则或政治原则。《易·系辞上》说：“一阴一阳之谓道”，所谓道是贯穿于万物的普遍规律。总之，在先秦，儒家、墨家和法家所说的道都不具有实体的意义。

老子第一个把道当作客观的实在。老子认为道是产生天地万物的总根源，他说：“道生一，一生二，二生三，三生万物。万物负阴而抱阳，冲气以为和。”（《老子》四二章）一是混然未分的统一体，二即天地，三即阴阳和冲气，由阴阳与冲气生出万物，由道乃有阴阳之相反相生而化成万物。显然，老子的道是世界之本原，庄子作

① 《哲学研究》编辑部编：《庄子哲学讨论集》，331页（杨向奎文）。

② 《哲学研究》编辑部编：《庄子哲学讨论集》，288页（杨荣国文）。

③ 关锋：《庄子内篇译解和批判》，241页；《哲学研究》，1981（12）（李锦全文）。

④ 任继愈主编：《中国哲学发展史·先秦卷》，443页。

为先秦道家的集大成者，也继承了道的这一意义。外篇《知北游》的作者还把这样的道称为“本根”：“惛然若亡而存，油然不形而神，万物畜而不知，此之谓本根。”《天地》篇的作者又提出了“本原”的概念，认为王德之人“立之本原而知通于神”。所谓本原也指道。本根或本原的概念虽然不是老子或庄子直接提出来的，却准确地概括了道家对道的理解和认识，反映了道在世界中的地位和作用。

道作为宇宙之本根有两个基本作用。第一即作为世界的总根源，产生天地万物。这就是《大宗师》所说的：“夫道，有情有信，无为无形；可传而不可受，可得而不可见；自本自根，未有天地，自古以固存……生天生地。”“有情有信”说明道是实而不妄的，“自本自根”说明道不是派生的，“生天生地”说明道是天地万物的起源。道自为本根，也是天地万物之本根。庄子后学中的述庄派继承了庄子的这一思想。《知北游》说：“夫昭昭生于冥冥，有伦生于无形，精神生于道。”“有伦”，林希逸云：“见而可得分别者，谓之有伦”，有伦即指有形之万物。《知北游》的作者强调，可见之象（昭昭）生于不可见之道（冥冥），有形之物生于无形之道，人类精神之活动也起源于最根本的道，这正反映了庄子以道为宇宙之本根的基本思想。

道的第二个作用是作为世界的总根据，决定天地万物的存在和发展。《大宗师》有云：“况万物之所系，而一化之所待乎！”万物各有其存在的根据，万物之全体也有其存在的总根据。“一化之所待”即是万物之总根据，也就是道。道是一切存在之最后依据，亦即世界之本根。《大宗师》还说“道”能“神鬼神帝”。王先谦云：“其神，皆道神之。”即是说道使鬼神，使帝神。道比鬼神更根本，是鬼神之神灵的依据。《大宗师》又说：“狶韦氏得之，以挈天地；伏戏氏得之，以袭气母；维斗得之，终古不忒；日月得之，终古不息……”这也是极言道对天地万物的根本性的决定作用。道不仅决定了远古帝王（狶韦氏、伏戏氏）的功业，也决定着日月星辰的永恒运行。《知北游》的作者也说：“天不得不高，地不得不广，日月不得不行，万物不得不昌，此其道与！”天之高远，地之广大，日月之出没，万物之繁荣，都是不得不然的，亦即必然的，这必然的力量不在物质本身，亦非来自神意，而是来自道对世界万物的决定作用。道决定万物存在发展的作用有普遍规律的含义，但这已是被抽象化实体化的规律，因而道并不等于我们今天所说的规律或法则。

道既是世界的起源，又是万物的依据，这说明在老庄那里，道既有宇宙论意义，又有本体论意义。道的概念既提出了世界的起源问题，也提出了世界的总规律问题。道的概念的出现标志着中华民族理论思维水平的一次飞跃，对中国古代哲学的发展产生过巨大影响。道的含义还比较含混，道的宇宙论意义和本体论意义尚无明确区别，这反映了理论思维发展的曲折性和理论开创前进的艰苦性。我们应该看到古代思想家前进探索中的艰辛和曲折，对于开拓者，无须溢美，亦不应苛责。

总之，道是世界之本根，道产生了天地万物，并决定着天地万物的存在和发展。道“神鬼神帝”，说明道比鬼神更根本；道“无为无形”，说明道没有情感和意志，所以道不同于上帝之类的神灵。道“自本自根”，独立于物质世界之外，道又“不可受”、“不可见”，是神秘而不可感知的，所以道又不同于我们所说的物质。那么，道究竟是一种什么样的实体呢？

（二）本根的性质和特点

老庄的道是中国古代哲学中特有的概念，在西方古代哲学和中外现代哲学中都找不到能与它准确对应的概念，也很难找到合适的语言来准确地描摹它，就此说来，道确实是一个有点神秘的概念。这样“神秘”的概念引起了长期而广泛的争议，这种争议必然还会继续下去。这里，我们也来尝试描述一下庄子之道的若干性质，以期有助于我们对庄子的道有一个比较清晰的认识。

（1）道的绝对性。这里所说的绝对性主要是指无条件性。所谓“自本自根”即是无条件性，道是一切事物的条件（为“万物之所系”、“一化之所待”），却不依靠任何其他的条件。一切存在皆依存于道，道却不依存于任何别的存在。道是无须任何条件而独存的绝对实体。

（2）道的永恒性。庄子之道“自古以固存”，“先天地生而不为久，长于上古而不为老”（《大宗师》），这说明道是永恒的存在，道无始终、无衰老、无变化，与时间共存，先、久、长、老等概念都不足以表达道之永恒。《秋水》篇也说“道无终始，物有死生”，物是有死有生的，即是暂时的、相对的，道则是绝对的、永恒的，无始、无终，无死无生。道是永恒的，这并不等于道是超时空的，超时空是西方哲学中的观念。如柏拉图认为，只有具体事物才是存在于时空之中的，决定各种事物的观念则存在于观念世界，而观念世界不在时空之中，而在时空之外和时空之上。比如，一张普通的床只能存在于一定的处所和一定的时间，而普遍的床的观念则可以既不在时间之中，又不在空间之中，这就是所谓的超时空。显然，庄子没有这类思想。庄子认为道是绝对的永恒，因而道与暂时的相对的万物不同，但是庄子并没有意识到道“应该”在时间和空间之外，那时中国并没有人提出过“超时空”的问题。①

(3) 道的超越性。这里的超越一词是借用西方哲学中的超越的或超验的（transcendent）观念，超越的即超出人类感觉经验之外的。所谓道的超越性主要是指道超越现实、无法感知的特性。《大宗师》说“道”“可传而不可受，可得而不可见”。“不可受”、“不可见”就说明道是感官无法感知的非物质的绝对。这和老子强调道“视之不见”、“听之不闻”也是一致的。《知北游》的作者也阐发了这种观点，也说“道不可闻，闻而非也；道不可见，见而非也”。总之，道是超现实超感知的神秘的实体。

庄子认为道是不可感知的，这并不意味着庄子认为道根本无法认识。庄子认为，一般的感性认识和理性认识都不足以把握道，只有特殊的方法才能认识道，这种特殊的方法即直觉，即“以无知知者”，如同“以无翼飞者”，也就是超越感官和思维的作用，直接去体认道的存在，体认道永恒无限的特点。庄子所说的“心斋”、“坐忘”、“外物”等都是得道的方法。因此，我们可以说庄子是神秘主义者和直觉主义者，不宜说庄子是不可知论者，关于这一点我们将在第五章第三节详细说明。

(4) 道的普遍性。普遍性是说道无所不在。道既是超越于现实的，又是普遍存在的。《大宗师》说“道”“在太极之先而不为高，在六极之下而不为深”已透露了道广大普遍的特性。《知北游》中更有庄子关于道无所不在的谈话。东郭子问庄子：“所谓道，恶乎在?”庄子回答“无所不在”。东郭子请他说得具体一点，他就说“在蝼蚁”。东郭子惊讶道怎会如此卑下，庄子又说“在梯稗”。东郭子问怎么更卑下了，庄子则说“在瓦甓”。东郭子惊叹怎么越发卑下了，庄子则干脆说“在屎溺”。东郭子默而无言。庄子便告诉他：这正像看猪肥不肥一样，越往腿下踩，猪的肥瘦就越清楚。庄子的意思是越卑下的东西越能说明道是无所不在的。庄子接着说：“汝唯莫必，无乎逃物。至道若是，大言亦然。周、遍、咸三者，异名同实，其

---

① 《老子》二五章讲“域中有四大”，四大包括道，道在域中，说明老子也没有道在空间之外的观念。

指一也。”即是说，你不应要求确指道之所在，道不离物，无所不在，所以说道是周全、普遍、完全的。“周”、“遍”、“咸”三者说的都是道的周遍于万物的特性。《文选》（张景阳《七命》）注引庄子曰：“遍谓周曰：吾知道近乎无内，远乎无外。”此处《庄子》佚文与上面引文似有联系，说明道既是至微的，又是至大的，这是对于道的普遍性的进一步发挥。

贯穿于一切实物之中的道似有规律之义。《养生主》中庖丁解牛的寓言说到“臣之所好者道也，进乎技矣”，其所好之道则是“依乎天理，批大郤［隙］，导大窾，因其固然”，这说明庄子思想中确有顺应规律的因素。不过，庄子讲的较多的还是安之若命，顺应规律的思想在庄子哲学中未占主导地位。道既是超越于万物之上的，又是贯穿于万物之中的，超越于万物是绝对化的结果，无所不在则是合理性知识。这也反映了道这个概念的复杂性。

（5）道的无差别性。庄子的道又是无差别的混然如一的绝对。《大宗师》所说的“在太极之先而不为高，在六级之下而不为深，先天地生而不为久，长于上古而不为老”既表明道广大永恒，也表明道无上无下、无高无深、无先无后、无内无外，既无空间之界限，亦无时间之阶段，是永恒如一的。这和老子讲道“混而为一，其上不皦，其下不昧……迎之不见其首，随之不见其后”（《老子》一四章）也是一致的。《齐物论》更明确说到“夫道未始有封，言未始有常”，“封”即封域、界限，“道未始有封”即说明道是外无界限、内无差别的，因而道是绝对的同一。“道无封”的特性是庄子预设的齐万物而为一的客观依据。他把自己虚构的无差别性赋予世界的本根，又反过来以本根的无差别性作为自己所追求的认识和修养的最高目标。

道的无差别性是道的绝对抽象性的反映。道是极为抽象的观念，抽象得没有任何现实的内容，因而它没有任何内在的差别，也就是没有任何规定性。万物是“杂”、是“多”，道则是抽象的“纯”和“一”，这种“纯”与“一”也是道的无差别性或无规定性的表现。由于道没有任何规定性，所以庄子在谈到道时常常用否定的形式，比如“不为仁”、“不为义”、“不为老”、“不为巧”、“未始有封”、“无为无形”、“大道不称”等等，这实为中国佛教“遮诠”法之先声①。总之，道是没有任何具体内容的纯粹的抽象，道无差别、无

---

① 遮诠是佛教用语，始用于唐代玄奘及其弟子窥基所创立的唯识宗，后为佛教各派通用。遮诠即从反面作否定的表述，排除对象不具有的属性。

界限、无规定性。

道的最根本的特性是绝对性，上面说的无条件性、永恒性、超越性、普遍性、抽象性、无规定性和无差别性都可以看作绝对性的表现。道是绝对的永恒、绝对的抽象、绝对的同一。简而言之，道是超现实的绝对。

（6）道的无目的性。有人看到道能产生天地万物并决定万物的存在发展，就认为道是世界的精神主宰，这种观点忽略了道无意志、无目的的基本特点。《大宗师》说："夫道，有情有信，无为无形。"无为即无目的无作为。《大宗师》又说："吾师乎，吾师乎！𩐋万物而不为义，泽及万世而不为仁，长于上古而不为老，覆载天地刻雕众形而不为巧。此所游已。""吾师"即道，成玄英曰："吾师乎者，至道也。""义"当作"戾"，杨树达曰："'义'字文不可通。《天道》篇作'戾'字，是也。"道破毁万物并非由于暴戾，恩惠及于万世亦非出于仁义，覆天载地、妙化众品也并非缘于智巧，所以，道不仅没有人格，而且没有意志，没有感情，没有目的。《齐物论》还说过"已而不知其然，谓之道"。此句意义不甚明了。唐代佛教经疏两处引《庄子》云："不知所以然而然，故曰自然。"[①]"已而不知其然"意同于"不知所以然而然"，即同于"自然"，由此可大致看出"已然不知其然，谓之道"说的是道之自然的性质。宣颖释此句云："不知其然，未尝有心也"，其主旨合乎道自然无心的特点。道生天生地以及决定万物的发展都是自然而然的，是无目的的。

需要说明的是，上文提到的"有情有信"的"情"字并非感情之情，情若解释为感情，则与下文的"无为"相龃龉。这里的"情"与"信"都是真实之义，说明道是真实而不妄的客观实在[②]，由此我们也可以说道具有实在性的特点。总之，把道当作有情感的精神主宰是不符合庄子思想的基本面貌的。道化生万物、决定万物都是自然无为的过程，是无意识、无目的的。道的一切作用都是自然而然的，这是道家自然无为理论的基础和出发点，也是正确理解庄子哲学的不容忽视的一个基本点。

---

① 王叔岷辑自《大正藏经疏部大方广佛华严经随疏演义钞》十四、《续论疏部成唯识论述记集成编》七。

② 以"情"为"实"在先秦屡见不鲜。如《左传·庄公十年》："大小之狱，虽不能察，必以情。"《庄子·人间世》："吾专至乎事之情。"《吕氏春秋·侈乐》："则失宝之情。""信"也是"实"。《秋水》："至精无形……是信情乎？"成疏："信，实也。"

综上所述，庄子的道是世界的根源和依据，道的主要特点是绝对性和无目的性。道是绝对化的构想的产物。万物是有条件的，道是无条件的；万物是暂时的，道是永恒的；万物是个别的、相异的，道是普遍的、无差别的；万物是感性的存在，道是超验的实体。因而，道不是构成万物的元素或物质力量，不具有物质的属性。同时，因为道又是非人格、无意志、无目的、无情感的，因而也不具有精神主宰的特点。总之，道既不是感生的物质存在，也不是有意志的精神实体，道是中国哲学特有的关于世界本根的设想，是超越物质世界的抽象的绝对的思想观念，是绝对化的观念性实体。

（三）道与西方哲学

庄子的道是绝对的抽象的观念性实体，这里所谓“观念”是在观念的最一般的意义上来使用的，即仅仅把观念作为思维活动的产物和结果来看，而不是把观念作为某个哲学家的专用术语来用的。

观念（idea）一词在西方哲学史上含义十分复杂，不同的哲学家对它的理解和运用是不尽相同的，有时甚至歧义很大。有人把庄子的道理解为黑格尔的“绝对观念”（又译“绝对理念”），这是不够准确的。黑格尔的绝对观念有其复杂的特定的内涵，与庄子的道的观念是根本不同的。第一，“绝对观念”不仅外化出客观世界，而且一步步地规定着客观世界向自身回复的过程。这就是说，黑格尔的“绝对观念”规定了世界存在发展的合目的性，而道却是无目的的，道无为无形的特点与目的论是毫不相干的。第二，“绝对观念”是“思维着自身的思想”①，就是说，“绝对观念”本身就是思维的主体，它可以“自己思想自己”②，而道却是自然无为、无思无虑的，道只是思维活动构想的结果，道本身不具有思维的能动性。第三，“绝对观念”外化发展的最终结果是回到“绝对精神”，因而“绝对观念”实质上就是“绝对精神”，是有能动性的精神实体，而道的观念作为思维的产物没有意志、没有目的、没有精神实体的能动性。总之，黑格尔说的“绝对观念”和“绝对精神”是一回事。“绝对精神”是活的实体，它自我运动，自我发展，外化出整个世界，所以在黑格尔那里，“绝对精神”既是实体又是主体。黑格尔在《精神现象学》（上卷）中就明白地说过：“说实体在本质上即主体，这乃是

①② ［英］罗素：《西方哲学史》下卷，80、281页，北京，商务印书馆，1976。

绝对即精神这句话所要表达的观念。"[①] "绝对精神"是有能动性的主体，而道是无为无形的客观实在。因而，庄子的道不同于黑格尔的"绝对观念"或"绝对精神"。

此外，学术界还有一种比较常见的推理方法，这就是"非物"="绝对精神"[②] 或者是"非物质性"="精神的实体"[③]，用这种推理方式代替具体分析，就会把学术研究引向简单化。从逻辑关系来看，"非物"与"精神"不是同一关系，某些"非物"属于"精神"，某些"非物"不属于"精神"。感觉、观念、情感以及道德、科学、宗教教义等都是"非物"，却不等同于"精神"二字，而"精神"二字尤不等同于"绝对精神"或"精神实体"，因而，从道不是物质推出道是"精神实体"或"绝对精神"在逻辑上是站不住脚的。需要顺便说明的是，《庄子》书中所谓"非物"之"物"是万物之物，并非今日所谓物质之物。《达生》云："凡有貌象声色者，皆物也。"《知北游》云："万物以形相生"，这说明物是有形有象、可直接感知的具体存在，并非一般性物质。在古代，相当于今日所谓物质的概念是"气"而不是"物"，所以把《庄子》书中的"非物"理解为"非物质"也是不准确的。

为了说明庄子的道既非黑格尔的"绝对精神"，亦非一般意义的"精神实体"，我们有必要对精神、思维、观念三者稍加辨析。精神一词包括一般的意识、思维活动和心理状态，"精神实体"是能思维、有意志的世界主宰，人格化的最高精神便是宗教的上帝。思维是精神活动的一部分，主要指理性认识活动。精神则不仅包含思维，而且包含意志。观念则是思维活动的产物，观念本身没有思维能力，没有意志活动，因而观念性实体不同于"精神实体"，所以把老庄的道或程朱的理说成"精神实体"都是不够准确的，道或理可以说是一种"观念"，还不能说就是精神。"精神实体"应该是有意志有能动作用的，观念性实体则不具有能动性的特点。作为学术研究，对于这些细微的差别是应该加以辨析的。

道是观念性的实体，道不仅不同于黑格尔的"绝对观念"，也不同于柏拉图的观念（理念）[④]。如果仅从道没有目的性这一点来说，

---

① ［德］黑格尔：《精神现象学》上卷，北京，商务印书馆，1979。

② 关锋：《庄子内篇译解和批判》，28页；《哲学研究》编辑部编：《庄子哲学讨论集》，35页（关锋文）。

③ 任继愈主编：《中国哲学发展史·先秦卷》，443页。

④ 柏拉图的观念有"范型"之义，因此有些学者主张把柏拉图的观念译为"范型"。

道与柏拉图的观念有一致之处，但在其他方面也是多有不同的。第一，道只有一个，道之“一”与物之“万”相对；而柏拉图的观念却是“多”，床有床的观念，桌子有桌子的观念，一类事物有一类事物的观念，万类事物有万类事物的观念。第二，道是无差别、无结构的，而柏拉图的观念却是有层次有等级的；柏拉图的观念世界是众多观念按照从低到高的顺序构成的统一于“至善”（Good）的宝塔形结构。第三，柏拉图的观念相当于今天所说的概念或共性，桌子的观念即桌子的共性，桌子的概念变成了观念世界中的独立存在，但与现实的桌子仍有直接联系；而道却是纯而又纯的抽象，道不是任何具体事物的观念，道的观念远比柏拉图的观念更为抽象。

此外还应该看到，在西方哲学中，世界之本根与万物的关系常常是本质与现象的关系，西方哲学家多认为实体实而不现，现象现而不实。如柏拉图认为桌子之观念是实在，而桌子之观念却不表现于现实之中，现实中的桌子只是桌子之观念的不完全的摹写或阴影。又如黑格尔认为“绝对观念”是实在，自然界不过是“绝对观念”外化出的现象。然而道与万物的关系却没有这种真实与虚幻的区别。道与物是本末源流的关系，本与源固然真实，末与流也并非不真实。本末是中国哲学特有的概念，实体与现象是西方哲学固有的观念，二者不应混淆。

总而言之，道是中国古代特有的哲学概念，在西方哲学中很难找到与之相应的概念，我们不能简单地用某个西方哲学家的概念来比附道。道既不是对物质存在的概括，也不是对精神主宰的描摹，道只是思维的构想，是被当作世界本根的抽象化的观念。简言之，道是绝对化的观念性实体。

第二节　道——最高之认识

上面讨论了道作为世界之本根的作用、特点和性质。现在来讨论道的另一意义，即道的认识论意义。道的认识论意义与宇宙论和本体论意义是有明显不同的，把二者混淆起来就讲不清庄子哲学。在这一节，我们先要讨论道作为最高认识的特点和实质，然后概述本根之道与最高认识之道的关系，最后剖析一下冯友兰先生关于“道就是全”的论点。

（一）最高认识之特点

如果说，道的宇宙论和本体论意义是以《大宗师》中道“生天生地”的论述为代表的话，那么道的认识论意义则可以《齐物论》中的下面两段话为代表。《齐物论》说：“是非之彰也，道之所以亏也。道之所以亏，爱之所之成。”又说：“道恶乎隐而有真伪？言恶乎隐而有是非？……道隐于小成，言隐于荣华。故有儒墨之是非。”

上面《齐物论》所说的道与作为世界之本根的道有哪些不同呢？首先，这里所谓“道”常与“言”相提并论，不与“物”对举。除了上面所引的例句外，《齐物论》还说过“道昭而不道，言辩而不及”，“道恶乎往而不存，言恶乎往而不可”。这里所说的道与语言的关系是密切而一致的，而作为世界本根的道却常与“天”或“物”相对而言。如《德充符》云：“道与之貌，天与之形”，《大宗师》云：“不以心捐道，不以人助天”，《秋水》云：“道无终始，物有死生”。一般说来，与“天”或“物”相对而言的道同与“言”对提并论的道常常是不同的。其次，《齐物论》所说的道与儒墨之争、是非之辨、爱恶之生有密切关系，而前面所说的本根之道则与天地之生成、万物之存在有密切关系，显然，二者不是同一范畴里的概念。一是关于认识论的概念，一是关于宇宙论、本体论的概念。最后，《齐物论》所说的道有真伪、有隐现、有成亏，道隐于“小成”之蔽、亏于是非之彰，见闻之知、是非之明、爱恶之情都足以破坏道。而道作为世界本根却是“自本自根”、“自古以固存”的。世界之本根决定和影响着天地万物，不受人的意识影响。总之，《齐物论》所说的“隐于小成”的道与《大宗师》所说的“生天生地”的道并非一事。“生天生地”的道是世界之本根，是客观之实在，是不以人的意志为转移的，是无条件的。《齐物论》所说的道是人的意识，是需要人有意追求或保持的最高的认识境界，是有条件的，这种道是最高的认识，或曰是对真理的认识。

道作为最高认识实质上就是“以为未始有物”，即不区分任何客观事物。《齐物论》说：“古之人，其知有所至矣。恶乎至？有以为未始有物者，至矣，尽矣，不可以加矣。”“以为未始有物”即透视万物而直接体认万物未萌之前世界之冥冥无分的状态，这是至高无上的认识。其次的认识是“以为有物矣，而未始有封也”，就是说，只知有物而不对万物进行区别和辨析。再次的认识是“以为有封焉，而未始有是非也”，就是说，虽然看到了事物之不同，却不作是非之判断。最糟糕的就是是非明辨而道荡然无存，即“是非之彰也，道之所以亏也”。最高的认识是不知有物，说明道是脱离一切具体认识的抽象，是绝对无差别的认识境界，因而，任何常人的认识，任何是非的分辨，任何爱恶的感情，都是对道的破坏。

道作为最高认识即“以为未始有物”，这一实质表现为两个主要特点。

(1) 无差别性。道的无差别性来源于道的抽象性，这里所说的抽象不是对某事物或某概念的抽象，而是指毫无内容的抽象，无内容自然无差别，所以道是绝对同一、绝对和谐、绝对虚无的认识境界，简言之即无差别境界。庄子认为，任何具体的认识，或曰对具体事物的认识都是“小成”，都会使道“隐而不现”(“道隐于小成”)，任何是非判断都是道体亏损的原因(“是非之彰也，道之所以亏也”)，道体亏损，思想失去均衡，则会产生爱恶之情感(“道之所以亏，爱之所之成”)。所以道是脱离任何具体认识的抽象，道不包括是非，不允许有爱憎，没有任何分别或界限，道是绝对和谐的无差别境界。

(2) 神秘性。这里所说的神秘性主要是指高深莫测，不可捉摸。《齐物论》说：“夫大道不称，大辩不言”，“道昭而不道，言辩而不及”。道没有任何现实内容，不包括任何普通的知识，所以道是不可言说，不可昭示于人的。《齐物论》又说：“孰知不言之辩，不道之道？若有能知，此之谓天府。注焉而不满，酌焉而不竭，而不知其所由来，此之谓葆光。”“不言之辩”高于有言之辩，无可言之道高于有可言之道，懂得了“不言之辩”和无可言之道就达到了“天府”的认识境界。天府，即天然之府。天府之虚，注而不满；天府之实，酌而不竭。达到这种神秘境界又“不知其所由来”，就是所谓“葆光”，即“韬蔽其光”而“其光弥朗”(成玄英疏)。这些都纯粹是神秘的夸张。道以无言胜万言，以无知胜有知，这本是子虚乌有之事，庄子却要极力夸大这子虚乌有之境，除了故作神秘的吹嘘渲染之外，也实无它途。

道即最高认识，实现最高认识之关键即“道枢”。《齐物论》曰：“彼亦一是非，此亦一是非。果且有彼是乎哉？果且无彼是乎哉？彼是莫得其偶，谓之道枢。枢始得其环中，以应无穷。是亦一无穷，非亦一无穷也。”“彼是莫得其偶”即没有彼此之对立，消除物我、彼此之对立即最高认识之关键。道枢的实质即泯灭一切对立或曰忘却一切差异。有差异对立就有是非之争，而彼此孰是孰非是无法确定的（“彼亦一是非，此亦一是非”），所以要逃脱是非之争，入于无是非之境就得彻底抹杀一切差别。庄子认为，忘却一切差别就如同立于圆环之中心（“枢始得其环中”），尽管是非之轮旋转不息，中枢之我却无动于衷，又应对无穷。道枢的重点在于超脱是非，所以《齐物论》又说：“是以圣人和之以是非而休乎天钧，是之谓两行。”“钧”即陶均、运均之均，“天钧”喻天然之均衡，冯友兰先生说：“休乎天均，即听万物之自然也。”① “两行”，郭注云：“任天下之是非。”意即圣人超于是非之上而听任万物是非之自然。总之，道枢、天钧、两行都要求超脱是非。超脱是非之争是达到最高认识的关键。

超物我、超是非、超情感的道可以使人的精神得到最大满足。《大宗师》借孔子之口说：“鱼相造乎水，人相造乎道。相造乎水者，穿池而养给；相造乎道者，无事而生定。故曰，鱼相忘乎江湖，人相忘乎道术。”鱼以水为适，人以道为适，鱼在江湖中能得到最大满足而忘怀一切，人在无差别境界中能无为而性静，得到心灵恬淡宁静的享受。《达生》说：“忘足，履之适也；忘要［腰］，带之适也；知忘是非，心之适也。”忘是非亦即无差别的认识境界，这种境界可以使人的心灵得到适意和满足。《大宗师》又说：“泉涸，鱼相与处于陆，相呴以湿，相濡以沫，不如相忘于江湖。与其誉尧而非桀也，不如两忘而化其道。”鱼相呴相濡是因为没有水，人们誉尧而非桀是因为认识有局限，如果忘掉现实中的一切，不分是非，就可以“化”入无差别境界，摆脱烦恼，得到精神之享受。庄子认为，最高的认识可以带来最大的快乐。

（二）两种道的区别与联系

综上所述，道的一个意义是世界之本根，一个意义是最高的认识，这两个意义是有明显不同的，前者是自然观概念，后者是认识论概念。道作为世界之本根表达了庄子对宇宙之发生、万物之存在的基本观点，道作为对真理的认识则表达了庄子在认识论上的基本态度。道作为世界之本根是绝对的客观实在，道作为最高认识则是至人对真理的认识。世界之本根是不以人的意志为转移的，所以庄

① 冯友兰：《中国哲学史》上册，291页。

子主张“不以心捐道，不以人助天”（《大宗师》）。最高的认识是因人而异的，所以庄子主张超越是非而“休乎天钧”。要之，世界之本根是无条件的绝对实在，最高认识则是有条件的精神境界。可见道的两种意义是有根本区别的，是不应混而为一的，如果对道的两种意义不加区别，误以为至人的“主观境界”可以“生天生地”，那就大大歪曲庄子的本意了，由此出发对庄子哲学的阐述和批判也就不可能是中肯的了。

用同一个概念形式表达不同的哲学概念是中国古代哲学中常见的现象。在《论语》中，道字有时指道德（《学而》：“君子务本，本立而道生。”），有时指学术思想（《里仁》：“吾道一以贯之。”）有时指真理（《里仁》：“朝闻道，夕死可矣。”）。在《荀子》书中，“礼”有时指社会制度或秩序（《富国》：“礼者，贵贱有等，长幼有差，贫富轻重皆有称者也。”），有时指个人的道德规范（《礼论》：“礼者，人道之极也。”）。在《庄子》书中，不仅道有不同意义，其他概念也有不同意义，下一节我们就要讲到“天”的不同内涵。

其实，用同一概念形式表达不同意义的情况直到今天也还是不少的。比如“矛盾”一词就有不同的含义。当我们说：“矛盾是事物发展的动力时”，我们对矛盾是充分肯定的，当我们讲“不要自相矛盾时”，对矛盾是绝对排斥的。又如“形而上学”一词也有两种不同的哲学意义。一般情况下，形而上学指与辩证法相对应的世界观或思想方法，但有时形而上学指的是玄虚之学，包括研究物质、精神、灵魂、时空等问题的学问。在一词多义的情况下，概念形式上的相同并不意味着概念内涵的相同，这在现代汉语中似乎是不成问题的，但在古代哲学的研究中，这一点却常常被忽略，人们往往有见于概念形式之同而漠视概念实质之异，这显然是不利于哲学史研究的科学化的。

庄子的道有两种不同的意义，对此必须加以区别，但这并不意味着两种道之间是毫无联系的。在庄子哲学中，作为世界本根的道和作为最高认识的道虽然不是一事，但其基本性质却有不少相通之处。第一，两种道都有最高最重要的含义，一是自然观中最高的实在，一是认识论中的最高境界。第二，两种道都有绝对同一的含义，世界之本根无内外、无上下，玄冥无别；最高认识无是非、无爱恶，绝对和谐。第三，两种道都是超现实的，世界之本根产生万物又超然于万物之上，与具体存在毫无共性可言；最高的认识也超然于物外，与现实世界适成对照。第四，两种道又都是绝对的、抽象的，也都是神秘莫测的，不可言传的。

总之，道的两种意义是有明显区别的，但两种不同意义的道的具体特点却有不少相似之处，尤其是在渲染绝对性、神秘性时，道的两种意义又常常没有明显区别，在某些情况下，要确切解释某句话中道的具体意义是相当困难的。但是《大宗师》中所说的“生天生地”之道同《齐物论》中所说的“以为未始有物”之道的区别还是相当明显、相当重要的，二者的区别还是不应忽略的。

区分《齐物论》中的道与《大宗师》中的道也并不是全新的见解。张岱年先生在《中国哲学大纲》中，就是把《大宗师》与《齐物论》中的道分别放在本根论与认识论中加以阐述的。只是这种做法还没有引起广泛的注意，对于道的两种意义尚缺少明晰的分辨。

(三) 析“道就是全”

在60年代，冯友兰先生放弃了自己关于“道是天地万物所以生之总原理”的观点，对庄子的道作了一些新的解释，这种解释产生了一定的影响，因而有必要进行一些讨论。冯先生说：“庄子所说的道究竟是什么呢？我认为就是‘全’。”这样的道“只是一种主观的意境”，“庄子把这种主观的意境也说成是具有客观的意义”，即“万物的根本”①。冯先生把庄子的道说成全，认为这个全是一种主观的意境，同时又是世界之本根，这就混淆了道的两种不同的基本意义。

把道说成全是不符合庄子思想的。第一，从庄子之道的概念来源来看，庄子的道基本上是继承老子而来的，是关于世界本原问题的一种特殊的构想，庄子认为世界的本原不是现实中的任何具体事物，也不是现实中任何已有的概念，而把道解释成全就是认为庄子把人们的全的观念实体化了，这在《庄子》书中是找不到确切根据的，庄子本人并没有特别强调过全的观念。

第二，从道的性质来看，全不是道的主要特点，不足以概括道的基本性质。道作为世界之本根既在万物之上，又遍在万物之中，由此说来，道有周全普遍的特点。但同时道还有绝对性、永恒性、超越性、无差别性、无目的性等更重要的特点，一个全字不能概括道的这些特性。道有周全广大的特点并不等于道本身就是全的观念，

① 冯友兰：《三论庄子》，见冯友兰：《中国哲学史论文二集》，331、334页，上海，上海人民出版社，1962。

把道解释成全就把道的概念简单化了。

第三，从道与万物的关系来看，如果把道解释成全，那么万物就是全之一部，即“分”或“偏”，而这是不符合庄子本义的。庄子认为道是无条件的，万物是有条件的；道是无始无终的，万物是有生有灭的；道是混然如一的，万物是纷然杂陈的。道与万物是绝对与相对的关系，而不是全与偏或全体与部分的关系。

道即全的观点不符合庄子思想的实际，因此用这种观点无法解释道生万物的过程。冯先生说：“庄子认为每一个事物都是从道分出来的。对于这个事物说，它是有所成；可是对于别的事物说，他就有所毁。从道的全的观点看，成毁都在其中。”这里有两个要点。第一点强调万物都是从道中“分”出来的，第二点认为一物之成就是另一物的毁。先看第一点，如果一切事物都是从“道”分出来的，那么道分出万物以后自身是否还完整存在呢？如果道分出万物之后自然仍然完整，那么就不能说是从道中“分”出了万物；如果道体自身已“分”到万物之中，那就又不符合道自本自根的特点。再看第二点，如果道生万物的过程是以一物之毁来成就另一物，那就是说道自身并不能生出万物，而只能毁此物而成彼物，显然这也不是庄子的思想。事实上，如果道真能从自身中“分”出万物，那么就完全不必以毁此物为成彼物的条件；如果道成一物必以毁一物为条件，那又说明道不能从自身中分出万物，这说明冯先生的第一点解释与第二点解释也是自相龃龉的。

冯先生又说：“事物的成毁都在‘全’之中，可是从‘全’的观点看，偏和全是对立的。有了一个东西，这个东西必然是一偏，有了偏，原来的全就被破坏了。”按照冯先生的这一解释，道是全，万物是偏，而全与偏是对立的，有了万物之偏，道之“全”就被破坏了。这样道与万物的本原与派生物的关系就被曲解为互不相容，不能两全的对立关系，显然这是根本不符合庄子思想的。

为了解决这个矛盾，冯先生又把全解释为无，“道是一切事物的全，可是这个全就是无事物，因为一有事物，它就偏而不全了。道不但不能是有而且也不能是无，因为有了无也还是有，所以道只能是无无”。“无事物”即一无所有，所谓“无无”不过是绝对化的无，这里以无解释全，这本身就说明“全”不足以表达道的特点。同时庄子也没有说过道就是无，庄子所谓道的特点是无差别，无差别还不等于魏晋玄学家所说的无。

事实上，冯先生正是以魏晋玄学来解释庄子思想的。庄子说："果且有成与亏乎哉？果且无成与亏乎哉？有成与亏，故昭氏之鼓琴也；无成与亏，故昭氏之不鼓琴也。"（《齐物论》）庄子讲的主要是成与亏的相对性问题，根本没有涉及"全"的概念。郭象注曰："彰声而声遗，不彰声而声全。"郭象提到全，但没有把全与道联系起来，所以离庄子的思想还不太远。冯先生却进而断言道就是全，这就完全不是庄子的思想了。至于说庄子的道就是无无，更显然是以王弼的贵无论来解释庄子，与庄子是显然不合的。

以道为全的根本失误在于把《齐物论》中认识论的道与《大宗师》中自然观的道牵合起来，混为一谈，把最高的认识与世界的本根当成一事，误以为最高认识之道同时就是生天生地的道。把两个不同范畴的概念混为一谈，这就无法自圆其说了。

不少研究者认为庄子的道有主观的意义，如果这是指道有最高认识的含义，则是可以的，如果这是说生天生地之道同时就是至人的主观精神，那就是不合实际的。所谓庄子的道是"主体的纯粹精神、纯粹经验"的说法一方面混淆了道的两种不同意义，同时也歪曲了道作为最高认识的基本含义。

总起来说，道的第一个基本含义是世界之本根，这是道的最基本最主要的意义。有的学者认为，以道为世界之本根是老子的创造，不是庄子哲学的特点，因而以道为世界本根不代表庄子的基本思想，主张以庄子的有特色的说法来研究庄子的道，这就搞乱了研究哲学体系的基本方法。研究一个哲学体系，首先要抓住哲学家关于世界之起源、世界之本质的基本观点，至于这一基本观点是自己创造的还是继承前人的，那是另一个问题。在一个哲学体系中，有特色的不一定是根本的，最根本的不一定是独创的，特殊性并不等于重要性。如果只注意一个哲学体系中有特色的内容，而不注意哲学家的根本观点，那就可能舍本逐末，陷入片面性。有的学者认为"老子之道有客观性、实体性及实现性，至少亦有此姿态。而庄子则对此三性一起消化而泯之，纯成为主观之境界。故老子之道为'实有形态'，或至少具备'实有形态'之姿态，而庄子则纯为'境界形态'"①。这种观点强调庄子之道有别于老子之义，忽视了老子之道相同于老子之义，把认识论之道的主观境界之义当成了道的全部意

① 牟宗三：《才性与玄理》，177页，台北，学生书局，1985（修订7版）。

义。然而，《庄子·大宗师》中关于道“生天生地”的一段话句句确凿，字字意明，是我们无论如何也无法回避的。庄子以道为世界本根的基本观点是不能忽视的。

道的第二个基本含义是最高认识，所谓最高认识也就是真理。道的真理之义由来已久，孔子、孟子所谓道都有真理之义。如孔子云：“朝闻道，夕死可矣。”（《论语·里仁》）孟子云：“其为气也，配义与道。”（《孟子·公孙丑上》）庄子的道的最高认识之义正是继承了道的真理之义，但是，庄子认为儒家所谓真理并不是最高的认识，最高的认识应该是“以为未始有物”的无差别境界。以道为最高认识不是庄子的发明，以无差别境界为最高认识则是庄子的独创。道作为无差别境界与“坐忘”、“见独”等得道的境界既是一致的，又是不能等同的。道作为最高认识回答的是何为真理的问题，而得道的境界所寄托的则不仅是认识的最高境地，而且是整个人生的理想境界，是至人修养的终极目标。所以庄子并没有用道的真理之义代替得道的境界。

我们强调道有两重意义的根本目的在于说明庄子所谓至人的精神境界并不是生天生地之道，不能把世界的本根与至人的主观境界混为一谈。我们不赞成冯友兰先生把道说成全的根本原因也在于此。

第三节　天与命

（一）天的意义和特点

道是中国古代特有的哲学概念，天也是中国哲学特有的概念，因为西方所谓天（Heaven）只有宗教意义，没有哲学意义。据郭沫若与陈梦家先生考证，天的观念出现于西周初期，那时的天和殷人所讲的上帝是同义词，也是一个宗教概念。《尚书·大诰》曰：“天降威，知我国有疵，民不康”，《诗经·邶风·北门》曰：“天实为之，谓之何哉?”《左传·哀公二十九年》有云：“天祸郑久矣。”这里所谓天都是上帝之意。墨子继承了天的这一意义。《墨子·天志中》云：“天之意，不可不慎也。”墨子所谓天是福善祸淫的天帝，但墨子的思想仅显赫一时，后来影响不大。孔子已有怀疑鬼神的倾向，对于有人格的上帝也有所怀疑，他所讲的天是苍苍之天，但他又认为这苍苍之天是世界的最高主宰，所以说“获罪于天，无所祷也”。孔子所谓天无人格而有意志。从逻辑上讲，孔子的意志之天是从上帝之天到自然之天的过渡。

彻底把天从上帝之宝座中打落下来的是老子。老子说“天法道，道法自然”（《老子》二五章），这既取消了天至高无上的地位，又取消了天福善祸淫的意志。但是在老子哲学中，天只是天地之天，还不是一个重要的哲学概念。真正把天作为重要的哲学概念来使用的是庄子。如果说老子把道提到了至高无上的地位，那么庄子则使天获得了全新的意义。庄子所谓天有两个新意：一是指自然界，一是指自然而然的情况。

天的第一个意义是包括地在内的大自然，即自然界，这时的天常与人相对称。《大宗师》说：“知天之所为，知人之所为者，至矣。”“天之所为”即大自然所为，亦即自然伟力之作。“人之所为”即人类之所当为与所能为。庄子在中国哲学史上第一个以天与人相对待，从而明确提出了人类与自然的矛盾问题。在人类与自然之间，庄子赞叹自然之伟大，悲悯人类之渺小。他认为人类能力有限，又认为人类的任何作为都是对大自然的破坏，所以庄子强调要分辨“天之所为”与“人之所为”，反对“以人助天”。《大宗师》说：“不忘其所始，不求其所终；受而喜之，忘而复之。是之谓不以心捐道，不以人助天，是之谓真人。”不以人助天即不以人力改变自然。庄子认为真正有修养的人是不参与大自然的造化过程的。以天为大自然是庄子的创造，先秦最重要的唯物主义哲学家荀子就继承了天的这一意义。郭象注《庄子·齐物论》云：“故天者，万物之总名也”，即是庄子之天的第一个意义的明确表述。

天的第二个意义即自然而然，就是今日所说之天然。《养生主》载公文轩见右师而惊曰：“是何人也？恶乎介也？天与？其人与？”答曰：“天也，非人也。天之生是使独也，人之貌有与也。以是知其天也，非人也。”“介”即一足。公文轩问右师为什么只有一只脚，是天然的还是人为的。右师回答是自然而成，不是人为而成。这里所谓天不是实有的大自然，而是自然、天然之义，这里所谓天与人的关系是自然与人为的关系。《秋水》篇明确提出了“何谓天？何谓人？”的问题，回答是“牛马四足，是谓天；落马首，穿牛鼻，是谓人”。成玄英疏曰：“夫牛马禀于天，自然有四脚，非关人事，故谓之天。羁勒马头，贯穿牛鼻，出自人意，故谓之人。”无关于人事谓之天，出于人意谓之人，天与人之对立即自然与人为的对立。天不是自然界实有之物，所以《秋水》说：“天在内，人在外，德在乎天。”天然而成的都是内在的，人意而为的都是形之于外的，最高的德性即在于合乎天然。庄子崇尚自然，反对人为，所以《应帝王》说：“尽其所受乎天，而无见得，亦虚而已。”《秋水》也说：“无以人灭天。”据王叔岷所辑《庄子》佚文，原《庄子》五十二篇本就有“天即自然”一句①，这可能是庄子后学对庄子之天的解释。“天即自然”提示了庄学所谓天的独特意义，郭象注《庄子》就继承了此义。郭象曰：“自已而然，则谓之天然。……以天言之所以明其自然也。”（《齐物论注》）以天为自然（天然）也是庄子之独创，在古代颇有影响，唐代的唯物主义者柳宗元就说过：“庄周言天曰自然，吾取之。”（《柳河东集·天爵论》）

天一方面是自然界，一方面是自然而然，二者意义不同而一致。自然界是山河大地之统称，自然（天然）是万物之本然，自然界是实有，自然则是实有之性状；与实有之天对称之人指人类，与性状之天对称之人指人为，这说明天的两重意义确是不同的。但天之性状之义实由天之实在之义而来，是对天之实在的描摹和反映，所以自然而然之天与大自然之天的一致性是不言而喻的。在不少情况下，按天的两种意义去理解《庄子》的思想都是可通的，不过究而言之，二者还是有区别的。

庄子认为天与道一样具有决定人生万物的不可抗拒的作用。《德充符》记惠子问：“人而无情，何以谓之人?”庄子答曰：“道与之貌，天与之形，恶得不谓之人?”人之所以为人，人之所以有形有貌，完全是天的决定作用，是大自然造化之结果。庄子还以嘲笑的口吻对惠子说：“天选子之形，子以坚白鸣!”认为人的形体学说都是自然所定。《养生主》还说：“彼其所以会之，必有不蕲言而言，不蕲哭而哭者。是遁天倍［背］情，忘其所受，古者谓之遁天之刑。”死生皆自然所定，不必为之哭泣悲伤，哭泣悲伤即“遁天倍情”，倍，《释文》云“本又作背”，“遁天背情”就是逃避自然，忘记所受于自然之必然，即逃避大自然之刑罚。“天之刑”的概念也说明天对人生有一种必然性的决定力量。《列御寇》也有类似的说法，“自是，有德者以不知也，而况有道者乎！古者谓之遁天之刑”。“自是”即自以为是，庄子主张任自然而无是非，反对自以为是，自以为是就是

① 参见王叔岷：《庄子校释》附录。

企图逃脱必然，即“遁天之刑”。《庚桑楚》说：“备物以将形，藏不虞以生心，敬中以达彼，若是而万恶至者，皆天也，而非人也。”备物来奉养身体，深藏无虑来涵养心神，敬修内德而通达彼物，样样慎而不失却仍然摆脱不了各种灾难（“万恶至”），这就不是人事的结果，而是天的决定作用，天实含有决定人生命运的必然性。

“天即自然”已说明天没有意志，天决定人生的一切都是无意志无目的的。《大宗师》说过“天无私覆，地无私载”。《则阳》篇亦云：“四时殊气，天不赐，故岁成。”万物繁衍亦非天之恩赐。《列御寇》云：“施于人而不忘，非天布也。”有施于人而不忘就不是“天布”，“天布”即自然之布施，应该是施而不知，惠而无情的。这说明天对万物众生之恩泽都是无心无虑、自然而然的。总之，天无为无情，无意志，非人格，天决定人生万物的一切作用都是自然而然的。在庄子看来，大自然中的一切都是人类所不应干预的，自然而然的一切都是人力所无可奈何的，所以庄子所谓自然实含有必然之意。总之，天对万物的决定作用是一种必然性力量，这种必然性力量不是神的意志，也不是事物的内在规律，而是一种抽象的自然而然的必然性。这是庄子特有的思想观念，这种观念在今天看来似乎是不可思议的，在庄子看来却是合乎大化之自然的。

（二）天与人的对立与和谐

庄子常以天与人相对而言，这说明庄子特别重视天人关系问题。庄子的天人关系理论是消极的，这种消极性表现在两个方面：一方面是强调天人对立，反对“以人助天”；一方面是强调以人入天，“人与天一”。

《德充符》说：“圣人不谋，恶用知？不斫，恶用膠？无丧，恶用德？不货，恶用商？四者，天鬻也。天鬻者，天食也，既受食于天，又恶用人！”“鬻”，《释文》云：“音育，养也。”“天鬻”与“天食”即大自然的养育。一切皆由自然养育，人又何必有所作为呢？《大宗师》假托子贡问孔子什么是畸人，回答是：“畸人者，畸于人而侔于天。故曰，天之小人，人之君子；天之君子，人之小人也。”① 畸人即不合时俗之人，也就是庄子理想中的至人。畸人不仅要超俗，而且要“侔于天”，“侔”即等也，亦从也（司马彪注）。侔

① 此处后两句原为“人之君子，天之小人也”，与上两句重复。此据奚侗、王叔岷说，依旧钞本《文选》（江文通杂志）注引文校改。

于天即从于天，即与天为一，把自己托付于整个大自然，让全部生活消融于大自然，这样的人是世俗的小人，却是大自然的君子，而世俗的君子则是破坏自然的小人。人与自然的关系是矛盾对立的。实际上，人类与自然确有一定的矛盾，人类的活动有改造大自然的积极一面，也有破坏大自然的消极一面。庄子的错误在于把人类与大自然的矛盾绝对化了，认为自然的一切都是合理的、不应改变的，认为人类的一切活动都是不合理的、都是对自然的破坏。这就取消了人类改造自然、谋求发展的可能性和必要性，是不利于人类社会进步的，因而庄子的天人关系理论是消极的。

庄子反对干预自然，进而主张随顺自然之大化，与大自然融为一体，此即与天为一，与天为一是庄子的生活理想。上面所说的“侔于天”的畸人身上就寄托了庄子的这种思想。《大宗师》还说过：“故其好之也一，其弗好之也一，其一也一，其不一也一。其一与天为徒，其不一与人为徒。天与人不相胜也，是之谓真人。”所谓“一”即万物为一之一，不管你喜欢不喜欢，万物都是齐而为一的，说它是一也好，说它不是一也好，反正它是一。承认万物为一就是“与天为徒”的真人，不承认万物为一就是“与人为徒”的凡人。与天为一就要因顺自然，消融于自然，这样就达到了“天与人不相胜”的真人境界。“天与人不相胜”就是天人的绝对一致与和谐。《列御寇》记载庄子说过：“知道易，勿言难。知而不言，所以之天也；知而言之，所以之人也，古之［至］人，天而不人。”知“道”而不言，就能“之天”，“之天”即达于天，入于天。庄子的理想是“天而不人”，即去人而入于天，也就是融汇于自然、纯任万物之自然的意思。《山木》篇明确解释过“人与天一”的意义。“何谓人与天一邪？”“有人，天也；有天，亦天也。人之不能有天，性也，圣人晏然体逝而终矣！”人属于大自然，大自然不属于人；自然可以决定人，人却不能改变自然，所以圣人要安然地随顺自然，任变而终，这就是“人与天一”。《达生》篇说“夫形全精复，与天为一”，也是要保持人的自然本性，以求与自然相和谐的意思。

庄子的与天为徒的思想不仅要因任自然，而且要达到更高的精神境界。《大宗师》说：“孰能登天游雾，挠挑无极，相忘以生，无所终穷？”“登天游雾”是因任自然之极致，是神秘的夸张和想象，也是个人的超凡绝俗的理想生活。《大宗师》又说：“造适不及笑，献笑不及排，安排而去化，乃入于寥天一。”郭象注云：“安于推移而与化俱去，故乃入于寂寥而与天为一也。”“入于寥天一”也是与天为一的神秘体验。《天下》篇说庄子“独与天地精神往来而不敖倪于万物……上与造物者游而下与外死生无终始者为友”，这是对庄子神秘的精神生活的写照，在想象中以精神相往来与天地交流，与世界的创始者一起遨游，未始有物，未始有我，超脱于俗世，游心于无穷，不知有生，不知有死，也就是扩大其心，与宇宙同其辽远宏阔。

所谓与天为一，人与天一，与天为徒，天而不人，所谓独成其天，登天游雾，都是在追求与天地精神相往来的神秘的精神境界。

庄子与天为徒的主张包括天人一致的思想，也是一种天人合一的理论。天人合一是中国哲学中的一个根本概念，是中国哲学特有的理论。天人合一的理论发端于孟子，大成于宋代道学，其主流是儒家的正统思想。庄子的天人合一说与儒家的天人合一说有所不同。第一，儒家只讲天人合一，不讲天人对立，而庄子的天人合一说却是以天人对立为前提的。第二，儒家的天人合一说虽然也以天为本，却不否定人的独立存在，庄子的天人合一说则主张取消人的独立性。所以儒家讲天人合一而主积极有为，庄子讲天人合一却是消极无为的。道家与儒家虽然都讲天人合一，而天人合一的实际意义却是大有不同的。总之，在天人关系上，庄子的态度是消极的，无论是讲天人对立还是讲天人合一，庄子的基本立场都是有见于天而无见于人，所以荀子说“庄子蔽于天而不知人”（《荀子·解蔽》），这是心知其意的中肯批评。荀子又说：“大天而思之，孰与物畜而制之！从天而颂之，孰与制天命而用之！”这也是对庄子者流尊天抑人思想的有力反驳。总起来看，庄子离人而入天的思想是落后的，是不利于人类社会发展前进的，但是，庄子明确地把天与人对照起来，提出了人类与自然的矛盾问题，主张人类与大自然的和谐与一致，消沉中也不无合理的因素。

（三）命的意义和特点

命也是中国古代哲学中常见的概念。命的观念起源甚早。殷商时期，命的观念已经出现。《尚书·汤誓》云：“有夏多罪，天命殛之。”《盘庚》云：“今不承于古，罔知天之断命。”这时的命完全是上帝的意志。《左传·襄公二十九年》有“善之代不善，天命也”，这时的命也还是宗教概念。命的概念到孔子时开始有了变化。孔子说：“吾十有五而志于学，三十而立，四十而不惑，五十而知天命。”

(《论语·为政》)孔子积五十年之生活经验才体验出所谓命,孔子所谓命仍是天命,但已不是神的意志,而是指人力所无可奈何的事。墨家主"非命",认为命不过是懒人自我解嘲的说法。《墨子·非命上》曰:"昔上世之穷民,贪于饮食,惰于从事……不知曰我罢不肖、从事不疾,必曰我命固且贫。"墨家所非之命完全是宗教的前定之命,并不同于儒家和道家所说的命。

老子极少讲命,庄子却讲命颇多。《大宗师》说:"死生,命也,其有夜旦之常,天也。人之有所不得与,皆物之情也。"死生有命,正如天有昼夜,是无可奈何的,万物之情也都是人所不能干预的。《德充符》又说:"死生存亡,穷达贫富,贤与不肖,毁誉,饥渴,寒暑,是事之变,命之行也;日夜相代乎前,而知不能规[窥]乎其始者也。"这说明生命之存亡、事业之穷达、品德之好坏,甚至饥渴寒暑的闪替变化都是无可奈何的命之流行,人们无法窥测其始终,也无法预料其顺逆。总之,一切都是命,命是人力无可奈何之事。《德充符》又说:"游于羿之彀中。中央者,中地也;然而不中者,命也。"羿是有名的神射手,在他的靶子中散步而不被射中,这应属偶然,但庄子认为这也是命。命不仅包括必然,而且包括偶然。一切都应归之于命,亦即一切都应归于必然(本书所谓必然多用必然的一般意义,即指无可改变、不得不然的趋势,并非专指客观规律)。

《达生》曾对命作过较为明确的解释:"不知吾所以然而然,命也。"命是无法认识所以然的,是没有原因可说的。《至乐》篇又说:"'褚小者不可以怀大,绠短者不可以汲深',夫若是者,以为命有所成而形有所适也,夫不可损益。"褚即布袋,绠即绳索。褚之大小,绠之长短,喻人之德性能力。德性高下,能力大小,也是"命有所成"、"不可损益"的。《秋水》篇借孔子之口说:"我讳穷久矣,而不免,命也;求通久矣,而不得,时也……知穷之有命,知通之有时,临大难而不惧者,圣人之勇也。由处矣,吾命有所制矣。"人生遭遇有贫困、有通达,穷困与通达决定于"命"和"时",这里的命与时是互文,都是指人力无可奈何的必然性。

按照庄子的思想逻辑,命来自于道与天的决定作用。"道与之貌,天与之形"(《德充符》)就说明道与天决定人生的一切。"受命于地,唯松柏独也在,冬夏青青;受命于天,唯舜独也正,幸能正生,以正众生。"(《德充符》)受命于地,受命于天,天地即大自然,大自然的一切对人来说都是无可奈何的,因而可称之为命。由于道和天都无意志、无目的，所以庄子所说的命没有惩罚或恩赐的含义。《大宗师》中有一个故事说子桑家贫，又遇十天大雨，他若歌若笑，鼓琴曰："父邪！母邪！天乎！人乎！"声音急促而哀戚。他的朋友问他："子之歌诗，何故若是？"他说："吾思夫使我至此极者而弗得也。父母岂欲吾贫哉？天无私覆，地无私载，天地岂私贫我哉？求其为之者而不得也。然而至此极者，命也夫！"贫困已极，缘由何在？父母无私，天地无心，百思而不得，只好归之于命。命不是客观意志赏善罚恶的结果，而是不知所以然而然的必然性。

庄子所谓命学有一种假设的意义。《人间世》说："知其不可奈何而安之若命，德之至也。"《德充符》也说："知不可奈何而安之若命，唯有德者能之。"张岱年先生说："到无可奈何的时候，只当安之若命。'安之若命'的'若'字最有意义，不过假定为命而已。"①《寓言》又说："莫知其所终，若之何以无命也？莫知其所始，若之何其有命也？"任何事的结果都非人力所决定，所以不得不说有命，但追本溯源，命之有无又实难确定。实际上，命不过是对于不可抗拒又无法解释的事情姑且言之为命而已，所以庄子所谓命不同于宗教神学之命。

庄子所谓命又不同于孔子所说之命。孔子"五十而知天命"却仍然"知其不可而为之"，可见孔子之命并不废弃人事。孔子认为，人事已尽，不能强为，方可谓之命，命实以尽人事为条件。庄子所谓命却是绝对排斥人为的，所以孔子偶言命而不消极，庄子常言命而反人为。庄子所谓命又不同于墨家所非之命。墨家所非之命，完全是前定之命。一切结果皆已前定，完全与人事无关，如命富则不努力亦必富，命贫则强力劳作亦必贫。而庄子所谓命只是"不知所以然而然"之事，并无前定的意义，很少宗教色彩。总起来看，庄子的命只是无可奈何的意思，是人力不可及的必然。这种必然既非天意之命令，亦非事物内在之规律。庄子所谓命只是不知所以然而然的抽象的必然性。庄子所说的命虽保留了宗教之命的形式，但命的内容却不同于宗教的前定论和天命论。庄子所谓命包括了不可解释的一切遭遇，这就为荀子"节遇之谓命"的思想之萌发准备了条件。在先秦，孔子讲畏天命，墨子讲非命，

① 张岱年：《中国哲学大纲》，402页。

孟子讲顺受其正，荀子讲制天命，各家所说虽有不同，但要之皆不废人事，独庄子讲任天安命，摒弃人为，这是庄子哲学中最为消极的内容。

第四节　德与气及“有待”“无待”问题

（一）德的意义及特点

德的概念起源也比较早，金文中德字已屡见不鲜，如“正德”（《大盂鼎》），“共明德”（《叔向父毁》）等。据《尚书》记载，周公就很重视德，他强调“王敬作所，不可不敬德”，“王其疾敬德”（《召诰》），主张“明德慎罚”（《康诰》），这些德主要是德行、品德。《左传》中也多次讲到德，“德以施惠，刑以正邪”（《成公十六年》），“德以柔中国，刑以威四夷”（《僖公二十五年》），这些所谓德有德行、恩德之义。孔子所谓德也与此相仿，如“志于道，据于德”（《论语·述而》），“以直报怨，以德报德”（《宪问》），“道之以德，齐之以礼”（《为政》）。老子所说之德主要是真人的自然本性和最高的修养境界，与上述诸德有明显不同。“常德不离，复归于婴儿”（《老子》三八章），“含德之厚，比于赤子”（《老子》五五章），这里的德是自然本性。“上德若谷，大白若辱，广德若不足”（《老子》四一章），“玄德深矣远矣，与物反矣”（《老子》六五章），这里所谓德都是圣人的修养境界。德的意义在老子这里始有明显变化。

庄子基本继承了老子的德。庄子所谓德的第一个意义是淳朴的自然本性。《应帝王》形容上古之至人“其卧徐徐，其觉于于；一以己为马，一以己为牛；其知情信，其德甚真”。睡时安闲舒缓，醒来悠然自适，不辨为牛为马，不知有物有我，这种无知无识的淳朴状态即最真之德。如果求名争胜，这种真德就会荡散流失，所以《人间世》说：“且若亦知夫德之所荡而知之所为出乎哉？德荡乎名，知出乎争。”世人争名求利便是淳朴之德的破坏，至人要保持淳朴的自然本性就要进行修养。德的第二个意义便是最高的修养境界。《德充符》说：“平者，水停之盛也。其可以为法也，内保之而外不荡也。德者，成和之修也。德不形者，物不能离也。”所谓“德者，成和之修”，说明德是最高的修养。关于“成和”，宣颖云：“修太和之道既成，乃名为德也”（《南华经解》），陈鼓应曰：“成和之修，完满纯和的修养。”① 最高修养境界的特点是“和”，即和谐圆满之意，实际也就是涵养和保持淳朴的自然本性。所以庄子所谓德的两个意义是完全一致的。

庄子反复强调，修养淳朴的自然本性所产生的精神魅力是巨大而神奇的。在《德充符》中，庄子描写了许多德性甚高的残废人，有被砍去一条腿的兀者王骀，他“视丧其足犹遗土”，根本不把身体残缺放在心上；有受刖刑的兀者申徒嘉，他“游于形骸之内”，毫不计较人间的尊卑贵贱；有鲁国的叔山无趾，他“以死生为一条，以可不可为一贯”，完全不在乎什么死生是非；有卫国的奇丑之人哀骀它，他“以恶骇天下，和而不唱，知不出乎四域”，却使鲁哀公为之倾倒；此外还有驼背无唇的闉跂支离无脤，有细脖子上长大肉瘤的瓮㼜大瘿……庄子捧出这么多奇形怪状的全德之人，就是为了证明淳朴之德的神奇力量。至德之人不仅自己不知形体残缺丑陋之不幸和痛苦，而且能使天下人都忘记他们的缺陷，争先恐后地亲附于他们，“丈夫与之处，思而不能去”，“妇人见之”，“宁愿为之妾”，国君见之甘愿以国相让，孔子也表示“将引天下而从之”。这就是王坦之在《废庄论》中所说的“动人由于兼忘”。总之，至人的淳朴之德“未言而信，无功而亲”，有一种不可思议的魅力。庄子用形体之奇丑来反衬精神之极美，说明淳朴之德的魅力可以使天下人为之倾心折服，其神奇是形体之美所无法比拟的。这纯然是浪漫夸张的文学手法，在这浪漫的描写中，深埋着庄子对现实的厌恶，厚蕴着庄子对超凡入圣的修养境界的追求，表达了庄子独特的审美观和价值观。

庄子之德与庄子哲学是水乳相合、融而为一的。《人间世》说：“自事其心者，哀乐不易施乎前，知其不可奈何而安之若命，德之至也。”至德的境界就是无心于外物，超脱于情感，自适于顺命。安命无情是至德的重要内容，这样至德和“悬解”就一脉相承了。《大宗师》说：“且夫得者时也，失者顺也；安时而处顺，哀乐不能入也，此古之所谓悬解也。”“悬解”的条件也是安命无情，做到安命无情，精神就可以摆脱于外物的纠缠烦扰，即获得最大的自由。至德的实质是保持淳朴之性，有了至德就不会反抗命运，就可以逍遥于物外，所以至德也是庄子思想从安命论向逍遥论转化的关节点。

《德充符》说：“自其异者视之，肝胆楚越也；自其同者视之，

---

① 陈鼓应：《庄子今注今译》，160页。

万物皆一也。夫若然者，且不知耳目之所宜，而游心乎德之和。”“德之和”是自然本性的圆满和谐，“游心乎德之和”就是陶醉于德之淳朴和谐，这就是至德的境界。这种境界“不知耳目之所宜”，因而和怀疑人类认识能力的怀疑主义是相通的。这种境界“自其同者视之，万物皆一也”，因而和抹杀一切矛盾差别的诡辩论是相通的。庄子之德可谓理解庄子哲学之管钥。

在中国哲学中，德与道的关系十分密切。在孔子之时，德与道就被联系起来了。孔子曰：“志于道，据于德，依于仁，游于艺”（《论语·述而》），这里的道是普遍的最高原则，其主要内容是仁，德是个体的最高品德，其主要内容也是仁。道高于德，德有得于道，道与德是一致的。老子所谓道与孔子有根本不同，但道与德的关系却基本一致。《老子》五一章云：“道生之，德畜之，长之育之，亭之毒之。”道是万物之本根，德是一物之根据，即人与物所得于道以生者。道家之道与德的关系，以《管子·心术上》所说最为明确。“德者道之舍……故德者得也，得也者，其谓所得以然也。以无为之谓道，舍之之谓德，故道之与德无间。”道是普遍流行的，德是一物之所得；道是万物之根据，德是一物之根据；道是总，德是分；道与德分而有别，合而为一，本无间隔。此所谓道与德的关系代表了道家关于道与德的基本理论。

庄子似乎没有直接论及德与道的关系，但从庄子后学的论述来看，庄子的观点与《心术上》的说法也是大体相合的。《庚桑楚》曰：“道者，德之钦也”，《徐无鬼》曰“德总乎道之所一”，德是道之分，道是德之本。在庄子哲学中，道是世界之始之根，德是人性之初之本；道是无为情，德无知无识；道玄冥无别，德浑然素朴。德与道的一致是显而易见的。按照庄子的逻辑，道为主，德为从，道决定了德的特点，德体现了道的性质。德依据于道，至德之人即是得道之人；道是德性修养的依据，得道即是德性修养的目的。

（二）气与庄子哲学

气的观念也起源较早。据《国语》记载，至少西周末年已有气的观念。周幽王二年，伯阳父讲地震的原因说：“夫天地之气，不失其序。若过其序，民乱之也。阳伏而不能出，阴迫而不能蒸，于是有地震。”天地之间有气，气有阴阳，阴阳之气本有其序，其序紊乱则会发生地震。“序”即规律，地震是气之运行规律的中断与变异。

这不是科学的理论，却是天才的猜测，基本上是唯物主义的见解。《左传·昭公元年》还载有医和的话："天有六气……六气曰阴阳风雨晦明也。"阴阳风雨晦明都是气，气不仅是阴阳二气，但阴阳是最主要的气，所以通常以阴阳二字代指气或阴阳二气。孔子、老子似乎都不大重视气的观念，孟子主要讲浩然之气，但也提到"气，体之充也"(《孟子·公孙丑上》)。《管子·心术下》也讲过"气者，身之充也"。总起来看，气的概念比其他概念单纯明确，通常情况下都是指构成天地万物的物质元素。值得注意的是，庄子比较重视气的概念。

庄子认为气是充满于天地之间的，天地万物都是一气，所以《大宗师》说："方且与造物者为人，而游乎天地之一气。"气是物质世界的最初状态，人就是从这种状态演变出来的。《至乐》篇记载庄子曰："察其始而本无生，非徒无生也而本无形，非徒无形也而本无气。杂乎芒芴之间，变而有气，气变而有形，形变而有生"，可见形由气生，生由形显，气是生命的物质基础，人之生死，万物存亡都是气聚散变化的结果。气化失调会造成人体的残疾，《大宗师》中子舆的病就是"阴阳之气有沴（凌乱）"的结果。人的精神活动也和气有关。《应帝王》说："汝游心于淡，合气于漠"，就是要通过"合气"于自然来保持精神的平静和谐。天地万物、生命现象、精神活动都离不开气，气是万物存在变化的基础，是构成物质世界的基本元素。

在《人间世》中，庄子以人道与阴阳对举："事若不成，则必有人道之患；事若成，则必有阴阳之患。"人道之患指刑罚杀戮，是人为的，阴阳之患，指寒热伤身，是自然的，可见阴阳之气的运动是独立于人的意志之外的。《大宗师》又说："父母于子，东西南北，唯命之从。阴阳于人，不翅于父母；彼近吾死，而我不听，我则悍矣"，阴阳之气对于命运的安排比父母之命更不可违逆，因而对于人类来说也是无法改变的力量。

气和道的关系，庄子没明确讲过。总的看来，气和气化的观念与道无为无形的性质是协调的，但是气远不如道重要。道"自本自根"、"自古以固存"，气却是"杂乎芒芴之间，变而有气"，这说明庄子还没有把气当作最根本的存在。《大宗师》有"伏羲氏得之，以袭气母"的说法，关于"气母"，成玄英疏曰："气母者，元气之母，应道也。"气母的概念也说明庄子认为气之上还有更为根本的存在。庄子自身的逻辑应该是气由道生，道为气本，这和精气说认为道就是气，把气作为最根本的存在是不同的。

庄子为什么要在自己的哲学体系中引入气的概念呢？首先，在无为无形的道产生具体有形的万物的过程中，需要有一个过渡状态。其次，庄子是强调齐万物而为一的，在物质世界之内需要一个体现万物共同基础的东西。最后，庄子是强调事物的相互转化的，需要一个能够贯穿于一切运动变化过程之中的概念。适合这些需要的概念必须是可以有形也可以无形、可以运动也可以凝聚、可以上达于道也可以下通于物的，这样的概念只有气。

用气的聚散来解释人的生死及世界的变化，这是庄子思想中的唯物主义成分，这种唯物主义成分和他整个思想体系是融为一体的。一、气的聚散过程是不以人的意志为转移的，因而安命哲学是正确的；二、一切都是自然而然的变化，无所谓得失生死，不必有喜怒哀乐，懂得这一点，精神超脱于万化之上，就得到了自由；三、一切都是气的运动，因而无所谓差别对立，一切都在变化，因而认识是不必要不可靠的。总之，气的概念、气化的观念和他的命定论、自由论、怀疑论及诡辩论都是相通的。没有道，庄子不成其为庄子；没有气，庄子思想也缺少一个中间环节。

（三）关于“有待”和“无待”的问题

以上我们分析了庄子哲学中最重要的五个哲学范畴，至于庄子独创的一些术语及其他概念将在下文论述庄子的思想学说时陆续提到。

通过剖析哲学家的哲学范畴提示哲学家的理论体系，这是研究哲学史的基本方法之一，也是哲学史研究走向科学化的基本途径之一，所以我们在解剖庄子哲学体系时首先分析研究了庄子的主要哲学范畴。不过，在运用这一方法时也应注意从实际出发和掌握分寸，不要把古人可能有的范畴当作确实有的范畴，把后人的范畴当作前人的范畴。在20世纪60年代，关锋曾把“有待”、“无待”当作庄子的基本哲学范畴，并以此为据替庄子构造了一个“有待——无己——无待”的三段式。此说曾在学术界产生过较大影响，而事实上，《庄子》一书中却根本没有“无待”一词，虽有“有待”二字也并非哲学范畴。把“有待”、“无待”当作哲学范畴的不是庄子，而是注《庄子》的郭象。这一问题不仅与庄子研究有关，而且与分析哲学范畴、解剖哲学体系的基本方法有关，因而也有必要作一些辨析。

哲学范畴是反映客观世界普遍本质的概念。每个范畴都是在社会实践和理论思维的历史发展过程中逐渐形成的。那么，哪些特征可以说明一个词或词组已经成为哲学概念或范畴了呢？我们认为，作为一个哲学范畴或概念，首先应具有普遍性的意义。以“统一”一词为例，我们讲“国家要统一”，这里的“统一”是就具体问题来讲的，不是哲学概念；我们讲“对立面的统一”是就事物普遍属性来讲的，这里的“统一”显然是哲学范畴。其次作为一个哲学范畴，还应该具有固定的语言形式。例如“矛盾”这一概念，就不能拆成“矛”和“盾”两个字，一旦拆开，“矛盾”的哲学意义就被破坏了。再次，作为一个哲学范畴，还应该具有名词的属性。如“国家要统一”，这个“统一”是动词；“对立面的统一”，这个“统一”是名词。最后，作为一个哲学范畴，应该能作判断的主词或宾词。例如“敌人必然会灭亡”，这里的“必然”明显不是哲学范畴，“对立面的转化是必然的”，这里的“必然”用作判断的宾词，是哲学范畴。现在根据我们对哲学范畴的理解，再来考察一下《庄子》书是否把“有待”作为哲学范畴来使用了。

《庄子》书中关于“有待”的说法不多，为了说理的充分，特全部录下：

①“此虽免乎行，犹有所待者也。若夫乘天地之正，而御六气之辩，以游无穷者，彼且恶乎待哉！”（《逍遥游》）

②影曰：“吾有待而然者邪？吾所待又有待而然者邪？”（《齐物论》）

③“夫知有所待而后当，其所待者特未定也。”（《大宗师》）

④“有目有趾者，待是而后成功……万物亦然，有待也而死，有待也而生。”（《田子方》）

⑤“死生有待邪？皆有所一体。”（《知北游》）

⑥“火与日，吾屯也；阴与夜，吾代也。彼，吾所以有待邪？而况乎以有待者乎！”（《寓言》）

从这些材料来看，第一，“有待”与“有所待”、“恶乎待”、“待是”、“所待”等词语并用，其中“有”和“待”无论联用或不联用意义都是一样的，这说明“有待”尚未成为固定的有特定内容的专用术语。第二，有待的主体，基本上都是具体的事物或人，如列子、影、知、死生，所待的对象是风、日、火等，“有待”二字还不是对事物普遍属性的抽象概括。第三，各例中的“有待”都是叙述“有某物”这样一种情况，没有当作名词来用。第四，没有把“有待”当作一个概念对其他事物进行判断。在和郭象的《庄子注》进行对比之后这些结论就会显得更为鲜明突出。

郭象《庄子注》讲“有待”“无待”之处很多，这里仅举四例就可说明问题了。

(1)“非风则不得行，斯必有待也，唯无所不乘者无待耳。”(《逍遥游注》)

(2)“故有待无待，吾所不能齐也……夫无待犹不足以殊有待，况有待者之巨细乎!”(同上)

(3)“卒至于无待，而独化之理明矣。”(《齐物论注》)

(4)“推而极之，则今之有待者卒于无待，而独化之理彰。”(《寓言注》)

从郭象的用法来看：第一，“有待”“无待”已经成了有特定内容和固定形式的专用术语；第二，“有待”“无待”已经有抽象化、普遍化的意义，不再用于叙述具体情况；第三，“有待”“无待”已经名词化，如“故有待无待，吾所不能齐也”，这里用“有待”“无待”不再是叙述“有某物”、“无某物”的情况，而是把“有待”“无待”当作句子的主语，当作有特定内容的概念加以说明；第四，“有待”“无待”已经用作对其他事物进行判断的宾词。如“唯无所不乘者无待耳”。此外，我们还可以看到，“有待”“无待”的概念与郭象的独化论是密切地有机地联系在一起的——只有归于无待，才能实现独化，而独化之物必然无待。郭象是在自己的独化理论已经成熟、“有待”“无待”的概念已经明确之后才开始注庄的。“有待”“无待”主要不是为了解释庄子的思想，而是为了发挥他自己的“独化于玄冥之境”的理论。由此我们可以知道，第一个提出并使用“有待”与“无待”这一对哲学范畴的是郭象的《庄子注》。

上述比较说明《庄子》书中的“有待”二字与郭象的用法是有所不同的，庄子并没有把“有待”当作哲学范畴来用，当然，他从未讲过的“无待”二字，更不可能成为他的哲学范畴。

但是有人会问，能不能借用郭象的“无待”来解释庄子思想呢?似乎庄子思想中有“无待”的观念，而且很重要，只是没有明白讲出来而已。对这种看法是需要进行分析的。

的确，“无”是庄子一派思想中十分重要的观念，七万字的《庄子》中，“无”字竟用了八九百次，如无穷、无己、无当、无极、无用、无功、无作、无形、无成、无知、无涯、无方、无思、无止、无常、无心、无声、无古今、无所逃……然而庄子为什么偏偏不讲“无——待”呢？这个问题值得我们注意和研究。

庄子一派又是联系对立面的行家里手，他们特别喜欢拿对立概念并称对举，如是非、有无、彼此、名实、精粗、得失、虚实、大知小知、大年小年、大言小言、大恐小恐、大和小和、至大至小、天之所为与人之所为……随处可见，举不胜举。然而，庄子讲过“有所待”、“恶乎待”，为什么偏偏不讲“无待”或“无所待”？庄子本人不讲，为什么专门阐释先生思想的弟子们也不讲？难道是有所顾忌吗？当然不是。

答案似乎只有一个：庄子及其后学思想中尚没有形成明确的“无待”的观念，因此不可能提出这样的概念范畴。《庄子》书中个别地方偶然透露过希望达到无所待境界的倾向，从庄子追求的无拘无束的精神自由中也可以引申出“无待”概念，这正是郭象之贡献。但是，不能把哲学家偶然透露的倾向当作他们的基本的主要的观点，不能把后人引申出来的东西当作古人自己的东西。

事实上，用“无待”来解释庄子的思想也并不十分贴切。郭象讲“卒至于无待，而独化之理明”，顺理成章，十分自然，庄子并未讲“卒至于无待，而逍遥之义明”自有其原因。第一，列子“御风而行”是“有待”，那么至人“御六气之辩”，同样有所“御”，算不算“有待”？如果不算“有待”，就要区分这两种“御”有什么本质的不同，这就要作抽象与具体的区别，或作形而下与形而上的区别，而这是庄子及其后学都没有想到的。第二，庄子的逍遥游以随顺自然（安时处顺、安之若命）和超然物外（无情无虑、哀乐不入于胸次）为条件，这种以随顺外物为前提的自由算不算“无待”，也有些难以解释。第三，庄子追求的是与天地万物融为一体的精神境界，其基本倾向是强调世界万物的共性和同一性，而郭象的独化论把天地万物分解为无数独立的玄冥世界，割断万物之间的依存关系及一切联系。总之，郭象与庄子的思想虽有相通之处，但思想倾向又确有明显不同。因此，用郭象的“有待”“无待”去解释庄子的思想未免简单化，这样做没有抓住庄子思想的特点，因而是不足取的。

顺便说一下，今人多把“无待”理解为无所待，即绝对的无条件，这也有些简单化，与郭象之义并不完全相合。郭像说：“非风则不得行，斯必有待也，唯无所不乘者无待耳。”又说“所遇斯乘，又将恶乎待哉!”(《齐物论注》)这说明无待即无所不待。郭象又说“夫唯与物冥而循大变者，为能无待而常通。”(同上)这又说明因循自然也可称作无待。仅此二例即可说明郭象的无待是一个比较复杂的概念，要准确理解无待一词还需要做深入细致的研究。

第五章
学 说 篇

上一章，我们分析了庄子的几个最重要、最基本的哲学范畴，通过对这些范畴的考察，我们对庄子哲学可以有一个大致的了解，尤其是通过对道的分析，可以使我们对庄子的本根论有一个基本的认识，但庄子哲学以“寓言”、“重言”、“卮言”为表现形式，并非黑格尔式的范畴的逻辑体系，因而单凭范畴的解剖还不足以展现庄子哲学体系的全部内容，为此，我们还有必要对庄子哲学的几个思想侧面进行一番考察和分析。

除上一章已讲到的本根论以外，庄子哲学体系大致还有四个思想侧面，即四种主要的理论学说——安命论、逍遥论、真知论、齐物论。安命论、逍遥论是人生论。真知论、齐物论是方法论。人生论是庄子哲学的基础和归结，方法论则为庄子的哲学体系提供了思想方法和理论根据。

第一节　安命论

（一）社会生活中的必然性

在上一章，我们已考察了庄子的命的概念，说明庄子是一个命定论者。命定论在中外思想史中是普遍存在的。周朝初年，周公对命定的思想已有所怀疑，他一方面强调“天命不易”（《尚书·大诰》），一方面又讲“惟命不于常”（《康诰》）。这种摇摆的倾向在孔子身上仍有反映，孔子说过“道之将行也与，命也；道之将废也与，命也”（《宪问》）。但《论语》又记载孔子“罕言利与命与仁”，这说明命定论的思想在孔子那里不是最重要的，稍后于孔子的墨子对命定论则进行过激烈的批判，这说明命定论的观念在西周和春秋时期已有所动摇，这和中国古代宗教神学不发达、特别是没有形成一神教的情况是密切相关的。在这样的历史背景中，庄子虽然反复讲到命，但他的安命论与宗教神学的命定论已有很大不同。庄子的安命论不是来源于对神的敬仰或对天的畏惧，而是来源于对现实生活中无可奈何的必然性的深刻观察和深切体会。

庄子在《齐物论》中生动而形象地提示了人们陷溺于社会斗争的旋涡而不能自拔的状况和心境。他说："大知闲闲，小知间间；大言炎炎，小言詹詹。其寐也魂交，其觉也形开，与接为构，日以心斗……其溺之所为之，不可使复之也。"大智者傲视一切，小智者锱铢必较。① 说大话的气焰逼人，细语者喋喋不休。其夜寐则心神不宁，白日醒来则肢体不安。人与人天天纠葛不断，彼此间日日钩心斗角……人们沉溺于是非争斗的湍流之中，无以脱身，不知自拔。社会斗争的争流是一种无可奈何的必然趋势，处于急流之中的人固然身不由己，处于急流之外的人也奈何不得。庄子又说："一受其成形，不忘以待尽。与物相刃相靡，其行尽如驰，而莫之能止，不亦悲乎！"人一来到尘世，就被卷入于社会斗争的旋涡之中，被强大的外力推动着，浮沉进退，身不由己，搏斗抗争，劳苦不息。虽然人人都有自己的意愿情感，人人都有自己的目的希求，但在社会斗争的旋涡中，这一切都被碾为齑粉。什么慎独修养，什么奋勉劳作，都不一定能达到预期的结果，所以说"终身役役而不见其成功，苶然疲役而不知其所归，可不哀邪？"

上述庄子思想中包含着几个值得注意的要点。

①人的意志愿望在社会生活的湍流中是不能尽情直遂的；②人类社会生活是受一种客观必然性支配的；③这种客观必然性并不是来自神祇的安排。庄子的这些思想虽没有以明确的理论形式表达出来，但是，在两千多年前能有这样的感受和推断已是十分可贵了。恩格斯曾经指出："社会发展史却有一点是和自然发展史根本不相同的。"在自然界中，没有任何事情是作为预期的自觉的目的发生的。"反之，在社会历史领域内进行活动的，全是具有意识的、经过思虑或凭激情行动的、追求某种目的的人；任何事情的发生都不是没有自觉的意图、没有预期的目的的。"② 因而看到社会历史中的不以人

① "闲闲"旧释为广博，为褒义，曹础基认为"本段中的大知与小知，大言与小言，大恐与小恐，都是指争论是非的人来说的，应属贬词"（曹础基：《庄子浅注》）。

② 恩格斯：《路德维希·费尔巴哈和德国古典哲学的终结》，37～38页，北京，人民出版社，1972年第1版。

的意志为转移的客观规律就比揭示自然界中的因果规律要困难得多。这也是在马克思主义诞生以前没有产生比较系统的历史唯物主义学说的重要原因。正是从这一点出发，我们说庄子能够透过每个人的能动性、目的性，看到社会生活中的不以人的意志和目的为转移的客观必然性是难能可贵的。

庄子的这种认识得益于他的特殊的社会地位、生活经历对他的赐予，然而，社会发展必然要限制他的思想，使他对社会生活中的必然性的实质和根源难以有科学的概括。已有的传统的思想观念也笼罩着他，使他把自己所感受到的社会现实中的异己的力量也称为命，把这种异己力量的根源归之于道和天。所以说“死生存亡，穷达贫富……命之行也”，“道与之貌，天与之形……天选子之形，子以坚白鸣”（《德充符》）。庄子对社会生活中客观必然性的深切感受把他推到了安命论的坐席上。所谓安命论与宿命论大体上是一致的，但庄子思想的重点不在于解释命的来源或命的内容，也不在于强调命运之不可抗拒，庄子讲命之不可改变的重点是论证安命无为的合理性，主张在安命无为的基础上追求精神自由，因而安命论的提法比命定论的提法更能反映庄子哲学的特点。

庄子把自己所感受到的社会生活中的必然性称之为命，这不仅有思想形式上的继承，而且有着内在的思想根源。《人间世》说：“天下有大戒二：其一，命也；其一，义也。子之爱亲，命也，不可解于心；臣之事君，义也，无适而非君也，无所逃于天地之间。”这里把命与义并列起来，都是必然而不可改易的，与儒家的观点比较接近，很可能是庄子思想尚未完全绝望脱俗时的作品。命是不可解于心的，是无所逃于天地之间的，这种观点贯穿于庄子整个思想发展过程之中。《德充符》中还有这样一个故事，孔子求学好名，如披枷戴锁一般，于是有人问：“胡不直使彼以死生为一条，以可不可为一贯者，解其桎梏，其可乎？”意思是想让孔子通过思想修养达到齐死生、忘是非的境界，从而摆脱名利束缚，回答却是“天刑之，安可解”，认为孔子求学好名是天对他的惩罚，是不能解除的。庄子把决定人生道路的丰富多彩的社会存在概括成命定的必然，又把这种必然绝对化，完全抹杀了人的思想对行为的指导作用和决定作用，抹杀了人在一定范围内选择生活方向的主动权。

庄子不仅抹杀人的主观能动性，而且抹杀了一切偶然。幸逃于神箭手之靶心是命之必然（《德充符》：“中央者，中地也；然而不中者，命也”)，不幸逢遭伤残病困也是命之必然（《大宗师》：“至此极者命也夫”)，必然统治一切，偶然没有立足之地。庄子看到在社会生活中，每一个自以为在按照自己意志行动的人都是受一种外在的必然性所支配的，而这种必然性并不是神祇或天意的安排，这是正确的认识，但庄子又把这种必然性夸大为绝对，抹杀了人的主观能动性，否定了偶然存在的可能性，从而陷于荒谬之中。在这种荒谬的主张中，蕴涵着庄子对现实的无可奈何的沉痛感，反映了社会下层人士无力自主、不能抗争的事实，这和统治者用来麻痹人民的神学命定论又有所不同。

（二）安命无为的生活原则

庄子生活态度的基本原则是安命无为，庄子强调和夸大社会生活中的必然性正是为了论证安命无为的合理性。《人间世》说：“自事其心者，哀乐不易施乎前，知其不可奈何而安之若命，德之至也。”《德充符》也说：“知不可奈何而安之若命，唯有德者能之。”无心无情，安然顺命，这是最高的道德修养，只有至德之人才能达到这种生活状态。《大宗师》中所说的孟孙氏就是这样的“有德者”。“孟孙氏不知所以生，不知所以死；不知就先，不知就后；若化为物，以待其所不知之化已乎！”不问死生，不辨先后，顺物而化，安然而待变化之未来。孟孙氏是安命无为的典型形象。安命无为是庄子学派一个基本主张。《秋水》篇说“无以人灭天，无以故灭命”，《达生》篇说“达命之情者，不务［命］之所无奈何”①，不以人力改变自然，不以人意改变命运，不追求命中无可奈何之事，这都是安命无为的思想观点。《大宗师》中描写的子祀、子舆、子犁、子来四个人都是庄子心中安命无为的理想人物。子舆生病后，腰背伛偻弯曲，五脏血管直竖，面颊陷于肚脐，肩膀高过头顶，发髻上指天空（“曲偻发背，上有五管，颐隐于齐［脐］，肩高于顶，句赘指天”)，其痛苦丑陋，可想而知，然而当子祀问他：“女恶之乎？”他却说：“亡，予何恶！浸假而化予之左臂以为鸡，予因以求时夜；浸假而化予之右臂以为弹，予因以求鸮炙；浸假而化予之尻以为轮，以神为马，予因以乘之，岂更驾哉……且夫物不胜天久矣，吾又何恶焉！”如果造化把我的左臂化为公鸡，我就用它来司晨，如果造化把我的

① 句中“命”原作“知”，根据《弘明集·正诬论》所引及上下文意，此处以“命”为是。

右臂化为弹丸，我就用它来打鸟烧着吃，如果造化把我的臀部化为车轮、精神化为马，我就乘之而行，连车也不用驾了。人本来就不能抵御自然，对自然带来的变化又有什么可厌恶的呢？其想象荒远而神奇，其气度超然而放达。不久，子来又生病了，“喘喘然将死”，妻儿都围着他哭泣，子犁去看他，说道：“伟哉造化！又将奚以汝为？将奚以汝适？以汝为鼠肝乎？以汝为虫臂乎？”子来回答：“父母于子，东西南北，唯命之从。阴阳于人，不翅于父母；彼近吾死，而我不听，我则悍矣，彼何罪焉！夫大块载我以形，劳我以生，佚我以老，息我以死。故善吾生者，乃所以善吾死也。今大冶铸金，金踊跃曰‘我且必为镆铘’，大冶必以为不祥之金。今一犯人之形，而曰‘人耳！人耳！’，夫造化者必以为不祥之人，今一以天地为大炉，以造化为大冶。恶乎往而不可哉！”这一段话的意义有三层：一、肯定人生有命，生而安命当如子之从父；二、认为命来源于“阴阳”、“大块”，“阴阳”即气，“大块”即地，都是自然之物，这与道和天的自然无为的性质是一致的，庄子之命并非客观意志之决定；三、主张安然随顺命运之一切变化，不以化为人而喜，不以化为非人而忧。这是一种达观的安命论。庄子用形象的艺术夸张的手法宣传命定论，给灰色的命定论染上了诙谐、幽默、从容、豁达的色调，这在中国哲学史上是比较独特的。

所谓安命无为，实际也就是一种纯然被动的生活方式。《人间世》篇借孔子之口劝告颜回说：“吾语若！若能入游其樊而无感其名，入则鸣，不入则止……一宅而寓于不得已，则几矣。”“一宅而寓于不得已”即纯任外物，不主故我。游于宫阙之中而无心于名位利禄，不力争，不强谏，一切都取被动的态度，庄子认为这不失为全生免患的好办法。《人间世》又说：“且夫乘物以游心，托不得已以养中，至矣。”一切都不得已而为之，这不仅可以免除外患，而且可以保养心神。《大宗师》也说到“崔［崔］乎其不得已乎［也］”，“不得已于事也”。“不得已”是庄子的重要观念，反映了庄子安命无为的基本主张。庄子后学把一切托于“不得已”的生活态度提到了“德”与“圣”的高度。《庚桑楚》说：“动以不得已之谓德”，“不得已之类，圣人之道”。可见“不得已”是庄子学派的重要生活准则，一切都要不得已而为，这种态度即是安然顺命、无所作为。

庄子所讲的安命论不完全是悲天悯人的，安命无为一方面是无可奈何的，另一方面又是悠然自得的，这一点从上述子舆、子来的谈话中即可看出。此外，《应帝王》篇也有这类描写：“有虞氏不及泰氏。有虞氏其犹藏仁以要人；亦得人矣，而未始出于非人。泰氏，其卧徐徐，其觉于于；一以己为马，一以己为牛；其知情信，其德甚真，而未始入于非人。”虞舜以仁德笼络人心，得人而未脱物（“非人”即物），这是有为而不安命的代表；泰氏徐徐而眠，于于而醒，不辨自己为牛为马，这是无为而逍遥的代表。庄子认为逍遥无为是最好的生活方式，所以他赞扬泰氏“其知情信，其德甚真”，不受外物的羁绊（“未始入于非人”），在泰氏身上，一方面体现了安命无为的态度，一方面表现了自在逍遥的风格，二者是一致的。从庄子对泰氏的赞美中我们还可以看到，庄子所希望的正是让统治者都像泰氏一样无所事事，从而让整个社会处于自然相安的状态之中。庄子还把安命无为作为“悬解”的必要条件。“悬解”即解于倒悬之苦，庄子所谓“悬解”实为精神之解脱，即超然于世，摆脱外物之纠缠。《大宗师》云：“安时而处顺，哀乐不能入也，此古之所谓悬解也，而不能自解者，物有结之。”“安时而处顺”即安命无为，只有安命无为才能摆脱情感之波动，才能达到精神解脱之境地，否则，为外物纷扰，就“不能自解”。安命无为是庄子哲学向逍遥游过渡的基础，安命方怡然轻松，无为则悠然自得，安命无为是取得人生自由的唯一途径。在无力改变现实又要追求精神自由的情况下，庄子也只能择此一途。

（三）安命论的形成与特点

庄子的安命论是怎样形成的？从思想实质上看，这种安命论是殷周以来的命定论与道家的无为论相结合的产物。命定论讲一切都是上天之命，是不可抗拒的，但讲命定的不一定主张无为，如孔子“畏天命”却“知其不可而为之”，本属有为论。无为论讲一切都是自然而然的，人当因自然而去人为，但讲无为的不一定主张安命，如老子主无为却追求柔弱胜刚强，并不宣扬命定论。然而，庄子却既讲安命又讲无为，在庄子看来，安命必无为，无为则安命，二者是合而为一的。一般说来，儒家多讲命定，但主张奋发有为；道家皆主无为，除庄子派之外，很少讲命定。从这一点来说，庄子的安命论也可说是儒家命定论与道家无为论相结合的产物。庄子所谓“安之若命”、所谓“安时处顺”都是儒家命定论的衣钵，所谓“彷徨乎无为其侧”，所谓“顺物自然而无容私”都是道家无为论的真传。命定论和无为论在庄子这里是有机的融合，融合的结果产生了庄子独特的安命论——没有客观意志主宰的命定论，也产生了庄子的独特的无为论——抑人而任天的极端化的无为论，这二者即上面所说的安命无为的生活准则，亦即安命论。

现在我们再从历史的角度进一步研究一下庄子安命论的特点。庄子的安命论和殷周传统的命定论以及孔孟所讲的命有三点不同。(1) 庄子取消了客观意志的主宰地位，庄子所谓命不是天帝之命，没有赏善罚恶的意志，庄子认为命来源于道和天，但道和天是自然无为的，这一点前面已多次讲到。(2) 庄子讲命定，不讲前定。不讲一切皆是生前命定的，与墨家所非之命不同。(3) 庄子讲命定并强调无为，不同于儒家尽人事而听天命的立场。这一点前面也已经讲到。上述三个方面即庄子对传统命定论的改造，就其否认客观意志，否认前定之命来说，这种改造是进步的、合理的，就其否认一切人为来说，这种改造又是倒退的、消沉的。

庄子的安命论直接影响了王充的思想，但思想发展的历史总是曲折前进的，总的说来，王充发展了庄子思想中的合理因素，改造了庄子思想中的落后因素，但在个别方面却又有所倒退，这种思想发展进程中的复杂现象是值得注意和研究的。首先，王充继承了老庄关于道和天自然无为的思想，如《论衡·初禀》篇云："自然无为，天之道也"，《命禄》也提到"天道自然"，在讲命定论的同时讲天道自然，这正是庄子思想的特点。同时，王充还继承了庄子以气之聚散解释生死之命的思想，如《论死》篇云："气之生人，犹水之为冰也，水凝为冰，气凝为人"，又云："阴阳之气，凝而为人。身终寿尽，死还为气"。庄子既讲天道自然，又讲气之聚散，但没有论及二者之间的相互关系，王充则自觉地把二者结合起来了。《自然》篇云："谓天自然无为者何？气也，恬淡无欲、无为无事者也。"王充的自然无为的理论以气为基础，因而王充的命定论对客观意志的批判和否定就更为有力彻底。《气寿》篇明确讲"非天有长短之命；而人各有禀受也"，"夫禀气渥则其体强，体强则其命长，气薄则其体弱，体弱则其命短，命短则多病寿短"。以禀气厚薄来解释人体之强弱寿夭并不科学，但从人体内部的物质基础为出发点来探求生命的强弱长短，这比庄子把命归于外在的道和天，不能不说是一大进步。此外，王充虽然也讲有命，但不完全反对有为，《命禄》篇说："虽云有命，当须索之……有求而不得者矣，未必不求而得之者也。"命中所无，劳精苦形也求而不得，命中所有，仍须索而求之。讲命而不反对有为，这一方面是对儒家传统的继承，另一方面也是对庄子思想的改造。

然而，王充从人生禀气的理论出发，以新的形式肯定了前定论，甚至肯定了骨相说，这又是一大倒退。《命义》篇云："凡人受命，在父母施气之时，已得吉凶矣。"认为命在人生而成形之前已经决定了。《初禀》篇更云："命，谓初所禀得而生也。""文王在母身之中已受命也，王者一受命，内以为性，外以为体。体者，面辅骨法，生而禀之。"周文王在母胎中已受王命，此命不仅潜在于内，而且显形于面容骨形，这和最粗俗的迷信几乎没有差别，就此来说，王充的前定论比庄子之安命论更为荒谬。王充高举"疾虚妄"的长矛利剑，无情地批判了天人感应、君权神授的神学迷信，却陷入了另一种浅陋的迷信，这实在是人类认识史上的一个悲剧。从庄子到王充，理论思维有了重大发展，但也付出了巨大的代价。

庄子的安命论在道家无为论的发展史上也有其特殊的意义。无为是道家的基本观念，但无为的具体内涵却是相当复杂的。大致来说，中国古代约有四种不同的无为理论。首倡无为论的是老子。老子说："圣人处无为之事，行不言之教。万物作焉而不为始，生而不有，为而不恃，功成而弗居。夫唯弗居，是以不去。"（《老子》二章）圣人无为无言，任万物自作，功成而不自居，则功绩不灭。老子又说："为学日益，为道日损，损之又损，以至于无为。无为而不为。"（《老子》四八章》）道是道家的最高原则，亦是事物的根本规律，为道即从事于道，为道就要减损主观之心，以至于无所作为，然事物自有其发展规律，万事自有其一定成果，所以无为而无不为。总之，老子之无为实为任自然之意，是任事物之自为，是等待事物自身的发展转化，以期静而胜动、柔而克刚之效。这种无为还有一定的现实目的。不同于庄子完全超然于现实之外的逍遥无为。

先秦道家黄老派也讲无为，但黄老派多以政治讲无为，如汉墓帛书《十六经》云："欲知得失，请必审名察形，形恒自定，是我愈静。事恒自施，是我无为。"无为与"审名察形"并行不悖。《吕氏春秋·有度》篇云："正则静，静则清明，清明则虚，虚则无为而无不为也。"这里的无为显然是就"贤主"来说的。至于庄子后学所说的"上必无为而用天下，下必有为为天下用"（《天道》），更是典型的统治术，黄老派的无为实际是以有为为补充的，这与庄子思想更有明显不同。

黄老派思想集大成于汉初《淮南子》。《淮南子》的无为论是道家思想中颇为卓异的一页。《淮南子·原道》云："所谓无为者，不先物为也。所谓无不为者，因物之所为也。"无为即不为物先，亦即不贸然而进，所以顺物之自然趋势而为不属有为。《修务》又说："若吾所谓无为者……非谓其感而不应，攻而不动者，若夫以火熯井，以淮灌山，此用己而背自然，故谓之有为。若夫水之用舟，沙之用鸠……因高为山，因下为地，此非吾所谓为之。"无为即克服主观随意性，顺任自然规律而为，若违背自然趋势，一意孤行即为有为。此无为论是符合唯物主义的基本原则的，可谓道家无为论的高峰，但这种无为实亦是有为，故也是无为论的消亡。

庄子的无为论与上述三种无为论有重要不同。老子的无为是任物自为，以静待动，虽无为而有目的；先秦黄老学的无为是无为而治，无为实以有为为目的或以有为为补充；《淮南子》所谓无为是顺物而为，无为实即有为，三者都有一定的现实目的和追求。而庄子讲的无为则是逍遥无为，全然没有现实的目标或追求。《庄子》内篇"无为"共两见，《逍遥游》云："彷徨乎无为其侧，逍遥乎寝卧其下"；《大宗师》云："芒然彷徨乎尘垢之外，逍遥乎无为之业"。此外《天运》篇所云"逍遥，无为也"，也大体符合庄子的思想。庄子所谓无为都与逍遥、彷徨、寝卧相关，这说明庄子的无为或逍遥于世外、或寝卧而无心，都是彻底无为、绝对无为，以至于在现实中毫无目的，毫无追求。《老子》五千言，无为共出现十一次，《庄子》内篇一万五六千字，无为仅有两例。为什么庄子讲无为较少呢？这是因为庄子已把无为推到了极端，无为的内容已经变化，因而庄子讲安命较多，讲无为较少。庄子所谓无为，其形式是安然顺命，其实质是不动心，无所求，其目的则是自得其适，逍遥自在。在庄子这里，无为实与安命通而为一，庄子无为论的特点是绝对无为，无心而顺命，因此，庄子的无为论实际就是安命论，这与道家其他各派大有不同。庄子以无为讲安命，去掉了命定论的宗教色彩，这是庄子安命论中的合理性因素（与天命论、前定论相比）；庄子以安命代无为，则把无为推到了绝对无为的极端，这是庄子无为论的严重错误。总起来看，庄子的安命论是儒家命定论与道家无为论相结合的产物，是庄子哲学中较为消极的内容。

第二节　逍遥论

（一）逍遥而游的生活理想

把命定论与无为论结合起来是庄子的独创，然而这还不是庄子哲学的主要特色。庄子之所以为庄子，主要不在于他的安命论，而在于他的逍遥论，逍遥论大致相当于今天所说的自由论。

逍遥一词不是庄子的首创，《诗经·郑风·清人》已有“二矛重乔，河上乎逍遥”。此外，《楚辞》中有“折若木以拂日兮，聊逍遥以相羊”（《离骚》），“聊仿佯而逍遥兮，永历年而无成”（《远游》）。《礼记·檀弓上》亦有“孔子蚤作，负手曳杖，消摇于门”。这些所谓逍遥都是安闲自得之意，且多与形体之彷徨徘徊相关。庄子所说逍遥也有安闲自适之意，但不拘泥于形体之逍遥彷徨。《逍遥游》曰：“今子有大树，患其无用，何不树之于无何有之乡，广漠之野，彷徨乎无为其侧，逍遥乎寝卧其下。”逍遥于无何有之乡，这不是形体的逍遥，而是想象中的逍遥。《大宗师》又云：“芒然彷徨乎尘垢之外，逍遥乎无为之业。”这也是纯精神的逍遥。纯以精神言逍遥，是庄子所谓逍遥的独特之处，庄子之逍遥实有今日精神自由之含义。

与逍遥意义相当、使用更为频繁的是“游”字。一般所谓游多指交游、游历。如《论语·里仁》“父母在，不远游，游必有方”，《孟子·离娄下》“夫子与之游”。庄子所谓游却有其特殊的意义。《应帝王》说：“予方将与造物者为人，厌，则又乘夫莽眇之鸟，以出六极之外，而游无何有之乡，以处圹埌［垠］之野。”所游之处极为玄远旷渺。《应帝王》又说：“立乎不测，而游于无有者也”，“体尽无穷，而游无朕”。《逍遥游》也说“乘天地之正，而御六气之辩，以游无穷”，庄子所游之处一无所有，无穷无际。庄子到底要游于何处呢？《齐物论》曰“乘云气，骑日月，而游乎四海之外”，“无谓有谓，而游乎尘垢之外”。《逍遥游》也说“乘云气，御飞龙，而游乎四海之外”。显然，所谓无穷无涯的圹垠之野、无何有之乡就是四海之外、尘垢之外，庄子早已厌倦是非淆乱的现实，他所追求的是现实以外的自由，就此来说，庄子的自由有出世的倾向。

然而，庄子并不是真的要寄身于世外，他所谓逍遥游只是心之游，即“游心”。《人间世》说“且夫乘物以游心，托不得已以养中，至矣”，《德充符》说“不知耳目之所宜，而游心乎德之和”，《应帝王》也说“游心于淡，合气于漠，顺物自然而无容私焉”。所谓游的主体是心而不是身，这是庄子之游与一般所谓游的根本区别。庄子的逍遥游与《楚辞》中的远游也有明显不同。① 《楚辞·远游》似乎受到过庄子思想影响，但《楚辞》所谓远游既非一般之交游、游乐，亦非庄子之游心。《远游》云“悲时俗之迫厄兮，愿轻举而远游”，这里轻举而远游的是身而不是心。“质菲薄而无因兮，焉托乘而上浮”，作者认为，经过修炼后的菲薄之质可以托乘而飞升。“贵真人之休德兮，美往世之登仙”，远游实为登仙之游，与庄子的逍遥游是截然不同的。庄子的游是心之游，是心灵的安闲自适，因而也有精神自由之义。庄子所谓逍遥与游都是动词，尚未成为名词概念，还不等于今日所说的自由，但游与逍遥的用法确实表达了庄子对精神自由的憧憬与追求。

逍遥游的主体是心灵，所游之处是幻想中的无何有之乡。逍遥游的实质即思想在心灵的无穷寰宇中遨游飞翔。所谓“乘天地之正，御六气之辩”，所谓“乘云气，御飞龙”，所谓“游于六极之外”、“圹埌［垠］之野”，听起来玄远幽深，气度恢弘，归结起来却不过是思想虚构的幻化之境，是一种神秘的自由的精神体验。在这种体验中，个人好像进入了另一个清澄浩渺、虚寂无涯的宇空之中，尽性遨游，任意驰骋，忽而如白云飘逸，忽而如鹍鹏奋飞，无拘无束，无牵无碍，悠悠哉，愉愉哉，精神感到莫大的自由，莫大的愉快。

庄子的精神自由不仅有逍遥于无何有之乡的体验，更有与道为一、与天地万物为一的神秘体验。《大宗师》中有女偊教南伯子葵闻道的寓言。女偊曰：“以圣人之道告圣人之才，亦易矣。吾犹守而告之，参日而后能外天下；已外天下矣，吾又守之，七日而后能外物；已外物矣，吾又守之，九日而后能外生；已外生矣，而后能朝彻；朝彻，而后能见独；见独，而后能无古今；无古今，而后能入于不死不生。”“外天下”即忘却现实世界，“外物”即忘却一切存在，“外生”即忘却自身，“外天下”、“外物”、“外生”即逐步忘怀一切。在头脑中荡尽一切客观事物的映像，就达到了剔透清澄的新境界，如晨曦微启，由黑暗骤睹光明，此即“朝彻”。“朝彻”然后能“见独”，即见到绝对之道，也就是在想象中与道融为一体，超乎时间的

---

① 参见冯友兰：《中国哲学史新编》第一册，387页。

流逝，成为不朽的永存。至此境界，即与绝对之道合一，与绝对合一，亦即与天地万物融为一体。《大宗师》还讲到“坐忘”，也是要达到与世界合而为一的境界。颜回对孔子说“回益矣”，意思是自认为有了进步，孔子曰：“何谓也?”颜回曰：“回忘仁义矣。”孔子曰：“可矣，犹未也。”过了几天颜回又说“回忘礼乐矣”。孔子仍曰：“可矣，犹未也。”直到颜回“坐忘”了，孔子才大加赞许。什么是坐忘?“堕肢体，黜聪明，离形去知，同于大通。此谓坐忘。”堕肢体与离形即忘身，黜聪明与去知即忘神。简言之，“坐忘”即形神兼忘，与道合一，或曰与宇宙万物合一。

“见独”、“坐忘”都是主观的体验，都是在想象中与世界之绝对合而为一，这种感觉也是一种思想的净化，心灵的飞升，通过这种体验，可以得到精神的享受，情感的慰藉。这种体验与逍遥游也是一致的。《大宗师》说“圣人将游于物之所不得遁而皆存”，物不能离而与物皆存的就是道，圣人要与道同游，与万物永存。《大宗师》又说“彼方且与造物者为人，而游乎天地之一气”，这也是与道为一、与万物为一的体验。《山木》篇载庄子将“乘道德而浮游”，也就是与道为一，这些都说明与道为一、与天地为一的体验同逍遥游的境界完全是相通的，庄子是以这种神秘的精神生活为理想的。此外“安排而去化，乃入于寥天一”(《大宗师》)，“謷乎大哉，独成其天”(《德充符》)，“独与天地精神往来而不敖倪于万物”等等，都是在想象中以精神与天地万物相交流，内外兼忘，物我合一，不知有生，不知有死，超脱于俗世，游心于无穷，也就是开拓胸襟，与宇宙同其辽远宏阔。所谓得道，所谓与道为一、与天为一、与天地万物为一，所谓同于大通，所谓与造物者为友，说法种种，实质相同，都是在追求与天地万物融为一体的精神境界。这种体验是庄子精神生活的中心，是庄子生活的最高理想。

庄子的“坐忘”讲离形去知，“见独”讲外物外生，这也意味着精神的虚静，精神的虚静是逍遥游和与道为一的必要条件。《人间世》云：“若一志，无听之以耳而听之以心，无听之以心而听之以气！听止于耳，心止于符。气也者，虚而待物者也。唯道集虚，虚者，心斋也。”不听之以耳就是关闭感官的通道，专注于内心的宁静；不听之以心就是摒除一切知虑，以不容纤尘的虚静状态听任万物之往来；听止于耳、心止于符大意也是停止感官和思维器官的活动。心斋的关键是一个虚字，虚即无思无虑，亦即精神安谧虚静。

心斋就是要让精神超然于物外，保持绝对的安宁。此外所谓“圣人愚芚”（《齐物论》），所谓“无事而生定”（《大宗师》），所谓“归精神乎无始而甘冥乎无何有之乡”（《列御寇》），也都是归心于虚空、凝神于静寂的意思。空无一物的宁静和谐也是庄子所追求的自由的精神境界。

庄子所谓的精神虚静与逍遥游也是一致的。《应帝王》曰：“体尽无穷，而游无朕，尽其所受乎天，而无见得，亦虚而已。”精神之遨游就是虚而任天，精神所遨游的无极之野也就是虚空的心境，这说明“游”与虚静是完全一致的。只有心灵虚静，思想才能无一丝牵挂地玄想遨游；反过来说，只有游心于物外，不为外物所动心，才能达到内心的虚静和谐。《逍遥游》说：“乘云气，御飞龙，而游乎四海之外。其神凝，使物不疵疠而年俗熟。”说明“游”、凝神是一致的。《齐物论》亦云：“乘云气，骑日月，而游乎四海之外。死生无变乎已，而况利害之端乎!”说明“游”与不动心是一致的。这都可证明所谓逍遥游与精神虚静是一回事。此外《应帝王》中的“游心于淡，合气于漠”，《列御寇》中的“虚而遨游”等说法也都讲明精神之逍遥就是在纷纭的尘世中保持心灵的平和、淡漠与虚静。在纯精神的领域里，思想可以任意飞翔，没有时空之界限，没有是非之得失，所以就思想本身来说，这是无限的逍遥；然而这种心灵的玄想没有任何客观内容，所以对于现实世界来说，这种纯精神的遨游也就是真正的虚静。

总而言之，逍遥而游、与道为一、精神虚静都是神秘的精神体验和精神境界，是庄子理想中的自由天地。庄子以神秘的体验为精神生活的中心，以精神自由为最高的生活理想，庄子哲学虽以安命无为为起点，却以精神自由为终结，所以庄子哲学的归宿是逍遥论。

（二）无心无情的生活态度

上面所说的精神的遨游、精神与天地万物为一、精神的虚静都是就精神世界本身来说的，如果就精神与现实的关系来说，庄子的精神自由就主要表现为无心无情，无心即无思无虑，无情即无好无恶，无心于万化之无常，无情于万物之盛衰，无心无情就是超然于世外，也就是绝对不动心。《德充符》记载惠子谓庄子曰：“人故无情乎?”庄子曰：“然。”惠子曰：“既谓之人，恶得无情?”庄子曰：“是非吾所谓情也。吾所谓无情者，言人之不以好恶内伤其身，常因自然而不益生也。”无情就是超脱于喜怒哀乐，一切因其自然发展，这样就不会因感情波动而损精耗神。《德充符》又说：“有人之形，无人之情。有人之形，故群于人，无人之情，故是非不得于身。眇乎小哉，所以属于人也！謷乎大哉，独成其天！”理想的人格是有人形而无人情，有人形故与人同类，无人情则超脱于是非。有形有情，同于凡人，所以渺小；无心无情，无是无非，化于自然，所以伟大。无心无情的要旨即“是非不得于身”，“不以好恶内伤其身”，这说明无情的目的是明哲保身，颐养精神。达到无心无情的境界就可超然于是非之外，超然于现实之外，也就是达到了“悬解”的境界。《养生主》说：“安时而处顺，哀乐不能入也，古者谓是帝之悬解。”“悬解”即解于倒悬之苦，即精神摆脱烦恼是非，获得解脱和自由，“悬解”的关键是“哀乐不能入”，也就是无心无情。《大宗师》所谓“古之真人，其寝不梦，其觉无忧，其食不甘，其息深深”，也是形容这种无心无情的精神境界。

无心无情是道家无为理论的极端化，是庄子绝对安命论的一种表现。无心无情是庄子对待社会、人生的根本态度，也是我们正确理解庄子的精神自由的一个关键。庄子曾反复渲染至人不热不溺的特点。《逍遥游》云：“之人也，物莫之伤，大浸稽天而不溺，大旱金石流土山焦而不热。”《齐物论》亦云：“至人神矣！大泽焚而不能热，河汉沍而不能寒，疾雷破山［飘］风振海而不能惊。”《大宗师》亦有“若然者，登高不慄，入水不濡，入火不热”。至人为什么能不热、不溺、不惊呢？庄子没有回答，倒是庄子后学的讨论有助于我们揭示所谓不热、不溺的实质。在第一章我们已经分别提到《秋水》、《达生》、《田子方》诸篇对这一问题的回答。《秋水》篇把不热不溺解释为善于发现和躲避危险（“察乎安危”、“谨于去就”），丢掉了庄子“恣纵而不傥”的风格。《达生》篇试图用内篇的思想来解释这一问题，把至人“潜行不窒、蹈火不热”的原因归于“纯气之守”，即“藏于天”，具体说来就是要保持“神全”，使“死生惊惧不入乎其胸中”，这就接触到了庄子无心无情的思想核心。《田子方》的作者则说：“古之真人，知者不得说，美人不得滥，盗人不得劫，伏羲黄帝不得友。死生亦大矣，而无变乎已，况爵禄乎！若然者，其神经乎大山而无介，入乎渊泉而不濡……”不为知者之游说而动心，不为美人之容貌而迷惑，死生之大也无动于衷，这就是真人不濡不热的真谛——死生既已超脱，水火又何足动心。总之，不热、不溺、不惊、不伤之类的描写都是极言不动心，都是对无心无情的精神境界的神秘夸张。

庄子极力追求超脱现实的精神自由，包括超名利，超好恶，超是非，超死生……而超脱的关键也在于无心无情。所谓超名利就是无心于名利。《人间世》说："且若亦知夫德之所荡而知之所为出乎哉？德荡乎名，知出乎争。名也者，相轧者也；知也者，争之器也。二者凶器，非所以尽行也。"庄子认为，名利是相互倾轧排挤的工具，是破坏道德修养的"凶器"，有修养的人应摒除名利之心，所以说"至人无己，神人无功，圣人无名"（《逍遥游》）。圣人是没有名利之心的，没有名利之心也就是超脱于名利之外。庄子本人也是超名利的，他"宁游戏污渎之中自快"（《史记·老子韩非列传》），也不为楚王的重金尊位所动心。庄子虽然强调安时处顺，反对抗拒现实，却拒绝与任何统治者合作，其原因正在于摒弃了名利之心。所谓超好恶也就是无心于好恶之辩。所谓"哀乐不易施乎前"（《人间世》），所谓"哀乐不能入"（《养生主》、《大宗师》），所谓"喜怒哀乐不入于胸次"（《田子方》）都是无心于好恶、超脱于好恶之意。庄子主张，化臂为鸡，则以之司晨报晓；化臂为弹，则用其射鸟而食；化尻为轮，更应乘之而行，全然不必有好恶之情（原文见本章第一节）。这就是无心于好恶，无心于得失，也就是超脱于好恶得失、得到了精神的解脱。所谓超是非也就是无心于是非。《齐物论》说"圣人和之以是非而休乎天钧"，"和之以是非"即不分是非，"休乎天钧"即无心于是非。《大宗师》说"与其誉尧而非桀也，不如两忘而化其道"，这是要不分尧桀之是非，也就是超然于是非之上。所谓超死生也就是生死无动于衷。《天下》篇说庄子"与外死生无终始者为友"，外死生即超脱于死生，即心不为死生所动。《人间世》说"何暇至于悦生而恶死"，《大宗师》说"知死生存亡之一体"，又说"不知悦生，不知恶死"，都是超死生之意。总之，庄子要超名利、超好恶、超是非、超死生……一句话，超于一切现实问题，逍遥于尘垢之外，而超脱的实质即无心于尘俗，无情于人世。

庄子哲学以安命论为起点，以逍遥论为归宿，从安命论转向逍遥论的关键也在于无心无情。《德充符》说："死生存亡，穷达贫富，贤与不肖，毁誉，饥渴，寒暑，是事之变，命之行也；日夜相代乎前，而知不能规［窥］乎其始者也。故不足以滑和，不可入于灵府，使之和豫，通而不失于兑［悦］，使日夜无郤［隙］而与物为春。"这一段前面讲的是安命论，上文已经引用过，后面从“使之和豫”开始讲精神自由，意思是精神和愉舒畅而不失怡悦，与万物同享春气之和煦而日夜无隙。这一段揭示了知命安命与精神自由的因果联系，亦即安命论与逍遥论的一致性。人生的一切遭遇都是人力所不能控制和改变的命运之行，所以应该安命而无情，安命而无情就是不让任何顺逆变化扰乱心灵的安逸，与万物同春，从而实现至人的精神自由。这里从安然顺命到精神自由转化的关键是“不足以滑和，不可入于灵府”，即不动心，亦即无心无情。庄子认为无心无情就能无条件地安然顺命，同时无心无情就能超脱于是非之境，获得精神自由，因而无心无情是从安命论向自由论转化的枢纽。由此亦可看出，庄子的安命论与逍遥论是统一而谐调的。

庄子的命不是神意或上帝的命令，而是一种抽象的必然性，所以庄子所谓安命实含有随顺必然的意义，庄子之安命与逍遥的统一也就包含了自由与必然的统一。庄子认为现实的一切都是无可奈何的，因而在现实中只有必然，没有自由。在现实世界中是不可能获得自由的，就此来说，庄子意识到了自由与必然的对立。但是庄子在夸大客观必然性的同时并没有放弃对自由的希望与追求，他在世俗生活中找不到自由，却在精神生活中找到了自由，他强调只有随顺必然，才能获得自由，因此，我们可以说庄子是在肯定必然的前提下积极追求自由的，就此来说，庄子思想中的自由与必然是对立而统一的。当然，这不是辩证唯物主义者所说的对立统一，而只是说庄子既看到了自由与必然的对立，又以特殊的方式肯定了自由与必然的统一。庄子所谓“悬解”的主要内容有两条，第一是“安时而处顺”，第二是“哀乐不能入”。哀乐不能入即至人无心无情的境界，达到这一境界的必要条件就是安时处顺，亦即随顺必然，这也说明庄子的精神自由的实现是以随顺必然为前提的。庄子认为，要获得自由就绝不能干预现实世界中的必然，只能安顺于必然的一切，这样才能避免矛盾与摩擦，忘怀一切，超脱一切。庄子的自由是超脱于万物之变的，那是在精神世界中的事，在那里庄子傲然独立，极超拔高雅。这里讲的是现实世界中的事，在这里，庄子主张随顺必然，因为在庄子看来，只有随顺现实世界中的必然才能保证精神世界不受外物干扰的自由。庄子讲“顺物自然而无容私焉”（《应帝王》），又讲“常因自然而不益生也”（《德充符》），都是为了保证精神的超脱。《天下》篇说庄子“应于化而解于物也，其理不竭，其来不蜕……”也是说庄子通过顺应万物之变化而超脱于物累，即在顺应必然的基础上进入神秘的自由境界。庄子的思想逻辑是：我不干预现实中的一切，一切现实也不要找我的麻烦。随顺必然是条件，精神自由是目的。

庄子是在命定论的基础上追求自由的，庄子的自由并没有改造现实的内容，就此说来，这种自由是虚假的。《人间世》说："自事其心者，哀乐不易施乎前，知其不可奈何而安之若命，德之至也。"这种至德的境界也就是庄子所追求的精神的自由状态。所谓自由的心境要做到"喜怒哀乐不入于胸次"，即摒绝一切感情意志和思维活动。这就说明庄子的自由基本上是消极地随顺现实，而不是要支配天地万物。上文已说过，庄子的逍遥游是心灵的遨游，并非真的驰骋于天地之间。庄子讲过"胜物而不伤"之类的话，但"胜物而不伤"的实质是虚心应物，即"不伤物者，物亦不能伤也"（《知北游》）。"胜物"即不为物伤，其秘诀真谛不过是超然于物外。庄子所谓"物物而不物于物"也是于万物之变中保持超然独立、心不为外物所动的意思，并非主宰万物之义。庄子在现实生活中是一个命定论者，他的精神自由是在命定论的基础之上幻演出的海市蜃楼。什么冰肌玉肤的姑射山的神人，什么焚而不热的至人，什么游于尘垢之外的圣人，什么与物为春的真人，都不过是蜃景里的幻影，是庄子对自己所向往的自由境界的形象化的夸张描写，这种夸张描写并不能掩盖他的精神自由消极虚假的本质。庄子的自由不是唯物主义者改造世界的自由，也不是意志主义者主宰世界的自由。庄子的自由是纯精神的自然安慰，是空虚的遐想，是逃避现实的结果。

（三）庄子与所谓阿Q精神

把庄子与阿Q牵在一起似乎由来已久。20世纪60年代，关锋就反复批判所谓庄子的阿Q主义，他说"阿Q精神胜利法却正是庄子精神一个特征。精神胜利法即起源于庄子"①。近年来也有人发表文章，认为鲁迅以阿Q的形象批判了庄子，认为庄子与阿Q"两者都颠倒了是非，达到忘的境界"②。这些说法都是似是而非之论，这种简单比附不利于深入剖析庄子思想，也不利于正确理解阿Q的艺术形象。

阿Q精神最主要的特点是"精神胜利法"。精神胜利法就是把失败当成胜利来自我安慰，比如，明明穷得不名一文，却偏要吹嘘自

① 关锋：《庄子内篇译解和批判》，26页。

② 周绍曾：《鲁迅对庄子的批判与国民性问题》，载《河北大学学报》，1981（3），26～33页。

己先前比别人阔得多；明明被人欺侮挨了打，却在心里想这是儿子打老子；明明是自己打了自己两下嘴巴却设想被打的是别人。这种精神胜利法和庄子的精神自由是毫无共同之处的。按照庄子的思想逻辑，富贵是不值得羡慕追求的，任何具体的事物也都是不值得留恋或吹嘘的，庄子不会设想自己比别人阔而自我安慰。同时，按照庄子的思想逻辑，现实中充满了矛盾斗争，是非成败变幻莫测，只有完全逃脱于现实才能避免在斗争中被倾轧，庄子是要根本脱离被打的现实，他不会把被打当成胜利而自我安慰。

阿Q精神的另一个特点是"健忘"。刚刚挨了"假洋鬼子"的打，"忘却"这一件祖传的宝贝便发生了效力，刚刚因为向吴妈求爱挨了两竹杠就忘了发生过什么事，又凑到人群中去看热闹，直到赵太爷捏着大竹杠向他奔来，他才猛然想到自己和这场热闹似乎有点相关。刚刚让人揪住辫子在墙上碰了五六个响头，然而不到十秒钟，就心满意足地得胜地走了。每一次痛苦的教训都可以转瞬即忘，每一次挨打都不会在心灵上留下记忆。这种健忘症与庄子忘怀一切的主张是毫不相干的。庄子主张忘怀一切是因为现实的黑暗给他的印象太深刻了，正是因为不忘现实的教训，所以他才要根本脱离现实。阿Q每次都迅速地忘却了挨了打的疼痛，从未想到怎样改变挨打的命运，庄子却记取了现实的不幸，追求根本脱离不幸的自由理想，二者是有重要区别的。

阿Q精神还有一个特点，这就是自轻自贱，欺弱怕强。别人打他，让他一边挨打一边说人打畜生，他却干脆说"打虫豸，好不好？我是虫豸……"他觉得他是第一个能够自轻自贱的人，除了自轻自贱，余下的就是"第一个"。阿Q在强者面前自轻自贱，自我安慰，在弱者面前却想讨便宜，逞英雄，他看不起王胡，欺侮小尼姑，主动打小D，有一种欺软怕硬的流氓习气。这和庄子洁身自好的立场是根本不同的。庄子看到了螳螂捕蝉、黄雀在后的现实，希望退出这弱肉强食的链环，他不会自轻自贱，也想不到去欺凌更弱小的人。庄子的精神自由与阿Q式的习气是毫无干系的。

总之，庄子的精神自由与阿Q的精神胜利法完全不可相比。从动机看，阿Q只是暂时的自贱、自慰、自欺；庄子却是追求根本脱离不幸的现实。从效果看，阿Q一次一次地用精神胜利法麻痹自己，不但没有减少失败，反而招致了更多的欺凌与嘲笑；庄子的精神自由虽不能使自己得到真正的幸福，却也可在一定程度上远离是非的旋祸，获得精神的宁静。从对待现实的态度来看，阿 Q 不能正视现实，庄子无力改变现实，这似乎是相同的，但庄子对现实有深刻的观察和认识，有深刻的揭露和批判，同时更有对自由理想的炽烈向往和追求；而阿 Q 既没有对现实的认识，也没有任何理想和追求，二者是难以相提并论的。

事实上，鲁迅本人根本没有把庄子与阿 Q 联系起来过。遍查《鲁迅全集》，讲到阿 Q 或庄子的各有数十处，但没有一处是同时提到庄子与阿 Q 的，这难道是大手笔的疏忽吗？当然不是。这是因为鲁迅先生在构思阿 Q 这一人物形象时，是把阿 Q 作为封建正统思想的受害者来设计的。阿 Q 有很强的封建等级观念，他承认自己的地位比赵太爷、钱太爷低一等，又认为王胡、小 D、尼姑等人应比他低一等。他对于“男女之大防”历来非常严，也很有排斥异端——如小尼姑及假洋鬼子之类——的正气。阿 Q 尤其“深恶而痛绝之”的，是假洋鬼子的一条假辫子，认为辫子而至于假，就是没有了做人的资格，他的老婆不跳第四回井，也不是好女人。阿 Q 还坚持“不孝有三，无后为大”，而“若敖之鬼馁而”，也是一件人生的大哀。总之，用鲁迅自己的话来说，阿 Q 的思想“其实是样样合于圣经贤传的”，这充分说明鲁迅笔下的阿 Q 决不是什么“现代庄子精神”的代表，而是封建正统思想的受害者，把阿 Q 精神归结为庄子哲学是不符合鲁迅创作意图的，也是不可能正确理解阿 Q 这一艺术形象的社会意义的。

如果全面分析庄子思想与阿 Q 的性格特点，那么庄子与阿 Q 相距就更远了。庄子是一个深刻的思想家，他对统治者有深刻的揭露和鞭笞（《列御寇》），他对统治者的帮凶有辛辣的嘲讽（《列御寇》），他洁身自好，视高官厚禄如粪土（《秋水》），他对尔虞我诈的社会现实有深刻的观察和形象的描写（《山木》）。总之，庄子是在深刻认识现实的基础上追求超现实的人格独立的。而阿 Q 却是一个麻木不仁、蒙昧不化、毫无气节的艺术典型。他好赌钱，常赌常输，输了钱就“挤出堆外，站在后面看，替别人着急”。他好虚荣而不辨荣辱，因为身上虱子少而感到“大失体统”，以至于骂出口、打出手。他受尽了嘲笑和凌辱，却“是永远得意的”，“飘飘然的似乎要飞去了！”他以为革命党便是造反，造反便是与他为难，所以一向是“深恶而痛绝之”的。他被当作替罪羊而抓进监狱，却毫无所知，他不为自己的冤屈申辩，却为画押画不圆而“羞愧”，当他知道自己要被杀头时，竟然以为“人生天地间，大约本来有时也未免要杀头的”。这样愚昧落后、麻木不仁的国民劣根性的代表怎么能和一个在民族历史上产生过重要影响的深刻的思想家同日而语呢？

这里我们并不准备全面评价或分析庄子哲学与阿Q精神的社会意义，只是着重指出庄子与阿Q是不能简单地相提并论的。庄子的思想与阿Q的性格都是十分复杂、充满矛盾的，阿Q的愚昧中还有几分简单质朴，他的经济地位决定他很容易响应革命，而庄子的深刻思想却总是导出荒诞的结论，他是不会轻易参加什么人的革命的，这说明对庄子或阿Q都不能简单地肯定或简单地否定，而应该具体分析。但不论从哪一方面看，庄子哲学与阿Q精神都是相去甚远的，用鲁迅的话说，“那精神的相距之远，更甚于叭儿之与老聃”。

总而言之，庄子的精神自由是逃避现实的，就此来说，这种自由有虚假的一面，但这决不是阿Q式的精神胜利，决不是什么奴才式的自由。庄子的自由要保持不为任何事物所左右的超然无情的态度，要在生死得失、是非好恶、喜怒哀乐的变幻中保持心灵的宁静，这种态度确实能在一定程度上减轻或摆脱现实生活带来的精神烦恼，因此，和阿Q的精神胜利法相比，庄子的精神自由又确有其真实的一面。庄子的自由还追求不为任何人所支配役使的人格独立，他把国相之尊位比作不堪一顾的“腐鼠”，他辛辣地嘲讽为国君服务的人是“舐痔者”，他对楚王的重金之聘不屑一顾，这种不与权贵同流合污的气节正是他的精神自由超脱的表现。而奴才只有服从的自由，没有不服从的自由；只有效力的义务，没有不被役使的权利；奴才只能以主人的意志为意志，不能有自己人格的独立。所以也不能说庄子的精神自由是奴才式的自由。奴才是专制主义统治的需要，阿Q精神也不妨碍暴政的施行，而庄子洁身自好的态度却会使统治者感到异常恼火。韩非子说过“赏之誉之不劝，罚之毁之不畏，四者加焉不变，则除之”（《韩非子·外储说右上》），显而易见，像庄子这样不受官爵赏誉、不惧刑罚罪祸的“刁民”，碰到韩非子是难免不被“除”掉的，专制主义者是不允许独立不羁的自由主义者存在的，这也可以从反面说明庄子的自由不是阿Q式的自由，不是奴才式的自由。

第三节　真知论

在本章前两节，我们重点分析了庄子哲学的起点和归宿——安命论和逍遥论。我们说过，庄子从安命向逍遥过渡的关键在于无心无情。那么，为什么要无心无情，怎样做到无心无情，或曰，怎样才能实现从安命向逍遥的过渡呢？这就是庄子哲学的方法论所要解决的根本问题。庄子哲学的方法论主要是真知论和齐物论。真知论即认识论，齐物论即发展观或矛盾观。本节专门讨论庄子的真知论。

"真知"一词见于《大宗师》"且有真人而后有真知"，"真知"即真而不妄的知识。庄子所谓真知即体道之知，即对道的直观体认，但体道必须摒除一般的知觉思虑，所以真知对于常识来说实为无所知，用庄子的话来说就是"不知"。因此，庄子的认识论包括两个方面：一方面是怀疑主义；另一方面是直觉主义。

(一) 以不知为真知的怀疑主义

庄子的怀疑主义首先表现于崇尚"不知"，以不知为真知。《齐物论》中有这样一个寓言，齧缺问乎王倪曰："子知物之所同是乎？"王倪回答说："吾恶乎知之！"齧缺追问："子知子之所不知邪？"王倪仍说："吾恶乎知之！"不仅不知道齧缺所问之问题，而且不知道自己是不是不知道。这种怀疑主义的态度可谓相当彻底，避免了自相矛盾。齧缺又追问："然则物无知邪？"王倪仍旧回答说："吾恶乎知之！"这里是三问三不知，《应帝王》更讲到四问四不知。"齧缺问于王倪，四问四不知。齧缺因跃而大喜，行以告蒲衣子。"答者以不知为高，问者闻不知而喜，何以如此？《知北游》有云："不知深矣，知之浅矣；弗知内矣，知之外矣。"原来，庄子及其后学认为，坚持不知是深刻而透彻的，自以为知则是浅薄而疏陋的，他们彻底否定了一般的知识和通常的认识方法，并以怀疑主义的思想路线自我标榜。

庄子的怀疑主义还表现为爱用游移不定的口吻发表议论。如《齐物论》曰："果有言邪？其未尝有言邪？其以为异于鷇音，亦有辩乎，其无辩乎？""果且有彼是乎哉？果且无彼是乎哉？""果且有成与亏乎哉？果且无成与亏乎哉？""未知吾所谓之其果有谓乎，其果无谓乎？""庸讵知吾所谓知之非不知邪？庸讵知吾所谓不知之非知邪?”任何事物都是相反的两个方面，任何问题都有相反的两种答案，事物的每一个方面都有其存在的根据，问题的每一种答案都有其似乎合理的理由，因而无论坚持哪一个方面都不免失于偏颇，最好的办法就是看到各种可能性而不作任何肯定的判断。《齐物论》又说：“予恶乎知悦生之非惑邪！予恶乎知恶死之非弱丧而不知归者邪!”《大宗师》也说：“且方将化，恶知不化哉?方将不化，恶知已化哉?”庄子后学中也有人承袭了这种怀疑的语气，如《至乐》篇开首就是：“天下有至乐无有哉?有可以活身者无有哉?今奚为奚据?奚避奚处?奚就奚去?奚乐奚恶?”“吾未知善之诚善邪，诚不善邪?”“吾又未知乐之果乐邪，果不乐邪?”庄子及其后学认为这许许多多的问题都是难以找到可靠答案的，因而他们常常是只提问题，不作答案。然而这种不作答案的态度本身也就是一种答案，即怀疑主义的答案，庄子这种怀疑主义的立场在中国古代哲学中是突出而鲜明的。

庄子对他的怀疑主义作过比较深刻的论证。首先，庄子揭示了人类认识能力的局限性。《养生主》说：“吾生也有涯，而知也无涯。以有涯随无涯，殆已；已而为知者，殆而已矣。”人生生命有限，而认识对象无穷，以有限之人生追求无穷之认识，必然陷于困境。既然如此，却还要追求认识无穷之世界，那就会陷入无穷无尽的烦恼之中。所以人们不应希望认识世界，而应放弃一切认识活动。庄子揭示了人类认识活动中有限与无限的矛盾，这是十分难能可贵的。但庄子根本否认了人认识世界的可能性和必要性，则是十分荒谬的。《秋水》的作者继承了庄子的思想。他说：“计人之所知，不若其所不知；其生之时，不若未生之时；以其至小求穷其至大之域，是故迷乱而不能自得也。”人之所已知永远小于人之所不知，这是深刻而富有启发性的真理。人生在世之时与宇宙的无限过程相比微不足道，这是显而易见的事实。以有限之人生穷尽无限之宇宙是永远办不到的，这并非欺人之论，但作者之本意在于否认认识现实的必要性，所以是错误的。从深刻而合理的思想出发，推出错误而荒诞的结论，这在庄子哲学中是屡见不鲜的。

《齐物论》中有罔两问影的寓言。罔两即影子外圈的淡影，罔两随人影而动，人影随人体而移。罔两问影子说：“曩子行，今子止；曩子坐，今子起；何其无特操与?”你原来行走，现在又停下；你原来坐着，现在又起来；你为什么没有独特的操守呢?影子回答说：

"吾有待而然者邪？吾所待又有待而然者邪？吾待蛇蚹蜩翼邪？恶识所以然！恶识所以不然！"我有所依凭才这样的吗？我所依凭的又有其依凭才这样的吗？我所依凭的就像蛇蜕、蝉衣一样吗？（蛇蜕、蝉衣又有赖于蛇和蝉的蜕皮）怎么能知道为什么这样，又怎么能知道为什么不这样呢？这是说一物有其所待之物，其所待之物又有其所待之物，这正如罔两待影，影待实物，而实物又如蛇蜕、蝉衣，各有其更根本的依凭。庄子认为，一物有一物存在的条件和根据，一物之条件和根据又有其自己的条件和根据，事物层层相依，环环相扣，相继无穷，因而人无法认识其究竟所以。《大宗师》又说："夫知有所待而后当，其所待者特未定也"，认识有赖于一定的条件，而认识所依赖的条件又是无法最后确定的，所以人是无法认识客观世界的。这是从认识对象处于无穷无尽的相互联系之中来说明人的认识能力的局限性的。庄子看到一切事物都处于相互联系的链条之中，而事物相互联系的因果链条是无限的，这是深刻而正确的，但以此取消认识具体事物的可能性和必要性则是错误的。

庄子在中国哲学史上第一个提出了人的认识能力有限还是无限的问题，这一问题在中国古代并没有引起热烈的反响和讨论，然而在西方近代，这一问题却引起了许多思想家的重视。休谟和康德的哲学都是从讨论人类认识能力之限度出发的，他们的理论在欧美产生了重大的影响。庄子夸大人的认识能力的局限性既有理论上的需要，也有社会历史上的原因。从理论上讲，只有彻底否定认识世界的可能性和必要性，才能面对纷繁复杂的现实而毫不动心，才能进一步进入脱离现实的无何有之乡。从历史上讲，庄子生活的时代是人类的幼年，生产规模狭小，交通工具简单，人们改造世界的能力有限，眼界相对比较狭窄，在这种情况下，正确解决认识能力有限无限的问题是不可能的。所以庄子的错误既有其个人的特殊的原因，也有社会历史发展过程中的必然性。

庄子对怀疑主义的第二个理论论证是强调认识标准的主观性。庄子认为认识标准是主观的、因人而异的，所以在现实生活中是找不到真理的，因而一切认识活动都是不可靠、不可取的。《齐物论》说："民湿寝则腰疾偏死，鳅然乎哉？木处则惴慄恂惧，猿猴然乎哉？三者孰知正处？"人睡在潮湿的地方就要腰疼偏瘫，泥鳅却专门在潮湿环境中生活，人爬到树上就会惊惧不安，猴子却专门在树上攀缘腾跃，谁知道哪里是最好的住处呢？"民食刍豢，麋鹿食荐，蝍蛆甘带，鸱鸦耆鼠，四者孰知正味?”人吃畜肉，麋鹿食草，蜈蚣吃蛇，猫头鹰和乌鸦喜欢老鼠，谁知道什么是最好的味道呢?“猿，猵狙以为雌，麋与鹿交，鰌与鱼游。毛嫱丽姬，人之所美也；鱼见之深入，鸟见之高飞，麋鹿见之决骤。四者孰知天下之正色哉?”猿和猵狙雌雄相配，麋与鹿相互交媾，泥鳅与鱼相伴而游。毛嫱和丽姬是人们公认的美女，但鱼见之而潜底，鸟见之而高飞，麋鹿见了就要骤然奔逃。谁知道什么是天下最美的容貌呢?以人与动物相提并论似乎有些怪诞，以动物见美女而逃证明美的标准不同更是荒谬，但庄子的本意还是清楚的。庄子认为万类各有自己生存的条件和习性爱好，彼此间是没有是非高下之分的；以人而论，不同人各有自己的爱好选择，其标准也是难分是非正误的。所以庄子接着说：“自我观之，仁义之端，是非之途，樊然殽乱，吾恶能知其辩!”以人与动物反复类比，说来说去只是一句话，各有其是，各有其非，是非难辨，所以应忘是非而任逍遥。

人们的是非标准各不相同，因此辩论是没有用的。“既使我与若辩矣，若胜我，我不若胜，若果是也，我果非也邪?我胜若，若不吾胜，我果是也，而果非也邪?其或是也，其或非也邪?其俱非也邪?”(《齐物论》，下同)两人辩论，一人胜，一人负，胜者一定是对的吗?负者一定是错的吗?一定有一人对一人错吗?是不是都对或者都错了呢?这是无法知道的。“我与若不能相知也，则人固受其黮闇，吾谁使正之?使同乎若者正之?既与若同矣，恶能正之!使同乎我者正之?既同乎我矣，恶能正之!使异乎我与若者正之?既异乎我与若矣，恶能正之!使同乎我与若者正之?既同乎我与若矣，恶能正之!然而我与若与人俱不能相知也，而待彼也邪?”辩论双方无法确定谁是谁非，别人也一定会迷惑不定，那么谁能评判是非呢?与一方意见相同的人不能评判双方的是非，与双方意见都相同或都不同的人也不能评判孰是孰非，辩论双方与第三者都无法说服别人，还能再期待什么人来判定是非呢?其弦外之音即是非无标准，认识不可靠。《墨经下》“辩无胜，必不当”就是对庄子这一观点的批评。

庄子关于“正处”、“正味”、“正色”的譬喻和辩无胜的议论都是为了说明认识标准是因人而异的，亦即主观的和相对的。就美丑好恶的选择来说，人们的标准确有一定的相对性，确有一定的因人而异的情况；就人们的一般认识来说，对于具体问题也没有绝对的、凝固不变的答案；就判别是非的方法来说，单靠辩论是确实不能解决问题的，就此而言，庄子关于认识标准的主观性、相对性的议论是不无合理之处的。列宁说："马克思和恩格斯的唯物主义辩证法无疑地包含着相对主义，可是它并不归结为相对主义，这就是说，它不是在否定客观真理的意义上，而是在我们的知识向客观真理接近的界限受历史条件制约的意义上，承认我们一切知道的相对性。"① 所以，庄子的错误不在于他肯定了认识的相对性，相反，他论证了在人的主观意识中——不论是一个人还是许多人的主观意识中是找不到判断真理的客观标准的，这应看作他的历史贡献。庄子的错误在于不是从人的认识向客观真理接近的界限受历史条件制约的意义上讲认识的相对性，而单纯从认识的主观条件上讲认识的相对性，看不到人的认识归根结底是受客观世界制约的。此外庄子在否定认识的主观标准的同时，找不到认识的客观标准，从而根本否定了客观真理，则是他的更为严重的错误，这一错误使他从怀疑主义走向了虚无主义，在历史上产生了消极的影响。

庄子对怀疑主义的第三个理论论证是强调事物的变易性。人之生死、祸福、梦醒都处在变易之中，变易不止，结果难卜，所以认识是不可能、不可靠的。庄子说："予恶乎知悦生之非惑邪！予恶乎知恶死之非弱丧而不知归者邪！丽之姬，艾封人之子也。晋国之始得之也，涕泣沾襟；及其至于王所，与王同筐床，食刍豢，而后悔其泣也。予恶乎知夫死者不悔其始之蕲生乎！"（《齐物论》，下同）人怎么能知道悦生不是糊涂想法呢？又怎么能知道怕死不像从小流落他乡而不知归的人呢？丽姬刚被带到晋国时，哭得衣服都湿透了，等到享受了嫔妃的豪华生活，就为自己当初的哭泣而后悔了。怎么能知道死者不为自己当初求生而后悔呢？"梦饮酒者，旦而哭泣；梦哭泣者，旦而田猎。方其梦也，不知其梦也。梦之中又占其梦焉，觉而后知其梦也。且有大觉而后知此其大梦也，而愚者自以为觉，窃窃然知之。"梦境与真境常常是相反的，只有醒来才知道原来所见所觉是梦中之事，只有超脱尘世才能知道原来的生活不过是一场梦，而愚蠢的人自以为清醒，自以为有知，其实那都不过是梦中之知。总之，死亡之境没有体验，祸福之变无法预料，梦醒之别难以判断，所以人们关于生死、祸福、知与不知的认识都是不可靠的。

---

① 列宁：《唯物主义和经验批判主义》，128页，北京，人民出版社，1971年第4版。

《齐物论》中还有庄周梦蝶的寓言。“昔者庄周梦为胡［蝴］蝶，栩栩然胡［蝴］蝶也，自喻适志与！不知周也。俄然觉，则蘧蘧然周也。不知周之梦为胡［蝴］蝶与，胡［蝴］蝶之梦为周与？周与胡［蝴］蝶，则必有分矣。此之谓物化。”明明是庄周梦为蝴蝶，却说不知是庄周梦为蝴蝶，还是蝴蝶梦为庄周；明明是人与蝶“必有分矣”，却分不清孰为真孰为梦，究其原因，盖在于“物化”，物化即万物之变化。庄子不止一次把梦醒问题与物化联系起来，《大宗师》中即有“若化为物，以待其所不知之化已乎！且方将化，恶知不化哉？方将不化，恶知已化哉？吾特与汝，其梦未始觉者邪……且汝梦为鸟而厉乎天，梦为鱼而没于渊。不识今之言者，其觉者乎，其梦者乎？”物化难知，所以梦醒难辨。《德充符》还讲到“命物之化”，《天道》和《刻意》篇还有“其生也天行，其死也物化”的说法，可见物化是庄学的重要观念。一切事物都处在变化之中，变化的后果是无法认识的；梦醒也是物化，所以梦醒之分也是不可知的。

庄子肯定一切事物都处于变化之流中，这是不错的，但庄子把变化运动夸大为绝对，否定了事物运动过程中的相对静止，否定了事物的质的稳定性，抹杀了事物发展变化过程中的规律性，把一切事物运动变化的结果都看作不可预料的，从而取消了认识的可能性和必要性，所以归于荒谬。抓住人类认识曲线上的某一点加以绝对化和直线化，把合理的认识引向怪诞的极端，这既是庄子哲学的一个特点，也是庄子思想陷入怀疑主义的认识论根据源。

（二）以体道为真知的直觉主义

庄子不同于一般的怀疑论者，他在怀疑人类及其感官的认识能力的时候，并不怀疑直觉体验的作用，在怀疑现实世界中的是非善恶的时候，并不怀疑绝对的道，所以庄子既是一个怀疑主义者，又是一个直觉主义者，把怀疑主义同直觉主义结合起来是庄子认识论的主要特点。

直觉主义是排斥感知和理性的，上文所说庄子以不知为真知正是排斥一切常规的认识方式的，《应帝王》中混沌开窍的寓言更彻底地否弃了耳目感官的认识作用。“南海之帝为倏，北海之帝为忽，中央之帝为浑沌。倏与忽时相与遇于浑沌之地，浑沌待之甚善。倏与忽谋报浑沌之德，曰：‘人皆有七窍以视听食息，此独无有，尝试凿之。’日凿一窍，七日而浑沌死。”庄子以混沌为中央之帝，说明庄子是崇尚混沌的，混沌无七窍而善，有七窍而死，说明耳目口鼻的感官作用是万万要不得的。

《人间世》又说：“闻以有翼飞者矣，未闻以无翼飞者也；闻以有知知者也，未闻以无知知者也。”“有知”中的知是指依靠感觉器官和思维器官所获得的知识，“以有知知”如同有翼而飞，是凡人的认识途径；“无知”是指不要认识器官，也不要知识的积累，“以无知知”如同无翼而飞，是至人或真人的认识方法。庄子怀疑和否定凡人的认识能力和认识方法，宣扬至人无翼而飞的认识方法，就是要不通过感官的认识渠道，直接去体验最高的道，也就是通过神秘的直觉去获得真知。

脍炙人口的庖丁解牛的故事中也透露了一些直觉主义的端倪。庖丁说：“臣之所好者道也，进乎技矣。始臣之解牛之时，所见无非全牛者。三年之后，未尝见全牛也。方今之时，臣以神遇而不以目视，官知止而神欲行。依乎天理，批大郤［隙］，导大窾，因其固然。”（《养生主》）开始解牛时全以“目视”，所见无非全牛，只是凭技术解牛。三年后乃以“神遇”而“不以目视”，可以直接透视牛体，运刀之处为所欲为，无不合于天理固然，这时可谓有道矣，“进乎技矣”。有道之时，“官知止而神欲行”，即停止五官和知觉的作用，全凭精神的直觉而行，这就脱离了凡人之知，得到了真人神秘的直觉之和，这说明庄子确实是崇尚直觉的。不过，庄子在这里所说的直觉实为五官之知的升华，与完全否定耳目心知的对道的直觉体认有所不同。

庄子体道的方法主要是“心斋”、“坐忘”和“见独”。“心斋”中“唯道集虚”一句比较费解，郭象注此句云：“虚其心则至道集于怀也”，历来注家多因循此说，此说之集乃聚集、结集之义，原道乃不可分之绝对，独一之道怎能聚集于怀？故此解于义未惬。察“集”字在古代有“至”义（见《国语·晋语》“不其集亡”注），依此义，“唯道集虚”即得道方能虚静，亦即达到虚静的心境。“心斋”的实质即一个虚字，要达到心灵的虚静，必须“无听之以耳而听之以心，无听之以心而听之以气！”（《人间世》）亦即抛弃耳目心思，纯由神秘之直觉。

“坐忘”讲体道的直觉比较明确，“坐忘”就是“堕肢体，黜聪明，离形去知，同于大通”（《大宗师》）。“同于大通”即与道为一，要与道为一就必须抛弃感觉和思虑。“同于大通”既是一种直觉的认识，也是一种个人与最高存在合为一体的神秘体验，所以庄子哲学不仅是直觉主义的，而且是神秘主义的。不过庄子的神秘主义是与道为一，与天地万物为一，同西方的与上帝为一的神秘主义有所不同。

庄子的“见独”对体道的过程和感受描写得最为明晰。《大宗师》中女偊说：“吾犹守而告之，参日而后能外天下……七日而后能外物……九日而后能外生；已外生矣，而后能朝彻；朝彻，而后能见独。”“见独”即见到独一无二之绝对，即见道，亦即闻道、学道。“见独”是忘怀一切以后对道的直接体认，庄子说“朝彻而后能见独”，其实“朝彻”也就是见独的体验，即由黑暗骤睹光明的体验，这种体验也就是身心俱忘、物我不分，在想象中与道或宇宙融为绝对和谐的一体。所以，“见独”既是直觉主义的真知，也是神秘主义的体验。

在讲到庄子的精神自由时，我们已分析了庄子的“心斋”、“坐忘”和“见独”，这里为什么又重新提到“心斋”、“坐忘”、“见独”呢？这是因为庄子既把体道当作最高的精神境界，又把体道当作最高的认识，庄子在与道为一的体验中得到了莫大的精神享受，同时也自以为认识了世界之真谛。这就是说庄子的自由的精神体验与最高的认识是完全一致的。中国古代哲学家一般都认为认识方法与德行的修养是相依不离的，即是说中国古代哲学中的认识论与人生哲学是密切相关、甚或合而为一的。庄子追求自由的精神生活，这与孔孟的道德修养是有明显不同的，但他们都是在追求最高的精神境界，所以二者又有相同之处。就此来说，庄子哲学中自由论与直觉论的一致实际也就是中国古代哲学中人生论与认识论相一致的传统。

道只能通过直觉把握，不能通过感官渠道认识，这在庄子思想中是一贯的。《齐物论》说“夫大道不称，大辩不言”，“道昭而不道，言辩而不及”，“孰知不言之辩，不道之道，若有能知，此之谓天府”。这也就是老子所说的“道可道，非常道”。道不能通过耳目感官去认识，自然也无法用语言来描述表达。《齐物论》又说：“古之人，其知有所至矣。恶乎至？有以为未始有物者，至矣，尽矣，不可以加矣。”最高的认识是“以为未始有物”，亦即“外物”而“睹道”。“以为未始有物”也是放弃耳目之知、纯任直觉的结果。《大宗师》还说道：“且有真人而后有真知。何谓真人？古之真人，不逆寡，不雄成，不谟士。若然者，过而弗悔，当而不自得也。若然者，登高不慄，入水不濡，入火不热。是知之能登假于道者也若此。”“登假于道”是得道的形象化描述，实即体道。体道即真知，真知是有条件的，只有修养到毫不动心的真人境界，才能有对道的直觉体验。这也说明庄子的人生论与认识论是一致的。

庄子的直觉主义在后学中也得到了继承。《知北游》中知谓无为谓曰：“何思何虑则知道？何处何服则安道？何从何道则得道？”三问而无为谓不答。知最后找到黄帝，黄帝答曰：“无思无虑始知道，无处无服始安道，无从无道始得道。”这就是说，只有无心无为才能得道，这种得道的方法也就是直观体验。《知北游》又曰：“夫体道者，天下之君子所系焉。今于道，秋毫之端万分未得处一焉，而犹知藏其狂言而死，又况夫体道者乎！”体道者为天下贤士所景仰，是一般人所无法相比的，体道者即直接体认道的人。体道之实庄子已反复描摹，体道之名却始见于此。

《知北游》的作者强调无心无为始得道，这也可说明庄子的怀疑主义与直觉主义是一脉相通的。庄子的怀疑主义反复申诉认识是不可能的、没必要的，只有抛弃耳目之知、思虑之明才是真知、至知；直觉主义则在此基础上提出直接体认道的方法，以体道为真知、至知。从理论上讲，放弃常人的“以有知知”的方法是得到真人的“以无知知”的直觉认识的条件，从实际过程讲，关闭感官通道与直接体道是无法分而为二的，所以不知与体道都可谓真知。庄子的真知包括不知之知与体道之知两个方面，也就是说庄子的认识论包括怀疑主义与直觉主义两个部分，这两个部分前后相续，实为一体。

中国的直觉主义并不始于庄子。《老子》一〇章云：“涤除玄览，能无疵乎？”“览”字帛书乙本作“监”，通“鉴”，即镜子，故玄览当读为玄鉴。高亨云：“玄者形而上也，鉴者镜也。玄鉴者，内心之光明，为形而上之镜，能照察事物。”（《老子正诂》）玄览直接照察世界之本根，就是一种直觉作用。《老子》四七章又云：“不出户，知天下；不窥牖，见天道。其出弥远，其知弥少，是以圣人不行而知，不见而明，不为而成。”不窥牖而见天道说明体道是无待于感官经验的，不见而明也是超越一般认识方法的直观。老子已明确提出了直觉的认识方法。

大约与庄子同时的孟子也讲直觉的认识方法，《孟子·尽心上》云：“尽其心者，知其性也，知其性则知天矣。”尽量发明本心即能知性，知性就能知天，这种方法也是一种直觉法。但庄子的直觉与孟子的直觉有明显不同。第一，孟子的直觉不否定思的工夫，强调“心之官则思，思则得之，不思则不得也”（《孟子·告子上》），主张以思的工夫日省其心；庄子则主张“黜聪明”、“去知”，认为只有“无思无虑”才能体道。第二，孟子的直觉注重反省内求，主张由心的内省以领会宇宙之根本原理；庄子则主张直接体认外在之道。大体说来，庄子的直觉主义同于老子而不同于孟子，但细较起来，庄子的直觉法与老子也有所不同：第一，庄子反复讲到体道的方法、步骤和感受，比老子的直觉法更为成熟；第二，庄子的直觉体验中包含着自由的精神享受，这是老子哲学中所没有的；第三，庄子的直觉主义以怀疑主义为基础，这不仅与老子不同，而且在中外哲学史上都是别具一格的。

(三) 庄子与古希腊怀疑派

现在多数哲学史著作都把庄子的认识论称作不可知论，或称作怀疑主义和不可知主义。为什么有人把庄子当成不可知主义者呢？推其可能的原因大致有三：(1) 庄子反复讲到“不知”、“恶乎知”，因庄子宣扬“不知”而称庄子为不可知主义者，这是望文生义的错误；(2) 对于庄子的认识论缺乏深入的了解；(3) 对于不可知主义这一概念理解不准确。关于第一点无须多说，关于第二点上文已有许多介绍，这里着重讨论一下第三点。不可知主义的特点是什么？不可知主义与怀疑主义是什么关系？这是值得加以辨析的。有人把庄子的认识论称作怀疑主义和不可知主义，这更说明在这两个概念的使用上存在着某种混乱。如果把怀疑主义和不可知主义当成一回事，那么就不必重复使用两个相同的概念；如果这两个概念不完全相同，那就应该考虑一下哪一个概念更能准确地反映庄子哲学的性质和特点。

怀疑主义与不可知主义是既有密切联系、又有明显不同的两个哲学概念。从内容上看，怀疑主义和不可知主义都对人的认识能力提出了怀疑，从历史上看，不可知主义是古代怀疑主义思潮的演变和发展，因此二者确有密切联系。但是，有密切联系的事物并非同一事物，正如苹果与海棠同为蔷薇科乔木，海棠树可嫁接成苹果树，但决不能说海棠就是苹果；蝌蚪与青蛙有直接关系，但不能说青蛙就是蝌蚪。因此，对于有密切联系的概念也应加以区别，避免混淆。哲学是有关认识规律、思维规律的科学，尤其应注意概念的准确性。事实上，各国的辞典和百科全书都是把怀疑主义和不可知主义当作两个概念来进行阐释的，两个概念的起源、内涵及代表人物、历史影响都是有明显不同的，要区别这两个概念并不困难。

怀疑主义（Scepticism）一词源于古希腊的 skeptikos，意思是询问者或调查者（an inquirer），指不满足于已有的认识而积极寻求真理的人。怀疑主义是一种哲学态度。怀疑主义者对各种领域的知识都表示怀疑，他们追问一般公认可靠的知识到底建立在什么基础上，实际上确立了什么，从而对知识的可靠性提出了怀疑。他们怀疑人们对世界的认识是否是不容置疑的或必然真实的，同时对一些公认的假设的基础也提出了疑问。总之，他们对人类能否认识客观世界、能否掌握客观真理持怀疑态度。《大不列颠百科全书》（英文版）认为，怀疑主义思潮的起源可上溯至公元前 5 世纪的埃利亚学派。该学派对感官世界的实在、万有和复多的实在提出疑问，否认通常的经验范畴可以描绘世界的实在，色诺芬尼则怀疑人能否辨别真实的知识和虚假的知识。一般认为，皮浪是怀疑主义的创始人。皮浪认为感觉和理性得来的知识都不可靠，要认识客观世界是不可能的，甚至客观世界是否存在也是难以确定的。怀疑主义在西方经过了漫长的发展和演变，在西方哲学史上发生过重要而复杂的影响，产生过许多不同形式的怀疑主义流派。今日所谓不可知主义实际上是古代怀疑主义在近代西方的一个变种。

不可知主义（Agnosticism）是英国生物学家赫胥黎于 1869 年在一个哲学团体的会议上提出的概念，不可知主义是可知论（Gnosticism）的反义词。可知论盛行于希腊化的近东地区。可知论也有许多派别，既有基督徒的可知论，又有非宗教的可知论。[①] 赫胥黎所针对的正是宗教徒的可知论。赫胥黎宣布“宗教的可知论者声称自己所知道的那许多有关教会史的特别的事情都是我所不知的”[②]，赫胥黎还说，我们永远不能确实知道引起我们的感觉的真正原因[③]，恩格斯一针见血地指出：“英国的不可知论者企图复活休谟的观点（在那里休谟的观点从来没有绝迹）”，“这种企图在科学上就是开倒车，而在实践上只是一种暗中接受唯物主义而当众又加以拒绝的羞羞答答的做法”[④]。列宁也指出：“恩格斯把休谟和康德的信奉者们

---

① 关于可知论的解释依据《朗曼现代英语词典》，伦敦，朗曼出版公司，1976。

② 引文据《大不列颠百科全书》意译，美国不列颠百科全书公司，1977。

③ 转引自［苏］罗森塔尔·尤金编：《简明哲学辞典》，662 页，北京，三联书店，1973。

④ 恩格斯：《路德维希·费尔巴哈和德国古典哲学的终结》，17 页。

放在这两者（唯物主义者和唯心主义者——引者注）之间，称他们为不可知论者，因为他们否认认识世界的可能性，或者至少是否认彻底认识世界的可能性。”① 这说明马克思主义的经典作家认为不可知主义的哲学代表是休谟和康德。

不可知主义怀疑和否定人类认识世界的可能性，因此不可知主义本质上也是一种怀疑主义，但是具体说来，不可知主义的怀疑主义与一般的怀疑主义又有明显的不同。在黑格尔的时代，不可知主义一词还未产生，但实际上黑格尔已经看到不可知主义与古代的怀疑主义的区别。黑格尔指出：“在怀疑论中，思维具有个别自我意识的形式，但是与古代怀疑论有所不同，现在是以确信现实为基础的。在古代则相反，怀疑论是返回到个别意识的，因而在它看来，个别意识并不是真理，换句话说，它并没有宣布它所得出的结论，并没有获得一种积极的意义。但是在近代……由于有这种对于一般现实的信仰，怀疑论就具有这样一种形式：它是唯心论，它把自我意识或对自己的确认宣布为全部实在和真理。”② 这里所谓古代的怀疑论即以皮浪为代表的怀疑主义，其特点是论证个人意识不可靠，对任何问题都不作肯定的结论。黑格尔所谓近代的怀疑论即以休谟为代表的怀疑主义，也就是恩格斯和列宁所说的不可知主义，其特点是“以确信现实为基础”，“把自我意识或对自己的确认宣布为全部实在和真理”。黑格尔所说的古代怀疑主义与近代怀疑主义的区别实际上就是今天所说的怀疑主义与不可知主义的区别。简言之，古代的怀疑论即一般的怀疑主义，是无保留的普遍的怀疑；不可知论则是一种特殊的怀疑主义，是以肯定个人意识为基础的怀疑，是有所肯定的怀疑。

不可知主义与一般的怀疑主义的区别带来了它的其他特点。首先，由于不可知主义者一般不怀疑感觉经验或理性认识，所以不可知主义者不否认科学，相反，许多不可知主义者是以科学为旗帜的。赫胥黎本人是生物学家，康德在自然科学上有相当的成就，后来的不可知主义者马赫等人也是科学家，这与一般的怀疑主义者是有所不同的。其次，不可知主义者确信个人的经验或理性，对于决定个人意识的客观的“自在之物”的存在则表示怀疑和否定，这样，打着科学旗号的不可知主义者却常常陷入主观唯心主义，而一般的怀疑主义者却不一定是主观唯心主义者。总之，不可知主义与怀疑主

① 列宁：《唯物主义和经验批判主义》，19页。

② ［德］黑格尔：《哲学史讲演录》第四册，198页，北京，商务印书馆，1978。

义的区别是不应忽视的。

显然，庄子的怀疑主义是不同于不可知主义的。不可知主义者是以确信现实为基础的，休谟相信感觉经验，认为个人的感觉是认识的来源；康德相信感性直观和知性范畴，相信人们可以认识现象世界。庄子却是以怀疑现实而著称于世的，他不相信感性经验，主张放弃一切感官，“忘其肝胆，遗其耳目”；他也不相信理性思维，主张无思无虑，“其寝不梦，其觉无忧”。庄子对现实的一切都是怀疑的，对于一切以感知为基础的认识和知识都是否定的，这与以确信个人意识为基础的不可知主义是明显不同的。不可知主义所不知的是现实世界和现象背后的客观实在或客观本质，休谟认为引起人类感官印象的自在之物的有无是不可知的，康德虽然承认自在之物的存在，却认为自在之物本身是不可认识的，他们共同的特点是把人的认识能力局限在直接经验的范围以内，不怀疑人的感觉经验，只怀疑超越于感官经验的自在客体或自在客体的可知性。庄子则与此相反，庄子所怀疑的恰恰是人的感觉经验范围以内的事，他不怀疑“彼岸”的道的存在，不怀疑得道的可能性，而且宣扬得道的必要性。庄子认为至人可以通过精神修养和直觉体验去把握道，而耳目感官则不能认识道。庄子怀疑的不是“彼岸”的自在客体，而恰恰是感觉经验。就所怀疑的对象和范围来说，庄子同休谟、康德是恰恰相反的，所以，只要我们不否认休谟、康德是不可知主义的主要代表，我们就应该承认庄子的认识论不同于不可知主义，庄子不是不可知论者。

事实上，与庄子认识论比较相似的不是休谟、康德的不可知主义，而是古希腊以皮浪为代表的怀疑主义。皮浪哲学“所采取的形式是认为真理不可知，不作任何判断”①。皮浪说：“我既不能从我们的感觉也不能从我们的意见来说事物是真的或者是假的。所以我们不应当相信他们，而应当毫不动摇地坚持不发表任何意见，不作任何判断。”庄子也认为认识标准因人而异，因而真理是不可知的，所以庄子主张“圣人和之以是非而休乎天钧”，这就是皮浪所说的不辨是非真伪，不作任何判断，不发表任何意见。庄子所谓“彼是莫得其偶”的主张、所谓“两行”的态度与皮浪哲学的精神实质正是一致的。皮浪还主张“对任何一件事物都说，它既不不存在，也不

---

① 北京大学哲学系外国哲学教研室编：《古希腊罗马哲学》，314页，北京，商务印书馆，1978。

存在，或者说它既不存在而也存在，或者说它既不存在，也不不存在”。这与庄子所说的“有有也者，有无也者，有未始有无也者，有未始有夫未始有无也者……未知有无之果孰有孰无也”在内容上和风格上都颇有相通之处，都是既不肯定什么、也不否定什么的怀疑主义。

皮浪还说：“没有一件事情可以固定下来当作教训，因为我们对任何一个命题都可以说出相反的命题来。”这是从矛盾对立的普遍性中引申出来的怀疑主义学说，这和庄子所说的“物无非彼，物无非是”，“彼亦一是非，此亦一是非”也是一致的，庄子也认为任何事物都有其对立的方面，而对立的双方是难分彼此的，“方生方死，方死方生；方可方不可，方不可方可”，因而认识是不可靠的。皮浪“根本不相信他的感官的任何武断”，认为“没有任何事物是美的或丑的，正当的或不正当的，这只是相对于判断而言的”。庄子也不相信感官的判断，识为感官的选择标准是相对感官的，人们各有其“正色”，各有其“正味”，没有统一标准，因而感官是不可靠的。庄子不仅贬低感官的作用，而且主张彻底抛弃感官，黜聪明遗耳目，认为开通七窍就是混沌的死亡。

皮浪也认为“万物一致而不可分别”，从怀疑主义的立场出发得出了万物皆一的主张，这与庄子把怀疑论与齐物论结合起来的思想特点也是一致的。皮浪还说过“死与生之间并无分别”，庄子也强调“知死生存亡之一体”，主张“不知悦生，不知恶死”，在齐生死这一点上，庄子与皮浪也是一致的。

庄子和皮浪的生活态度也有相通之处。皮浪“不避免任何事物，也不注意任何事物”，这与庄子所谓“不就利，不违害”，“其出不䜣，其入不距”如出一辙。皮浪也追求灵魂的安宁。塞古斯都·恩披里可说：“怀疑论的起因，我们说是希望得到安宁。有一些有才能的人，为事物中的各种矛盾所困惑，在就二者中选择一件加以接受时发生怀疑，于是进而研究事物中间什么是真的，什么是假的，希望通过这个问题的解决得到安宁。”皮浪本人也说过：“最高的善就是不作任何判断，随着这种态度而来的便是灵魂的安宁，就像影子随着形体一样。”这和庄子主张超是非、超好恶，追求“无事而生定”、希望通过“心斋”、“坐忘”达到心灵宁静和谐的生活目标也有相合之处。

当然，庄子的思想和皮浪的思想也不可能完全一样。皮浪只讲到怀疑主义，没有讲到直觉主义，皮浪思想的体系远不如庄子博大宏富，皮浪哲学在古希腊哲学中的地位也远不如庄子哲学在先秦哲学中的地位重要，而皮浪的怀疑主义在西方哲学史上的影响却远比庄子的怀疑主义在中国哲学史上的影响要大得多。皮浪和庄子几乎生活在同一历史年代之中，而他们各自所属的文化背景却是大不相同的，为什么在人类发展的同一历史时期，在完全不同的社会环境中会产生大致相同的怀疑主义思潮，为什么庄子的怀疑主义在中国漫长的封建社会中没有得到更多的继承和阐发，这与中国封建社会①的长期停滞有没有关系，这些问题都是值得我们深入研究的。

总而言之，在西方哲学史上，与庄子的怀疑主义比较一致的不是以休谟、康德为代表的不可知主义，而是以皮浪为代表的怀疑主义。从学术研究的科学性出发，对不可知主义与怀疑主义的区别是应该有所注意的。

第四节　齐物论

（一）辩证法与诡辩论

庄子的齐物论即庄子的发展观和矛盾观。庄子深切地体会到，现实矛盾激烈复杂，使人身不由己，进退维谷，精神上痛苦不堪，所以他渴求逃脱现实。这就决定他一方面对矛盾的存在有真切的感受，另一方面又要幻想和论证无矛盾世界的存在，这说明庄子思想中既有承认矛盾的辩证法因素，又有否认差别的诡辩论，或者说，庄子的矛盾观是从辩证法出发，滑向诡辩论的。

近年来，学术界正在冲决“左倾”思想的束缚，不少学者已经指出庄子哲学中既有辩证法，又有诡辩论。那么，一个人的思想中为什么会既有辩证法，又有诡辩论，辩证法与诡辩论二者之间是什么关系呢?

首先应该肯定，辩证法决不等于诡辩论。辩证法是关于自然、社会、思维诸领域中矛盾、运动、发展的科学；诡辩论则是歪曲真理、混淆视听、似是而非的伪科学。辩证法可以引导人们正确认识客观世界中的矛盾运动规律，从而帮助人们实现自己的计划，达到

① 【补注】此处“封建社会”的用法是国内惯例，但这样使用“封建主义”或“feudalism”一词却是错误的，应该改为“宗法专制社会”或“古代社会”。详情可参见冯天瑜：《“封建”考论》，武汉，武汉大学出版社，2006。

既定的目的；诡辩论则只能把人引入迷途，使人看不到真理，无所适从。坚持辩证法可以无往而不胜，盲从诡辩论必然受到历史的惩罚。

辩证法与诡辩论有哪些原则性的区别呢？这里我们尝试作三点分析。第一，关于客观性。辩证法要求认识符合客观实际，概念要符合客观事物自身中的矛盾运动；而诡辩论则纯从主观性出发，只讲概念的对立转化，不管实际生活中的矛盾运动。正如列宁所说："概念的全面的、普遍的灵活性，达到了对立面同一的灵活性——这就是实质所在。主观地运用的这种灵活性＝折中主义与诡辩。客观地运用的灵活性，即反映物质过程的全面性及其统一的灵活性，就是辩证法，就是世界的永恒发展的正确反映。"① 客观地运用概念的灵活性即揭示客观世界自身的矛盾运动与转化，是否从客观实际出发，这是辩证法与诡辩论的根本分界。

第二，关于全面性。辩证法对认识的客观性要求也必然带来全面性的要求，即不是抓住一鳞半爪的事实进行论证，而是在全面把握客观实际的基础上抓住根本的、反映事物本质规律的事实进行分析；诡辩论却任意歪曲或切割事物之间的联系，攻其一点，不及其余，或歪曲事实，或哗众取宠。列宁的《哲学笔记》曾引述过黑格尔《逻辑学》中这样一段话："因为任何事物都具有'许多'——'内容的规定、关系和看法'，所以可以随便提出多少赞同和反对的论据。苏格拉底和柏拉图把这叫做诡辩术。这样的论据没有包括'事物的全貌'，没有'穷尽'事物（指'把握事物的联系'和'包括'事物的'一切'方面而言）。"在运用概念的灵活性的时候，能否反映物质运动过程的全面性，这是辩证法与诡辩论的又一重要区别。

第三，关于确定性。客观性和全面性的特点说明辩证法不仅要求高度的灵活性，而且要求确定不移的原则性。辩证法以深刻揭示客观事物在矛盾的对立统一中发展变化的根本规律为基本原则，以正确认识世界、改造世界为最终目的，是严肃的科学的认识理论和科学方法；诡辩论则既无原则可言，又无理论可导，一切以当时的主观需要为中轴而任意旋转，诡辩论者可以漠视事实，不管逻辑，毫无确定性可言。列宁在《哲学笔记》中引用过黑格尔的这样一段话："诡辩是依据未加批判和反复思考的毫无根据的前提而发的议

① 列宁：《哲学笔记》，112、153、108页，北京，人民出版社，1974年第3版。

论，而我们称之为辩证法的是高级的理性运动。”诡辩论没有明确的原则，毫无确定性可言，辩证法作为高级的理性运动则要求在灵活性之中坚持原则性，在变易性中坚持确定性，二者是根本不同的。总之，辩证法与诡辩论的界限是不容抹杀的。

但是，辩证法与诡辩论之间也有相似或相通之处，辩证法不止一次地成为通向诡辩论的桥梁，而诡辩论也不止一次地冒充辩证法。那么究竟在哪些方面诡辩论容易与辩证法相混淆，或者说辩证法是怎样被歪曲成诡辩论的呢？

（1）辩证法强调运动的普遍性，诡辩论也可以强调运动的普遍性，诡辩论者不仅承认事物的普遍的运动和变化，而且往往把事物的运动绝对化，否认事物的相对静止。如赫拉克利特说过“人不可能两次进入同一条河流”，正确揭示了世界处在不断运动之中的真理，而克拉底鲁则说“人连一次也不可能进入同一条河流”，把事物的运动与静止对立起来、割裂开来，于是陷入了诡辩。

（2）辩证法承认事物的转化，诡辩论也可以承认对立物的转化。辩证论者认为“没有任何一种现象不能在一定条件下转化为自己的对立面，民族战争可以转化为帝国主义战争，反之亦然”。而诡辩家则“根据一种战争可以转化为他种战争的理由，来抹杀帝国主义战争和民族战争之间的差别”①。把辩证法的有条件的转化歪曲为无条件的转化，也可以陷入诡辩。

（3）辩证法承认事物的相对性，诡辩论则在承认相对性的同时极力抹杀事物的确定性，不承认相对之中有绝对。列宁说：“对于客观的辩证法说来，相对中有绝对。对于主观主义和诡辩说来，相对只是相对的，是排斥绝对的。”② 割裂相对与绝对也是从辩证法陷入诡辩论的途径之一。

（4）辩证法承认概念的灵活性，诡辩论则任意发挥概念的灵活性。根据列宁所说，主观地、任意地、脱离客观实际地运用概念的灵活性就是诡辩论，这也是从辩证法滑向诡辩论的渠道。以上只是从辩证法转向诡辩论的主要途径，但仅从以上几点就可以看出辩证法与诡辩论是有相似之处的。如果辩证法是认识的曲线，那么诡辩论就是从这条曲线上的任意一点上引出的直线。

---

① 列宁：《论尤尼乌斯的小册子》，见《列宁选集》，1版，第2卷，850页，北京，人民出版社，1960。

② 列宁：《哲学笔记》，408页。

综合以上两个方面，辩证法与诡辩论既有本质的不同，又有形式上的相似，也就是说，辩证法与诡辩论的区别与对立既是绝对的，又不是绝对的。看到辩证法与诡辩论的根本对立，可以提高我们捍卫辩证法、抵制诡辩论的自觉性；看到辩证法与诡辩论的相互联系之处，则可以提高我们对于冒充辩证法的各种诡辩论的警惕性，帮助我们分析诡辩论的思想认识根源，总结理论思维的经验教训。我们要剖析庄子齐物论中的辩证法和诡辩论及其二者之间的联系，其根本目的也正在于此。

（二）彼是相因的辩证法

世界上有各种各样的诡辩论，有从辩证法出发的诡辩论，也有从绝对主义出发的诡辩论，更有反形式逻辑的诡辩论。庄子的《齐物论》归根结底是诡辩论，这种诡辩论主要是以辩证法为出发点的，所以庄子哲学中也包含了较多的辩证观念。庄子对自然界、社会生活和人类认识中的矛盾有深刻细致的观察，他看到了矛盾的普遍存在，他重视对立概念间的相互关系，他反复论及了许多对立面，如彼是、是非、死生、有无、虚实、大小、成毁、然与不然、可与不可等等，庄子不仅看到了对立的普遍性，而且看到了对立的同一性。就现实世界来说，庄子是一个辩证论者，他不仅承认世界中充满了矛盾，而且承认矛盾的转化和对立面的统一，因而可以说庄子思想中的辩证观念是相当丰富的。

庄子提出“彼”与“是”的观念，“彼”即彼方、对方，“是”即此方、己方，“彼”、“是”泛指普遍存在的对立双方。“彼”、“是”即庄子的矛盾观念。庄子认为彼是双方的对立是普遍存在的，又是相因相依的。《齐物论》说：“物无非彼，物无非是。自彼则不见，自是则知之。”任何事物都处于彼是的矛盾对立之中，每个事物都既是矛盾的此方，又是矛盾的彼方；从事物自身的角度来看是矛盾的此方，从事物对立面的角度来看则是矛盾的彼方。彼与是的概念是对立的，又是统一于一体的。“自彼则不见，自是则知之”一句中的“是”原作“知”，严灵峰说：“作‘知’于义不合。本节上下文并以‘彼’、‘是’对文，此不当独作‘知’，疑涉下‘知’而误。上句‘自彼则不见’，则下句作‘自是则知之’；彼与是对，见与知对，文法井然。”① 严说可从。关于“自彼则不见”，成玄英疏曰：“自为彼

① 转引自陈鼓应：《庄子今注今译》，55 页。

所彼，此则不自见”，可知“自彼”即自己为彼方，以此类推，“自是”即自己为此方。“自彼则不见，自是则知之”，就是说每个人都既是矛盾的此方，又是矛盾的彼方；自己是此方，大家都会想到，自己也是彼方，则往往看不到。每个人都处在矛盾之中，每个人都是矛盾的一方，矛盾的每一方面都既可称为此方，亦可称为彼方，彼方与此方是相对而言的。看问题不仅要从此方来看，更要从彼方来看，只有从两个方面来看才能看到彼此的相对性，才能得到全面的认识。这种见解是相当深刻的。

庄子接着说：“彼出于是，是亦因彼。彼是方生之说也。”矛盾的彼方出于此方，矛盾的此方也依据矛盾的彼方，矛盾的双方相依不离，所以矛盾双方是并生共存的，这种彼是相因的理论也就是矛盾双方互相依存的观点。庄子又说：“方生方死，方死方生；方可方不可，方不可方可。”“方生方死，方死方生”，这决不是说活人就是死人，死人就是活人，也不是说出生就是死亡，死亡就是出生，庄子思想如果荒谬得如此浅陋，那一部《庄子》就不会有人卒读了。“方生方死”的命题并非庄子独创，《天下》篇所记惠施“历物之意”就有“日方中方睨，物方生方死”的说法，其大意即万物皆变，万物都将走向自己的反面，赤日当空，必定西斜；万物萌生，必归消亡。所以任何概念都包含着自己的否定方面，生的概念就包含着死的因素，生的过程就包含着死的趋势。“方生方死”的说法使我们想到黑格尔《逻辑学》中的这样一段话：“有限的事物的这样的有，乃是以消灭的种子作它们的内在之有：它们的生时就是它们的死时。”① 庄子说“方生方死”，黑格尔说生时就是死时，二者是十分相似的。从现代的观点来看，“方死方生”也是不难理解的，一物之亡即化为他物之养料或质料，亦即意味着他物之生。从庄子生死气化的观点来看，一物之死即此气之散，此气之散则可成他气之聚，亦即他物之生，故可谓“方死方生”。“方生方死、方死方生”的论题肯定了生与死的相互渗透，也肯定了生与死的相互转化。同样，“方可方不可，方不可方可”的说法也肯定了正题与反题之间的统一性。

庄子在《齐物论》中还说过“因是因非，因非因是”，由是而得非，由非而得是，是非相反而相通。欲东而西，欲西而东，愿望与结果常逞矛盾。否定是非之界限即是诡辩，而承认是非之转化相通

---

① ［德］黑格尔：《逻辑学》上卷，125 页，商务印书馆，1977。

则是辩证观念。庄子又云“是亦彼也，彼亦是也”，抹杀彼此之区别也是齐万物而为一的谬论，但肯定彼此双方你中有我，我中有你，彼此相含互转，也是符合辩证法的。此外“彼亦一是非，此亦一是非”，就其否认是非的客观标准来说，显系怀疑论与诡辩论，但看到认识标准的相对性，指出一时一地有一时一地的情况，否认一成不变的是非标准，也具有重要意义，故不为全错，这也就是人们明知庄生多谬论、却偏爱诵读庄子书的重要原因。

庄子还看到了概念自身的矛盾性。他说“分也者，有不分也；辩也者，有不辩也”（《齐物论》）。分中有不分，辩中有不辩，没有纯粹的分，也没有纯粹的辩，概念的对立面就包含在概念自身之中。庄子还揭示了长短寿夭等概念的相对性。庄子说：“朝菌不知晦朔，蟪蛄不知春秋，此小年也。楚之南有冥灵者，以五百岁为春，五百岁为秋；上古有大椿者，以八千岁为春，八千岁为秋。而彭祖乃今以久特闻，众人匹之，不亦悲乎！”朝菌寿命不到一日，蟪蛄寿命不足半年，彭祖寿命竟高达八百年，可谓长矣。然而冥灵以五百年为一季，两千年为一年，其寿命自为彭祖望而不及；而大椿竟以八千年为一季、三万二千年为一岁，又是冥灵所无法相比的。山外有山，天外有天，所谓大小、长短、寿夭都是相对而言，不足以自恃。庄子以此论证应该忘却大小之别、齐同大小之物，因而是荒谬的。但肯定大小、寿夭、长短的相对性，揭示事物差别的无限层次，开拓人们的思想和眼界，则包含着辩证法因素，对于夜郎自大、故步自封之人来说也不啻一剂方药。

庄子还有“物化”的观念。如“周与胡［蝴］蝶，则必有分矣。此之谓物化”（《齐物论》），“若人之形者，万化而未始有极也……又况万物之所系，而一化之所待乎！”（《人间世》）“若化为物，以待其所不知之化已乎！”（《大宗师》）“命物之化而守其宗也”（《德充符》），万物都处在变化之中，宇宙即一变化之流，这是庄子的重要观念。这一观念在庄子后学中也得到了阐发。《秋水》云：“物之生也，若聚若驰，无动而不变，无时而不移。”《至乐》篇也讲到：“两无为相合，万物皆化。”《天道》篇也说：“万物化作，萌区有状；盛衰之杀，变化之流也。”庄子及其后学都认为万物不是固定的，而是无时无刻不在变化之中的，这就是“物化”，即万物之发展变化。庄子利用“物化”的观点为怀疑主义和齐物的诡辩作论证显然是错误的，但物化的理论本身肯定了万物的迁流变化则是合乎辩证法的。

庄子还说过“物固有所然，物固有所可。无物不然，无物不可”(《齐物论》)，万物各有其本然，各有其肯定方面，无一物没有其本然之态，无一物没有其值得肯定之处，在纷然杂陈的万物中看到每一事物各有其存在的内在根据，各有其存在的合理因素，这也是一种辩证观念。

总之，尽管庄子的齐物论归根结底是诡辩论，但在他的论证过程中却运用和发挥了不少辩证观念。倍感时世之不平的庄子揭示了现实中的大量矛盾，论证了对立双方相互依存、相互渗透、相互转化的同一性，提出了彼是相因的辩证观念；而幻想超脱现实的庄子则极力抹杀一切矛盾，为反现实的无差别境界作论证，提出了矛盾双方齐同无别的诡辩和“彼是莫得其偶”的幻想。逃脱现实的理想窒息了庄子的辩证思维，使他不可能有比较彻底的辩证法，也使他思想中的辩证法观念失去了应有的光彩。

(三) 万物为一的诡辩论

在现实世界中，庄子不愧是一个辩证论者，然而他对现实的矛盾感到厌倦了，他要摆脱矛盾的纠缠，超于一切对立之上，进入无差别境界，所以他在承认矛盾的同时又要抹杀矛盾。要把亲身感受、亲眼所见的矛盾化为乌有，就只有利用诡辩，所以庄子的辩证观念最终被引入诡辩的歧途。现在我们就来分析庄子是怎样歪曲辩证法、怎样进行诡辩论证的。

(1) 利用矛盾的同一性抹杀矛盾，这是庄子歪曲辩证法的主要方法。《齐物论》曰：“是亦彼也，彼亦是也。彼亦一是非，此亦一是非。果且有彼是乎哉？果且无彼是乎哉？彼是莫得其偶，谓之道枢。枢始得其环中，以应无穷。”“彼是”即彼此，彼此乃相对而言，从己方看，此为此，从对方看，此却是彼；从己方看，彼为彼，从对方来看，彼却是此，所以“是亦彼也，彼亦是也”不一定纯是诡辩论命题。“彼亦一是非，此亦一是非”肯定了是非的相对性，认为彼方之是非不同于此方之是非，此方之是非未必是彼方之是非，这也不全是谬说。但庄子接着问道“果且有彼是乎哉？果且无彼是乎哉？”这就露出了否认彼是之别、抹杀矛盾对立的端倪。再下面则直接提出了“彼是莫得其偶”的主张，把消除彼此是非的对立当作认识的最高原则，把忘却矛盾差别当作获得真知的关键，幻想在是非之轮旋转的中心保持绝对的均衡，摆脱一切彼此之分和矛盾对立。

这种愿望是浪漫的幻想，这种理论则是抹杀矛盾的诡辩。从承认矛盾的彼是相因到抹杀矛盾的“彼是莫得其偶”，反映了庄子从辩证法滑向诡辩论的主要途径，这也就是利用对立双方相依互转的关系否认对立之为对立，从而抹杀矛盾与差别。矛盾对立的双方既有同一性，又有斗争性，肯定矛盾的同一性是正确的，抹杀矛盾的斗争性则是错误的。庄子把有条件的同一性夸大为无条件的同一性，完全否认了矛盾的斗争性，所以必然陷于诡辩。

（2）万物之间都有一定的共性，抓住事物之间的某种共性抹杀事物之间的差别，从而得出万物为一的结论，也是庄子的诡辩方法。《齐物论》说：“物固有所然，物固有所可。无物不然，无物不可。故为是举莛与楹，厉与西施，恢恑憰怪，道通为一。”万物各有其存在的依据和合理性，这是正确的，但庄子却硬要由万物的这一共同特点得出万物为一的结论，显然是诡辩。庄子认为，草茎与大木，丑女与西施，千奇百怪的一切，从道的观点来看都是齐一无别的，所谓道即庄子预设的立论标准，但庄子所说的无差别的道本来就是虚构之物，所以并不能真正抹杀大小、美丑之间的差别。

（3）强调事物总体之为一或事物终极结果的相同，抹杀事物现实状况的具体差别，这也是庄子的一个诡辩手法。庄子在《齐物论》中说：“劳神明为一而不知其同也，谓之朝三。何谓朝三？狙公赋芧，曰‘朝三而暮四’，众狙皆怒。曰‘然则朝四而暮三’，众狙皆悦。名实未亏而喜怒为用，亦因是也。是以圣人和之以是非而休乎天钧，是之谓两行。”$4+3=3+4$，一天七个橡子的总结果是一样的，朝三暮四与朝四暮三对猴子的生命健康也并无妨碍，所以不必喜怒为用。如果庄子的意思仅止于此，那就没有什么不对。但庄子的寓言却是一种类比论证，其本意在于说明世界本来是同一的、无差别的，如果不懂得这一点（“不知其同”）而殚精竭虑地去证明世界之统一（“劳神明为一”），那就如同猴子不懂三加四等于四加三一样愚蠢了。庄子借朝三暮四的寓言说明，只要总结果相同，那么一切现实的差别都不必计较，而应该像圣人那样，把世界看作本来就是齐一无别的，以“两行”的态度随任一切，任何矛盾差别都不足动心，由此不难看出，庄子的本意仍在于抹杀矛盾、齐同万物，其论证方式也仍然是一种诡辩。

事实上，在万物的总体情况或终极结果相同的时候，某些情况不必计较，某些情况却不得不计较。比如同样是十天七十个橡子，是第一天给还是第十天给，那结果不计较是不行的。按照庄子的逻辑，生的结果终归是死，生死都不过是气的流行，所以生就是死，死就是生，今天死和明天死一样，一岁死和百岁死一样。这虽然很放达，但也实在是自欺欺人，庄子明知现实中的矛盾是普遍存在的，却又幻想进入没有矛盾的自由天地，所以不得不求救于齐万物而为一的诡辩论。

（4）庄子还利用概念的相对性抹杀矛盾。庄子说："其分也，成也；其成也，毁也。凡物无成与毁，复通为一。"（《齐物论》）总体的分是众体的成，新事物的成是旧事物的毁。分与成、成与毁的概念既是相反的，又是统一的，他们的对立不是绝对的，这是符合辩证法的，但由成与毁的相对性得出无成无毁、成毁如一的结论显然就是谬论。因为总体的分并不等于总体的成，新事物的成并不等于新事物的毁，庄子却说"凡物无成与毁，复通为一"，这正是主观地运用概念的灵活性，把辩证法引入了诡辩。辩证法讲矛盾的统一，但不抹杀矛盾之间的界限，承认对立的相对性，但不抹杀对立之间的区别，庄子却从矛盾的统一性和对立的相对性得出了万物"复通为一"的结论，从而取消了矛盾与对立，因而是错误的。

（5）庄子明知现实中的矛盾是普遍存在的，却又幻想进入没有矛盾的自由天地，所以他在承认矛盾普遍存在的同时，又极力鼓吹忘却矛盾，忘却一切差别。《齐物论》说："虽然，方生方死，方死方生；方可方不可，方不可方可；因是因非，因非因是，是以圣人不由，而照之天天，亦因是也。""圣人不由"即不由是非之途，不问生死可否之分。"照之于天"即因任天然，亦即超脱于一般是非可否之上。前面说过，肯定生死、可否、是非等对立面之间相依、相参、相转的同一关系，并非没有合理因素，但以此为根据，幻想超脱于一切矛盾对立则是变相地抹杀矛盾和否认矛盾。因此也属齐万物而为一的诡辩论。庄子又说："是亦一无穷，非亦一无穷也。故曰莫若以明。""以明"二字各家解释颇有歧义，但"莫若以明"的宗旨是超越是非，则是各家无多异议的。庄子认为是是非非，无穷无尽，所以不如忘却一切是非，超脱一切矛盾，以保心灵之宁静。庄子以极为厌烦的口吻讲到是非矛盾，又以憧憬的心情赞叹无矛盾的精神境界。这中间也包含着抹杀矛盾差别的倾向。

庄子的《齐物论》中还有一些比较明显的诡辩之辞。"天下莫大于秋毫之末，而泰山为小；莫寿于殇子，而彭祖为夭。天地与我并生，而万物与我为一。”为什么秋毫为大，泰山为小？为什么短命殇子为寿，长寿彭祖为夭？庄子在这里并无论证。参《逍遥游》所云冥灵“以五百岁为春，五百岁为秋”一段，庄子之意似认为与冥灵、大椿相比，彭祖亦可为夭，而殇子与“不知晦朔”的朝菌相比亦可称寿；同理，大山亦可称小，毫毛亦可称大。这都是利用事物大小、寿夭的相对性抹杀大小、寿夭的区别，至于“天下莫大于秋毫之末”、“天地与我并生，而万物与我为一”更是比较露骨的强辩之辞。《齐物论》中还有：“今且有言于此，不知其与是类乎？其与是不类乎？类与不类，相与为类，则与彼无以异矣。”今之言与彼之言是不是同类不可得知，或同类或不同类，彼此都是一类，但由此竟然得出二者“无以异”的结论实在是毫无道理的。这类简单露骨的诡辩在庄子哲学中不是主要的，在人类认识史上也没有什么意义。

庄子的诡辩论与怀疑论是一对亲兄弟，怀疑主义的论证常需进行诡辩，而诡辩法也常以怀疑主义为根据。《齐物论》中说：“万物与我为一。既已为一矣，且得有言乎？既已谓之一矣，且得无言乎？一与言为二，二与一为三。自此以往，巧历不能得，而况其凡乎！故自无适有以至于三，而况自有适有乎！”万物与我只是个一，既一而无别则无可言说，但已说“万物与我为一”岂非已有言说？万物之一与我之言便是二，此二加万物之一又是三，依此类推，无穷无尽，工于计算之人尚且无奈，而况凡人呢？本无可言尚且变而生三，而况有可言之事呢？这显然是否认认识之可能的怀疑主义的论调，而把语言本身与语言所表述的对象反复相加又是一种明显的诡辩游戏，在这里怀疑论与诡辩论是相得益彰的。《齐物论》又说：“梦饮酒者，旦而哭泣；梦哭泣者，旦而田猎。方其梦也，不知其梦也。梦之中又占其梦焉，觉而后知其梦也。且有大觉而后知此其大梦也，而愚者自以为觉。”“不知周之梦为胡［蝴］蝶与，胡［蝴］蝶之梦为周与？”梦中有梦，梦中不知，但醒来之后梦醒之分还是很清楚的，故意混淆梦与醒是一种诡辩，怀疑常人的认知能力则是一种怀疑论，这里的怀疑论与诡辩论也是合而为一的。总之，在庄子哲学中，怀疑主义和诡辩论是一棵根上的两条藤，难分难解，相辅相成。

庄子搞了许多诡辩论证，其目的何在？《德充符》中有这样一段话：“自其异者视之，肝胆楚越也；自其同者视之，万物皆一也。夫若然者，且不知耳目之所宜，而游心乎德之和；物视其所一而不见其所丧，视丧其足犹遗土也。”万物皆有其同，万物皆有其异，从异的方面看，肝胆之近有如楚越之远；从同的方面来看，万物都是一样的。惠施说过“万物毕同毕异，此之谓大同异”，在毕同与毕异二者之中，惠施所重视的是毕同。庄子实受惠子影响，也讲万物毕同。庄子既讲“自其异者视之”，又讲“自其同者视之”，其真意却在于“自其同者视之”。强调万物之异，则万物毕异，强调万物之同，则万物皆同，因此同异之分是相对的、不可靠的，因此应超出万物之同异，视万物毕同如一。庄子夸大同异的相对性正是为了论证“万物皆一”，齐同万物是庄子诡辩论的论证中心。所谓“旁礴万物以为一”（《逍遥游》），“天地一指也，万物一马也”、“道通为一”、“万物与我为一”（《齐物论》），“万物皆一”、“物视其所一”（《德充符》），“入于寥天一”（《大宗师》）等等说法都表明万物为一是庄子论证的焦点。庄子认为，万物既已为一则不必有所动心（“不知耳目之所宜”，“视其所一而不见其所丧”），不动心才能获得精神自由（“游心乎德之和”）。所以庄子的诡辩论归根结底又是为他的精神自由提供理论根据和思想方法的。

对立面相齐的观念在《老子》五千言中已有端倪。《老子》二〇章云：“唯之与阿，相去之何？美之与恶，相去何若？”其中“阿”字，帛书甲本作“诃”，乙本作“呵”，可见“唯之与阿”本是承诺之声与苛责之词，老子已提出赞同与否定、美好与丑恶之间相去无几，这已埋下了齐美丑、同是非的种子。据《庄子·天下》篇记载，彭蒙、田骈、慎到的学说皆“齐万物以为首”，他们怎样论证万物一齐、为什么要主万物为一已不可详知。他们说：“天能覆之而不能载之，地能载之而不能覆之，大道能包之而不能辩之。知万物皆有所可，有所不可，故曰选则不遍，教则不至，道则无遗者矣。”他们强调万物各有其局限，而他们自己则要追求绝对普遍，所以要泯同万物之区别，以便掌握绝对普遍之道。“万物皆有所可，有所不可”是他们所抓住的万物之共性，他们或许是夸大了万物的这一共性而得出万物如一的结论的。彭蒙之师曰：“古之道人，至于莫之是莫之非而已矣”，慎到也主张“舍是与非”，可见超是非、齐是非的观点由来已久，庄子恢恑谲怪的齐物论并非个人突然的臆造，而是在前人思想的基础上进行的总结和发展，其中包含着这种思潮演变发展的某种必然性。

以上我们分四节介绍和分析了庄子的几个主要思想侧面，即安命论、逍遥论、真知论、齐物论，那么，这四个方面之间是什么关系呢？或曰这四个方面在庄子哲学体系中各占什么位置呢？这就是庄子哲学体系的结构问题。任何由不同部分组成的事物都有自己的结构，如建筑结构、作品结构、社会结构等，同样，一个比较复杂的哲学体系也有自己的结构。这里所谓结构是就结构的最一般意义来说的，仅指构成一个事物的不同部分之间的构造和相互关系，与西方结构主义所谓结构并无直接联系。

由于庄子没有提出较为完整和严密的范畴系统，所以我们不可能仅用范畴来描述庄子的哲学体系。从理论学说的角度来看，庄子哲学的基础或起点是安命论，道生天生地，道和天决定了社会人生的一切。人在客观必然性面前无可奈何，所以人只能安命无为，这是庄子对社会人生的根本看法，庄子的生活理想和方法论无不与此有关。既然现实中没有自由，只好到无何有之乡去追求自由，这就是精神之逍遥，精神的逍遥与得道的体验实为一事，都是最高的精神享受。所谓体道从认识论角度来看就是最高的认识，从人生论角度来看就是最高的境界。庄子讲安命无为，讲认识不可靠，讲万物一齐，归根结底是为了论证如何达到逍遥游的精神境界，所以逍遥论是庄子哲学的理论归宿。

联结安命论与逍遥论的关键环节是无情而不动心，只有无情而不动心才能毫无阻滞地安然顺命，也只有无情而不动心才能超脱现实去直接体验与道为一的至高境界。无心无情也就是庄子所谓至人淳朴之德的具体表现。那么为什么要无情而不动心，怎样做到无情

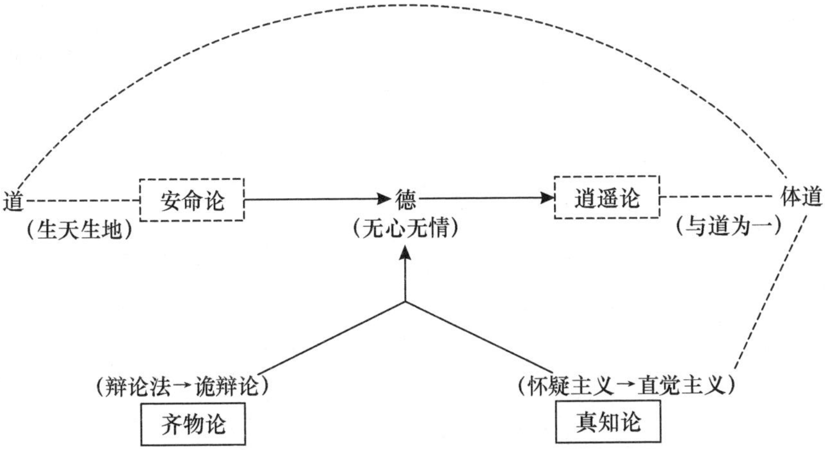

图 5—1　庄子哲学体系结构示意图

而不动心呢？回答这一问题的便是真知论和齐物论。庄子强调一般的认识方法和认识结果是不可靠的，因此应该放弃一般所谓知，此即强调不知，亦即不动心，在此基础上去体验道的存在，这就获得了真知。庄子又强调虽然矛盾是普遍存在的，但矛盾对立的双方是同一的，万物纷纭复杂，归根结底却是齐一无别的，因而无须用心于物之区别，不如直接体认本根之道。这就是庄子对于为什么要无心无情、怎样从安命过渡到逍遥的理论论证。

综上所述，道和安命论是庄子哲学的起点和基础，逍遥论或体道是庄子哲学的归宿和完成，真知论和齐物论则是庄子哲学从起点到归宿的桥梁，庄子哲学体系的这种结构可以画成上页的图式。

上页图表明，道和德是庄子最基本的哲学概念，这是庄子之所以被称为道家的重要原因。命定论（安命论）和自由论（逍遥论）是庄子人生哲学的主要内容，命定论是庄子哲学的出发点，自由论是庄子哲学的最后归宿。矛盾观（齐物论）和认识论（真知论）则是联结命定论与自由论的理论桥梁。这就是庄子哲学体系的基本内容和大体结构。

第六章
通 论 篇

在本编前两章我们分别分析了庄子哲学的主要范畴和主要学说，本章即在这种分析的基础上进行一些总体的、综合的探讨，即从总的方面讨论一下庄子哲学的理论意义和社会意义，也就是庄子哲学的内在矛盾，庄子哲学中的合理因素，庄子哲学的性质和特色，庄子哲学的中心问题、阶级基础和历史地位，这些问题也就是我们对庄子哲学体系进行剖析的总结或结论。

第一节　庄子哲学的内在矛盾

在中外哲学史上我们可以看到这样一种现象，这就是一个成熟的思想体系往往包含着许多不同的侧面，而且越是成熟的思想体系越能包容较多的侧面，这些不同侧面也就越能彼此交融，构成一个完整的独特的思想体系，同时，越是这样的思想成果越能俘虏和影响更多的人。因此，在一定意义上我们可以说，包含的不同侧面很多而又融合得很好是理论思维水平高、哲学体系成熟的一个重要标志。张载、朱熹、王夫之、康德、黑格尔的哲学体系都有许多相互贯通的不同侧面，都是水平较高的、较为成熟的思想侧面融合的一个有机的整体，因此庄子的哲学体系也是比较成熟的。庄子哲学中既有至高无上的道，又有通于天下的气；既讲安然顺命，又讲绝对自由；既有怀疑主义，又有理想主义；既有辩证法，又有诡辩论；既有与人不争、安时处顺的一面，又有傲视权贵、放达不羁的一面；既有对现实的深刻观察和批判，又有对现实的冷漠超脱：这些不同侧面在庄子哲学中都是有机地联系在一起的。这些不同的思想侧面之间表现了既对立又统一的关系，形成了庄子哲学体系的内在矛盾。

本节拟对庄子哲学中的几个主要矛盾进行一些分析，并从中引出庄子哲学的根本矛盾。

（一）随俗与孤傲　外化与内不化

庄子哲学既有主张随俗的一面，又有保持孤傲独立的一面。《人间世》有云："形莫若就，心莫若和"，"彼且为婴儿，亦与之为婴儿；彼且为无町畦，亦与之为无町畦；彼且为无崖，亦与之为无崖。达之，入于无疵"。外表要随顺迁就，内心要浑融随和。他若如婴儿之无知，亦随他如婴儿之无知；他若对事毫无分别，亦随他对事毫无分别；他若无拘无束，亦随他无拘无束，这样就会万无一失。这是典型的随俗论。《德充符》讲到的丑而有德之人哀骀它"和而不唱"，"未尝有闻其唱者也，常和人而已矣"。只知应和他人，从不主动倡导，结果赢得了男女老少的拥戴，以至于"丈夫与之处者，思而不能去也"，"妇人见之"，"宁愿为之妾"。这也是在提倡随和顺俗。《大宗师》也说过："古之真人，不逆寡，不雄成，不谟士。""不逆寡"就是说不仅不违逆多数人，而且不违逆个别人，对一切人都要随和，没有丝毫抵触不合。《应帝王》主张"其卧徐徐，其觉于于；一以己为马，一以己为牛"，《齐物论》反对"与物相刃相靡"，都是鼓吹随顺社会习俗。这些是庄子思想中随俗的一面。

然而庄子表面的随俗是以内心的孤傲为补充的。庄子对现实生活的厌倦、对矛盾斗争的反感，使他对周围的一切人都失去了希望，所以他想逃于"无人之野"，游于"无何有之乡"。他反对"与人为徒"，追求"与天为徒"的境界，就是希望割断自己与社会的一切联系，忘却任何人的存在，把自己托付给广大的自然，在想象中与自然一样伟大崇高。庄子讲的"与造物者为人，而游乎天地之一气"（《大宗师》）也是超俗拔群、独往独来的境界。这都反映了他性格中孤独自傲的一面。庄子还讲过这样一个譬喻："泉涸，鱼相与处于陆，相呴以湿，相濡以沫，不如相忘于江湖。与其誉尧而非桀也，不如两忘而化其道。"（《大宗师》）这里的喻意翻译出来就是：人类相处于世，与其以恩相惠，以力相助，不如相互遗忘，各自去追求与道为一的崇高境界。据《天运》篇记载，庄子还说过："忘亲易，使亲忘我难；使亲忘我易，兼忘天下难；兼忘天下易，使天下兼忘我难。"不仅自己要忘亲、忘天下，而且要让亲人和天下人忘掉自己，这是彻底的遗世。表面上的被动随俗，精神上的傲然独立，以随俗来保证内心的高远和纯洁，以轻蔑的态度与俗众和顺相安，这是庄子人生哲学所特有的复杂性。

《人间世》曾讲到“内直而外曲”，“内直者，与天为徒……，外曲者，与人之为徒也”。“与天为徒”即超然于世，“与人为徒”即随人而行。庄子认为“内直而外曲”可以免罪，却未达到“化”的境界（“虽固亦无罪……夫胡可以及化！犹师心者也”）。“内直而外曲”也包含了随俗与孤傲两个方面，但还比较拘泥。相比之下，庄子后学所说的“外化而内不化”更能反映庄子思想中相反相成的两个侧面。《知北游》说：“古之人，外化而内不化；今之人，内化而外不化。与物化者，一不化者也。”古之人是庄子后学心目中的理想人物，亦是体现庄子哲学的人格代表。“外化而内不化”是庄子及其后学理想的生活原则，也是全面分析庄子哲学的一个契机。“外化”即“与物化”，亦即随顺环境。“内不化”即与道同体。“外化”与“内不化”反映了庄子人生哲学的两个不同侧面。

外化即安然随顺外物的一切变化，亦即安于一切自然的变化。庄子认为现实世界中的一切都是无可奈何的，因而人们只能随顺外界的必然，任何脱离和抗拒命运之必然的企图都是徒劳的。《大宗师》中“子来有病”的寓言强调，阴阳之气的变化决定着人生的寿夭病残，就像父母令子女，子女只能唯命是从，不能抗拒。自然之造化决定人将近死亡，如果不听就是违逆自然，不能归罪于自然。子来还说，铁匠所冶铸的铁坯硬要变成锋利的名剑，铁匠必定认为这是一块不吉利的金属。人侥幸成人便洋洋自得，造化必定认为这是不吉祥的人。如果以天地为洪炉，以造化为铁匠，任天地造化冶炼铸造，那还有什么不可以的事呢？这是主张安于自然的一切变化，而在庄子看来，自然也是必然的。此外，化左臂而为鸡，就因之而报晓；化我右臂而为弹，就因之而射鸟也是典型的安于外化的态度。庄子认为一切都是造化之必然，所以一切都应该因之任之。可见外化即安然顺命，与安命论的主张是全然一致的。总之，化鸡，化弹，为牛，为马，为鼠肝，为虫臂，为婴儿，为无涯，顺物自然而无容私，等等说法都是安于外化的意思。

什么是内不化？内不化即不动心，即在万物纷纭变化之中保持内心的宁静。《德充符》说：“死生亦大矣，而不得与之变，虽天地覆坠，亦将不与之遗。审乎无假而不与物迁，命物之化而守其宗也。”圣人永远保持内心之宁静，即使面对死生巨变，也毫不动心；

即使天塌地陷，也毫不在意。内心超然独立，不随物而动，令物自化而恪守与道为一的境界。所谓“不与之变”、“不与之遗”、“不与物迁”、“守其宗也”，都是内不化的意思。此外“哀乐不易施乎前”、“哀乐不能入”、“不以好恶内伤其身”等说法也都与内不化的意义相同。内不化的实质即无情而不动心，关于庄子无情不动心的思想主张在“逍遥论”一节已有详细评述，这里就不多谈了。

显然，庄子的内不化与外化是完全一致的。化鸡、化弹、为牛、为马、或死、或生都是外化，在这些变化中毫不动心，就是内不化。外化与内不化是一种生活态度的两种表现，是一个问题的两个侧面。外化即随顺环境，随顺环境是为了减少与外物的摩擦，从而保证内心的宁静；反过来，绝不动心的宁静又可以保证毫无阻滞地随顺外化。外化与内不化是相辅相成的。不过，庄子更重视的是“内不化”。在庄子看来，外化是内不化的条件，内不化是外化的目的。因顺外物的自然变化是保证精神超然宁静的最好办法，是免除痛苦、获得精神自由的重要条件。外化是为了保证内不化，内不化既是庄子的精神自由实现的条件，也是他的精神自由的实质内容。

（二）消极与积极　悲观与乐观

庄子哲学既有消极的一面，又有积极的一面，这里所说的消极与积极是就庄子的生活态度而言，不是就庄子哲学的社会影响而言。换言之，这里的积极不是正确或进步的意思，而是主动或炽烈的意思。庄子对现实生活的态度是消极的，对精神自由的追求却是积极的，庄子的生活态度包含着消极与积极两个侧面。

庄子哲学的消极性主要表现在绝对的安命无为。《德充符》说“知不可奈何而安之若命，唯有德者能之”，把“安之若命”看作最高的修养境界，认为只有德行很高的人才能做到“安之若命”，这是宣扬消极安命的生活态度。《齐物论》中还有“丧我”的寓言。南郭子綦依案而坐，仰天而嘘，“嗒焉似丧其耦”，这时颜成子游正侍立于前，便问：“何居乎？形固可使如槁木，而心固可使如死灰乎？今之隐机者，非昔之隐机者也。”子綦回答说：“偃，不亦善乎，而问之也！今者吾丧我，汝知之乎？”关于“嗒焉似丧其耦”一句的解释有很多歧义，但究其大意必与子綦自己所说“今者吾丧我”相同，亦即子游所说形如槁木、心如死灰之意。“丧耦”、“丧我”都是心身俱忘、形神双遣的境界，用比喻的方法来说，这种境界也就是形如槁木、心如死灰。庄子追求形如槁木、心如死灰的境地，可谓心灰意冷，消极已极。《庚桑楚》也宣扬："动不知所为，行不知所之，身若槁木之枝而心若死灰"，《知北游》亦云："形若槁骸，心若死灰，真其实知，不以故自持"，《徐无鬼》中也有和《齐物论》相似的寓言，这说明心如死灰、形如枯槁是庄子学派的重要思想观念。此外庄子鼓吹一切皆托于不得已的被动主义，颂扬不要耳目七窍的混沌之术，也都说明庄子哲学是消极无为的。

但是庄子又极热切地追求精神的最高境界。《山木》记载庄子要积极追求"乘道德而浮游"的精神体验，他说："若夫乘道德而浮游则不然。无誉无訾，一龙一蛇，与时俱化，而无肯专为；一上一下，以和为量，浮游乎万物之祖。"这也就是与道为一或与天地万物为一的神秘体验，是在想象中进入恢弘奇伟、瑰丽不朽的精神世界。《天下》篇也记载庄子要"独与天地精神往来"，"上与造物者游，而下与外死生无终始者为友"。庄子所说的"见独"也是要通过外天下、外物、外生，逐步忘怀一切，进入骤然光明、清澈澄莹的新境界，也就是在想象中与道融为一体，超脱万物之流变，成为不朽之永存。所谓"同于大通"也是庄子所追求的与世界之绝对合为一的主观体验，这种体验是精神的升华，心灵的净化，庄子希望通过种神秘的体验得到精神的享受和感情的慰藉。总之，与道为一，与万物并生，独成其天，入于寥天一，与造物者为友，与天地以精神相往来，以及心斋、坐忘、见独、朝彻等等说法都表明庄子在积极地追求着彻底解脱的精神自由。

对现实生活的极端消极，对精神自由的积极追求，这是庄子生活态度中不同的两个侧面。"消极"是对现实的冷漠之情，"积极"是超脱现实的热切希望。积极与消极的对立是理想与现实的对立，是思想与现实的脱节。积极追求超现实的纯精神的自由，一方面反映了庄子对现实生活失去了信心，另一方面也反映了他不甘心沉湎沦丧，保留着对人生的某种追求。

悲观与乐观也是庄子哲学中的一对矛盾。庄子对社会及人生的看法是十分悲观的，他在《齐物论》中说：人"一受其成形，不亡以待尽。与物相刃相靡，其行尽如驰，而莫之能止，不亦悲乎！终身役役而不见其成功，苶然疲役而不知其所归，可不哀邪！……其形化，其心与之然，可不谓大哀乎?"人一落生便卷入斗争的旋涡之中，痛苦的摩擦终生不止，这是可悲之一；终生劳碌而不见成功，精疲力竭而不知归宿，这是可悲之二；形体化尽，精神亦随之消亡，这是可悲之三。人生可哀可悲，看不到人生的悲哀是更大的悲哀，这是庄子对人生痛楚的悲叹。庄子的悲观主义也来源于他对统治者的彻底绝望。《列御寇》记载庄子说："今宋国之深，非直九重之渊也；宋王之猛，非直骊龙也。"国家处于水深火热之中，君王犹如凶猛的骊龙，随时可能把人碾为粉末，这是多么可怕的现实。《山木》又记载庄子说："士有道德不能行，惫也……此所谓非遭时也。""今处昏上乱相之间，而欲无惫，奚可得邪？"《人间世》也说："方今之时，仅免刑焉。"庄子认为，在"昏上乱相"之世，是非纷然淆乱，志士仁人不能施展宏才伟略，仅能避免刑罚罪祸。不合理的现实没有丝毫转机，所以庄子对人生、君主、国家一概失去了信心，陷于极度的悲凉之中。

屈原绝望于君主而自投于汨罗，陶潜厌恶名利而陶醉于田园。庄子则与他们不同，他摆脱了尘世的羁绊追求着纯精神的自由。他对这种由自的实现充满了信心，对这种自由境界满怀着憧憬。《齐物论》中说："至人神矣！大泽焚而不能热，河汉沍而不能寒，疾雷破山［飘］风振海而不能惊。若然者，乘云气，骑日月，而游乎四海之外。"这就是庄子所向往的自由人的生活。庄子多次描写这类非凡的逍遥而游的神人、至人和真人，积极追求着逍遥游的境界。在这种境界中，个人好像进入了神奇的清澄浩渺的寰之中，尽情驰骋，任意遨游。或如白云之飘逸，或如鹍鹏之排空，无牵无挂，无遮无碍，岂非娱娱哉，悠悠哉！庄子对生死问题的态度也是相当乐观的。他面临死亡没有丝毫的悲戚忧伤，却有乐观放达的奇想。他把自己作为自然中的一分子，把日月星辰作为自己的璧玉珠玑，把死亡看作回归于自然。《大宗师》也说："夫大块载我以形，劳我以生，佚我以老，息我以死。"不以衰老死亡为悲哀不幸，却以衰老死亡为安逸休息。此外庄子还追求"其寝不梦，其觉无忧"（《大宗师》），情愿"游戏污渎之中自快"（《史记·老子韩非列传》），主张为牛亦乐，为马亦安，化鸡亦乐，化弹亦安，这都为庄子哲学染上了一层乐观的色彩。

庄子在不幸的现实的地基上幻化出了乐观主义的奇境。他积极地追求与道为一的体验，热切地向往着与宇宙同其辽远宏阔的境界，他看透了生死的区别，忘却了荣辱得失，主张超然自乐，悠闲放达。这些乐观主义的云霞给人以一种神奇、静谧、怡悦、旷达的美感，使人忘却现实中的矛盾斗争，得到精神上的快乐和享受。这是庄子哲学能够产生较大影响、赢得较多赞赏的重要原因之一。

（三）理想与现实　自由与必然

上面我们考察了庄子哲学中随俗与孤傲、外化与内不化、消极与积极、悲观与乐观等矛盾，在这些矛盾中，基本上是以现实世界为一方，以精神世界为另一方的，即是说在现实世界中随顺世俗，在精神世界中孤傲自立；在现实世界中安于外化，在精神世界中保持内不化；在现实世界中心灰意冷，悲观绝望，在精神世界中乐观炽烈，充满信心；在现实世界中消极被动，无所作为，在精神世界中积极主动，追求自由。这说明在庄子哲学中的诸多矛盾中始终贯穿着现实世界与精神世界的对立，这一点还可以从上两章（范畴篇与学说篇）中得到验证。

庄子认为，现实世界是气的世界，万物不过一气，气不断聚散游移，物则不断起始生灭，所以现实世界是纷乱的、运动的、相对的；而至人的精神世界则是纯粹的、绝对的、宁静的、和谐的，是绝对虚寂的乌何有之乡。此外，人在现实生活中只能安然顺命，在精神世界中却可以逍遥自得。现实生活中充满了各种各样的矛盾，而至人的精神境界却是醇和的无差别境界；这也就是说，庄子承认现实世界中的种种矛盾及矛盾双方的统一和转化，故不乏辩证观念，但为了得到精神的宁静又千方百计抹杀矛盾，因而陷于诡辩。庄子还认为现实世界中的一切都是不可能真正认识的，一切普遍的认识都是不可靠的，但人却可以摆脱正常的认识途径，直接去体认世界之本根，获得最高的认识；这就是说，庄子在现实世界中是一个怀疑主义者，但就其肯定最高认识和绝对的精神自由来说，又是一个直觉主义者。这充分说明，在庄子哲学中存在着两个对立的世界，一个是现实世界，一个是精神世界，所谓精神世界也就是理想世界，理想与现实的对立是庄子哲学中诸矛盾产生的基本原因。

庄子哲学中理想与现实的对立可以从下面的对照表中得到充分说明。

表 6—1

现实世界	精神世界
安命无为 随顺世俗 外化	逍遥而游 孤独自傲 内不化

续前表

现实世界	精神世界
消极被动	积极追求
悲观绝望	乐观炽烈
怀疑主义	直觉主义
承认矛盾（辩证法）	抹杀差别（诡辩论）
客观必然性	绝对的精神自由

上表清楚地说明，庄子哲学中诸矛盾的双方大体上都是以现实世界为一方，以精神世界为另一方。现实世界与理想境界截然相反，对待现实的态度与对待理想境界的态度全然不同，这反映了庄子思想中理想与现实的根本对立。

理想与现实的矛盾，这是历史上许多哲学家、思想家、文学家都有的矛盾，因而仅仅揭示庄子思想中理想与现实的对立并不能反映出庄子哲学中最有特点的根本矛盾，要揭示庄子思想中最根本的矛盾就有必要进一步考察庄子所追求的理想的实际内容和庄子对现实的根本观点。

庄子对现实的最深刻的感受是什么？或者说庄子对现实的根本看法是什么？从庄子关于现实的描述和对待现实的态度来看，庄子对现实的最根本最深刻的感受即在于不可抗拒的客观必然性。庄子主张安命无为、主张随顺世俗、主张安于外化，都是因为他认为现实是无可奈何的，庄子对现实悲观绝望，怀疑人类认识现实的可能性，在现实生活中消极被动也都是因为他感到现实中有一种异己的不以人的意志为转移的必然性力量，现实中纷繁复杂、是非淆乱的矛盾也使他感到身不由己。一切都是无可奈何的客观必然，这是庄子对现实的最强烈的感受和最根本的认识。

因为现实中没有自由，所以只能到另一个世界——个人的主观的纯精神世界中去追求自由，这就决定了庄子的理想境界与现实是恰恰相反的。现实中没有自由，理想境界则是绝对的自由；现实中充满矛盾、斗争、是非、摩擦，理想境界则是绝对的和谐宁静、纯一无别；在现实中要随顺世俗，安于外化，在理想境界中则傲然独立，保持内不化；面对现实持怀疑主义，追求得道则是直觉主义；在现实中悲观绝望，消极已极，对精神自由则是积极追求，乐观炽烈。所有这些现实与理想的对立、对待现实与对待理想的态度的不同都可归结为现实是必然的，理想境界是自由的。所以庄子哲学中的根本矛盾应该是现实中的客观必然性与理想中的绝对自由的矛盾。

庄子哲学中的根本矛盾同庄子哲学的起点与归宿恰好是一致的。每个哲学体系都有其现实的出发点，也就是它所针对的现实问题或是它所产生的社会背景。每个成熟的哲学体系也有其理论上的起点，即理论体系内在的逻辑上的开端。在庄子哲学中，现实的出发点与理论上的起点也是大体一致的。庄子哲学所针对的是社会生活中不自由的状况，是无可奈何的现实，庄子哲学理论上的起点即客观的命定的必然以及如何对待命定的必然。

每个完整的哲学体系也必有其归宿，即现实问题的解决和逻辑论证的完成。庄子解决现实问题的方法是忘却现实，退缩到思想的园地之中，在自己的头脑中寻求和平与安静。庄子哲学逻辑论证的中心是如何达到“心斋”、“坐忘”、“见独”的境界，即如何实现与道为一、与天地万物为一的精神自由。精神自由是庄子哲学的归宿。庄子的哲学体系从命定的现实出发，归结为对精神自由的追求。庄子哲学的起点与归宿也说明庄子哲学的根本矛盾是客观必然性与绝对的精神自由的矛盾。

第二节　庄子哲学中的合理因素

庄子哲学中有没有合理因素？关锋认为是没有的。他认为庄子哲学只有“反面教材”的作用，“至于从正面说，他的哲学观点、所达到的结论，则都是错误的、荒谬的，没有什么可以肯定的东西”①。显然，这是一种“左”的片面性，是“左倾”思潮在学术理论研究中的表现。

马克思主义的经典作家对于历史上的哲学家从来没有作过简单的、绝对化的批判否定，他们不仅肯定了从古希腊到费尔巴哈的唯物主义传统，而且对于历史上产生过重要影响的唯心主义哲学家也进行了深入的研究和分析，充分肯定了他们思想中的合理因素和理论贡献。亚里士多德并不是一个唯物主义者，但他承认“引起感觉的东西是外在的”，对于这一合理思想，列宁指出：“亚里士多德紧密地接近唯物主义。”② 康德哲学的基本特征是调和唯物主义和唯心主义，对此列宁也作过全面分析：“当康德承认在我们之外有某种东

① 关锋：《庄子内篇译解和批判》，63页。

② 列宁：《哲学笔记》，318页。

西、某种自在之物同我们表象相应存在的时候，他是唯物主义者；当康德宣称这个自在之物是不可认识的、超验的、彼岸的时候，他是唯心主义者。在康德承认经验、感觉是我们知识的唯一泉源时，他是把自己的哲学引向感觉论，并且在一定的条件下通过感觉论而引向唯物主义。在康德承认空间、时间、因果性等等的先天性时，他就把自己的哲学引向唯心主义。”① 黑格尔是西方18世纪最大的唯心主义哲学家，马克思却说：“我要公开承认我是这位大思想家的学生……辩证法在黑格尔手中神秘化了，但这决不妨碍他第一个全面地有意识地叙述了辩证法的一般运动形式。”② 列宁也说：“在黑格尔这部最唯心的著作中，唯心主义最少，唯物主义最多。‘矛盾’，然而是事实！”③

马克思、列宁论述的虽然是西方哲学家，但其基本原则和方法却是完全适用于分析中国的哲学家的。这种原则和方法也就是全面地、历史地、辩证地分析古代哲学家的思想体系，在批判其错误理论的同时充分肯定其合理之处。这不仅是为了正确认识和评价一个古代的哲学家，而且是为了追溯人类认识在曲折前进中不断逼近客观真理的历史轨迹，并从中揭示人类认识的客观规律。当然，这一原则和方法是完全适用于庄子哲学的。

按照马克思主义的立场和方法，我们是不难发现庄子哲学中的合理因素的，但是在这里我们不准备全面剖析庄子哲学中的合理因素，只准备就几个比较重要、而一般论著又涉及较少的问题做一些分析。

(一) 关于精神自由与客观必然性的统一

庄子哲学以安命论为基础，以逍遥论为归宿，这就说明庄子是在承认客观必然性的同时追求精神自由的。如果孤立地分析庄子的命定论和自由论，那就看不到庄子哲学中客观必然性与精神自由之间的联系，如果把庄子哲学当作一个完整的体系，看到庄子所谓命定的必然与精神的自由之间的内在联系，那么就应该承认，庄子对精神自由的追求与对客观必然性的强调都有重要的意义，庄子以其

① 列宁：《唯物主义和经验批判主义》，193页。

② 马克思：《〈资本论〉第一卷第二版跋》，见《马克思恩格斯选集》，1版，第2卷，218页，北京，人民出版社，1972。

③ 列宁：《哲学笔记》，253页。

特有的方式既肯定了客观必然性又肯定了精神自由，并试图把二者统一起来，这在人类认识史上是值得重视的，因为，“判断历史的功绩，不是根据历史活动家没有提供现代所要求的东西，而是根据他们比他们的前辈提供了新的东西”①。

庄子思想中的必然性观念是十分突出的，这一点在“安命论”一节中已有论述。作为世界之本根的道即必然性的总根源，道生天生地，为“万物之所系，而一化之所待”(《大宗师》)，决定着万物的生存演化。《德充符》在讲到孔子达不到至人的水平时说“天刑之，安可解”，说明人的思想水平是由必然性制约的。《德充符》又说“道与之貌，天与之形”，认为人的形体也是由必然性决定的。《大宗师》又说“阴阳于人，不翅于父母；彼近吾死，而我不听，我则悍矣”。说明人之生死也是命定的必然。命是庄子表达必然性的重要概念，“父母岂欲吾贫哉？天无私覆，地无私载，天地岂私贫我哉？求其为之者而不得也。然而至此极者，命也夫!”(《大宗师》)一切不知原因之必然都只好归之于命。此外，庄子还看到了在人们的社会交往之中，在繁杂的社会矛盾之中也隐藏着异己的必然性，人们“与物相刃相靡，其行尽如驰，而莫之能止”，“其溺之所为之，不可使复之也”(《齐物论》)，人们陷于盲目的斗争之中，身不由己，实受一种客观必然性的支配。

显然，庄子在那个时代还不可能对客观必然性有正确的理解，因而他常常把自己所感受到的客观的不得不然的趋势归之于命，常常把必然性的观念与命的观念混为一谈。庄子所谓命不是神的意志或天的命令，因而不同于宗教之命；庄子所谓命又不纯然是内在于万物之中的必然趋势，因而不同于客观规律。庄子的命只是庄子对于不得不然的客观趋势的一种非科学的概括，我们可把这种笼统的缺乏明确规定的必然性观念称之为抽象的必然性。

我们已反复说过，庄子并没有把命定的必然归之于精神主宰或神意。道不是精神实体，不是有目的、有意志的精神主宰。但有人认为庄子所谓“造物者”、“造化”即“有意志的造物者”②，这也是一种误解。《大宗师》有云“彼方且与造物者为人，而游乎天地之一气”，郭庆藩《庄子集释》引司马彪云“造物者为道”，司马彪的解

① 列宁：《评经济浪漫主义》，见《列宁全集》，中文2版，第2卷，154页，北京，人民出版社，1984。

② 尹协理：《庄子在哲学基本问题上的矛盾》，载《贵州社会科学》，1983 (1)，54～59页。

释是完全符合《庄子》原意的，并且代表了古代人对“造物”、“造化”等概念的理解。中国古代自周朝以后，人格神的观念极为淡漠，天是人们所崇奉的最高神，但天的特点是赏善罚恶，而不是创造万物，那时人们敬天畏天，却没有人敬造物畏造物，原因就在于造物非神。杜甫《望岳》诗云“造化钟神秀，阴阳割昏晓”，苏轼《泗州僧伽塔》诗云“若使人人祷辄遂，造物应须日千变”，显然这里的“造物”、“造化”都没有神的含义。把庄子的“造物”、“造化”说成神是找不到历史根据的。

关锋根据《齐物论》的一段话说庄子肯定了精神主宰的存在，这也是根据不足的。《齐物论》原文说：“若有真宰，而特不得其眹……百骸，九窍，六藏，赅而存焉，吾谁与为亲？汝皆说之乎？其有私焉？如是皆有为臣妾乎？其臣妾不足以相治乎？其递相为君臣乎？其有真君存焉？”这是说每个人对自己身体的各部分都是无亲无私的，人体各部分之间也无君臣尊卑之分，哪里有真君存在呢？庄子以此为喻说明天地万物都是平等的，决定世界运动发展的必然性力量也是无亲私无偏爱的，从而否定了有意志的精神主宰的存在。关锋把“其有真君存焉？”一句的问号改为句号，进而断言庄子肯定了“真君”、“真宰”的存在①，这是违反古汉语的语法常识的，是难以成立的，总之，庄子是在否定神意的同时强调客观必然性的，这种必然不是神的意志或绝对命令，而是无法认识、不可改变的客观存在及其一切变化，这是一种抽象的客观的必然性观念。

自由的观念在庄子思想中也是十分突出的。庄子笔下的许多至人、真人、神人都是他理想中的自由人，庄子所谓“悬解”、“心斋”、“坐忘”、“朝彻”、“见独”也都与精神自由密切相关。“悬解”是说摆脱了哀乐等情绪的束缚，有如解脱于倒悬之苦，即获得自由。“心斋”是获得精神自由的重要途径，是进入自由境界所必需的自我修养，“心斋”的关键是内心的虚静。“坐忘”也是获得精神自由的修养方法，达到“坐忘”的境界就可“离形去知，同于大通”（《大宗师》），亦即忘却一切，进入无遮无碍的自由天地。“朝彻”是通过外天下、外物、外生的逐步修养达到由黑暗骤睹光明的体验。“见独”则是见到宇宙之本根、万物之绝对，亦即得道，这都是对精神自由的追求和体验。

---

① 关锋：《庄子内篇译解和批判》，96、126页。

庄子还常常讲到“游”与“逍遥”。如“芒然彷徨乎尘垢之外，逍遥乎无为之业”，“与造物者为人，而游乎天地之一气”（《大宗师》），又如“乘天地之正，而御六气之辩，以游无穷”（《逍遥游》），“乘云气，骑日月，而游乎四海之外”，“无谓有谓，有谓无谓，而游乎尘垢之外”（《齐物论》），此外还有“乘物以游心”（《人间世》），“游心乎德之和”，“游于形骸之内”（《德充符》），“游于物之所不得遁而皆存”（《大宗师》），等等。“游”与“逍遥”是庄子哲学中颇有特色的语汇，表达了庄子对自由的向往与追求。庄子还有“自适”的说法，《大宗师》云“是役人之役，适人之适，而不自适其适者也”。这里所谓“自适”即有今日自由之义。庄子后学也很重视“自适”的观念，反对“适人之适而不自适其适”（《骈拇》）。《达生》篇也说过：“忘足，履之适也；忘要［腰］，带之适也；知忘是非，心之适也……始乎适而未尝不适者，忘适之适也。”“心之适”即精神的怡悦自由，“忘适之适”即自由的极致。《齐物论》中庄周梦蝶的寓言还讲到“自喻适志与”，“适志”也是自由的精神状态。总之，庄子以多种形式反复表达了他对自由的强烈向往与追求，表达了他思想中鲜明的自由观念。

庄子思想中既有突出的客观必然性的观念，又有强烈的追求自由的愿望，这二者不是毫不相关的，而是密切联系的，庄子在现实生活中痛楚地感受到了异己的不可抗拒的必然。正因为现实中充满必然，所以他炽烈地追求着超脱现实的自由。庄子受历史发展进程的局限，不可能在实践的基础上解决自由与必然的关系问题，但他在理论上提出了如何面对必然而追求自由的问题，并以他特有的方式肯定了在必然性面前追求自由的可能性，力图把自由与必然统一起来。庄子强调“死生存亡，穷达贫富，贤与不肖，毁誉，饥渴，寒暑，是事之变，命之行也”，一切都是命之流行，日夜不停无法规［窥］其始末，所以“不足以滑和，不可入于灵府，使之和豫，通而不失于兑［悦］，使日夜无郤［隙］却而与物为春”（《德充符》），这就是主张面对命定之必然，保养内心的宁静与和谐，并进而体验与万物同享春气之和煦的精神自由。显然庄子是在强调必然性不可抗拒的同时积极追求精神自由的。庄子的“悬解”也说明他是在随顺必然的基础上追求自由的。《大宗师》说：“且夫得者，时也，失者，顺也，安时而处顺，哀乐不能入也，此古之所谓悬解也。”“安时而处顺”即随顺必然，随顺必然而可以避免哀乐等情绪之波动，获得精神的自由。总之，庄子是在肯定客观必然性的基础上追求精神自由的，他以自己特有的方式力图把自由与必然统一起来，笼统地说庄子割裂了自由与必然，是不符合庄子哲学体系的实际情况的。冯友兰先生说“庄子一派关于命的理论接触到自由和必然的问题”① 是完全正确的。

在先秦，孔子和孟子都承认天命之必然，也承认人有决定自己道德行为的能力，但他们没有论及二者的关系，同时，孔孟的天命是天的意志，还没有完全摆脱神学的影响，他们没有探讨自由与必然的关系问题。荀子讲“天行有常”（《天论》），肯定了自然界的客观规律；又讲“心容其择”（《解蔽》），肯定心有抉择的自由，也就是意志的自由。② 按照荀子的思想逻辑，他本来可以进一步研究意志自由与客观规律的关系，他似乎可以在唯物主义的基础上提出自由与必然规律的统一性问题，可惜的是荀子哲学的重点不在于此，他未能深入讨论自由与必然的关系问题。这些儒家的大师们在许多问题上都颇有建树，但在自由与必然的关系问题上，他们的贡献却不如庄子。

在欧洲，一般认为是斯宾诺莎首次提出并肯定了自由与必然统一的问题。如法国共产党的理论家茄罗蒂强调，是斯宾诺莎“第一次不把自由和必然看成是对立的东西”③，前苏联理论界也认为“在哲学中首次比较明确地表述自由和必然性问题的是斯宾诺莎”④。这些提法在西方思想史的范围内或许是正确的，但若以世界思想史为背景就值得商榷了，因为庄子生活的年代要比斯宾诺莎早十几个世纪，庄子已经以他自己特有的方式提出了如何在客观必然性面前获得自由的问题，并肯定了在必然性面前获得自由的可能性，这就包含了今天所说的自由与必然相统一的问题。事实上，斯宾诺莎的不少思想在庄子那里已见端倪。如斯宾诺莎说“心灵的许多病态和不幸，大都基于眷恋一个东西，而这个东西又是变化无常而决不是我们所能确实享有的”⑤，这和庄子认为痛苦的根源在于是非淆乱、无可追求，主张“和之以是非而休乎天钧”（《齐物论》）是一致的。斯宾诺莎又说“如果失者认识到他们所失掉的东西在任何方式下都是

---

① 冯友兰：《中国哲学史新编》第一册，695 页。

② 此处断句及释义均取张岱年先生之说，见张岱年：《中国哲学大纲》，236 页。

③ ［法］茄罗蒂著，江天骥译：《论自由》，125 页，北京，三联书店，1962。

④ ［苏］布劳别尔格、潘京主编，高光三等译：《新编简明哲学词典》，长春，吉林人民出版社，1983。

⑤ ［荷兰］斯宾诺莎：《伦理学》，见《十六—十八世纪西欧各国哲学》，333 页，北京，商务印书馆，1958。

无法保存的”，那么他“对于所失掉的有价值的东西的痛苦一定可以减轻”①，这和庄子强调生死得失都是命之必然，因而主张无心无情、“哀乐不能入”也是完全相合的。尽管庄子思想与斯宾诺莎有许多重要不同，尽管斯宾诺莎的理论阐发得比庄子更为深入充分，但他们都是在随顺必然的前提下肯定个人自由的，相对于西方来说，庄子应该是第一个提出自由与必然的关系、探索自由与必然的统一性的哲学家。

庄子的自由是纯精神的自由，是脱离现实的绝对化的自由，是与世隔绝的纯个体的自由，所以庄子的精神自由在本质上是虚假的，是不值得追求和提倡的，但是这并不妨碍我们正确评价和肯定庄子哲学中自由与客观必然性相统一的合理因素。莱布尼茨是一个神正论者（theodicy），但他认为“个体性包含着似乎处在萌芽状态的无限的东西”，列宁对此评论说：“这里是特种的辩证法，而且是非常深刻的辩证法，尽管有唯心主义和僧侣主义。”② 列宁的这种批语体现了真正的马克思主义的态度，体现了严谨的科学的精神。透过错误的思想体系，看到其中的合理因素并给予充分的肯定，这正是马克思主义者特有的眼光和气魄。列宁还说过“莱布尼茨通过神学而接近了物质和运动的不可分割的（并且是普遍的、绝对的）联系的原则”③，同样，我们也可以说，庄子通过虚幻的形式接近了自由与必然相统一的原则，这是庄子哲学中最重要的合理因素。

（二）关于宇宙无穷的思想观念

世界的无限性问题是一个单靠自然科学的观测实验和哲学理论的推断都难以最终解决的复杂问题，然而，我们的祖先早在两千多年前就已猜测到了时空的无穷无尽的特性。从现有文献资料来看，庄子就是在我国最早提出这一问题，并肯定了时空无限性的思想家。

战国时期，中国已有“无穷”的概念。无穷即今日所讲的无限④。《庄子·逍遥游》说到“乘天地之正，而御六气之辩，以游无穷”的神秘境界，其中关于无穷之域的想象，说明庄子认为宇宙是

---

① ［荷兰］斯宾诺莎：《伦理学》，见《十六—十八世纪西欧各国哲学》，329页。

②③ 列宁：《哲学笔记》，431、427页。

④ 今日所说“无限”是 infinite 的意译。infinite 的意义比较复杂，有无穷尽（endless）的意义，也有无所限定（without limits）的意义，还有不可量度，不可计算或不可想象的含义。在时空不可穷尽的意义上，infinite 应译为无穷。

无限辽阔的。《应帝王》说："体尽无穷，而游无朕"，也表明客观世界是无限的，至人应悉心体验世界的无穷无尽的特性。《齐物论》又说到："六合之外，圣人存而不论；六合之内，圣人论而不议。""六合"即天地四方，"六合之外"的说法表明庄子认为在有限的天地之外，尚有无边无际的广大宇宙，这也反映了庄子的世界无穷的观念。此外，在今本《逍遥游》中有"汤之问棘也是已"一句，文义突兀而不可解。闻一多先生云：此句与下文语意不属，当汤问棘事一段。唐僧神清《北山录》曰："汤问革曰：'上下四方有极乎？'革曰：'无极之外，复无极也。'"僧慧宝注曰："语在《庄子》，与《列子》小异。"案"革"、"棘"古字通，《列子·汤问》篇正作革。神清所引，即此处佚文无疑。据闻先生此说，"无极之外，复无极"当为《逍遥游》之佚文。"无极"即无极限，亦为无穷之义。"无极之外，复无极"是对世界之无限性的反复强调。汤问棘的佚文也说明庄子已认识到上下四方之空间是无穷无尽的。

庄子发其轫，后学因其辙，《庄子》外杂篇中也不乏空间无限的思想。《则阳》篇记载戴晋人问魏惠王"君以意在四方上下有穷乎？"魏惠王曰："无穷。"这里明确提出了空间有穷还是无穷的问题，并充分肯定了空间的无限性。《秋水》篇说："泛泛乎其若四方之无穷，其无所畛域。"这也反映了作者的空间无穷的基本思想。

《齐物论》中也提出了对时间之无穷的猜测。"有始也者，有未始有始也者，有未始有夫未始有始也者。"如果世界有一个开端，那么就有这开端的开端，有这开端的开端，那么就应有这开端的开端的开端，如此上推，必然无穷。《齐物论》接着说："有有也者，有无也者，有未始有无也者，有未始有夫未始有无也者。"世界有存在，又有非存在，在非存在之前又有非存在尚未有之时，也会有这非存在尚未有之时的尚未有之时，如此溯源，无穷无尽，说明时间是没有开端的。这种对于世界"有始"的观点之反驳是比较有力的。有趣的是，庄子证明世界无始的方法与康德的第一个二律背反的反题证明世界无限的推理十分相似。康德说，假定世界是有限的，那么它就是有边的，既然它有边，那么这边以外一定还有东西，否则不成其为边，因此世界有限的观点是不成立的。康德的推理方法与庄子大体一致，都是以上推层次之无穷，来证明世界之无限，这种推理是很难驳倒的。此外，庄子幻想"与外死生无终始者为友"（《天下》），向往"无古今"、"无所终穷"（《大宗师》）的境界，也说明他确信时间之无穷。《养生主》又说："吾生也有涯，而知也无涯。以有涯随无涯，殆已。""生"即生命，"有涯"之生指有限之时间，"无涯"亦即时间之无限。作为人类认识对象的客观世界的发展变化永远不会完结（"知无涯"），说明时间之流逝永远不会结束。总之，时间既无开端，又无终点，是上下无穷的。庄子揭示了人生有限与认识对象无限的矛盾，这是很深刻的，但是他不可能正确解决这有限与无限的矛盾，因而陷入了怀疑主义。

庄子后学也论及了时间的无限性问题。《则阳》篇说："吾观之本，其往无穷；吾求之末，其来无止。""往无穷"是过去时间之无限，"来无止"是未来时间之无限。《知北游》说"无古无今，无始无终"，《秋水》说"量无穷，时无止"，这都是时间无限的观念。《知北游》还涉及了时间的客观性问题。"年不可举，时不可止，消息盈虚，终则有始。""年"即岁月，"举"，李善《文选注》引作"攀"，宣颖云"往者莫存"。年月无法捉缚，时间不能留滞，事物消长盛衰自有其不可改变之规律，时间的流逝不以人的意志为转移。

空间与时间的无穷就是宇宙的无穷。《庚桑楚》篇为"宇宙"作过明确定义："有实而无乎处者，宇也；有长而无本剽者，宙也。"关于"有实而无乎处"，《释文》引《三苍》云："四方上下为宇。"并曰"宇虽有实，而无定处可求也"。宇是四方上下之空间，空间实有而无定位，说明空间是无限的。关于"有长而无本剽"，王先谦云："剽，本亦作标，崔云末也。"《释文》引《三苍》云："往古来今曰宙"，并曰"长，犹增也。本，始也。宙虽有增长，亦不知其始末所至者也"。宙是往古来今之时间，时间不断流逝而无本末之终极，说明时间是无限的。庄子及其后学已多次使用"宇宙"一词。如"旁日月，挟宇宙"（《齐物论》），"外不观乎宇宙，内不知乎太初"（《知北游》），"迷惑于宇宙形累，不知太初"（《列御寇》），加之《让王》中"余立于宇宙之中"一例，今本《庄子》中共有"宇宙"一词四例。《尸子》书中已有"宇"和"宙"的定义，或许《尸子》已使用"宇宙"一词，惜乎《尸子》已无全文，难以确知。其他子书中似乎只有《荀子》使用过一次"宇宙"的概念（《解蔽》："制割大理而宇宙理矣。"）。因而我们可以说庄子学派比其他学派更重视"宇宙"的概念。

《尸子》的宇宙定义当在《庄子》之前。《尸子》曰："天地四方曰宇，往古来今曰宙。"（《世说新语・排调》注引）此外，《墨经》

中也有关于宇宙的定义。《经上》："久，弥异时也。宇，弥异所也。"胡适、谭戒甫等人已指出，"久"就是宙①，"久"与"宇"就是宇宙。《经说上》解释说："久，古今旦莫。宇，东西家南北。"古今旦暮即"弥异时"之"时"，即时间；中央四方即"弥异所"之"所"，即空间，宇宙即时间和空间。《尸子》、《庚桑楚》与《墨经》的三个宇宙定义相比较，《墨经》定义的优点在于明确说到宙（"久"）就是时间，宇就是空间。《尸子》定义的优点在于简明上口，便于流传，所以《文子》、《淮南子》基本上承袭了《尸子》的定义。《文子·自然》篇云："老子曰：往古来今谓之宙，四方上下谓之宇。"《淮南子·齐俗》篇亦云："往古来今谓之宙，四方上下谓之宇。"《庚桑楚》的定义在历史上流传不广，却也有自己的优点，这就是《庚桑楚》的定义更注意宇和宙的无限性，即无本末，无定处。《尸子》和《墨经》的定义各有所长，但关于宇宙无限的思想则不如《庚桑楚》明确。比如"天地四方"可以有极限（盖天说即以天地为上下之极），"往古来今"也没有排除世界的开端。

庄子及其后学特别重视世界的无限性，这还表现在他们使用的"无穷"之类的概念特别多，如"以游无穷"（《逍遥游》）、"以应无穷"（《齐物论》）、"顺始无穷"（《人间世》）、"体尽无穷"（《应帝王》）、"量无穷""四方之无穷"（《秋水》）、"游心于无穷""其往无穷"（《则阳》），此外还有"无涯"、"无极"、"无竟"、"无古今"、"无终始"、"无所终穷"等说法，《知北游》还以"无穷"、"无始"为寓言人物，这都是庄子学派重视无限性观念的实证。孔子、孟子似乎不重视无限性的观念，他们书中都没有使用无穷一词。《荀子》中"无穷"三见，《韩非子》中"无穷"一见，重复一次，《吕氏春秋》中"无穷"一见，这仅见的几个"无穷"也都用来形容欲望、情绪或财富，很少讨论到宇宙时空问题。如《荀子·礼论》"故人之于其亲也，至死无穷"，说的是情义；《韩非子·亡徵》"人主弗禁，则臣心无穷"，说的是欲望；《吕氏春秋·论人》"游意乎无穷之次，事心乎自然之途"，说的是思想。通过"无穷"这类词的使用频率和使用范围的不同，我们不难看出庄子学派相当重视世界的无限性问题，这是庄子学派有别于其他学派的一个特点。

在先秦，略早于庄子的惠施已有无穷的观念。《庄子·天下》篇

---

① 胡适：《中国哲学史大纲》（上），上海，商务印书馆，1919。谭戒甫：《墨经分类译注》，15页，北京，中华书局，1981。

记载惠施说过“南方无穷而有穷”。“南方”的概念没有边际，故可曰“无穷”，但南必非北，南实为北所限，故又可曰“有穷”。此外，先秦比较重视无限性观念的还有墨子后学。《墨子·经上》云：“穷，或有前，不容尺也。”《经说上》在解释这一命题时提出了有穷与无穷的定义：“或不容尺，有穷。莫不容尺，无穷也。”《经说上》还说到：“久，有穷无穷。”惠施和《墨经》能够把无穷与有穷的概念对照联系起来加以讨论，这是十分难能可贵的，他们似乎已看到了有限性与无限性的统一，这一点大大高于庄学。但惠施的讨论侧重于一个具体命题，《墨经》的讨论注意于有穷与无穷的概念本身，而庄学的兴趣则在于时间与空间的无限性，所以庄学的无穷宇宙观念在中国思想史上还是独到之处的。

《老子》中有“无极”一词。《老子》二八章云：“知其白，守其黑，为天下式。为天下式，常德不忒，复归于无极。”“无极”亦有无穷之义。但《老子》又说“天下有始，以为天下母”（《老子》五二章），这就又否定了世界的无限性。荀子则说“至高谓之天，至下谓之地”（《儒效》），又说“天者高之极也，地者下之极也，无穷者广之极，圣人者道之极”（《礼论》）。荀子认为天即最高，地即最下，无穷即最广，还没有宇宙无穷的观念。看来，时空无限的观念在先秦尚未普及，因而庄子关于宇宙无穷的思想值得重视。

庄子能够产生世界无限性的观念不是偶然的。《逍遥游》有一句话是“吾惊怖其言，犹河汉而无极也”。“河汉”有二义，一指黄河与汉水，如“水田地中行，江淮河汉是也”（《孟子·滕文公下》）；一指天上之银河，如“迢迢牵牛星，皎皎河汉女”（《古诗十九首》）。显然，庄子所谓“犹河汉而无极”中的河汉只能是银河，不能是黄河汉水，这里的河汉可能是关于银河的最早的文字记载。“犹河汉而无极”的说法证明，在庄子看来银河之广袤无垠是不言而喻的。这种对宇宙天空深入观察思考的结果应该是庄子无限宇宙观念的重要来源。

值得注意的是，在中国古代有三大宇宙理论，其中宣夜说的最早萌芽即在于庄子的无限宇宙观念。《晋书·天文志》载：“宣夜之书亡，惟汉秘书郎郗萌记先师相传云：天了无质，仰而瞻之，高远无极，眼瞀精绝，故苍苍然也，譬之旁望远道之黄山而皆青，府察千仞之深谷而窈黑，夫青非真色，而黑非有体也。日月众星，自然浮生虚空之中，其行其止皆须气焉……”庄子的思想与这种宣夜说的理论颇有一致之处。第一，宣夜说认为天“高远无极”，庄子认为天“远而无所至极”。第二，宣夜说认为天色“苍苍然也”，庄子说“天之苍苍”。宣夜说提出天之苍苍并非本色，只是“眼瞀精绝”之故，而庄子也提出了天之苍苍“其正色邪”的疑问。第三，宣夜说认为“天了无质”，庄子也不认为天有固定的形体。第四，宣夜说认为日月星辰浮生于虚空之中，“其行其止皆须气焉”，庄子也有“天地一气”的观念。可见，庄子已为宣夜说的诞生扫清了道路。所以，《中国大百科全书・天文卷》认为“宣夜说的历史渊源，可以上溯至战国时代的《庄子》”是有道理的。庄子对宇宙奥秘的探索滋养了他的哲学思想，而他的哲学思想又反过来推动了宣夜说宇宙论的产生。庄子哲学对自然科学还是有所贡献的。

（三）关于生死气化的观念

在中国古代哲学家中，对于生死问题论述最为详尽的是庄子，生死问题在庄子哲学体系中是一个相当重要的问题。庄子关于生死问题的观点可析而为三：第一，生死为气之聚散，这是唯物主义的观点；第二，死为生之必然，这也是合乎客观实际的；第三，死生一体，不必悦生而恶死。反对恶死是正确的，抹杀生的价值则是错误的。总起来看，庄子关于生死问题的理论是不乏合理因素的。

庄子关于生死问题的观点来源于他的气化理论。庄子认为世界之本根是道，道生天生地，而天地万物都是由气构成的（《大宗师》：“游乎天地之一气。”），气是精微而流动的物质，气不仅构成天地自然，而且构成人之形体，人的疾病便是“阴阳之气有沴（凌乱）”（《大宗师》）的结果。气处在不停的聚散变化之中，人之生死的本质即是气之聚散。

庄子关于生死气化有一段精彩的议论。《至乐》篇记载：“庄子妻死，惠子吊之，庄子则方箕踞鼓盆而歌。”惠子便批评庄子说：“与人居，长子老身死，不哭亦足矣，又鼓盆而歌，不亦甚乎！”这是批评庄子不以妻死而悲，反而鼓盆吟歌，太不讲情义了。庄子却侃侃而谈，全不以为然，他说：“不然。是其始死也，我独何能无概然！察其始而本无生，非徒无生也而本无形，非徒无形也而本无气。杂乎芒芴之间，变而有气，气变而有形，形变而有生，万物皆化①，今又变而之死，是相与为春秋冬夏四时行也。人且偃然寝于巨室，

① “万物皆化”四字据《庄子阙误》补，见郭庆藩辑：《庄子集释》，615页校记。

而我噭噭然随而哭之，自以为不通乎命，故止也。”庄子的议论有三个要点：(1) 生命不是本来就有的（“察其始而本无生”），而是逐渐演化形成的；(2) 气是生命的物质基础（“气变而有形，形变而有生”），人之形体生命都是气凝聚的结果；(3) 有生则有死，生死变化是自然而然的，人死即回归于大自然（“偃然寝于巨室”），因此是不应该悲伤的。《知北游》的作者也明确认为：“人之生，气之聚也；聚则为生，散则为死，若死生为徒，吾又何患！故万物一也……通天下一气耳。”庄子及其后学明确肯定了生命的物质本质，打破了关于生命的神秘主义观念，揭示了生存和死亡仅是物质世界演化过程中的一种形式和一定阶段，批判了对于死亡的恐惧和忧虑。这在两千多年前，在近代科学远未揭示生命体本质的时代是难能可贵的，这种天才推断对于批判唯心主义、批判有神论、批判灵魂不死的观点都曾经起到过积极的作用。

前面我们曾讲到过庄子对死亡有一种乐观放达的态度，这种态度的理论基础便是认为人是物质世界的一部分，死亡即回归于大自然。所以庄子将死之时，坚决反对弟子对他实行厚葬。庄子曰：“吾以天地为棺椁，以日月为连璧，星辰为珠玑，万物为赍送。吾葬具岂不备邪？何以加此！”弟子曰：“吾恐乌鸢之食夫子也。”庄子曰：“在上为乌鸢食，在下为蝼蚁食，夺彼与此，何其偏也！”（《列御寇》）庄子认为人之生是自然之气演化的结果，人之死亦是气消散回归于自然的过程，“在下为蝼蚁食”是气化于自然，“在上为乌鸢食”也是气化于自然，所以不必厚葬。由此也可看出庄子完全没有人死为鬼、灵魂不灭之类的迷信观念。庄子反对厚葬，在形式上与墨子的节葬主张相通，但二者的理论基础和着眼点是全然不同的。庄子着眼于人的自然本质，强调人体与万物的共同的物质基础，反对关于生命的神秘观念和对死亡的恐惧，墨子则着眼于节俭，反对侈靡，反对人殉。庄子不相信鬼神，墨子却相信人死为鬼，可以享受祭祀。显然，在生死问题上，庄子的思想比墨子的思想更接近科学，庄子的生死气化的观点对于批判宗教神学的生死观是有积极意义的。

庄子极力主张超脱死生，宣扬死生无动于心，其理论根据之一便是死亡的必然性，强调人之生死犹如昼夜交替，是不得不然的自然变化，是人所无可奈何的“物之情”（《大宗师》）。《达生》的作者也说“生之来不能却，其去不能止”，有生必有死，死是生之必然，所以人不必恋生而恶死。死对于人生只能有一次，任何人都不可能有过死亡的体验，死后的情况不可知，这也是庄子反对恶死的一个根据。《齐物论》说：“予恶乎知悦生之非惑邪？予恶乎知恶死之非弱丧而不知归者邪？丽之姬，艾封人之子也。晋国之始得之也，涕泣沾襟；及其至于王所，与王同筐床，食刍豢，而后悔其泣也。予恶乎知夫死者不悔其始之蕲生乎？”焉知死后不比生时更快乐，为什么要悦生而恶死呢？反对恶死是合理的，假设死后比生时更快乐则是荒谬的。《大宗师》又说：“夫大块载我以形，劳我以生，佚我以老，息我以死。”以生为劳，以死为息，这是对现实的厌倦。庄子由此出发抹杀生死之区别与对立，他宣称“孰能以无为首，以生为脊，以死为尻；孰知死生存亡之一体者，吾与之友矣”（《大宗师》），主张“以死生为一条”（《德充符》）。看到死生都是气的变化形式，这是正确的，但笼统地说死生齐等，抹杀生命的价值和生活的意义则显然是错误和消极的。不过庄子讲齐死生的目的实在于超死生，也就是“外死生”（《天下》），即“不知悦生，不知恶死”（《大宗师》），做到“死生亦大矣，而不得与之变”（《德充符》），亦即“死生无变于己”（《齐物论》）。这种置生死于度外的态度可以表现为无所畏惧的精神，亦即使专制主义者头疼的“赏之誉之不劝，罚之毁之不畏”的精神（《韩非子·外储说右上》），因而庄子所谓齐死生的观点也不完全是消极的。

学界对庄子的生死观有一种误解。《养生主》说过：“指穷于为薪，火传也，不知其尽也。”关锋等人把这句话的意思解释为“有形骸的死亡，而无精神的死亡，形骸死亡了，精神就寄托到别处了，精神是不灭的”①，这种解释是根据不足的。以烛火喻形神是东汉哲学家桓谭的著名譬喻，由此出发认为庄子的薪火之喻也是讲形神问题就太简单武断了。郭象、成玄英都认为这一段话讲的是养生问题，郭嵩焘对这一段的解释是：“薪尽而火传，有不尽者存也。太虚往来之气，人得之以生，犹薪之传火也，其来也无与拒，其去也无与留，极乎薪而止矣。”（《庄子集释》引）郭嵩焘以往来之气解释薪火问题大体合于庄子的思想特点。要之，庄子认为人生如气之聚，人死如气之散，庄子并没有灵魂不死或精神不灭一类的思想。

庄子有过“不死”之类的说法，但庄子所谓不死是就主观体验

---

① 关锋：《庄子内篇译解和批判》，161页。

来说的。《大宗师》说："已外生矣，而后能朝彻；朝彻，而后能见独；见独，而后能无古今；无古今，而后入于不死不生。""外生"即可大彻大悟，大彻大悟则可见绝对之道，在想象中与宇宙同其辽远宏阔，同其无限永恒，成为无死无生之永存。《德充符》又说："而况官天地，府万物，直寓六骸，象耳目，一知之所知，而心未尝死者乎！"这里前两句讲的是与天地万物同为一体的体验，中间两句是忘身贱形的主张，最后两句大意是纯任一己之直觉而不起死生之念，这里的"心未尝死"也不是灵魂不死的意思。总之，佛教那种形死而神不死的宗教观念在庄子哲学中是找不到的。

儒家也倾向于对生死问题超脱一些。子路问孔子死是怎么回事，孔子答曰："未知生，焉如死？"（《论语·先进》）主张关心生而不必想到死，求知生而不必求知死。儒家也有以死为息的思想，《论语·泰伯》载曾子有疾，召门弟子曰："启予足，启予手！诗云，'战战兢兢，如临深渊，如履薄冰'。而今而后，吾知免夫！小子！"活着战战兢兢，谨慎勤勉，不能有一刻松懈，死后终于得到安息。《荀子·大略》篇载子贡之言曰："大哉死乎！君子息焉，小人休焉。"君子终生奋勉，非死不得休息，如此说来，死也不是可怕之事。总起来看，儒家和道家都反对贪生怕死，主张坦然从容地对待死亡，这种生死观是中国传统文化的主流，所以老子所说的"民不畏死"、孟子说的"舍生取义"始终被当作中华民族的美德。不过儒家主张不怕死多从社会责任、道德义务方面作论证，而庄子主要从生命的物质本质阐发，以生死气化的理论为根据，因而更有新意和深意。

庄子关于人生气化的理论似乎与祖国传统医学也有一定的联系。《人间世》说"今吾朝受命而夕饮冰，我其内热与！吾未至乎事之情，而既有阴阳之患矣"，"阴阳之患"即人体生理上的疾变，庄子认为因忧虑而生内热即阴阳之气失调的结果。《大宗师》也把子舆"曲偻发背，上有五管，颐隐于齐［脐］，肩高于顶"解释为"阴阳之气有沴（凌乱）"，即以阴阳之气解释人体的生理变化。《达生》篇也说："忿滀之气，散而不反，则为不足；上而不下，则使人善怒；下而不上，则使人善忘；不上不下，中身当心，则为病。"这显然是以气的升降聚散来解释不同疾病的。中医理论源远流长，《左传·昭公元年》所记秦之医和的话说明当时中医已有丰富的经验和系统的理论，他说："天有六气……六气曰阴、阳、风、雨、晦、明也，分为四时，序为五节，过则为灾。阴淫寒疾，阳淫热疾，风淫末疾，雨淫腹疾，晦淫惑病，明淫心疾。”显然庄子及其后学以气来解释人体生理变化和疾病与中医理论是有相通之处的。庄子及其后学讲天地一气，强调自然之天，这与中医理论也是一致的，庄子不是医师，但他却善于吸收中医理论化为自己的哲学营养，所以他的气化理论与中医相通却不等于中医，他明确以气的聚散运动解释生命的出现和人的生死更是独特的贡献。庄子虽然提倡超脱现实，实际上却对自然、社会、人生有深入细致的观察，所以他的唯心主义哲学体系能够包容较多的合理因素。

第三节　庄子哲学的性质和主要特色

庄子哲学是唯物主义的还是唯心主义的，是主观唯心主义的还是客观唯心主义的，这个问题争论已久，似乎很难取得一致的意见。如果这个问题仅仅是给古人戴一顶不同颜色的帽子的问题，那么这个问题就不值得继续讨论了，但这个问题涉及了如何理解一些哲学概念的基本含义、如何运用理论分析的基本方法的问题，因而是仍有必要进行辨析的。

（一）关于主观唯心主义和主观主义

是否能够正确理解一些重要的哲学概念的基本含义，这是哲学史研究中很值得注意的一个问题。许多问题争论不休都是因为辩论的各方对一些基本概念的理解和运用不同，基本概念得不到澄清，任何争论都是没有意义的。这里我们仅就主观唯心主义和主观主义这两个基本概念做一些辨析。

最先使用“主观唯心主义”这一概念的是谢林，他把费希特哲学称作主观唯心主义，把自己的哲学称作客观唯心主义。列宁也把费希特称为“主观唯心主义的古典代表”。列宁指出，从贝克莱、费希特、休谟到阿芬那留斯的不同说法“都丝毫没有改变问题的本质”，“世界是我的感觉；非我是由我们的自我‘规定’（创造、产生）的；物和意识是不可分割地联系着的……所有这一切都是同一个论点，都是同样的破烂货色”。列宁指明这些说法都是“在重复贝克莱的论据：我感觉的只是我自己的感觉，我没有权利假定在我的感觉之外有‘自在客体’”①。这就是列宁所概括的主观唯心主义的基本哲学路线——否定个人感觉之外的“自在客体”。这是对主观唯心主义的正确的解释。

根据列宁论断的精神，我们来分析一下庄子的思想。庄子认为在世界之先就有一个“自本自根”、“生天生地”的“道”，它不以人的感觉为转移，却支配着人生及万物的一切。“道”就是庄子哲学中独立于个人感觉之外的“自在客体”。庄子也没有否认人的生命过程的实在性，他认为人生是气聚而生、气散而亡的客观过程，好生恶死并不能改变人的命运，因此则不必以生为喜、以死为忧。庄子也不否认万事万物的实在性，他认为人吃肉食、鹿食青草、人寝避湿、泥鳅居泥都是万物之本然，是人的主观愿望无法改变的事实，人们只能承认它，不能寻其是非究竟。同时还应该看到，庄子的精神自由，主张思想虚静、物我两忘，这并不是否认大千世界本身的存在；“至人”得道要达到与宇宙之初的玄冥状态融为一体的精神境界，这也没有否认“道”作为“自在客体”的存在。所以说庄子最终陷入了主观唯心主义是缺乏根据的。

庄子认为通过神秘的精神修养可以摆脱现实的苦恼，得到超脱现实的精神自由，这确实是对主观精神作用的一种夸张。但庄子摆脱现实的愿望正是以承认现实为条件的，如果现实的存在可以依主观的愿望而改变，那又何必寻求精神的超脱呢？如果“至人”修养的目的是为了支配现实，那又怎样解释“堕肢体，黜聪明”和无心、无情的思想境界呢？实际上，庄子的超脱是无可奈何的逃遁，他宣扬的主观精神的“膨胀”不过是对逃遁的一种美化，其目的仅在于自我安慰，决不是主宰现实。

有些同志认为庄子是主观唯心主义者，这是因为他们把主观唯心主义当成了“夸大主观精神”的同义语。比如，有的同志这样论证：“庄子连人的心智都否定了，确是好像反对主观，但是把一个活生生的人硬要变成枯木土块那样的自然物，难道不是我的主观精神在起作用吗？”② 不少同志都强调庄子“把我的主观精神无限膨胀”了，强调庄子追求“主观精神起作用的心理状态”，他们认为，只要指出庄子夸大和强调了主观精神的作用，也就证明了庄子是主观唯

---

① 列宁：《唯物主义和经验批判主义》，见《列宁选集》，1版，第2卷，64～65页。

② 李锦全：《关于庄子的哲学性质及其评价》，载《哲学研究》，1981（12），42～48页。以下引用此文不再注明出处。

心主义者。事实上，这样理解主观唯心主义的基本含义是不够确切的，由此出发也不可能对庄子哲学的性质作出正确的判断。

主观唯心主义者只承认个人的感觉、意识或意志的实在性，否认感觉之外的客观世界的实在性，仅就这一意义来讲，似乎一切主观唯心主义者归根结底都夸大了人的主观精神的作用。但是，强调或夸大主观精神的作用，并不一定就是主观唯心主义。夸大主观精神的作用与主观唯心主义的哲学体系之间，并不都有必然的、直接的联系。某些人虽然是主观唯心主义者，但他并不是通过夸大主观精神的作用而滑向主观唯心主义的，例如休谟就恰恰是通过怀疑人的认识能力，即限制主观精神的作用而陷入主观唯心主义的。反过来，有的人虽然在某个方面、某种程度上夸大了主观精神的作用，但没有否认客体的存在，就不能说他是主观唯心主义者，例如18、19世纪欧洲的浪漫主义者的最主要最突出的特征便是主观性，即偏重于表现他们的主观理想①，但我们并不能因此而说他们的思想特点是主观唯心主义。庄子哲学有夸大主观精神作用的一面，但庄子没有否认客观世界的独立性和实在性，所以他不是主观唯心主义者。

不少同志把庄子当成主观唯心主义者是因为庄子思想中有重主观轻客观、重意识轻现实的倾向，然而这种倾向只能归之于主观脱离客观、思想脱离实际的主观主义，而不能归之于否认客体存在的主观唯心主义。为此，我们有必要进一步讨论一下主观唯心主义和主观主义这两个概念的区别。

主观唯心主义和主观主义都是外来语，在英文、俄文和德文中它们都是两个词。主观唯心主义（subjective idealism）是与客观唯心主义相对的唯心主义的一派，前面已经说过，列宁把主观唯心主义的基本特征概括为否认个人感觉之外的自在客体。《不列颠百科全书》也指出，主观唯心主义哲学的前提是认为除了心灵、精神及其感觉或观念以外没有任何存在。人体验到物质的东西，而物质的东西的存在是不能独立于正在感知的心灵之外的，因而物质的东西不过是一些感觉，外部世界的真实性是有赖于认知者的。② 李达主编的《唯物辩证法大纲》说："主观唯心论认为，客观世界是不存在

① 参见《中国大百科全书·外国文学卷》，587页，北京，中国大百科全书出版社，1982。

② 据《不列颠百科全书》(*Encyclopedia Britannica*) 节译。

的。存在的只是‘我’的感觉，‘我’的观念。”可见，无论国内还是国外，无论是马克思主义哲学家还是非马克思主义哲学家，对于主观唯心主义的理解和说明大体都是一致的。主观唯心主义只是对世界本原及认识来源问题所作的一种回答，不能在其他意义上使用这一概念。

主观主义（Subjectivism）一词在我国使用的意义比较狭窄，主要指思想方法和工作作风中的一种错误倾向。毛泽东同志指出，教条主义和经验主义都是主观主义。主观主义的基本特征是主观与客观相分离、认识与实践相脱节。在西方，主观主义是一个总称，它的意义比较宽泛，包括一切强调经验的主观性的学说，被广泛地用于认识论、形而上学（宇宙论、本体论）、美学和伦理学研究中。美学中的主观主义认为审美判断仅仅是个人趣味的表达。① 伦理学中的主观主义认为一切知识都包含着个人主观的因素，所以根本没有对事实或价值的客观的判断，例如，宣称道德判断不过是个人偏爱的表达而已。② 在苏联，主观主义是轻视自然界和人类社会中的客观规律的一种观点，其实质是把各种运动中，首先是认识过程中主观的积极作用加以绝对化，是唯心主义的认识论根源之一。③ 这说明主观主义既可以导致主观唯心主义，也可以导致客观唯心主义。我们也不妨在比较宽泛的意义上使用主观主义一词，但不管怎样，主观主义与主观唯心主义这两个概念是有明显不同的。

列宁是注意把主观主义和主观唯心主义区别开来的。在分析庄子哲学思想时，人们经常引用列宁的这一段话：“把相对主义作为认识论的基础，就必然使自己不是陷入绝对怀疑论、不可知论和诡辩，就是陷入主观主义。”不少同志据此断言，庄子从相对主义出发必然陷入主观唯心主义，这样理解是不确切的。列宁的这一段话见于《唯物主义和经验批判主义》，在这部书中，列宁绝大多数地方用的都是主观唯心主义，这里用的却是主观主义，这是列宁对哲学概念的准确辨析和恰当运用。从相对主义出发，这与是否否认自在客体没有必然联系，但从相对主义出发，往往会否认客观存在的差别，从而脱离现实，所以列宁在谈到相对主义或诡辩论时只用主观主义

---

① 参见 W. L. Reese, *Ditionary of Philosophy and Religion*, Subjectivism 条目。

② 参见 *Encyclopedia Britannica*, Subjectivism 条目。

③ 参见《苏联大百科全书》，苏联大百科全书出版社，1978。由金赏政、王德有同志代为查阅释译。

这一概念，不用主观唯心主义这一概念。这可在列宁的《哲学笔记》中找到进一步证明。当黑格尔讲诡辩学派“在一切事物中找出极度不同的观点”时，列宁批评道：“主观主义——客观主义的缺乏。”①当黑格尔说“在具体经验从属于预先假设的各规定的情形下，理论的基础就被蒙蔽”时，列宁又批注道：“反对主观主义和片面性。”②由此可以看到：列宁注意区分了主观主义和唯心主义这两个概念，在批评诡辩论、相对主义时，列宁主要讲主观主义，不讲主观唯心主义。在列宁看来，主观主义是与客观主义相对的概念，是一种强调主观假设、不能客观地看问题因而与片面性相联系的思想方法。列宁运用概念的准确性是值得我们学习的。

综上所述，在主观与客观的对立中，主观唯心主义和主观主义都强调主观的一面，因而二者有相通之外，但它们又有着重要的区别。（1）内涵不同。主观唯心主义的特点是否认个人感觉之外的客观实在。主观主义的特点仅仅是重主观、轻客观，或者说重意识、轻现实。（2）外延不同。主观唯心主义是仅限于与客观唯心主义相对的一种唯心主义哲学。主观主义是指任何一种重主观轻客观、主观与客观相分离的思想倾向。（3）对立面不同。与主观唯心主义相对的是唯物主义和客观唯心主义，与主观主义相对的是客观的态度和客观主义。简言之，一个是特定的哲学概念，一个是意义较宽泛的一般性概念。区别二者的根本界限在于是不是否认自在客体的存在。由此出发，我们只能把庄子思想否认认识的客观标准、抹杀客观存在的矛盾差别、追求超现实的精神自由等主观脱离客观、思想超脱现实的特点归之于主观主义倾向，而不能归之于主观唯心主义体系。当然，这是在比较宽泛的意义上使用主观主义这一概念的。

（二）关于判断哲学体系基本属性的标准

怎样判断一个哲学体系的基本属性，以什么为标准判断一个哲学体系的基本属性，这也是哲学史方法论中的一个重要问题。在这个问题上的模糊认识是庄子研究中产生分歧的又一个原因。恩格斯说：“全部哲学，特别是近代哲学的重大的基本问题是思维和存在的关系问题”，“哲学家依照他们如何回答这个问题而分成了两

---

①② 列宁：《哲学笔记》，299、226页。

个阵营”①，即唯心主义和唯物主义阵营。这说明哲学基本问题是判断哲学体系的基本属性的标准，是评判哲学家属于哪一阵营的依据。

认为个人的意识决定客观存在，否定个人意识之外的物质世界，这是主观唯心主义者对哲学基本问题的回答，是他们解决自然观和认识论问题的基本立场。判断一个哲学体系是不是主观唯心主义也只能以哲学基本问题为准绳。

我们说贝克莱是主观唯心主义者，因为他宣布“宇宙中包含的一切物体，在人心以外都无独立的存在；它们的存在就在于为人心所知觉、所认识”。我们说休谟是主观唯心主义者，因为他宣布“当我们说这张桌子和这棵树的时候所指的那些东西，不外是我们心中的知觉”，“我们的知觉是我们的唯一对象”。我们说费希特是主观唯心主义者，因为他认为“非我是由我们的自我规定的”。所有这些典型的主观唯心主义者的典型论题都是对哲学基本问题的回答，都是关于自然观或认识论方面的基本观点。

那么，怎样鉴别庄子哲学的基本属性呢？庄子认为世界产生于客观存在的“道”，依存于客观存在的“道”。在庄子看来，“道”是原始的、根本的、第一性的；世界万物是由“道”派生的、是从属的、第二性的。同时庄子不认为个人的感觉或意识是认识的唯一来源，而认为最高的认识是对客观的“道”的体认。因此，庄子是客观唯心主义者，而不是主观唯心主义者。

恩格斯说，除了哲学基本问题之外，“唯心主义和唯物主义这两个用语本来没有任何别的意思，它们在这里也不能在别的意义上被使用”②。同样，主观唯心主义这一概念也不能在别的意义上被使用，否则必然会造成混乱。

但是有些同志正是“在别的意义上”使用主观唯心主义这一概念的。他们说，“庄子齐万物、齐是非、齐物我，其实就是把我的主观精神无限膨胀，以此去销熔客观世界所存在的差别和矛盾”。这样，他们有意或无意地把对待矛盾的态度当成了判断一个哲学体系是不是“主观唯心主义”的依据。

在思想上抹杀矛盾差别，追求无矛盾的思想境界，这是庄子对待矛盾的态度。根据一个人对待矛盾的态度，我们可以说他的哲学是辩证法还是形而上学，但不能据此说他的哲学是主观唯心主义。

---

① 《马克思恩格斯选集》，1版，第4卷，219、220页。

② 同上书，220页。

抹杀矛盾差别和主观唯心主义不是同一范畴。厌恶矛盾，追求无差别的精神境界，这不是对哲学基本问题的回答，不是对世界本质或认识来源问题的回答，因而不能作为庄子是主观唯心主义者的论据。庄子并非根本不承认矛盾，它要在思想上抹杀矛盾正是因为痛楚地体验到了矛盾，体验到了现实矛盾中所包含的不可抗拒的必然性。死生、祸福、是非、荣辱，种种矛盾纷至沓来，如影相随，无可摆脱，只有一忘了之。他要在思想上抹杀矛盾是由于他知道不能在现实中取消矛盾。这和主观唯心主义者认为个人意识可以决定客观存在是有本质不同的。庄子是从承认矛盾到夸大矛盾的普遍性和绝对性，最终逃避矛盾并追求无差别境界的。应该说，庄子继承并发挥了老子的辩证法，但最后陷入了诡辩论和形而上学。

这些同志还说："庄子搞的所谓心斋、坐忘就是这套玩意（指无心、无我的心理状态——引者），这不是主观唯心主义吗?"这也是"在别的意义上"使用"主观唯心主义"这一概念的，是把精神修养和人生理想当作了判断哲学体系基本属性的依据。

什么是"心斋"? 心斋就是要追求内心的绝对虚静，即无情感、无思虑、一切纯任自然的心理状态，这是庄子所追求的最高的精神境界。什么是"坐忘"呢? 坐忘就是要在忘记仁义礼乐的基础上进一步忘记自己内体的存在，荡尽凡尘俗念，达到身心两忘、物我双遣的自由境地，这也是讲精神修养的问题。"心斋"、"坐忘"都是讲如何得到最大的精神自由，如何得到最高的精神享受，这主要是思想修养、精神理想等人生观和伦理学方面的问题，这和哲学基本问题没有直接联系，与通常的自然观或认识论问题有明显区别，不能据此断定庄子是主观唯心主义者。庄子追求忘怀现实的精神境界，这和主观唯心主义者否认现实本身的存在是不同方面的问题，是不应当混为一谈的。

总之，庄子哲学中确有抹杀客观存在的矛盾差别、追求超现实的精神自由的内容，但这些内容只能说明庄子思想中有重主观轻客观、主观与客观相分离的倾向，并不能说明庄子是主观唯心主义者。确定一个哲学体系基本属性的依据只能是该哲学家对哲学基本问题的回答，不能是其他内容。

（三）如何分析庄子哲学的主要特色

庄子继承了老子以"道"为世界本源的基本思想，但老子哲学的基本着眼点是欲取先予、无为而无不为，还不想超脱现实，而庄子哲学的着眼点却是逍遥于无何有之乡，完全摆脱现实。追求超现实的精神自由，这是庄子哲学的突出特色，对这一特色的理解不同，也是分析庄子哲学思想时产生分歧的一个原因。

不少同志认为："庄子的所谓道本来是客观的东西，但人可以用'心'来求'道'，这个道就成为人心的产物，人得道后主观精神就可以无限膨胀，能够和造物者平起平坐，成为支配天地万物的主宰，这不是归结为主观唯心主义又是什么呢?"以"心"求"道"，说明"道"在"心"外，但又说"道"可以成为"人心的产物"，似乎"道"由"心"生，这是自相矛盾的。其矛盾产生的原因在于没有正确理解庄子的精神自由的思想实质。

要正确分析庄子的精神自由，首先要看一下庄子追求精神自由的前提是什么。庄子为什么要以精神自由为生活的中心呢？简单说来就是因为他在现实生活中得不到自由，没有现实的意志的自由，只好追求超现实的玄想的自由。庄子生活在社会剧烈变动的时代，任何圣贤豪杰都不能操纵飞快转动的历史车轮，庄子对这种不可抗拒的必然性哀叹：人"一受其成形，不忘以待尽。与物相刃相靡，其行尽如驰，而莫之能止，不亦悲乎！终身役役而不见其成功，苶然疲役不知其所归，可不哀邪！"（《齐物论》）人生如流光飞驰，身不由己，终日奔劳，莫知所归，庄子痛切地感到一种异己的必然性力量在支配一切。在庄子看来，事业之穷达，品德之优劣，甚至饥渴寒暑都是命定的，既不能窥测其究竟，也无法预料其吉凶。命是不可改变的必然，现实是必然的世界。

安命论是庄子哲学的基础，也是庄子追求精神自由的基础。不幸的一切都是命定的必然，人们为之无可奈何，所以莫若忘怀一切矛盾和差别，达到思想上的绝对和谐，也就是进入自由境界。庄子的精神自由是建立在命定论的基础上的。这就是说，懂得一切遭遇都是不可抗拒的命，就不再为之发愁烦恼，从而实现内心的宁静，就可以进入"与物为春"的美妙境界了。庄子是在承认客观必然性的前提下追求精神自由的。追求精神自由的根本原因是对客观必然性的无能为力，追求精神自由的根本目的是逃避命定的现实。命定论是庄子哲学的出发点和基础，无论庄子怎样"膨胀主观精神"都未能改变他的命定论的基本立场。

庄子得"道"后是不是真的"和造物者平起平坐，成为支配天地万物的主宰”了呢？这就要考察一下“至人”得“道”的实质了。《大宗师》对得“道”的过程是这样描写的：“参日而后能外天下……七日而后能外物……九日而后能外生；已外生矣，而后能朝彻；朝彻，而后能见独。”“外天下”、“外物”、“外生”就是忘怀一切，也就是绝对的不动心。“见独”也就是“得道”，即体验到宇宙之初虚廓无垠的境界。所谓“心斋”突出一个“虚”字，“坐忘”突出一个“忘”字，也都是达到内心的宁静与和谐。“得道”的实质是得到一种与天地万物融为一体的神秘体验，这种体验的目的是忘怀现实的烦恼、实现精神的解脱，而不是把个人的意志付诸现实或以之主宰万物。

就其追求不为外物动心的人格独立而言，庄子的精神自由有真实的一面；就其摒绝一切意志、感情、思虑、知觉而言，庄子的精神自由又有虚假的一面。《人间世》说：“自事其心者，哀乐不易施乎前，知其不可奈何而安之若命，德之至也。”这说明庄子的精神自由只限于“自事其心”，与外界毫无干系，达到至德的精神境界以后就会以安然顺命的态度去随顺一切，这里根本谈不上支配外物。庄子的精神自由是在命定论的基础上幻演出来的海市蜃楼，什么冰肌玉肤的姑射山的神人，什么焚而不热的至人，什么游乎尘垢之外的圣人，什么与物为春的真人，都是海市蜃楼里的幻想，是庄子对自己所向往的自由境界的形象化的夸张描写。这种夸张描写并不能掩盖他的精神自由消极虚假的本质。有的同志说庄子的思路是“从逃避和消除矛盾中来寻求精神上的解脱，陶醉于自我的精神慰藉之中”，这是正确的；说他要“成为支配天地万物的主宰”，则是不恰当的。

其实，庄子明白地说过得道真人“不以心捐道，不以人助天”，主张“天与人不相胜”（《大宗师》）。庄子并不想支配天地万物，《应帝王》说：“无为名尸，无为谋府，无为事任，无为知主。体尽无穷，而游无朕；尽其所受乎天，而无见得，亦虚而已。至人之用心若镜，不将不迎，应而不藏，故能胜物不伤。”可见至人“胜物而不伤”的实质是虚心而应物，即“不伤物者，物亦不能伤也”（《知北游》）。“胜物”就是不为物伤，其秘诀真谛不过是超然于物外。所谓“物物而不物于物”（《山木》）也是于万物之变中保持超然的独立、不为外物动心的意思，决非主宰万物之义。庄子的精神自由仅是精神宁静或逍遥的自由，决不是与造物主一起支配天地万物的自由。

总览《庄子》内篇，所谓“与道为一”、“与天为一”，所谓“与万物为一”，所谓“游于无何有之乡”，所谓“与造物者为友”，和至人“得道”一样，都是在想象中与天地精神相往来的思想境界。其实质是忘却现实的一切，直接体验物质世界尚未发生时原始“混溟”的状态。庄子只说得道以后精神如何怡然自得，思想如何飘逸玄远，感情如何超脱死生溺热，但庄子从来没有说过“至人”得道以后就可以取代“自本自根”的道而“生天生地”。体验道的存在不等于取消了道的存在，忘却了客观世界不等于“吞没”了客观世界，这里谈不上最终陷入主观唯心主义。庄子的精神自由否弃一切感官的作用，直接去体验最高最根本的存在，就此而言，我们可以说庄子哲学中有神秘主义或直觉主义，但不能说庄子哲学是意志主义或主观唯心主义。

除了正确理解和分析一个哲学体系的特色以外还必须注意这些特色在整个体系中的地位，即搞清楚一个哲学体系的主要特色与这个体系的基本属性的关系。应该看到，哲学体系的基本属性和主要特色是两个既有联系又有区别的概念，笼统地说来，哲学体系的属性也可以看作它的特色之一，但严格说来，哲学体系的基本属性是不同于哲学体系的其他特色的。

首先，使用这两个概念的着眼点不同。判断哲学体系的属性的标准，是哲学基本问题；而考察哲学体系的特色的出发点则是哲学体系本身，是在于体系自身中最为突出、与其他体系相比又最有特色的内容。其次，这两个概念所包含的内容和范围不同。哲学体系的基本属性指哲学家对于意识与存在的关系问题的基本立场，即使细分起来，这种立场也不外唯物主义、唯心主义（主观唯心主义或客观唯心主义）、二元论这样几种情况，这几种情况概括了古今中外一切成熟的哲学体系的基本性质（某些思想家对于哲学基本问题没有明确的回答则应除外）。哲学体系的特色却没有固定的类型或范围，它是多种多样的，可以是对哲学基本问题的回答，如理一元论、气一元论等；也可以是关于其他问题的论述，如人性论、宿命论、功利主义等。另外，哲学体系的不同属性是互不相容的，一个成熟的思想家不可能既是唯物主义者又是唯心主义者，也不可能既是主观唯心主义者又是客观唯心主义者。而哲学体系的不同特色是对不同问题的回答，所以它们往往可以相互结合，命定论、人性论、气一元论可以融为一体，天人关系、知行关系、理气关系等方面的问题也可以相互融合。总的来看，哲学体系的基本属性反映了哲学家的根本立场，对于每一个哲学家来说，这种立场都只能有一个；而哲学体系的主要特色反映了哲学家思想的特殊性，对于每一个哲学家来说，这种特色都可以是别具风采、与众不同的。相对地说来，哲学体系的基本属性较多地反映了它在哲学史中的共性，哲学体系的主要特色较多地反映了它在哲学史中的个性。

从历史上看，区别哲学体系的基本属性与主要特色是没有困难的。性质相同的哲学体系，其特色可以不同，如德谟克利特和洛克的哲学都是唯物主义的，但德谟克利特的特色是原子论，而洛克的特色是经验论、白板说。有共同特色的哲学体系，其性质也可以不同，如赫拉克利特和黑格尔的哲学体系都以辩证法为其特色，但前者是唯物主义，后者是唯心主义。哲学体系的基本属性与主要特色的区别是比较明显的。

但是在庄子思想的研究中，有的同志对庄子哲学的基本属性和主要特色很少区别，这样是说不清问题的。我们认为，庄子哲学的基本属性是客观唯心主义，庄子哲学的主要特色是追求精神自由。庄子的精神自由反映了庄子思想中的神秘主义和直觉主义。由于庄子的精神自由是纯主观纯思想的，是脱离客观现实的，因而我们可以说庄子思想有主观主义倾向。然而，这不能作为庄子是主观唯心主义者的根据。总之，我们应该注意区别一个哲学体系的基本属性和主要特色，避免把这两个概念混同起来。在哲学史研究中，既注意正确判断一个哲学体系的基本性质，又注意具体分析每个哲学体系各自的特色，这不仅可以防止简单化、公式化的错误，而且有利于哲学史研究的深入发展，有助于实现哲学史研究的科学化。

第四节　庄子哲学的社会意义

在以上各章节我们讨论的都是庄子哲学的理论意义，剖析哲学体系的理论意义是哲学史研究的重点，但仅有重点还是不够的，为了全面认识和评价庄子哲学，我们还有必要讨论一些庄子研究中与社会历史密切相关的问题，这就是庄子哲学所要解决的中心问题、庄子哲学的阶级意义以及庄子哲学的历史地位等问题。

（一）庄子哲学的中心问题

所谓庄子哲学的中心问题即庄了哲学所要解决的主要问题。一般说来，一个思想家创造一个哲学体系必有其一定的针对性，有其一定的社会历史原因，有其所要解决的实际问题和理论问题。只有抓住一个哲学家所要解决的中心问题或主要问题才能正确理解和剖析这个哲学家的思想体系。例如老子哲学的中心问题是弱小的社会力量如何以柔克刚的问题，董仲舒哲学的主要问题是如何接受秦朝灭亡的教训，防止农民战争，谋求汉朝的长治久安，而王充著《论衡》的主要目的则是为了廓清当时流行的谶纬迷信。揭示这些哲学家所要解决的中心问题对于阐发他们的基本思想有着重要意义。

一个哲学家所要解决的主要问题和他所处的时代有密切的关系。庄子的生卒年代难以确知，各家考证结果也互有出入，但庄子“与梁惠王、齐宣王同时”（《史记·老子韩非列传》）这一点是没有疑义的。同时，《列御寇》记载庄子提到过宋王的暴虐无道，但没有提到宋王的下场，说明庄子未及见宋国的灭亡。这样看来庄子的生年与梁惠王即位之年相去不远，庄子的卒年或在齐灭宋之前，所以马叙伦假定庄子生于宋剔成元年（公元前369）、卒于宋王偃四十三年（公元前286）大体是可靠的。

庄子大体生活于战国中期，这是中国古代社会大发展大变革的时代，也是大动荡、大战乱的时代。这时周天子的威信扫地殆尽，各国诸侯相继称王称霸。公元前334年，魏惠王与齐威王互尊为王；公元前325年，秦惠文王也开始称王；公元前288年，齐湣王与秦昭王又共约称帝。这时战争也愈演愈烈，动辄出兵十万数十万，一次战役短则数月，长则可以“旷日持久数岁”，战争空前残酷，一次战争中被斩首的士卒即可达数万或数十万①，正如孟子所说“争地以战，杀人盈野；争城以战，杀人盈城”（《孟子·离娄上》）。这一时期战争也日益频繁，如公元前354年，魏攻赵，围邯郸，次年魏攻陷邯郸，而齐又胜魏于桂陵；公元前343年，魏攻韩，齐击魏救韩；公元前333年前后，秦屡次攻魏；公元前318年魏发起“合纵”攻秦；公元前316、前315年秦灭蜀并屡侵占赵地；公元前315年，齐取燕；公元前314年秦败韩军；公元前312年秦楚大战；公元前

① 以上史实据翦伯赞主编：《中国史纲要》第一册第三章第三节，北京，人民出版社，1979。

308年，秦又侵占韩城；公元前301年齐率韩、魏攻楚；公元前296年，齐发起“合纵”攻秦，公元前286年，齐灭宋；公元前284年，燕联合三晋等国败齐……总之，这是社会动荡，战乱不断的年代。

对于战国中期的社会现实，孟子有过许多揭露和抨击。孟子说："王者之不作，未有疏于此时者也；民之憔悴于虐政，未有甚于此时者也。"（《孟子·公孙丑上》）"今夫天下之人牧，未有不嗜杀人者也。"（《孟子·梁惠王上》）统治者嗜于杀伐，人民憔悴不堪。孟子又说："今之所谓良臣，古之所谓民贼也。"（《孟子·告子下》）"古之为关也，将以御暴；今之为关也，将以为暴。"（《孟子·尽心下》）传统的道德观念黑白颠倒了，旧有的军事设施也完全改变了性质。孟子所说的都是战国中期社会的实际情况。

庄子与孟子的生活态度、生活理想有根本不同，但他对社会现实的揭露却与孟子基本相合。庄子说："自我观之，仁义之端，是非之途，樊然殽乱，吾恶能知其辩！"（《齐物论》）这是对是非颠倒的社会现实的愤激之词。庄子谈到卫君时说："其行独，轻用其国，而不见其过；轻用民死，死者以国量乎泽若蕉，民其无如矣。"（《人间世》）庄子还认为伴君如伴虎："虎之与人异类而媚养己者，顺也；故其杀者，逆也。"（《人间世》）这是对统治者暴虐本性的揭露。《人间世》还说："天下有道，圣人成焉；天下无道，圣人生焉。方今之时，仅免刑焉。"庄子认为社会动荡不安，是非樊然淆乱，一切都谈不上，能避免罪祸刑罚就算不错了。《山木》还记载魏王问庄子曰："何先生之惫邪？"庄子答曰："贫也，非惫也……此所谓非遭时也。王独不见夫腾猿乎？其得柟梓豫章也，揽蔓其枝而王长其间，虽羿、蓬蒙不能眄睨也。及其得柘棘枳枸之间也，危行侧视，振动悼慄；此筋骨非有加急而不柔也，处势不便，未足以逞其能也。今处昏上乱相之间，而欲无惫，奚可得邪？此比干之见剖心，征也夫！""昏上乱相"是庄子对当时的统治阶级的总评语，处于昏上乱相之间犹如猿猴掉到灌木丛中，动辄遭困，无可奈何。看来庄子本来并非不想有所作为，实在是现实太黑暗了，根本无法施展自己的才能。

庄子对社会现实的根本感受决定了他的思想中心不可能是如何维护社会现实或改造社会现实，而是如何"仅免刑焉"。《养生主》说："为善无近名，为恶无近刑。缘督以为经，可以保身，可以全生，可以养亲，可以尽年。"既要躲开荣誉，又要避免刑罚，恪守超是非之中道以求全生保身，这就是庄子的思想重心所在。庄子反复强调“无用”之大用也是为了全生保身。《人间世》中栎社树说：“予求无所可用久矣，几死，乃今得之，为予大用。使予也而有用，且得有此大也邪?”栎社树之所以能长得“其大蔽数千牛”全在于无用。《人间世》又说：“山木自寇也，膏火自煎也。桂可食，故伐之；漆可用，故割之。人皆知有用之用，而莫知无用之用也。”“人皆知有用之用”，然有用之物为人所用则不能自我保全；人“莫知无用之用”，然无用之物无人理睬则可全生保身，这就是无用之大用。“无用之用”也就是“不伤”，《应帝王》说：“至人之用心若镜，不将不迎，应而不藏，故能胜物而不伤。”这里“胜物”是虚，“不伤”是实，庄子认为无所用其心，不为外物而动情即可保持主动，即“胜物”，而“胜物”的实质乃在于不为物伤。由此可以看出，庄子哲学是在乱世中如何明哲保身的哲学。

我们说过，庄子哲学的主要特色是追求精神自由，是逍遥游，这里又说庄子哲学的中心问题是全生保身，这二者是什么关系呢?其实这二者是完全一致的，庄子认为全生保身的最好形式即逍遥无为，而逍遥无为的根本目的仍在全生保身。《逍遥游》记庄子对惠子说：“今子有大树，患其无用，何不树之于无何有之乡，广漠之野，彷徨乎无为其侧，逍遥乎寝卧其下。不夭斤斧，物无害者，无所可用，安所困苦哉!”逍遥乎，彷徨乎?逍遥彷徨之目的即在不夭于斤斧，虽“无所可用”也自得其乐。《山木》篇记弟子问于庄子曰：“昨日山中之木，以不材得终其天年；今主人之雁，以不材死，先生将何处?”庄子笑曰：“周将处乎材与不材之间。材与不材之间，似之而非也，故未免乎累。若夫乘道德而浮游则不然。无誉无訾，一龙一蛇，与时俱化，而无肯专为；一上一下，以和为量，浮游乎万物之祖；物物而不物于物，则胡可得而累邪!”这是渲染描绘逍遥游极乐之境，追求逍遥游的境界是为了避免万物之累。庄子接着说，“若夫万物之情，人伦之传则不然。合则离，成则毁，廉则挫，尊则议，有为则亏，贤则谋，不肖则欺，胡可得而必乎哉！悲夫！弟子志之，其唯道德之乡乎!”这是说明现实世界中充满了矛盾与危险，人们进退维谷，无所适从，无可留恋，“悲夫”二字更道出了庄子对现实之不幸的感受。这一段说明庄子追求“乘道德而浮游”的境界是为了全生免害，实有无可奈何之意。由此可知庄子哲学的中心问题与庄子哲学的主要特色是一致的。

总而言之，庄子哲学是社会动乱的产物，从现实上讲，庄子哲学所回答的中心问题便是在乱世中如何全生保身，从理论上讲，这一问题也就是怎样在客观必然性面前实现个人自由。庄子主张安命无为是为了躲避矛盾，保持心灵的宁静；庄子追求与道为一是为了超脱现实，自我陶醉；庄子主张以不知为真知、主张视万物如一也是为了忘怀一切，自得于无何有之乡。对精神自由的追求是贯穿庄子哲学的一根主线。如果说庄子哲学最初提出的问题是如何全生保身，那么庄子对这个问题最根本的回答便是追求纯精神的自由。所以归根结底，我们也可以说庄子哲学的中心问题是如何实现精神自由。庄子突出而鲜明地提出了如何实现精神自由的问题，这不仅有重要的理论意义，而且有重要的社会历史意义。

（二）庄子哲学的阶级属性

要考察庄子哲学的阶级性质就要考察庄子本人的阶级地位。一个哲学家的思想体系所代表的阶级与他本人所处的实际阶级地位有时是不一致的，但在一般情况下二者还是相合的。从庄子的生平经历来看，他所处的社会地位与他的思想倾向是一致的。庄子基本是平民知识分子的思想代表，他的思想体系有浓重而鲜明的知识分子的色彩，但归根结底代表了小生产者的愿望，反映了广大平民阶层的思想情绪。

关于庄子的生平，现存历史资料极少，《史记》说庄子“尝为蒙漆园吏”，张守节作《史记正义》引《括地志》云：“漆园故城在曹州冤句县北十七里”，并说“此云庄周为漆园吏即此”。今人杨宽同志经过研究否定了此说，杨宽说，庄周“尝为蒙漆园吏”，这个蒙的漆园当是宋国政府所经营的，所谓“漆园吏”，当即管理漆园的官吏。杨宽还指出，《正义》把漆园作为地名，并说“古属蒙县”是出于曲解。① 杨宽所说有一定根据，《诗·鄘风·定之方中》已提到种植漆树，《诗·唐风·山有枢》也说到“山有漆”，《诗·秦风·车邻》也说“阪有漆”，说明春秋前期中原的卫国、西北的晋国和西面的秦国都有漆树的栽培。又据《尚书·禹贡》兖州“厥贡漆丝”，豫州“厥贡漆枲絺纻”，说明战国时期中原地区漆树的栽培已相当普遍。所以庄周所在漆园应为漆树之园，把漆园理解为地名是不对的。

漆园吏即管理漆树园的小吏，其地位在政府官员中应该是最低

---

① 参见杨宽：《战国史》，54页正文和注解，上海，上海人民出版社，1980。

的，大概只是国家的一般工作人员。庄了作为漆园吏一定相当悠闲，这使他有机会读书、漫游、观察、遐想，使他能够广泛地接触大自然，广泛地接触社会生活的各个方面和下层劳动者。这或许对庄子思想的形成有重要影响。司马迁说庄子“其言洸洋自恣以适己，故自王公大人不能器之”（《史记·老子韩非列传》），这说明庄子颇有思想才华，但始终没有得到统治者的赏识和重用。《史记》还记载楚威王闻庄周贤，曾使使厚币迎之，许以为相，庄子却说：“子亟去，无污我。我宁游戏污渎之中自快，无为有国者所羁，终身不仕，以快吾志焉。”此记载不一定确实，但也必定事出有因。“无为有国者所羁”说明庄子不愿与任何统治者合作，“终身不仕”说明庄子的社会地位一直没有超过漆园吏。从《史记》的记载来看，庄子是始终不愿趋炎附势的下层知识分子，而决不是受到贬黜的奴隶主贵族，说庄子是没落奴隶主贵族的代表纯属臆断。

庄子经济上一直比较拮据。《山木》记载他见魏王时穿着带补丁的粗布衣服（“衣大布而补之”），用带子系着破鞋（“正緳系履而过魏王”），庄子也直言不讳地承认自己“衣弊履穿，贫也”。《列御寇》也提到庄子“处穷闾陋巷，困窘织履，槁项黄馘”，庄子晚年编草鞋为生，居处破陋，面黄肌瘦，生活窘迫。另据《外物》篇记载：“庄周家贫，故往贷粟于监河侯。”“贷粟”即借口粮，需借米下锅，可见生活之贫寒。监河侯却狡猾地说：“诺。我将得邑金，将贷子三百金，可乎?”于是庄子愤然作色曰：“周昨来，有中道而呼者。周预视车辙中，有鲋鱼焉。周问之曰：‘鲋鱼来！子何为者邪?’对曰：‘我，东海之波臣也。君岂有斗升之水而活我哉?’周曰：‘诺。我且南游吴越之王，邀西江之水而迎子，可乎?’鲋鱼愤然作色曰：‘吾失我常与，我无所处。吾得斗升之水然活耳，君乃言此，曾不如早索我于枯鱼之肆！’”这一寓言说明庄子丝毫不以贫穷而感到羞耻，并对吝啬而狡猾的富人有一种本能的蔑视和愤慨，显然这种坦荡严正的态度是不能与奴隶主贵族相提并论的。

庄子对统治阶级有深刻的揭露和批判。《列御寇》记载有人以宋王所赐的车向庄子炫耀，庄子却给他讲了一个故事：“河上有家贫恃纬萧而食者，其子没于渊，得千金之珠。其父谓其子曰：‘取石来锻之！夫千金之珠，必在九重之渊而骊龙颔下，子能得珠者，必遭其睡也。使骊龙而寤，子尚奚微之有哉！’”接着庄子说道：“今宋国之深，非直九重之渊也；宋王之猛，非直骊龙也；子能得车者 ，必遭其睡也。使宋王而寤，子为齑粉夫！”宋国如九重之渊，宋王如骊龙之凶，庄子对统治者的本质有清醒的认识和尖刻的揭露。《史记·宋世家》也说宋王偃“淫于酒妇人，群臣谏者辄射之”，可见庄子之言并非虚妄。庄子对于领受赏赐的统治阶级的帮凶尤为鄙视。曹商为宋王使秦，得到重赏，他以此来傲视庄子，庄子便辛辣地讽刺说：“秦王有病召医，破痈溃痤者得车一乘，舐痔者得车五乘，所治愈下，得车愈多。子岂治其痔邪，何得车之多也？”（《列御寇》）骂宋王的使者为舐痔者，这是何等尖刻无情的鞭笞！

与此适成对照的是庄子对社会下层的劳动者不但没有轻蔑嘲讽之词，反而多有赞叹之意。庄子寓言中的主人公有养猴人（《齐物论》），有屠户庖丁（《养生主》），有木工匠石、种树的荆氏（《人间世》），有替人缝洗衣服或簸米筛糠的支离疏（《人间世》），有受刖刑而断足的王骀、申徒嘉（《德充符》），此外外杂篇中的寓言人物还有善粘蝉的驼背人，操舟若神的船夫，巧夺天工的乐器匠，技术高超的车夫（《达生》），还有捶制钩带的老工匠（《知北游》）以及相马狗之徒（《徐无鬼》），等等，这些下层劳动者或自由职业者在庄子及其门人笔下大多是智慧、才能或道德的象征，他们的经验、技艺常常使君王心悦诚服，赞叹不已。庄子对庖丁解牛的描写更是脍炙人口的篇章，庄子形容庖丁解牛之声“莫不中音，合于桑林之舞，乃中经首之会”（《养生主》），对庖丁及其劳动技艺赞赏之情跃然纸上。总而言之，庄子的生活经历、经济地位、政治态度、思想情感都证明他是下层平民的代表，而不是奴隶主贵族。如果庄子真是没落的奴隶主，那么他就不可能对下层劳动者那么熟悉、那么同情；如果说他的立场已经转变了，那么他就不会拒绝与新的统治者合作。所以断言庄子是没落奴隶主贵族的代表是讲不通的。

所谓平民阶层，其主体是城乡小生产者，他们生活在社会下层，摆脱不了受压迫、受剥削的命运，不管是奴隶主（或封建领主）还是新兴地主，都不可能根本改变他们的处境，这就造成他们对一切统治者的本能的敌对态度，使他们有可能成为对现实和一切统治者进行批判的革命力量。但是小生产者并不是生活在社会最底层的穷人。他们大多有少量生产资料和劳动技能，有一定的经济来源，他们的处境要比奴隶、帮佣、短工、贫农、无业游民等好得多，这种相对稳定的社会地位又容易使他们趋向保守。所以平民阶层的政治态度是二重化的，一方面可以激烈地抨击现实，诅咒剥削阶级，另一方面也容易满足现状，自我安慰。庄子哲学恰好是这种矛盾性的集中反映：一方面庄子哲学全面地否定现实，揭露统治者的凶残本性，另一方面又极力鼓吹安命哲学，退避到自己的思想中来寻求慰藉；一方面是消极悲观，心灰意冷，另一方面又积极追求精神自由，似乎很乐观放达；一方面承认现实中充满了矛盾斗争，另一方面又拼命抹杀矛盾，幻想进入无差别境界；一方面否认认识的可能性与可靠性，另一方面又鼓吹对道的直觉体认。庄子哲学的这种充满矛盾的特点，特别是庄子哲学中批判现实与逃避现实的矛盾，可以在小生产者的软弱性、摇摆性中得到最好的解释。所以从庄子哲学本身的内容来看，也应该说庄子哲学所代表的是小生产者的思想情绪。

墨子与庄子都是小生产者的思想代表，由于墨子是手工业者的政治领袖，庄子是一个失意的自由知识分子，所以二者的思想有着重要区别，但是，由于他们思想的阶级基础都在于小生产者之中，所以他们的思想都体现了小生产者的二重性的特点，都充满了深刻的内在矛盾。墨子一方面激烈地批判天命论，反对暴君和懒人以天命为自己开脱，另一方面又坚持天有意志，把小生产者的理想道德托付给天鬼；一方面揭露国君和王公大人的奢侈淫靡，另一方面又反对暴力斗争，主张以兼爱作为救世之方。庄子思想中的矛盾与墨子的情况是相似的，一方面对现实极为不满，另一方面又鼓吹安命哲学；一方面对统治阶级有深刻的批判，另一方面又反对斗争，幻想以自我陶醉来息事宁人。庄子哲学和墨子哲学都反映了小生产者对现实的不满情绪和改变现实的要求，也都反映了小生产者无力与现实抗争、不能与统治者直接对抗的局限性和软弱性。

墨家是小生产者的政治团体和学术团体，丰富的生产劳动实践和阅历使他们有条件对自然科学作较多的总结和探索，在中国科技史上留下了卓著而光辉的一页。庄子及其后学与小生产者有密切关系，所以他们虽然没有像后期墨家那样专门研究自然科学，却也在自然科学史上留下了自己的足迹。庄子哲学坚持了宇宙无穷的深刻观念，孕育了中国古代天文学中的宣夜说；庄子哲学还用气化论解释了生命的出现与演化，肯定了生命的物质基础；庄子哲学对中医理论和气功实践的发展也有一定影响。此外，《庄子·徐无鬼》篇描述了基音和泛音的共振现象，提到了中医药剂中的君、臣、佐、使和时令的关系问题，也提到了与相畜学有关的相马相狗之术，《刻意》篇涉及了流体的一般性质问题，《则阳》篇论及了深耕细作的问题，《至乐》篇提出了生物演化问题①，所有这些都可证明庄子及其后学与生产劳动和自然科学有较为密切的联系，这一点与墨家也是相同的，由此可以看到庄子哲学的社会基础也应该是小生产阶层。

关锋等人论证庄子是没落阶级代表的重要根据是庄子哲学内容的消极性，这种论证是不能成立的。第一，庄子哲学不完全是消极的。庄子哲学既有主张安然顺命、无所作为的一面，也有孜孜不倦地追求自由的一面；庄子哲学既有逃避现实、自我安慰的一面，又有揭露统治阶级、不与权贵同流合污的一面。把庄子哲学看成一团漆黑、毫无是处并不符合庄子思想的实际情况。第二，一种思想不一定只能从属于一个阶级，一个阶级也不是只能有一种思想。没落阶级的代表不一定都是消极悲观的，不一定都是逃避现实的，消极悲观的也不一定都是没落阶级。没落阶级的代表也可以是积极挣扎、疯狂反扑的，其他阶级的人也可以因个人或小团体的失败而灰心丧气，消极悲观。小生产者处在社会上层与底层之间，他们有上升的愿望，但又常常遭受倾轧，他们的思想代表可以抨击现实，也可以抒发自己的理想，但他们终究不代表新的生产力和新的生产关系，所以他们的理想蓝图不可能付诸实施，这样，在小生产者中间就比较容易产生悲观失望情绪。所以庄子哲学作为代表小生产者的平民知识分子的思想体系，有相当浓重的消极情绪和悲观色彩是不难理解的。

庄子哲学是动乱年代中失意的知识分子的思想体系。从庄子的生活经历、政治态度和思想特点来看，庄子是一个平民知识分子，他的哲学归根结底代表了城乡小生产者的阶级利益与思想要求。

（三）庄子哲学的历史地位

庄子哲学的历史地位与庄子本人的历史地位是密不可分的。在两千多年的漫长历史中，历代文人学者对庄子的评价或高或低，有毁有誉。近代以来，进步学者以马克思主义为武器对庄子哲学进行了研究，有所批判，也有所肯定。到了20世纪60年代，正常的学术研究遭到了严重的破坏，庄子哲学也被宣判为反动哲学，什么滑头主义、混世主义、醉生梦死、精神堕落等帽子都被扣到庄子头上。

---

① 上述问题主要依据自然科学史研究所主编的《中国古代科技成就》一书，此外，《徐无鬼》中的中药问题参考了曹础基的《庄子浅注》。《至乐》篇是否涉及了生物进化问题，学术界意见不尽相同，此据陈鼓应先生《庄子今注今译》。

这种以政治大批判代替学术研究、摧残学术研究的做法完全是“左倾”思想干扰的结果，所以，给庄子及其哲学以正确的评价，不仅是学术研究的需要，而且是进一步肃清“左倾”思想影响的需要。

庄子哲学是充满矛盾的，因而庄子哲学的社会影响和历史地位也是相当复杂的，不能一概而论。总起来看，庄子哲学鼓吹消极悲观的安命无为，主张脱离社会，逃避现实，庄子哲学又抹杀矛盾，回避斗争，否认认识的可能性与可靠性，这些都是不利于民族发展，不利于社会进步的。对于劳动人民来说，庄子哲学意味着逆来顺受，取消反抗斗争，是涣散人心、腐蚀斗志的麻醉剂；对于统治阶级来说，庄子哲学可以为他们不理朝政、昏庸无能作开脱。此外庄子的逍遥游也为那些毫无民族责任感、自私懒惰、因循守旧的人提供了超脱放达的遁词。就此来说，庄子哲学是消极的，有害的，是不值得提倡的，在全国人民奋发努力建设现代化的今天，这种消极无为的哲学更应该受到抵制和批判。

但是，我们不能因此而全盘否定庄子，全盘否定不是马克思主义的态度，全盘否定庄子哲学的历史作用也不符合历史的实际情况。首先，在一定意义上可以说庄子哲学是一种批判的哲学。庄子彻底批判了他所见到了社会现实，尖锐地批判了各国的统治阶级及其帮凶，无情地批判了在当时颇有势力和影响的儒墨显学。庄子哲学具有鲜明的批判色彩，所以，在漫长的封建社会中，庄子哲学一直是异端思想及批判思潮的重要的理论来源。

其次，在特定的意义上说，庄子哲学也是一种解放的哲学，庄子哲学本身就是冲破西周以来传统思想束缚的产物。秦汉以后，儒家与法家合流，形成了以儒家思想为主的专制主义的正统的思想体系，正统思想要求人们恪守三纲五常，战战兢兢，如履薄冰，慎独修身，这对人的思想是一种僵硬的束缚，在漫长的封建社会中能够与这种僵化的思想相抗衡、能够为僵死的思想界带来一点生动气息的便是道家思想，尤其是庄子哲学。

再次，庄子哲学也是一种富于启发性的哲学，在一定条件下可以帮助人们摆脱某种盲目性。比如庄子主张超死生，完全超脱于死生之外是很难做到的，但在一定程度上超脱一些，摆脱对死亡的恐惧和神秘感还是有合理因素的。又如庄子主张超名利、超得失，这对于斤斤计较个人得失、蝇营狗苟追求个人名利的人来说不失为一种批判，同时指出得失的相对性对于排遣个人的忧愁烦闷也有一定的作用。

最后，庄子哲学是以浪漫主义的文学形式表达出来的，这种浪漫主义影响了嵇康、阮籍、陶渊明、李白、曹雪芹、闻一多、郭沫若等许多文学大师和思想泰斗，如果说中华民族的性格不完全是严肃矜持的，还有幽默活泼的一面，那么庄子便是我们民族的浪漫大师和幽默大师。关于庄子哲学的历史作用，茅盾先生曾经说过："庄子思想有积极的和消极的两面；破坏偶像，要求个性解放，这是进步的要求，是它的积极的一面；然而它又有虚无主义的消极的一面。"① 茅盾的评论是比较公允的。

对于思想上充满了矛盾的历史人物，对于在历史上既产生过消极影响、又产生过积极影响的重要作品，马克思主义者一向是具体分析、全面评价的。恩格斯说："巴尔扎克在政治上是一个正统派；他的伟大作品是对上流社会必然崩溃的一曲无尽的挽歌；他的全部同情都在注定要灭亡的那个阶级方面。但是，尽管如此，当他让他所深切同情的那些贵族男女行动的时候，他的嘲笑是空前尖刻的，他的讽刺是空前辛辣的。"巴尔扎克"不得不违反自己的阶级同情和政治偏见；他看到了他心爱的贵族们灭亡的必然性，从而把他们描写成不配有更好命运的人；他在当时唯一能找到未来的真正的人的地方看到了这样的人"②。恩格斯既提示了巴尔扎克政治上保守落后的阶级偏见，又充分肯定了他的作品的伟大社会意义和历史意义。

列宁对托尔斯泰的分析也为我们正确评价历史人物的思想和作品提供了光辉的范例。列宁说："托尔斯泰的作品、观点、学说、学派中的矛盾的确是显著的。一方面，是一个天才的艺术家，不仅创作了无与伦比的俄国生活的图画，而且创作了世界文学中第一流的作品；另一方面，是一个发狂地笃信基督的地主。""一方面是最清醒的现实主义，撕下了一切假面具；另一方面，鼓吹世界上最卑鄙龌龊的东西之一，即宗教。""作为一个发明救世新术的先知，托尔斯泰是可笑的……作为俄国千百万农民在俄国资产阶级革命快到来的时候的思想和情绪的表现者，托尔斯泰是伟大的。"③ 列宁对托尔斯泰思想中的消极面作了深刻的揭露和批判，对他作品中的积极倾

① 茅盾：《夜读偶记》，87页，天津，百花文艺出版社，1979。

② 恩格斯：《致玛·哈克奈斯》，见《马克思恩格斯选集》，1版，第4卷，463页。

③ 列宁：《列甫·托尔斯泰是俄国革命的镜子》，见《列宁选集》，1版，第2卷，370、371页。

向作了崇高的评价。

按照马克思主义经典作家评价历史人物的原则和方法，对于庄子这样在中华民族文化史上产生过重要影响的思想家显然是不能简单否定的。尽管“巴尔扎克在政治上是一个正统派”，同情被革命推翻的波旁王朝，但这并不妨碍恩格斯肯定“他是比过去、现在和未来的一切左拉都要伟大得多的现实主义大师”①。尽管托尔斯泰的学说“是空想的学说，就其内容来说是反动的”，这也不妨碍列宁肯定他是“伟大艺术家”，“是俄国革命的镜子”②。同样，尽管庄子的思想是十分消极的，但是他提出了在客观必然性面前如何获得自由等许多重要的理论问题，创造了一个具有批判性、解放性、启发性和浪漫性的独特而丰富的思想体系，对中国古代哲学，尤其是道家哲学的发展作出了重要的贡献，对中国古代的文学艺术的发展也有重大的影响，因此我们应该肯定庄子是我国古代的大思想家、大哲学家和大文学家，恢复庄子哲学在中国文化史上的应有地位。

要正确评价庄子哲学的历史地位，不仅应该恰如其分地肯定庄子哲学中的积极因素，而且应该具体地、历史地分析庄子哲学的消极性。消极悲观不是无产阶级的生活态度，我们应该反对消极安命的处世哲学，这是毫无疑义的，但是反对的方法不是简单地斥之为落后反动，而应该是把这种人生观放到它原有的社会历史背景之中，分析它产生的原因和影响，即是说，不过分追求个人的道德行为的是非，而侧重于研究一种思潮的社会历史原因。庄子为什么那么消极悲观，为什么主张安命无为？不是因为他生性懦弱，也不是因为他畏惧天命神意，而是因为他在乱世中感到了一种无可奈何的必然性，他知道自己无法支配自己的命运，他看到只有随顺客观必然才能保持心灵的宁静与自由的事实，因而主张在安命无为的基础上追求精神自由。所以庄子消极安命的主张虽不正确，却也事出有因，有一定的历史必然性。同时还应该看到，庄子是一个严肃而深刻的思想家，他宣扬安命无为决不是提倡混世主义或滑头主义，而是出于对现实的无奈和对统治阶级的绝望。庄子哲学实际上是寄托愤于悠闲（陈鼓应先生语），庄子的悲观绝望，庄子的离世愤俗，都是一种消极的抗议，苏轼曾说，“使天下之士，能如庄周齐生死、一毁

① 恩格斯：《致玛·哈克奈斯》，见《马克思恩格斯选集》，1版，第4卷，463、462页。

② 列宁：《列·尼·托尔斯泰和他的时代》，见《列宁全集》，中文2版，第20卷，103页；《列甫·托尔斯泰是俄国革命的镜子》，见《列宁选集》，1版，第2卷，369页。

誉、轻富贵、安贫贱。则人主之名器爵禄所以砺世磨钝者皆废矣”（《议学校贡举状》），这说明庄子消极的人生哲学在一定条件下也可以成为对抗统治阶级的一种手段。

历史上常常有这样的情况，在社会发生重大动荡变革的紧要关头，许多思想单纯的人都毫不踌躇地投入了一种社会潮流，或不知不觉地跟随着一种潮流走了下去，而少数深刻的思想家却因看到的更多、想到的更远而感到进退维谷，踌躇不前。庄子的消极悲观就有似于这种情况，他比别人更敏感地感到到了社会生活中的客观必然性，更深刻地看到了统治阶级的残暴贪婪的本性是不可能改变的，更懂得自己及自己所从属的社会力量是无法根本扭转混乱的社会现实的，他也比别人更清醒地认识到每一种行动、每一种愿望都可能走向自己的反面，因此他感到强烈的无可奈何的悲哀，感到有所为不如无所为，有所求不如无所求，然而他又比别人更强烈地渴望精神的独立自由，这就造成了他思想上深刻的矛盾。从社会历史发展的过程来说，人类是完全能够认识和掌握社会发展的客观规律的，人的自由和客观必然性的统一是完全可以在现实生活中实现的，然而这一切在庄子的时代却是不可能的，“这就构成了历史的必然要求和这个要求的实际上不可能实现之间的悲剧性的冲突”①，所以庄子是历史上的一个悲剧性人物，庄子思想中的矛盾是历史的悲剧性冲突的反映，庄子之所以消极悲观是因为他比别人更敏锐地看到了在当时的历史条件下还不可能正确解决的矛盾，这就形成了思想深刻的人似乎比一般的人更容易犯错误的悲剧结局。庄子哲学是一定的社会历史的产物，按照马克思和恩格斯的观点，“意识的一切形式和产物不是可以用精神的批判来消灭的……而只有实际地推翻这一切唯心主义谬论所由产生的现实的社会关系，才能把它们消灭”②。这就告诉我们，不彻底铲除滋养庄子哲学这种消极悲观情绪的社会土壤，仅靠对庄子的批判，是不可能从根本上杜绝庄子哲学的消极影响的。

应当怎样看待庄子对统治阶级的批判，这也是有关庄子评价问题的一个焦点。关锋认为，庄子对统治阶级的批判是“从倒退方面发出来的某些子弹，击中了封建地主统治的某些黑暗”，因而“庄子哲学在我国历代所起的社会作用，基本上是反动的”③。这里需要指

---

① 恩格斯：《致斐·拉萨尔》，见《马克思恩格斯选集》，1版，第4卷，346页。

② 《德意志意识形态》，见《马克思恩格斯选集》，1版，第1卷，43页。

③ 关锋：《庄子内篇译解和批判》，22、25页。

出两点：第一，庄子不是没落奴隶主贵族，说他是从“倒退方面”批判统治阶级的，这并没有确实的根据；第二，庄子所批判的是一切人君世主，庄子并没有区别奴隶主阶级和地主阶级，说庄子是从奴隶主的立场出发批判地主阶级的没有任何根据。当然，庄子对统治者的批判包括了对地主阶级、特别是他们的政治代表的批判，但这也不能作为庄子哲学反动的理由，因为庄子对统治者的批判所涉及的主要是统治者与被统治者的矛盾，而不是新的生产关系与旧的生产关系的矛盾，我们没有理由要求当时的被统治阶级都去与代表新的生产力和生产关系的地主阶级合作。当法国资产阶级尚处于上升阶段时，巴尔扎克就酣畅淋漓地揭露了他们自私自利和贪得无厌的剥削本性，嘲讽了他们力求跻身于贵族阶层的政治野心和虚荣心，有谁能说正统派的巴尔扎克对资产阶级的揭露和讽刺是“倒退”的、“反动”的呢？同样，我们有什么理由否定庄子对统治阶级，包括上升时期的地主阶级的批判呢？

庄子哲学在历史上的影响是复杂的，这不仅因为庄子哲学本身的内容是充满矛盾的，而且因为后人的立场、态度、方法、需要也是各不相同的，这样，一个哲学体系在历史上所产生的影响就可能是五光十色的。王廷相谈到老子哲学时说过：“得其静修者，为方士之能形；得其吝啬者，为晏、墨之苦俭；得其容忍者，为申、韩之刑名；得其离圣去智者，为庄、列之放达；得其不敢先事者，为持两端之奸；得其善为保持者，为避难之巧；得其和同而不绝俗者，为顽钝之鄙夫。”（《雅述·上篇》）叶适在谈到庄子哲学时也说过：“自周（庄周）之书出，世之悦而好者有四焉：好文者资其辞，求道者意其妙，汩俗者遣其累，奸邪者济其欲。”（《水心别集·卷六》）可见一种思想在历史上所产生的影响是因人而异的，甚至可以是完全相反的。由此可以知道，庄子哲学在历史上的消极影响是不能完全归罪于庄子本人的，而庄子哲学在今天能不能产生有益的影响也取决于我们自己的立场和方法。

我们是以马克思主义为指导思想的，马克思主义是科学的方法，马克思主义者对待古人的思想文化遗产应该有无限广博的胸襟和独具慧眼的卓识，正如马克思天才地从黑格尔的神秘主义、唯心主义哲学中剥离了辩证法的合理内核，恩格斯从巴尔扎克的《人间喜剧》中所学到的东西，甚至在经济细节方面所学到的东西，比从当时所有职业的历史学家、经济学家和统计学家那里学到的全部东西还要多。显然，黑格尔哲学和巴尔扎克的小说对马克思、恩格斯的思想影响，马克思、恩格斯对黑格尔和巴尔扎克的高度评价，都与马克思、恩格斯的无产阶级革命家的眼光和气魄是分不开的。我们应该学习马克思、恩格斯的眼光和气魄，敢于肯定庄子应有的历史地位。马克思肯定了黑格尔的历史地位，并不意味着肯定唯心主义，恩格斯赞扬了巴尔扎克的历史功绩，也不意味着同情他的保守的正统派立场，同样，我们肯定庄子的大思想家、大哲学家、大文学家的历史地位也不等于提倡消极悲观的生活态度，对于没有“左倾”偏见的人来说，这些都是不言而喻的。总之，能不能正确评价庄子确有一个立场、方法、观点的问题，不彻底打碎“左”的有色眼镜就不可能正确评价庄子，也不可能真正清除庄子哲学的消极影响。事实上，恰恰是那些挥舞大棒、“左”得可怕的假马克思主义者把许多有才干的人逼到了消极悲观、无所作为的绝路上去的，恰恰是他们迫使许多人自觉或不自觉地变成了所谓老庄哲学信徒。所以，无论是从正确评价庄子的角度来说，还是从肃清庄子哲学的消极影响来说，首要的都是扫除“左”的文化专制主义的遗毒，让生机勃勃的马克思主义把春风吹到学术研究领域的每一个角落。

提到庄子，人们往往会想到屈原，古人也常常庄、屈并论，两相比较。叶适说：“嗟夫！庄周者，不得志于当世而放意于狂言，湛浊一世而思以寄之，是以至此，其怨愤之切，所以异于屈原者鲜矣。”（《水心别集·卷六》）认为庄子和屈原都是满腔怨愤的失意的知识分子。明末诗人陈子龙说：“庄子、屈子，皆贤人也，而迹其所为绝相反。庄子游天地之表，却诸侯之聘，自托于不鸣之禽、不材之木，此无意当世者也；而屈子则自以宗臣受知遇，伤王之不明而国之削弱，悲伤郁陶，沉渊以没，斯甚不忘情者也，以我观之，则二子固有甚同者。夫庄子勤勤焉欲返天下于骊胥之间，岂得为忘情之士；而屈子思谒虞帝而从彭咸，盖于当世之人不数数然也。予尝谓二子皆才高而善怨者，或至于死，或遁于无乎有之乡，随其所遇而成耳。故二子所著之书用心恢奇，逞辞荒诞，其宕逸变幻，亦有相类。”（《陈卧子先生安雅堂稿卷三·谭子庄骚二学序》）这说明庄子与屈原的思想异中有同。《四库全书总目》说清人钱澄之所著《庄屈合诂》“以离骚寓其幽忧，而以庄子寓其解脱”，这说明庄子的散文和屈原的诗歌都可供后人抒发郁闷之情。总之，庄子的思想与屈原的思想确有相通之处，他们二人的历史地位本是轩轾难分的。

20世纪40年代，郭沫若先生的剧本《屈原》上演后，屈原的地位大大提高，对此侯外庐同志一直是有不同意见的，侯外庐说："我不同意史学家郭沫若，把他热爱的人物过于理想化，为儒家人物的头脑塞进法家思想，以至有损历史的真实。"① 60年代初期，关锋出版了他的《庄子内篇译解和批判》，把庄子骂得一塌糊涂。这样，屈原和庄子就被改塑成了美丑截然不同的两个人物形象，这显然是不符合历史事实的。

屈原的思想也是动荡时代的反映，庄子生活于宋国灭亡前夕，屈原生活于楚国衰败之际。楚怀王二十年，楚与齐联合；怀王二十四年又背齐而与秦联婚；二十五年与秦盟于黄棘；二十七年，和秦国的联盟因质秦的楚太子杀秦大夫而决裂；二十八年秦与齐、韩、魏共攻楚，杀楚将唐昧；二十九年和三十年，秦国连续攻楚；三十年，楚怀王应秦昭王之约赴秦被扣，客死于秦。② 政治风云反复无常，国力日见衰颓，这使屈原和庄子一样满怀忧愤而无处倾泻，也使屈原和庄子一样感到"举世皆浊我独清，众人皆醉我独醒"（《楚辞·渔夫》），庄子和屈源一个游于无何有之乡，一个怀石投江，但在鄙视浊世、洁身自好这一点上却是殊途同归的。

屈原思想与庄子思想的根本区别在于他以楚国强国为己任，有改革楚国政治的强烈愿望，能够为实现自己的政治理想而直谏不阿，为楚国的强盛而孜孜不息地奋斗，这种忧国忧民、勤勉不倦的精神是庄子所无的，就此来说，屈原的思想比庄子积极得多，庄子那种既不要任何权力，也不承担任何义务的做法显然是对国家、对民族毫不负责的，是消极落后的。但是屈原却把实现理想的希望、强盛楚国的希望完全寄托在并不开明的楚怀王身上，这就埋下了悲剧的种子。郭沫若曾提出"他（屈原）既有自杀的勇气，为什么不把当时的民众领导起来，向秦人作一殊死战呢？"③ 郭老认为这是诗人的资质限制了他。诗人的资质固然是一种限制，但更重要的却是阶级的局限。屈原是楚王的同姓贵族，又是仅次于令尹（宰相）的高官（左徒），这使他至死也无法认清楚怀王的昏聩本质，他虽然对楚怀王有所责怨，却无法背叛楚怀王所代表的贵族阶级，就此来说，就

① 《中国哲学》第七辑，334页，北京，三联书店，1982。

② 上述史实据胡念贻：《屈原评传》，见辛冠洁、李曦等主编：《中国古代著名哲学家评传》第一卷，361、362页，济南，齐鲁书社，1980。

③ 郭沫若：《屈原研究》，69页，上海，新文艺出版社，1953。

屈原对统治阶级的态度来说，屈原是无法与庄子相比的。庄子对统治阶级的批判是彻底的、尖锐的，庄子哲学的批判色彩比屈原的思想要鲜明得多，在这一点上又是庄子大大高于屈原的。当然这和庄子代表下层平民的阶级立场是分不开的。

此外，屈原思想中虽有一些大胆怀疑的精神，但在现实生活中，屈原并没有摆脱传统观念的束缚，他的思想远不如庄子解放。在哲学方面，屈原的思想更不如庄子丰富，他没有像庄子那样提出过重要而深刻的理论问题，也没有创建完整的理论体系。在文学方面，屈原和庄子一个是浪漫主义的诗人，一个是浪漫主义的作家，都在中国文学史上产生了巨大的影响。总起来看，庄子在中国文化史上的地位可能比屈原更为重要，闻一多说自魏晋以后，“中国人的文化上永远留着庄子的烙印”① 似乎不算过分，所以我们可以说：庄子的历史地位至少应该是不低于屈原的，那种只能肯定屈原、不能肯定庄子的偏向是应该得到纠正的。

总而言之，庄子是一个反传统的思想家，一个理论精深的哲学家，一个才华出众的文学家。我们一方面要批判庄子消极悲观的生活态度，一方面也要充分肯定庄子及其哲学在中国文化史上应有的地位。

---

① 闻一多：《古典新义》，见《闻一多全集》第 2 卷，281 页，北京，三联书店，1982。

后　编

庄学演变

在中编，我们主要根据《庄子》内篇和外杂篇中关于庄子言行的记载，分析了庄子哲学的体系，在后编，我们将依据《庄子》外杂篇来研究庄子后学的思想，不过，我们不是全面地研究《庄子》外杂篇或庄子后学的思想，而是从探索庄子哲学演变脉络的角度，研究庄子后学的思想。在前编第三章，我们对《庄子》外杂篇的分类已经作了比较详细的考证，把外杂篇的文章分为述庄派、无君派、黄老派三大派的作品，在本编，我们将分别阐述述庄派、无君派和黄老派的思想特点及其与庄子哲学的关系，这种阐述会进一步证明我们对《庄子》外杂篇的分类是合理的。

庄子后学中的述庄派以继承阐发庄子思想为宗旨，对庄子的本根论、方法论及人生论都有较为深入的演绎和发挥，他们的思想在一定程度上转向了现实，这是述庄派思想与庄子思想不完全相同的根本原因，也是这一派的思想包含了较多的合理性的重要原因。这一派的主要贡献是提出了道家的性超善恶论，为古代道家的人性论奠定了基础（见第七章）。

庄子后学中的无君派对庄子思想有重要改造。他们不是消极地逃避现实，而是直接面对现实，激烈地抨击君权及仁义道德；他们不是强调顺从天之自然，而是强调因顺人性之自然，他们是以人的自然之性为中心观念、以“安其性命之情”为理论要义的；他们所追求的不是纯精神的无何有之乡，而是人性淳朴、没有剥削、人人劳动、万类平等的“至德之世”，他们为小生产者描绘了一幅美好的理想社会的蓝图（见第八章）。

庄子后学中的黄老派是庄子后学中年代较晚的一派，其思想特点与庄子也相去较远。黄老派站在道家的立场上，吸收容纳了儒家和法家的思想学说，兼谈道德、仁义、法术，从而形成了庄子学派中比较重视统治术的一个支派；这一派把道从至高无上的宝座上拉下来，确立了自然之天的最高地位，从而把庄子哲学引向了唯物主义；这一派明确阐发了君无为而臣有为的观点，以有为补充无为，克服了庄子哲学的极端消极无为的偏向（见第九章）。

总之，庄子后学三派之间、庄子后学三派与庄子哲学之间都既有程度不同的区别，又有程度不同的联系。庄子哲学及庄子后学三派构成了一个大体统一的学派，研究这一学派的演变线索，对于总结人类认识发展的规律是不无裨益的。

第七章
庄子后学中的述庄派

所谓述庄派是庄子后学中的嫡派。述庄派的作品包括《秋水》、《至乐》、《达生》、《山木》、《田子方》、《知北游》、《庚桑楚》、《徐无鬼》、《则阳》、《外物》、《寓言》、《列御寇》十二篇，从文章的思想内容和语言形式来看，述庄派的作品是外杂篇中年代较早的一类。这一类作品的主要特点是继承和阐发内篇的思想，对庄子的本根论、真知论、齐物论都有较为细密的阐述，对庄子的人生论等思想也有所发挥。述庄派的作品对庄子的思想也有所改造和发展，然而没有重要突破，基本上是述而不作的。述庄派作品是研究庄子思想的主要参考资料，在中编阐发庄子思想时我们已涉及一些述庄派的文章，这里再集中对述庄派的思想作一些评述和分析。

一、对庄子思想的继承和阐发

述庄派对庄子的本根论有重要阐发。庄子认为道是生天生地并决定万物存在的世界之本根，《知北游》的作者也认为道产生万物并决定万物。《知北游》说："夫道，窅然难言哉！将为汝言其崖略。夫昭昭生于冥冥，有伦生于无形，精神生于道……天不得不高，地不得不广，日月不得不行，万物不得不昌，此其道与！"昭昭有形的万物及人的精神皆产生于冥冥无形之道，天之高，地之广，日月运行，万物昌盛，无不是道的决定作用。《知北游》的作者明确提出了"本根"的概念。"今彼神明至精，与彼百化，物已死生方圆，莫知其根也，扁然而万物自古以固存。六合为巨，未离其内，秋毫为小，待之成体。天下莫不沈［沉］浮，终身不故；阴阳四时运行，各得其序。惛然若亡而存，油然不形而神，万物畜而不知。此之谓本根。"万物百般变化，或死或生，或方或圆，皆有其根据；四时之行，万物之畜，皆有所依凭，这根据或依凭即世界之本根，亦即道，道的作用是自然而然的，所以万物虽有其根而不自知其根。

道生万物，所以道也就是“物物者”。《知北游》说：“物物者与物无际，而物有际者，所谓物际者也……谓盈虚衰杀，彼为盈虚非盈虚，彼为衰杀非衰杀，彼为本末非本末，彼为积散非积散也。”道决定万物的盈虚积散等变化，本身却没有盈虚积散的变化，这说明道是与物不同的绝对。“有先天地生者物邪？物物者非物，物出不得先物也，犹其有物也。犹其有物也，无已。”《知北游》的作者认为，万物必出于非物，如果万物不是出于非物，那么此物生于彼物，彼物又生于彼物，如此类推，无穷无尽，是没有结果的。这里所谓物是“有貌象声色者”，即具体事物，世界万物不是某种具体事物生成的，这是正确的，由此说来，“物物者非物”的说法不完全是错误的。但《知北游》的作者把“物物者”当作脱离世界万物的神秘的绝对，而不是把“物物者”当作构成天地万物的原初物质，所以归根结底仍然是错误的。“物物者”和道一样，也是绝对化的观念。

述庄派的作品明确讲到道广大普遍、无所不在、无所不包的性质。《则阳》篇说：“是故天地者，形之大者也！阴阳者，气之大者也；道者为之公。”有形之物莫大于天地二者，气之种种莫大于阴阳二气，而道则总括一切，是最高最根本的存在。《则阳》篇又说：“四时殊气，天不赐，故岁成……万物殊理，道不私，故无名。”万物各有其理，这就是殊理，道则是行于万物、统会一切殊理之大理。“道不私”说明道无所不包，绝无偏颇。《知北游》记载庄子曾讲过道无所不在，即“在蝼蚁……在稊稗……在瓦甓……在屎溺”，强调“周遍咸三者，异名同实，其指一也”，也是讲道周全普遍的性质。这说明述庄派对道的阐发确实是本于庄子的。

述庄派特别渲染了道的神秘性。《则阳》说：“道物之极，言默不足以载；非言非默，议有所极。”言语和沉默都不足以表达道，可见道是神秘莫测的。《知北游》说：“若夫益之而不加益，损之而不加损者，圣人之所保也。渊渊乎其若海，巍巍乎其终则复始也。运量万物而不匮［遗］……万物皆往资焉而不匮，此其道与！”道无损无益，是广大永恒的绝对。《知北游》还记无为曰：“道之可以贵，可以贱，可以约，可以散，此吾所以知道之数也。”贵贱、约散，这都是普通事物的性质或状态，道不是任何具体事物，却可以具有事物的任何性质或状态。这样绝对而神秘的道当然是耳目感官所无法把握的，所以说："道不可闻，闻而非也；道不可见，见而非也；道不可言，言而非也。知形形之不形乎！道不当名。"道超乎耳目感官之上，不可见，不可闻，不可言说，从这一意义来说，道是不可得而有的。《知北游》又记舜问乎丞曰："道可得而有乎？"丞答曰："汝身非汝有，汝何得有夫道？"人只能属于道，道是不能属于人的。

道是无法得到的，却是可以体验到的。《知北游》说："夫体道者，天下之君子所系焉。今于道，秋毫之端万分未得处一焉，而犹知藏其狂言而死，又况夫体道者乎！视之无形，听之无声，于人之论者，谓之冥冥，所以论道，而非道也。"不能论道，却能体道。道是超现实的绝对，不能论说描述，只能靠神秘的直觉去体验，所谓体道者即能够直观道的真人。《则阳》篇还有"睹道"的说法："睹道之人，不随其所废，不原其所起，此议之所止。""睹道之人"也就是体道者。"睹道之人"直接睹道，不随万物而衰废，也不追究事物的起始。对道的直接体认是绝对排斥对一般事物的认识的。显然，上面所说的述庄派关于道的作用、性质、特点和体认方法的论述与庄子的本根论是基本一致的。

述庄派对庄子的怀疑主义也有所阐发。《秋水》篇强调世界之大是无法认识的，"夫物，量无穷，时无止，分无常，始终无故……计人之所知，不若其所不知；其生之时，不若未生之时；以其至小求穷其至大之域，是故迷乱而不能自得也。由此观之，又何以知毫末之足以定至细之倪！又何以知天地之足以穷至大之域！"这里指出人生有限，人之所知永远少于人之所不知，指出毫末不一定是最小的限界，天地不一定是最大的领域。这都是正确的，但作者由此出发贬低人的认识能力，反对对未知领域的探索则是错误的。《知北游》中还有这样一个寓言，知问无为谓曰："予欲有问乎若：何思何虑则知道？何处何服则安道？何从何道则得道？"三问而无为谓不答也，非不答，不知答也。知不得问，又问乎狂屈。狂屈曰："唉！予知之，将语若，中欲言而忘其所欲言。"知不得问，又问黄帝，黄帝曰："无思无虑始知道，无处无服始安道，无从无道始得道。"知又问黄帝曰："我与若知之，彼与彼不知也，其孰是邪？"几番问答之后，黄帝曰："彼其真是也，以其不知也；此其似之也，以其忘之也；予与若终不近也，以其知之也。"认为不知是真知，忘知是似知，知之则不近知。《知北游》中泰清问无穷的寓言与此相似，也强调“不知深矣，知之浅矣；弗知内矣，知之外矣。”认为“弗知乃知乎！知乃不知乎！孰知不知之知？”“不知之知”即直觉之知。述庄派的认识论与庄子的认识论完全一致，以通常所谓不知为真知，以通常所谓知为不知，既宣扬怀疑主义，又肯定直觉主义。

述庄派也自觉地继承了庄子的齐物论，尤其是《秋水》篇明确地从相对主义的角度论证了事物差别的相对性。下面我们分四层剖析一段《秋水》篇的原文。第一层，“以道观之，物无贵贱；以物观之，自贵而相贱；以俗观之，贵贱不在己”。从万物自身的角度出发，每一物都要贵己而贱彼；从世俗的一般观点出发，人们又要哀叹贵贱有命，并非自身行为的结果；而从道的绝对的观点来看，万物本身并无贵贱。从不同的立场或角度出发，对贵贱问题就会得出不同的认识和结论。第二层，“以差观之，因其所大而大之，则万物莫不大，因其所小而小之，则万物莫不小；知天地之为稊米也，知毫末之为丘山也，则差数睹矣。”万物杂陈各有其异，每一事物和其他事物相比，既可显示其大的方面，又可显示其小的方面；单纯强调其大的方面，则万物莫不大，单纯强调其小的方面，则万物莫不小。与无穷之宇宙相比，天地有如粟米之微，与无限小之物相比，毫毛有如丘山之巨，可见对万物之差别不必执拗拘泥。第三层，“以功观之，因其所有而有之，则万物莫不有；因其所无而无之，则万物莫不无；知东西之相反而不可以相无，则功分定矣。”万物各有其功用，每一物之功用又必有其局限，强调其功用之有，则万物莫不有用；强调其功用之局限，则万物莫不无用。这正如有东方可言西，有西方可言东，万物各有其有用之长，各有其无用之短，有用无用乃一物之功的不可或缺的两个方面，所以对万物之有用无用也不当过分固执。第四层，“以趣观之，因其所然而然之，则万物莫不然；因其所非而非之，则万物莫不非；知尧桀之自然而相非，则趣操睹矣。”万物各有其发展趋向，其发展趋向既有其肯定的一面，又有其否定的一面，强调事物肯定的一面，则万物莫不值得肯定，强调事物否定的一面，则万物莫不应该否定。尧与桀即各自肯定自己，相互否定对方，总之对事物发展的趋向也不应偏执固守。

“以道观之”、“以物观之”、“以俗观之”的不同反映了人们观察事物的立场、角度或标准各有不同，因此对同一贵贱问题会有不同的观点和结论。“以差观之”、“以功观之”、“以趣观之”各段说明万物各有其对立而相依的方面，大小之区别、功用之有无、趋向之然否各有其相对性，因此不应偏执一方。这些都含有要全面看问题的因素，是不无启发意义的。但《秋水》的作者和庄子一样，并不只是强调差异的同一性与对立的相对性，而是要从认识的相对性、矛盾的相对性出发进而否定一切矛盾和差别。所以《秋水》篇接着说："以道观之，何贵何贱……无拘而志，与道大蹇……无一而行，与道参差。"这是反对各行其是，强调一切从道的标准出发，也就是主张从万物无别的绝对化的原则出发认识事物，这样就可以达到一个新的认识境界，这就是"泛泛乎其若四方之无穷，其无所畛域。兼怀万物，其孰承翼？是谓无方。万物一齐，孰短孰长？"这说明《秋水》篇作者的论证中心也在于齐同万物。

庄子思想中的相对主义因素在《秋水》篇中得到了系统的阐发和充分的发挥，没有《秋水》篇，庄子学派的相对主义就会大减其色。《秋水》篇指出贵贱、大小、有无、然否之间的相对性，指出这些对立面之间相互转化的可能性，这都包含着一定的合理性，对于僵化片面的思想方法来说，这些议论都是颇有深意的，是不能简单地斥之为荒谬的。《秋水》篇的错误在于单纯强调认识的相对性，看不到相对中包含着绝对，认为相对只是相对的，是排斥绝对的，从而走向了抹杀一切差别的齐物论。《秋水》篇的理论是庄子后学中相对主义的突出代表，也是中国哲学史上阐述最为系统的相对主义的理论高峰。

《知北游》中也有万物为一的观点，但《知北游》的作者是以万物有共同的物质基础来做论证的。"生也死之徒，死也生之始，孰知其纪！人之生，气之聚也；聚则为生，散则为死。若死生为徒，吾又何患！故万物一也，是其所美者为神奇，其所恶者为臭腐；臭腐复化为神奇，神奇复化为臭腐。故曰通天下一气耳，圣人故贵一。"万物不过一气，一切都是气的聚散变化，所以虽有生与死之别、神奇与臭腐之异，究其实质却是一样的。看到万物及其变化的统一的物质基础是完全正确的，但由此强调"贵一"，反对对事物的分析辨别则是错误的、有害的。正确的思想可以导致错误的结论，合理的认识可以造成有害的后果，这在思想史上是屡见不鲜的。

二、对庄子思想的发挥和改造

上面我们介绍了述庄派对庄子的本根论和方法论的阐发，这里再来分析一下述庄派对庄子的人生哲学的继承和改造。庄子人生哲学的核心是无心无情的生活态度，以无心无情的态度安然顺命，在无心无情的基础上追求逍遥而游，述庄派对庄子的这些思想既有所继承和发挥，又有所引申和改造。

《知北游》的作者十分推崇“无心”。齧缺问道乎被衣，被衣曰：“若正汝形，一汝视……汝瞳焉如新生之犊而无求其故！”这是教齧缺以无心无虑的态度去求道，要做到像初生的小牛犊一样对任何事都不问其缘故。齧缺果然不负师望，不等被衣的话说完就睡熟了（“言未卒，齧缺睡寐”）。于是“被衣大悦，行歌而去之”，曰：“形若槁骸，心若死灰……媒媒晦晦，无心而不可与谋。彼何人哉！”这是对无心的生活态度的赞颂。《庚桑楚》说：“备物以将形，藏不虞以生心，敬中以达彼，若是而万恶至者，皆天也，而非人也，不足以滑成，不可内于灵台。灵台者有持，而不知其所持，而不可持者也。”备物而养身，不虑而养神，内修而达于外，如此谨慎行事而仍遭各种不幸则是天然所至，也就是不可避免的，因此应该无动于衷（“不足以滑成，不可内于灵台”）。这是从命运之必然来说明为什么要无心无情，这与庄子强调“知其不可奈何而安之若命”是完全一致的。

《田子方》对庄子的思想也有详尽的阐发。《田子方》说：“百里奚爵禄不入于心，故饭牛而牛肥，使秦穆公忘其贱，与之政也。有虞氏死生不入于心，故足以动人。”这里所谓“爵禄不入于心”、“死生不入于心”正是庄子的思想。《田子方》中还有这样一个寓言，肩吾问于孙叔敖曰：“子三为令尹而不荣华，三去之而无忧色。吾始也疑子，今视子之鼻间栩栩然，子之用心独奈何？”这是问他为什么不知荣华，不知忧虑。孙叔敖回答说：“吾何以过人哉！吾以其来不可却也，其去不可止也，吾以为得失之非我也，而无忧色而已矣。”这是从得失荣辱的变化不可抗拒的角度来说明超然无情的原因。“我何以过人哉！且不知其在彼乎，其在我乎？其在彼邪？亡乎我；在我邪？亡乎彼。方将踌躇，方将四顾，何暇至乎人贵人贱哉！”得失变化在于己还是在于人都无法确知，这又是从怀疑主义的角度来说明超然无情的原因。孙叔敖即超脱于名位利禄的真人，《田子方》赞颂他说：“古之真人，知者不得说，美人不得滥，盗人不得劫，伏戏黄帝不得友。死生亦大矣，而无变乎己，况爵禄乎！”述庄派和庄子一样推崇无心无情的得道真人，追求超然于世外、死生无动于心的精神境界。

《田子方》中还有“列御寇为伯昏无人射”的故事。列御寇射箭时拉满弓，臂肘上放一杯水，接连放箭，连发连中，伯昏无人却说：“是射之射，非不射之射也。”批评列御寇只能做到有心于射，不能做到无心于射。接着伯昏无人“遂登高山，履危石，临百刃之渊，背逡巡，足二分垂在外，揖御寇而进之。御寇伏地，汗流至踵”。伯昏无人登上百丈悬崖，足跟露在悬崖之外，请列御寇再来试射，列御寇早已魂不附体，这说明他还没有达到无所动心的精神境界，于是伯昏无人教训列子说：“夫至人者，上窥青天，下潜黄泉，挥斥八极，神气不变。今汝怵然有恂目之志，尔于中也殆矣夫！”这是对至人的神奇的夸张描写，夸张的重点即“神气不变”，即使上达青天，下入地府，也仍然无所动容、神态自若，列子没有达到这种境界，因此他有心而射，不能无心而射，达不到术的极致，这也是在渲染强调不动心的精神境界。

《山木》篇从全生免患的角度论证了无心无情的重要性。文章中鲁侯“学先王之道，修先君之业”，且“敬鬼尊贤”，然而仍“不免于患”，所以十分忧愁。市南宜僚则批评他说：“君之除患之术浅矣！夫丰狐文豹，栖于山林，伏于岩穴，静也；夜行昼居，戒也；虽饥渴隐约，犹旦胥疏于江湖之上而求食焉，定也；然且不免于罔罗机辟之患。是何罪之有哉？其皮为之灾也。今鲁国独非君之皮也？吾愿君刳形去皮，洒心去欲，而游于无人之野。”皮毛丰厚的狐狸和花斑美丽的豹子藏于深山密林，夜行昼居，仍不免陷于捕兽的网罗机关之中，原因就在于它们的皮对人有用（“其皮为之灾也”）。鲁国对鲁君来说，恰恰是招灾的皮毛，要想彻底免患就应该丢弃国君之尊位，“洒心去欲，而游于无人之野”，即无心于世俗，超然于世外，这也就是“去国捐俗，与道相辅而行”。市南子还说：“故有人者累，见有于人者忧”，“有人者”即统治者，“见有人于人者”即被统治者，统治别人难免劳心，被人统治难免忧患，要想既不统治别人，又不被别人统治，只有彻底远离人世。这种远离主要是心的远离，即思想超然于现实之外，也就是虚己而游世。市南子比喻说：“方舟而济于河，有虚船来触舟，虽有惼心之人不怒；有一人在其上，则呼张歙之；一呼而不闻，再呼而不闻，于是三呼邪，则必以恶声随之。向也不怒而今也怒，向也虚而今也实。人能虚己以游世，其孰能害之！”“虚船”即空船，空船撞到哪里都不会有人生气，原因即在于空船顺流而行，并非有意。人生在世要想免除病患，就应该如虚舟飘荡，即无心而随俗，也就是虚己以游世，虚己的实质就是无心无虑，纯任自然，这样才可以免招别人的怨怒报复。“虚己以游世”是述庄派对庄子的生活态度的准确概括。

《则阳》篇从世界无穷的角度论证了超脱世俗观念的意义。田侯背叛了他与魏王的盟约，魏王怒，将使人刺之；公孙衍闻而耻之，主张发兵拔其国，折其脊；季子又闻而耻之，认为发兵的主张是乱人之策，不可听也；华子又闻而丑之曰：“善言伐齐者，乱人也；善言勿伐者，亦乱人也；谓伐之与不伐乱人也者，又乱人也。”魏王、公孙衍、季子三人的意见各不相同，但都是从现实出发的，华子则否定了上述各种意见，表现出明显的超现实的倾向。为了进一步向魏王说明应该超脱世俗观念的道理，戴晋人又向魏王讲了蜗牛之国的寓言。“有国于蜗之左角者曰触氏，有国于蜗之右角者曰蛮氏，时相与争地而战，伏尸数万，逐北旬有五日而后反。”在蜗牛的两个触角上分别有两个国家，这已是奇特的想象，两个国家相战居然伏尸数万，追逐败兵居然要十五天才能返回，这更是异想天开的讽喻。郭象注曰：“诚知所争者若此之细也，则天下无争矣。”魏王对这个故事有所怀疑，戴晋人便进一步说：“臣请为君实之，君以意在四方上下有穷乎?”魏王答曰：“无穷。”戴晋人说：“知游心于无穷，而反在通达之国……通达之中有魏，于魏中有梁，于梁中有王。王与蛮氏，有辩乎?”世界无穷无尽，魏国之大在无穷世界中不过是蜗牛之触角，魏王与田侯之争正如蛮氏与触氏之战，看到世之无穷，则现实中的一切都无足争执，战事自然应当取消。

戴晋人的寓言是为了论证现实中的一切都是微不足道的，是为庄子的超然于世外的主张作论证的，这种目的和结论显然是错误的，但是，作者看到了世界无穷无尽的性质，看到了现实世界中某些斗争的狭隘性，反对陷于盲目的斗争之中，则是合理的。严复对戴晋人的故事极为赞赏，他评论“戴晋人曰”一段说：“今科学中有天文地质两科，少年治之，乃有以实知宇宙之博大而悠久，回观大地历史所著之数千年，其若一吷，庄未尝治此两学也，而所言如此，则其心虑之超越常人，真万万也，所谓大人者非欤!”（《庄子评点》）①。严复认为，近代人学了天文学和地理学始知世界之无穷，

① 转引自《中国哲学史研究》，1984（1）。

历史之悠久，而两千年前的庄门学者没有学过天文、地理，却能揭示世界无穷的道理，实在令人敬佩。严复之感叹是确有所见的。

《秋水》篇也有类似的论证。北海若教训自以为大的河伯说："鼃不可以语于海者，拘于墟也；夏虫不可以语于冰者，笃于时也；曲士不可以语于道者，束于教也。"井蛙和夏虫受空间或时间的局限，认识范围狭小；偏执之人受传统思想的束缚，无法认识世界的根本道理。"天下之水，莫大于海，万川归之，不知何时止而不盈；尾闾泄之，不知何时已而不虚；春秋不变，水旱不知。此其过江河之流，不可为量数。"海之大，注而不见其增，泄而不见其少，与江河相比，无法测算。然而大海"未尝以此自多者，自以比形于天地而受气于阴阳，吾在于天地之间，犹小石小木之在大山也。方存乎见少，又奚以自多！"海之大，无可量度，与天地相比却如"小石小木之在大山"。"计四海之在天地之间也，不似礨空之在大泽乎？计中国之在海内，不似稊米之在大仓乎？号物之数谓之万，人处一焉；人卒九州，谷食之所生，舟车之所通，人处一焉；此其比万物也，不似毫末之在于马体乎？"四海与天地相比，其小自见，中国在四海之内，其小自明，万物在九州之中其微自显，而人在天地万物中不过是沧海一粟，所以人之追求也是微不足道的，因而《秋水》的作者接着说："五帝之所运，三王之所争，仁人之所忧，任士之所劳，尽此矣。伯夷辞之以为名，仲尼语之以为博，此其自多也，不似尔向之自多于水乎？"三王五帝、志士仁人的追求与宇宙之无穷相比是极渺小的，伯夷、孔丘也不过如河水自以为多。这些议论能启发人看到山外有山，天外有天，能开拓人的眼界襟怀，但是过分强调人生微渺，万事琐屑，主张一切都无足挂心，这就否定了人生的价值，否定了生活的意义，走向了虚无主义。

述庄派一方面继承阐发了庄子的思想，另一方面也对庄子思想有所改造，这主要表现在述庄派的某些寓言或议论涉及了实际问题，把庄子的无心无情的主张用于某种技能技艺或现实目的。《达生》中佝偻承蜩的寓言十分有名。孔子去楚国，在树林中看见一个驼背老人在粘蝉，就像从地上捡取一样轻松自如（"见佝偻者承蜩，犹掇之也"）。孔子问他："子巧乎！有道邪？"老人回答说："我有道也。五六月累丸二而不堕，则失者锱铢；累三而不堕，则失者十一；累五而不堕，犹掇之也。吾处身也，若厥株拘；吾执臂也，若槁木之枝；虽天地之大，万物之多，而唯蜩翼之知。吾不反不侧，不以万物易蜩之翼，何为而不得！”能在竹竿上摞两个、三个以至五个球而不落，臂膀纹丝不动，思想高度集中，粘蝉就能无往而不得，这是经过反复训练所达到的全神贯注而随心所欲的境地。孔子听了丈人的介绍，对弟子也说：“用志不分，乃凝于神，其佝偻丈人之谓乎！”寓言的中心在于“用志不分，乃凝于神”，这与庄子强调精神虚静是大体相通的，但这种凝神不分是为了“承蜩”，与庄子纯以超脱现实为目的精神虚静又是有所不同的。

《达生》篇中还有梓庆削鐻的故事。鐻是一种钟形的乐器，梓庆用木头削成的鐻如鬼斧神工，令人惊叹。鲁侯问他：“子何术以为焉？”他回答说：“臣将为鐻，未尝敢以耗气也，必斋以静心。斋三日，而不敢怀庆赏爵禄；斋五日，不敢怀非誉巧拙；斋七日，辄然忘吾有四枝形体也。”这是通过斋戒静心，去掉一切旁思杂念。“当是时也，无公朝，其巧专而外骨消；然后入山林，观天性；形躯至矣，然后成见鐻，然后加手焉；不然则已。则以天合天，器之所以疑神者，其是与！”这是达到清心宁静以后，潜心观察树木之天然形态，然后让自己的技艺在没有任何干扰的情况下，自然而然地发挥出来，这样以技能之自然合于木材之自然就是“以天合天”，就能巧夺天下，造出精巧的乐器，这里的关键即在于斋心静心。文中所谓“不敢怀庆赏爵禄”、“不敢怀非誉巧拙”、“忘吾有四枝形体”等说法与庄子的心斋、坐忘显然是一致的，但庄子的根本目的是追求精神的自由，而不是巧夺天工，这又是二者的重要区别。《达生》篇在讲到“操舟”时说：“善游者数能，忘水也。若乃夫没人之未尝见舟而便操之也，彼视渊若陵，视舟之覆犹其车却也。覆却万方陈乎前而不得入其舍，恶往而不暇！”会潜水的人（“没人”）没有见过舟也能便捷熟练地操纵舟是因为他不怕翻船，多么惊险复杂的情况都不会使他心有所动（“不得入其舍”）。强调不动心，与庄子思想相合；以无所动之心操舟，则又与庄子本意相出入。《知北游》中“大马之捶钩者”的故事也与上述故事相仿。捶钩者讲自己的体会说：“臣之年二十而好捶钩，于物无视也，非钩无察也。是用之者，假不用者也以长得其用，而况乎无不用者乎！物孰不资焉！”这里讲“于物无视”、讲假不用以为用与庄子思想也有相通之处，但专意于捶钩又与庄子思想明显不同。

佝偻承蜩、梓庆削鐻、没人操舟、大马捶钩等故事既继承了庄子思想，又改造了庄子思想。就其本意是宣传精神虚静、强调无所动心来说是一种继承与发挥，就故事本身把精神虚静落实到某种客观效果上来说（承蜩、削鐻等），又是对庄子思想的改造。这种改造使述庄派的思想包含了更多的合理性。佝偻承蜩和大马捶钩的故事都说明出色的技艺离不开全身心的专注，只有精神高度专一才能得到真正的成功；没人操舟的故事说明了外重则内拙的道理，说明只有无所疑惧才能有所成就；梓庆削鐻的故事不仅强调精神贯注和排除功名利禄之心的重要性，而且揭示了在创造性劳动中涵养心神、酝酿情感的必要性，同时说明艺术创造要因任自然（“以天合天”），不能强求成功（“不然则已”），这些对艺术创作来说是尤含深义的。上述故事都指明了这样一个道理，人的精神境界或精神状态与人的活动效果有直接联系，没有超常的精神境界就不会有出色的成绩。庄子一心幻想超脱现实，述庄派则在某种程度上转向了现实，述庄派的这一转变带来了他们思想中的一定的积极意义。

三、道家性超善恶论的提出

人性问题是中国古代哲学中的一个重大问题，人性善恶问题则是先秦哲学讨论的一个焦点。孟子主性善，荀子主性恶，告子主性无善恶，道家则认为性是超乎善恶之上的。从现有资料来看，道家的性超善恶论是庄子后学中的述庄派首先提出来的，所以述庄派关于人性问题的论述虽然比较简略，却是有重要意义的。

述庄派关于人性的观点在《庚桑楚》中有概括而明确的论述。“道者，德之钦也；生者，德之光也；性者，生之质也。性之动，谓之为；为之伪，谓之失。”这段话有三个要点：第一，性是人生而具有的素质（“性者，生之质也”），是人的本然状态。第二，性是生而自然完善的，人的任何行动与作为都是真性的丧失（“性之动，谓之为；为之伪，谓之失”），这就是说，对于性只能涵养保持，不能有任何损害与改造；第三，性与德的关系至为密切，道是德之所本，生是德之显发，而生之素质为性；由德而有生，有生乃有性。既生有形之后，乃可说性；未生无形之前，其所以生之根据，即所谓德。德与性虽有区别，其实又是一致的。这也可说明为什么述庄派引进了性的概念，却没有提出与内篇有根本不同的重要观点。

性是生而完具的，一物之性与生俱来，决定着此物的特长与不足，不同事物的性是无法改变或相互替代的。《秋水》篇说："梁丽（栋梁）可以冲城，而不可以窒穴，言殊器也；骐骥骅骝，一日而驰千里，捕鼠不如狸狌，言殊技也；鸱鸺夜撮蚤，察毫末，昼出瞋目而不见丘山，言殊性也。"栋梁之木可以撞击城门，却不能用来塞住小洞；各种骏马日行千里，捕鼠却不如野猫或黄鼠狼；猫头鹰夜里明察秋毫，能捉跳蚤这样小的东西，白天却看不见山丘。这是器、技、性的不同。这里虽然分别讲到"殊器"、"殊技"、"殊性"，但归根结底，器、技之不同都是性之不同。万物各有其性，其性各不相同。万物之性各有短长，但都是不应改变的，这也就是《徐无鬼》所说的"鹤胫有所节，解之也悲"，仙鹤的腿虽然细长，硬要截短必然可悲。《知北游》也说"汝身非汝有也"，"是天地之委形也；生非汝有，是天地之委和也；性命非汝有，是天地之委顺也"。人的身体、生命都是自然所赋，性作为生之素质当然也是人意所无法改变的。《山木》篇说："有人，天也；有天，亦天也。人之不能有天，性也。圣人晏然体逝而终矣！"天能决定人的存在，人却不能支配天，这是人性中注定的，人的性和自然一样不可改易，只能安然处之。《达生》篇说："吾始乎故，长乎性，成乎命。""吾生于陵而安于陵，故也；长于水而安于水，性也；不知吾所以然而然，命也。""长乎性"即依性而生，亦即"长于水而安于水"。这里所谓的"性"与"命"是一致的，性也是不知所以然而然，只能依顺不能强改的。

述庄派认为性是与生俱来的自然本性，唯至人能保持这种本性醇和不散。《达生》说："（至人）将处乎不淫之度，而藏乎无端之纪，游乎万物之所终始，壹其性，养其气，合其德，以通乎物之所造。""壹其性"即保养自然本性，使其不荡、不散、不失。至人的醇和之性与逍遥游的精神境界是一致的，只有保持性一而不散才能得到精神的自由。《则阳》篇记庄子曰："今人之治其形，理其心，多有似封人之所谓，遁其天，离其性，灭其情，亡其神。"《庄子》内篇没有性的概念，《则阳》篇所记庄子之语可能是庄子后学用自己的语言转述的庄子思想，不管怎样，《则阳》篇反对"离其性"，即反对离散自然本性的立场却是十分鲜明的。《徐无鬼》篇也感叹说："驰其形性，潜之万物，终身不反，悲夫！""驰其形性"即劳形散性，"终身不反"即不知道返回于初生时的淳朴之性。述庄派认为修养的目的不是改造性或发展性，而是保持性，即保持性的淳朴浑融的状态，如果已经离开了本来的淳朴之性，就要努力返回，这就是《庚桑楚》篇所提到的"反汝性情"。

述庄派所谓的性与孟子、荀子的性有重要不同。《则阳》说："圣人达绸缪，周尽一体矣，而不知其然，性也。"圣人玄通万物、周遍一体，都出于自然之性，是不知其然而然的。"生而美者，人与之鉴。不告则不知其美于人也。若知之，若不知之，若闻之，若不闻之，其可喜也终无已，人之好之亦无已，性也。圣人之爱人也，人与之名，不告则不知其爱人也。若知之，若不知之，若闻之，若不闻之，其爱人也终无已，人之安之亦无已，性也。"生而美而不自以为美，不炫耀其美，这是自然之性中的美，是最有魅力的。圣人爱人，不自知其爱，不有意去爱，这是出于淳朴之性的爱，是最为可贵的。述庄派崇尚自然之性，一切都应出于自然之性，出于自然之性的一切都是最好的。述庄派的这种观点不能一概而论，就美来说，确有自然之美与矫揉造作之美的区别，而自然之美确实是高于造作之美的。就爱来说，也有真诚之爱与虚伪之爱的不同，述庄派不仅反对虚伪的爱，而且不赞成儒家和墨家所提倡的真诚的爱。在他们看来，儒墨所谓爱仍是有意识的爱，不是不知其然的自然之爱，述庄派片面强调自然之性，他们所谓"不知其爱人"的爱实际上是不爱，因为爱是一种主观的情感，爱人而不自知是不可能的。事实上，述庄派所说的"若知之，若不知之，若闻之，若不闻之"仍是一种淳朴无知的状态，而不是真正的爱人。要而言之，述庄派所说的性是不包含仁义、爱人等内容的。述庄派所谓性也不包含情欲，因为情欲也是对淳朴之性的破坏。《徐无鬼》说："君将盈耆欲，长好恶，则性命之情病矣；君将黜耆欲，掔好恶，则耳目病矣。"性是生而完具的淳朴状态，嗜欲好恶等感官的需求都是对性的损害。

在先秦，孟子以恻隐怵惕等心理活动为性，荀子以饮食男女等生理要求为性，而述庄派的性只是初生之时的淳朴状态，因此述庄派既不讲性善也不讲性恶，就此来说，述庄派的人性与告子的性无善恶论相似。但是，告子虽认为性无善无恶，却肯定性可善可恶，这与述庄派认为善恶都是对淳朴之性的破坏又是根本不同的。述庄派又认为人人都应该"壹其性"，反对"驰其形性"，即主张涵养保持生之初婴儿般的纯真素朴之性，反对矫揉造作或改造性，这种以初生之性为最高境域的学说颇有绝对性善论的意味，但究竟言之，述庄派虽认为初生之性是最好的，但不认为这种性是与恶相对的，述庄派的性最高最圆满，是超乎善恶的，所以，述庄派的人性论应称为性超善恶论。就性的修养来说，述庄派不同于荀子的抑恶扬善，也不同于孟子的发扬善端，而只讲淳朴之性的保持。若仅就重视初生的状态来说，述庄派的性论与孟子的性论也有相似之处，但孟子要发扬善端，这在述庄派看来还是“性之动”，也就是性之失，是必须反对的，所以述庄派的人性论与孟子的性善论还是不同的。

述庄派的人性论与孟子的性善论、荀子的性恶论、告子的性无善无恶论都有所不同，但与黄老派和无君派的人性论却无多差异。庄子后学三派的人性论是基本一致的，黄老派和无君派继承了述庄派的基本观点，在某些方面还有更为明晰的阐发。《天地》篇说：“物得以生，谓之德；未形者有分，且然无间，谓之命；留动而生物，物成生理，谓之形；形体保神，各有仪则，谓之性。性修反德，德至同于初。”万物未形之时，所得以生者谓之德；及其既形，德之表现于形体的谓之性。修性则可返于德，即回到生之初的状态。这里关于性的定义、关于性与德的关系、关于性的修养的论述与述庄派的观点是基本相同的。《天道》篇则明确批评了以仁义为性的观点。其记载孔子曰：“仁义，真人之性也”，老子反驳说：“夫子亦放德而行，循道而趋，已至矣；又何偈偈乎揭仁义，若击鼓而求亡子焉？意，夫子乱人之性也！”认为标榜仁义是乱人之性的，说明作者所谓之性也是不含仁义的。《天运》篇的作者还强调了性不当变的观点，主张“性不可易，命不可变，时不可止，道不可壅”，这与述庄派的观点完全相同。此外《骈拇》篇也说过：“彼正［至］正者，不失其性命之情……长者不为有余，短者不为不足。是故凫胫虽短，续之则忧；鹤胫虽长，断之则悲。故性长非所断，性短非所续，无所去忧也。”这是关于性不当变的观点的最为详尽的阐发，性是一物是否至正的根本标准，合乎性之本然的即为正，违背性之本然的即为不正。野鸭（凫）生性腿短，加长则忧；野鹤生性腿长，截短则悲。性长则当长，性短则当短，性之本然是不能随意改变的。这和述庄派的观点显然是一致的。

述庄派的人性论在《淮南子》中也得到了继承。《俶真》篇说：“古之圣人，其和愉宁静，性也。”《人间》篇说：“清静恬愉，人之性也……知人之性，其自养不勃。”这和述庄派所崇尚的淳朴之性是一致的。《原道》篇说：“人生而静，天之性也，感而后动，性之害也。”这和《庚桑楚》认为性之动即性之失如出一辙。《诠言》篇说：“故通性之情者，不务性之所无以为；通命之情者，不忧命之所无奈何。”这也就是述庄派的性不可变的观点。此外，《要略》讲“审死生之分，别同异之迹，节动静之机，以反其性命之宗”，《齐俗》讲“圣人体道反性”，这种重视返性的思想与述庄派也是一脉相承的。

总之，《老子》和《庄子》内篇都不讲性。《管子》中偶有道家的性论出现（《内业》：“内静外敬，能反其性，性将大定”），但比较零散，且年代也未必早于述庄派的作品，所以道家的性论很可能是蕴发于庄子后学中的述庄派的。述庄派已初步提出道家人性论的基本观点，这些观点不仅得到其他两派庄子后学的响应，而且得到《淮南子》的继承，所以我们可以说述庄派的人性论是道家性超善恶论的嚆矢。

以上介绍了述庄派的基本思想。由于本章的重点是庄子思想在述庄派作品中的发展和演变，而不是全面剖析述庄派的思想，所以述庄派的不少思想资料在这里没有提到。事实上，述庄派作品中的不少内容是很有理论价值的。《则阳》中“少知问于大公调”一段对宇宙论、自然观有深入的讨论，“季真之莫为，接子之或使”是古代探讨宇宙起源问题的宝贵资料。《至乐》和《达生》中鲁侯养鸟的寓言故事蕴涵着深刻的哲理。《达生》中关于游泳要“从水之道而不为私”的议论也是富于启发性的。这些暂时就不加论述了。

第八章
庄子后学中的无君派

我们把《庄子》外杂篇中的《骈拇》、《马蹄》、《胠箧》、《在宥上》、《让王》、《盗跖》、《渔父》七篇的作者称为庄子后学中的无君派，这七篇文章，尤其是前面四篇短文的思想观点和文章风格与《庄子》书中的其他文章有明显不同，在《庄子》书中是颇具特色的。这一派也对现实不满，但他们不是在幻想中逃避现实，而是激烈地抨击现实，批判的锋芒直指传说中的圣君贤士和当时的国君。这一派也强调因任自然，但他们强调的不是任天之自然，而是任人性之自然。这一派也有自己的理想世界，但他们的理想世界不是纯精神的想象境界，而是以原始社会为背景的乌托邦。这里我们主要从庄子哲学演变的角度来考察这一派思想的几个特点，而不准备全面分析这一派的每篇文章（以下简称这一派的作品为《骈拇》诸篇）。

一、从超脱现实到抨击现实

庄子对现实是有所批判的，他的某些批判性言论还是十分痛切而辛辣的，但是总的看来，庄子哲学的更为突出的特点是超脱现实和逃避现实，而不是抨击现实，庄子对现实的批判常常是曲折的。庄子哲学的批判性在《骈拇》诸篇中得到突出的继承和发展，同时演变为对现实的正面抨击。

《骈拇》诸篇的批判锋芒首先指向当时及历代的统治者。《胠箧》篇的作者满腔愤懑地提出了“窃钩者诛，窃国者为诸侯”的千古名言，有力地鞭挞了封建社会中的不合理现象。作者指出：“昔者齐国邻邑相望，鸡狗之音相闻，罔罟之所布，耒耨之所刺，方二千余里。

阖四竟之内，所以立宗庙社稷，治邑屋州闾乡曲者，曷尝不法圣人哉！然而田成子一旦杀齐君而盗其国。所盗者岂独其国邪？并与其圣知之法而盗之。故田成子有乎盗贼之名，而身处尧舜之安；小国不敢非，大国不敢诛，十二世有齐国。”窃国者一旦窍得政权，也就窃得了对仁义道德、真理正义的解释权和垄断权。《盗跖》篇也说：“小盗者拘，大盗者为诸侯，诸侯之门，义士存焉。”窃国者是最大的窃贼，小窃贼伏法受诛，大窃贼却身处尧舜之安，小国不敢非议，大国不敢攻伐，这是多么有力的讽刺啊！

一般人只反昏君不反贤君，无君派则反对一切君主统治，所以他们极力用批判的笔锋在昏君与贤君之间画等号。《在宥上》说：“昔尧之治天下也，使天下欣欣焉人乐其性，是不恬也；桀之治天下也，使天下瘁瘁焉人苦其性，是不愉也。夫不恬不愉，非德也。非德也而可长久者，天下无之。”唐尧这样的贤君与夏桀这样的昏君一个乐天下，一个苦天下，但都破坏了人的恬愉无为的自然之性，因而是没有高低之分的。这使我们想到庄子所说的“与其誉尧而非桀也，不如两忘而化其道”（《大宗师》），无君派似乎解释了不应该“誉尧而非桀”的道理，与庄子思想是有相通之处的。但是，庄子的着眼点在于道广大无边、冥然无别、超于一切的性质，而无君派的立足点在于人之本性不受任何侵犯的权利；庄子等尧桀是为了抹杀一切矛盾差别，从而超脱现实，而无君派等尧桀是为了取消一切君主统治，二者的目的是有所不同的。《盗跖》更直截了当地从黄帝一直批到周文王。“世之所高，莫若黄帝，黄帝尚不能全德，而战涿鹿之野，流血百里。尧不慈，舜不孝，禹偏枯，汤放其主，武王伐纣，文王拘羑里。此六子者，世之所高也，孰论之，皆以利惑其真而强反其情性，其行乃甚可羞也。”黄帝亦非全德之人，尧、舜、禹、汤、文王、武王这些明君圣主也都惑于俗利而离其本真之性，真正有德性的人不会赞扬他们，只能为他们的行为感到羞愧。《盗跖》篇又说：“尧杀长子，舜流母弟，疏戚有伦乎？汤放桀，武王杀纣，贵贱有义乎？王季为适（文王之父以幼子之身份僭越嫡子之位），周公杀兄，长幼有序乎？”从黄帝起到直到夏商周各代开国君王和元勋，或无亲疏之伦常，或害贵贱之道义，或损长幼之序，皆背离了他们所标榜的道德原则，所以无一不在批判之列，其批判气势之猛烈在先秦是绝无仅有的。

无君派对历代传颂的君子贤哲也进行了无情的批判。《骈拇》首先说："自三代以下者，天下莫不以物易其性矣。小人则以身殉利，士则以身殉名，大夫则以身殉家，圣人则以身殉天下。故此数子者，事业不同，名声异号，其于伤性以身为殉，一也。"小人、士、大夫、圣人各有所殉，所殉虽有不同，但"伤性以身为殉"却无二致，这正如"臧与谷，二人相与牧羊而俱亡其羊。问臧奚事，则挟筴读书；问谷奚事，则博塞以游。二人者，事业不同，其于亡羊均也。"接着，作者更尖锐地指出，"伯夷死名于首阳之下，盗跖死利于东陵之上，二人者，所死不同，其于残生伤性均也，奚必伯夷之是而盗跖之非乎！天下尽殉也。彼其所殉仁义也，则俗谓之君子；其所殉货财也，则俗谓之小人。其殉一也，则有君子焉，有小人焉；若其残生损性，则盗跖亦伯夷已，又恶取君子小人于其间哉！"盗跖与伯夷无异，君子与小人无别。盗跖死于利，伯夷死于名，君子殉仁义，小人殉货财，这都是残生损性的行为，所以相互间是没有区别的。《盗跖》篇也有类似的说法："小人殉财，君子殉名。其所以变其情，易其性，则异矣；乃至于弃其所为而殉其所不为，则一也。"殉名、殉财都改变了自己本然之情性，因而实质是一样的。

庄子后学中的无君派极力抹杀圣人与盗贼之间的区别，认为盗贼与圣人一样懂得仁义圣勇。《胠箧》篇记跖之徒问于跖曰："盗亦有道乎?"跖回答说："何适而无有道邪！夫妄意室中之藏，圣也；入先，勇也；出后，义也；知可否，知也；分均，仁也。五者不备而能成大盗者，天下未之有也。"盗贼也有自己的道德观念，这种道德观念与所谓圣人的道德体系是相通的。《胠箧》的作者接着便发挥说："由是观之，善人不得圣人之道不立，跖不得圣人之道不行……圣人生而大盗起。掊击圣人，纵舍盗贼，而天下始治矣。"盗贼亦讲道德，盗贼之道德来源于圣人之道德，盗贼之所以遍行于天下，恰在于圣人的垂训，如果打倒圣人，解放盗贼，天下就会太平。所以说："圣人不死，大盗不止。虽重圣人而治天下，则是重利盗跖也。""圣人已死，则大盗不起，天下平而无故矣。"这些说法显然是简单而偏激的，但作者指出盗窃现象的存在与圣人阶层的统治有关则是十分大胆尖锐的，同时指出盗贼集团也有自己的道德观念，这些道德观念与统治阶级的道德体系有相通之处，这也是值得注意的。

无君派对孔子及曾参、史鳝、杨朱、墨翟也是一概批判的。《盗跖》篇称孔子为"鲁国之巧伪人"，文章还借跖之口批评孔子说："尔作言造语，妄称文武，冠枝木之冠，带死牛之胁，多辞缪说，不耕而食，不织而衣，摇唇鼓舌，擅生是非，以迷天下之主，使天下学士不反其本，妄作孝弟而儌倖于封侯富贵者也。”这是对孔子的学说与事业的彻底否定。“子以甘辞说子路而使从之，使子路去其危冠，解其长剑，而受教于子，天下皆曰孔丘能止暴禁非。其卒之也，子路欲杀卫君而事不成，身菹于卫东门之上，是子教之不至也。子自谓才士圣人邪？则再逐于鲁，削迹于卫，穷于齐，围于陈蔡，不容身于天下。子教子路菹此患，上无以为身，下无以为人，子之道岂足贵邪？”子路受孔子之道而身亡，孔子自己也屡遭围困驱逐，既无以立己，又无以立人，所以孔子之道是不足为贵的，这是先秦时期对孔子最为尖刻的抨击。盗跖还对孔子说：“今子修文武之道，掌天下之辩，以教后世，缝衣浅带，矫言伪行，以迷惑天下之主，而欲求富贵焉，盗莫大于子。天下何故不谓子为盗丘，而乃谓我为盗跖？”愤激之情，溢于言表。这种批判完全是站在现实和传统的对立面的，是对社会现实和传统的道德观念的彻底否定，这种否定有很大的盲目性和片面性，是不值得提倡的，但这种思潮也提出了一些有意义的发人深省的问题，因而这种反现实、反传统的精神，特别是对统治阶级无情挞伐的精神还是值得重视的。

《骈拇》篇批评曾参、史鳝、杨朱、墨翟说：“枝于仁者，擢德塞性以收名声，使天下簧鼓以奉不及之法非乎？而曾、史是已。”这是批评曾参、史鳝标榜仁义就像在手上长出无用之指一样（枝于仁）。“骈于辩者，垒瓦结绳窜句，游心于坚白同异之间，而敝跬誉无用之言非乎？而杨、墨是已。故此皆多骈旁枝之道，非天下之至正也。”这是批评杨朱、墨翟到处辩驳就像要让脚趾长在一起一样（骈于辩）。总之，曾、史、杨、墨各家的学说都不是天下之至正。《在宥上》则以曾、史与盗跖相提并论：“使人喜怒失位，居处无常，思虑不自得，中道不成章，于是乎天下始乔诘卓鸷，而后有盗跖、曾、史之行。”打家劫舍与标榜仁义的行为虽然不同，但都是脱离人之常态的结果。《胠箧》的作者更疾呼：“削曾、史之行，钳杨、墨之口，攘弃仁义，而天下之德始玄同矣……彼曾、史、杨、墨、师旷、工倕、离朱，皆外立其德而以爚乱天下者也，法之所无用也。”由此亦可见无君派批判范围之广几乎涉及当时所有的思想派别。

无君派对现实的批判之所以如此广泛和彻底是因为他们的道德观和价值观在根本上与众不同。《胠箧》说：“天下每每大乱，罪在于好知。故天下皆知求其所不知而莫知求其所已知者，皆知非其所不善而莫知非其所已善者，是以大乱。”一般人都追求智巧，无君派却认为智巧是天下大乱的原因；一般人都追求自己所不知的，却不知重新认识自己所已知的；一般人都非难自己所不喜欢的，却不知否定自己已经喜欢的。无君派强调“求其所已知者”，含有重新认识现实的意味；主张“非其所已善者”，则含有反传统观念而行、重新评价一切的意向。他们对仁义的批判就是这种倾向的反映。

在春秋战国时期，仁与义是儒墨显学所推崇的道德观念，无君派则把批评的矛头对准了仁义。《骈拇》篇开宗明义便说：“骈拇枝指，出乎性哉，而侈于德。附赘悬疣，出乎形哉，而侈于胜。多方乎仁义而用之者，列于五藏哉！而非道德之正也。”“拼拇”即脚趾长在一起，“枝指”即手上旁出无用之指，“附赘”与“悬疣”都是多余的肉瘤。骈拇枝指似乎出于人之性，却不是应有之得，附赘悬疣出于人之形体却不合人之本性，同样多事滋扰，滥施仁义也不是道德之本然。“是故骈于足者，连无用之肉也；枝于手者，树无用之指也；多方骈枝于五藏之情者，淫僻于仁义之行，而多方于聪明之用也。”仁义并非道德之正，仁义藏于胸有如骈拇枝指、附赘悬疣，是多余而无用的。《马蹄》篇也说：“纯朴不残，孰为牺尊！白玉不毁，孰为珪璋！道德不废，安取仁义！”“夫残朴以为器，工匠之罪也；毁道德以为仁义，圣人之过也。”所谓仁义实际是道德沦废的结果，圣人标榜仁义不但无功，反而有过。仁义是重要的传统的道德规范，无君派却把仁义与道德对立起来，他们说：“余愧乎道德，是以上不敢为仁义之操，而下不敢为淫僻之行也。”（《骈拇》）总之，庄子后学中的无君派对现实和传统的抨击是猛烈的，他们不以超脱现实为自己的理论要义，却以正面批判现实为自己的理论旨趣。这是他们对庄子哲学的重要改造和发展。

二、从天之自然到人之自然

道家都讲自然，但老子所谓自然是客观的规律或进程，如《老子》二五章讲“天法道，道法自然”，《老子》六四章讲“辅万物之自然而不敢为”，《老子》五一章讲“道之尊，德之贵，夫莫之命而常自然”。庄子哲学的基本倾向是扬天而抑人，他的自然观念主要是天之自然，庄子主张“天而不人”，主张“与天为徒”，主张“侔于天”，都是强调任天之自然，而不是任人之自然。这种情况在庄子后学无君派这里发生了突变，无君派所强调的主要不是外界之自然，不是天之自然，而是人性之自然，无君派反复讲的“安其性命之情”就是任人性之自然的命题。

《骈拇》说：“且夫待钩绳规矩而正者，是削其性者也；待绳约胶漆而固者，是侵其德者也；屈折礼乐，呴俞仁义，以慰天下之心者，此失其常然也。”认为任何外在的标准或原则都是对事物之本然常态的破坏，是有害的。“天下有常然。常然者，曲者不以钩，直者不以绳，圆者不以规，方者不以矩，附离不以胶漆，约束不以纆索。故天下诱然皆生而不知其所以生，同焉皆得而不知其所以得。”所谓“常然”即性之本然，性之本然是天然合理的，任何外来的约束或匡正都是对本然之性的损伤。本然之性的发展应该是自然而然的，方者自方，圆者自圆，方圆曲直皆不待钩绳规矩，生而不知其所以生，得而不知其所以得，这才符合性之常然。《骈拇》篇又说：“彼正［至］正者，不失其性命之情。故合者不为骈，而枝者不为跂；长者不为有余，短者不为不足。是故凫胫虽短，续之则忧；鹤胫虽长，断之则悲。故性长非所断，性短非所续，无所去忧也……且夫骈于拇者，决之则泣；枝于手者，龁之则啼。二者，或有余于数，或不足于数，其于忧一也。今世之仁人，蒿目而忧世之患；不仁之人，决性命之情而饕贵富。”天下之至正就在于不失“性命之情”，“性命之情”是判断长短正误的根本标准。“性命之情”即性命之真，亦即性命之本然，也就是人的自然本性。本性长者并非有余，本性短者并非不足，骈拇（足趾并生）虽连无用之肉，枝指（手生傍指）虽出无用之指，但二者皆是性中所有，故骈而不当裂，枝而不当去。人的自然本性是衡量一切的尺度，“不仁之人”的错误即在于“决性命之情而饕贵富”，荣华富贵都不是性中所有，所以追求荣华富贵是不对的。

无君派认为，最大的善是“任其性命之情”，亦即“自适其适”。他们说：“且夫属其性乎仁义者，虽通如曾史，非吾所谓臧也；属其性于五味，虽通如俞儿，非吾所谓臧也；属其性乎五声，虽通如师旷，非吾所谓聪也；属其性乎五色，虽通如离朱，非吾所谓明也。”曾参、史鳅把自己的本性全部投入于仁义之道，俞儿（古时善识味之人）把自己的本性全部投入于对酸甜苦辣的品尝，这都不好不善。师旷毕生沉浸于音律之中，离朱毕生忙碌于辨别颜色，这并不是真正的耳聪目明。这是对传统的善恶观念和耳聪目明标准的彻底否定。

那么什么是真正的善和耳聪目明呢？他们接着说："吾所谓臧者，非仁义之谓也，臧于其德而已矣；吾所谓臧者，非所谓仁义之谓也，任其性命之情而已矣；吾所谓聪者，非谓其闻彼也，自闻而已矣；吾所谓明者，非谓其见彼也，目见而已矣。夫不自见而见彼，不自得而得彼者，是得人之得而不自得其得者也，适人之适而不自适其适者也。夫适人之适而不自适其适，虽盗跖与伯夷，是同为淫僻也。"（《骈拇》）追求外在之仁义并非真正的善；善辨外在之音律并非真正之耳聪；善识外在之颜色并非真正之目明。那么他们所谓善恶聪明的标准是什么呢？简言之，无君派所谓善即因任自然之性，所谓聪明即自闻自见，他们追求"自得其得"、"自适其适"的自由状态，反对"得人之得"、"适人之适"。所谓"自得其得"、"自适其适"即不受任何外在的牵制约束，亦即人的自然之性的解放。

反对对自然之性的束缚必然要反对任何形式的统治和压迫。他们以马为喻说："马，蹄可以践霜雪，毛可以御风寒，龁草饮水，翘足而陆，此马之真性也。"在自然环境中马的真性可以得到自由发展。"及至伯乐，曰：'我善治马。'烧之，剔之，刻之，雒之，连之以羁絷，编之以皂栈，马之死者十二三矣；饥之，渴之，驰之，骤之，整之，齐之，前有橛饰之患，而后有鞭筴之威，而马之死者已过半矣。"伯乐善治马，但治马必伤害马之真性，使马死亡过半。他们又以埴（黏土）和木为喻说："陶者曰：'我善治埴，圆者中规，方者中矩。'匠人曰：'我善治木，曲者中钩，直者应绳。'夫埴木之性，岂欲中规矩钩绳哉？然且世世称之曰'伯乐善治马而陶匠善治埴木'，此亦治天下者之过也。"（《马蹄》）陶者治埴、匠人治木分别破坏了土木之自然本性，伯乐治马则破坏了马的自然本性，统治者治理天下则破坏了人的自然之性，所以无论是贤君的统治还是昏君的统治都是应该反对的。

自然之性是无君派的最高思想观念，一切应任其性命之情是无君派立论的根本出发点。由此出发，无君派认为伯乐治马非但无功，反而有罪。"夫马，陆居则食草饮水，喜则交颈相靡，怒则分背相踶。马知已此矣。夫加之以衡扼，齐之以月题，而马知介倪闉扼鸷曼诡衔窃辔。故马之知而态至盗者，伯乐之罪也。"在自然状态下，马或饮或食，或喜或怒，自由自在。是人役使马的行动使马学会了逃脱役使的种种办法。同样，圣人标榜仁义以教人也使人性情浇薄，好知而争利。"夫赫胥氏之时，民居不知所为，行不知所之，含哺而熙，鼓腹而游，民能以此矣。及至圣人，屈折礼乐以匡天下之形，县跂仁义以慰天下之心，而民乃始踶跂好知，争归于利，不可止也。此亦圣人之过也。”（《马蹄》）在他们看来，圣人推行仁义礼乐非但无利于天下，反而有过于天下，仁义礼乐非但不是匡正时弊之良方，反而是引起种种弊端之祸源。然而伯乐治马虽有违于马之真性，却有功于人，圣人推行仁义礼乐对下层人民来说是一种控制，对于统治阶级和社会文化的发展却是有功绩的，所以无君派全盘否定伯乐、否定仁义礼乐的观点是反常识的，是一般人、尤其是统治阶级所无法接受的。但这也正表明了无君派及整个庄子学派鲜明的阶级性，说明他们代表的是社会下层被压迫被剥削者的利益。

无君派反对任何形式的统治，认为任何形式的统治都会“淫其性”、“迁其德”。《在宥上》曰：“闻在宥天下，不闻治天下也。在之也者，恐天下之淫其性也；宥之也者，恐天下之迁其德也。天下不淫其性，不迁其德，有治天下者哉！”无君派认为尧统治天下，“使天下欣欣焉人乐其性”，则人性失于恬淡；桀统治天下，“使天下瘁瘁焉人苦其性”，则人性失于欢愉，贤君和暴君的统治破坏了人的淳朴自然之性，因而都是不道德的。《在宥上》又说：“而且说明邪？是淫于色也；说聪邪？是淫于声也；说仁邪？是乱于德也；说义邪？是悖于理也；说礼邪？是相于技也；说乐邪？是相于淫也；说圣邪？是相于艺也；说知邪？是相于疵也。天下将安其性命之情。之八者，存可也，亡可也；天下将不安其性命之情，之八者，乃始脔卷獊囊而乱天下也。而天下乃始尊之惜之，甚矣天下之惑也！”无君派认为，聪明、仁义、礼乐、圣知都无益于人的自然本性的发展，如果天下都能安其性命之情，仁义礼乐等便都是可有可无的，如果天下不能安其性命之情，仁义礼乐就都是可以乱天下的。一切统治形式或方法都有损于人的自然淳朴之性，所以说“君子不得已而临莅天下，莫若无为，无为也而后安其性命之情”（《在宥上》）。无为实际即取消任何统治，只有取消一切统治形式，人的自然本性才能得到保护发展，这是中国古代的无政府主义观点。

人的自然之性是无君派的根本立足点，他们破论立论都是以性的不可侵犯为依据的，他们反对仁义是因为仁义可“擢德塞性”，他们认为伯夷盗跖之间不当有君子小人之别是因为二者“于残生伤性均也”，他们既反对桀之暴政又反对尧之德政是因为二者或“苦其性”或“乐其性”，都破坏了人的淳朴之性，他们既反对惩罚又反对恩赐是因为“以赏罚为事”则无暇“安其性命之情”(《在宥上》:“自三代以下者,匈匈焉终以赏罚为事,彼何暇安其性命之情哉!”),他们认为真正的善即“任其性命之情”,一切有损于性命之情的都是应该反对的,都在他们的批判之列。

无君派这种以人的自然之性为中心观念和理论要义的思想学说在中国古代是比较罕见的。中国古代的儒家和法家的着眼点都在于巩固统治者的统治地位,维护以宗法制为基础的等级制度;墨家虽反对等级区分,却主张利他主义,主张摩顶放踵利天下而为之。儒、法、墨各家学说强调的都是社会共同利益,对人的个性发展则很少注意。老子、庄子的思想虽有突破传统的意义,但他们都没有提出性的观念,没有提出维护人的自然之性的问题。在这种背景下,庄子后学中的无君派明确提出“任其性命之情”的主张就有了振人耳目、惊人心弦的作用。在漫长的中央集权的封建社会中,意识形态的主流始终是压抑个性的,无君派强调人性之自然,有个性解放的意义,这是可贵的。《骈拇》、《马蹄》、《胠箧》等文章使人读来有清新之感,根本原因也在于此。类似的思想在《渔父》、《盗跖》、《让王》中也有所反映。《渔父》篇说:“礼者,世俗之所为也;真者,所以受于天也,自然不可易也。故圣人法天贵真,不拘于俗。”“贵真”即贵性命之真。《盗跖》也认为尧、舜、禹、汤“以利惑其真而强反其情性,其行乃甚可羞也”。《让王》篇则主张“逍遥于天地之间而心意自得”。这些说法大体而论与任其性命之情、强调自适其适是一致的。

庄子后学中的无君派对庄子的思想进行了一个根本性的改造,这就是从天之自然转向了人之自然。庄子主张“顺物自然”、“常因自然而不益生”,都是要排除人的一切思虑、情感、欲望,这正是违背人之自然,而无君派主张解脱一切束缚、任其性命之情才是顺从人类本身的自然,是人类的个性解放。这不仅是对于庄子哲学的重要变革,而且是对整个传统文化的抗争。中国古代的思想学说多以平治天下为主要议题,强调个人服从社会,无君派却提出了以个性为中心观念的思想理论,强调人性的自然发展,这无异于暗夜中的一道亮光、寂静中的一声呐喊。可惜无君派所谓性命之情主要是人的自然本性,没有包括人的社会性,这就模糊了人性与动物性的区别,他们所谓人性不是现实的人性,而是抽象的人性,他们所幻想的没有任何社会约束的个性自由是无法实现的。

三、从无何有之乡到至德之世

庄子认为现实世界没有自由，因而幻想到无何有之乡去寻找自由，庄子所谓无何之乡以及所谓四海之外、尘垢之外都是纯精神领域，与现实世界毫无干系。无君派则与庄子不同，他们向往的不是虚幻的精神王国，而是尘世中的至德之世。无君派激烈地抨击现实是因为现实的一切都会“擢德塞性”、“残生损性”，那么在哪里才能“安其性命之情”呢？无君派认为只有在没有任何形式的统治、没有任何外在约束的社会里才能真正达情遂性，他们所向往的是“至德之世”，是尘世中的乌托邦。

无君派认为伯乐治马是伤马之真性，圣人治天下是伤民之真性，而真正善治天下就必须顺从民之常性。《马蹄》篇的作者说：“吾意善治天下者不然，彼民有常性，织而衣，耕而食，是谓同德；一而不党，命曰天放。故至德之世，其行填填，其视颠颠。当是时也，山无蹊隧，泽无舟梁；万物群生，连属其乡；禽兽成群，草木遂长。是故禽兽可系羁而游，乌鹊之巢可攀援而窥。”民之常性是劳动求温饱，无偏亦不党。人人平等，劳动谋生，这就是“同德”；无党无私，淳朴相安，这就是“天放”。同德、天放都是民性摆脱压迫束缚得以自然发展的结果。这样的社会也就是至德之世。在至德之世里，人性敦厚纯真，万物繁盛竞生，人与鸟兽和睦相处，人与人之间自然更无高低分别。所以说：“夫至德之世，同与禽兽居，族与万物并，恶乎知君子小人哉！同乎无知，其德不离；同乎无欲，是谓素朴；素朴而民性得矣。”（《马蹄》）没有君子小人之分即没有高低贵贱之别，没有统治者与被统治者的对立，这是素朴的平等的社会，在这样的社会里，人民的淳朴之性才能得其所归，得到自由发展，这才是无君派的最高理想。

至德之世是无君派的理想社会，这种理想社会的蓝图是作为不幸的无可逃避的现实世界的反面而被设计出来的。由于当时的思想家还保留着对于原始共产主义的回忆，所以他们的理想总是以怀古的形式提出的。《胠箧》篇说：“子独不知至德之世乎？昔者容成氏、大庭氏、伯皇氏、中央氏、栗陆氏、骊畜氏、轩辕氏、赫胥氏、尊卢氏、祝融氏、伏牺氏、神农氏，当是时也，民结绳而用之，甘其食，美其服，乐其俗，安其居，邻国相望，鸡狗之音相闻，民至老死而不相往来。若此之时，则至治已。今遂至使民延颈举踵曰‘某所有贤者’，赢粮而趣之，则内弃其亲而外去其主之事，足迹接乎诸侯之境，车轨结乎千里之外。则是上好知之过也。”他们之理想生活是“甘其食，美其服。乐其俗，安其居”，他们把这种理想生活的破坏归之于统治者“好知”，这既反映了小生产者希望安居乐业的阶级本能，也反映了他们思想狭隘保守的阶级局限。

《盗跖》篇也有类似的思想反映：“古者禽兽多而人少，于是民皆巢居以避之，昼拾橡栗，暮栖木上，故命之曰有巢氏之民。古者民不知衣服，夏多积薪，冬则炀之，故命之曰知生之民。神农之世，卧则居居，起则于于，民知其母，不知其父，与麋鹿共处，耕而食，织而衣，无有相害之心，此至德之隆也。”无君派所向往的是“耕而食，织而衣”以及人与人之间“无有相害之心”的社会，这种男耕女织、人人平等的生活正是小农所特有的理想。只是这种理想与“民知其母，不知其父”的原始社会被搞在一起、混为一谈了。《让王》篇说：“余立于宇宙之中，冬日衣皮毛，夏日衣葛絺；春耕种，形足以劳动；秋收敛，身足以休食；日出而作，日入而息，逍遥于天地之间而心意自得。”显然这也是小农的生活理想。

后来祖述无君论的是晋代的鲍敬言，鲍敬言的言论保存在《抱朴子·外篇·诘鲍》之中，鲍敬言的无君论远比《骈拇》诸篇的无君论更为系统、成熟，对君主制的批判也更为明确集中。一般认为鲍敬言的思想是受老庄影响而来的，实际上鲍敬言的思想主要是从庄子后学中的无君派这里生发开来的，特别是直接吸收了《马蹄》篇的思想和语言。鲍敬言认为上古时期人性淳朴，没有统治者和被统治者的对立，没有贵贱尊卑的差异，这些思想正是《骈拇》诸篇反复讲过的。鲍敬言猛烈地批判君主统治，把社会上一切罪恶和祸乱的根源归之于统治者，这种思想在《骈拇》诸篇中也已初见端倪。

此外，鲍敬言说：“曩古之世……山无蹊径，泽无舟梁。川谷不通，则不相并兼，士众不聚，则不相攻伐。是高巢不探，深渊不漉，凤鸾栖息于庭宇，龙鳞群游于园池。饥虎可履，虺蛇可执。涉泽而鸥鸟不飞，入林而狐兔不惊。”① 此言此意显然脱化于《马蹄》：“当是时也，山无蹊隧，泽无舟梁；万物群生，连属其乡；禽兽成群，

① 杨明照：《抱朴子外篇校笺》（下），498页，北京，中华书局，1997。下之所引鲍敬言语皆出此篇，不另出注。

草木遂长。是故禽兽可系羁而游，鸟鹊之巢可攀援而窥。”鲍敬言又说：“含铺而熙，鼓腹而游；其言不华，其行不饰。”此又同于《马蹄》：“民居不知所为，行不知所之，含哺而熙，鼓腹而游。”鲍敬言又提到：“故曰白玉不毁，孰为珪璋？道德不废，安取仁义？”此亦见于《马蹄》：“故纯朴不残，孰为牺尊！白玉不毁，孰为珪璋！道德不废，安取仁义！”鲍敬言又说过：“穿井而饮，耕田而食；日出而作，日入而息。”此言又见于《让王》：“春耕种，形足以劳动；秋收敛，身足以休食；日出而作，日入而息。”此外鲍敬言“促辔衔镳，非马之性”的说法也显然源于《马蹄》篇。事实说明鲍敬言的无君论确实直接接受了《马蹄》等文章的影响。《马蹄》等文是鲍敬言的无君论思想的前导，因此我们也可以说，庄子后学中的无君派是中国古代无君论思潮的最早代表。

值得注意的是严复在读《马蹄》等文章时多次提到卢梭。严复总评《马蹄》篇说：“此篇持说，极似法之卢梭，卢梭为《民约》等书，即操此义，以初民为最乐，顾以事实言，乃最苦者，故其说尽破，言自由平等者，其知之。”(《庄子评点》)① 《胠箧》篇有“子独不知至德之世乎”一段，认为上古之时民“甘其食，美其服，乐其俗，安其居”，乃至治之世。严复对此批注说：“此说与卢梭正同，然而不谬。庄所谓至德之世，世间固无此物，而今日非澳各洲，内地未开化之民，其所当乃至苦，如是而曰至治，何足慕乎。”《在宥上》又有“故君子不得已而临莅天下，莫若无为，无为也而后安其性命之情”。严复对此又评论说：“法兰西革命之先，其中学说，正复如是……不独卢梭之殚残法制，还复本初，以遂其自由平等之性者，与漆园之论，为有合也。”严复指出《马蹄》、《胠箧》、《在宥上》的思想与卢梭相合，说明庄子后学无君派与卢梭的思想是有一致之处的，这为我们正确认识和评价无君派的思想提供了线索。

卢梭的思想与无君派的思想有许多重要区别，但有一个基本点却是相同的，这就是卢梭也崇尚人的自然状态，也主张返回自然，也把奴役和不平等的根源归之于社会文明的发展和进步。卢梭认为，在进入文明社会以前，人类生活在自然状态之中，那时人们互不交往，过着和野兽没有多大区别的自由平等的生活。那时没有私有财产，没有社会的不平等，处于只关怀自己生存的最初感情中，相互

① 《中国哲学史研究》，1983（4）。

间没有联系，也没有任何危害自己同类的欲望，因此每个人生活得都很好，这就是所谓人的天然本性。随着人们的知识和生产技术的提高，人与人之间的联系越来越广泛了，私有观念也就产生了。卢梭认为，“谁第一个把一块土地圈起来，并想到说：这是我的，而且找到一些头脑简单的人居然相信了他的话，谁就是文明社会的真正奠基人”。这样就产生了私有制，出现了贫富对立，人类也就由“自然状态”进入了“文明社会”。“从前本是自由自在的人，而今由于无数新的需要，不得不受整个自然界的支配，特别是不得不受他的同类的支配”，竞争、倾轧、奸诈、伪善、利害冲突都由此而产生。① 卢梭的这一思想和无君派认为上古之蒙昧时代是至乐之时、圣人出现则使民性浇薄的议论如出一辙。

严复对卢梭的理论是持批判态度的，他从进化论的角度反对卢梭对野蛮时代的憧憬。指出野蛮时代人类的苦难是正确的，但这并不能作为对卢梭的全面评价。事实上卢梭把原始社会理想化并不是真的要历史倒退到野蛮时代，而是要借用原始社会中人与人之间平等的关系来批判和改造现实中的不平等，为资产阶级自由平等的理想鸣锣开道。马克思说：“鲁滨逊故事决不像文化史家设想的那样，仅仅是对极度文明的反动和想要回到被误解了的自然生活中去。同样，卢梭的通过契约来建立天生独立的主体之间的关系和联系的社会契约论，也不是奠定在这种自然主义的基础上的……这倒是对于16世纪以来就进行准备、而在18世纪大踏步走向万熟的‘市民社会’的预感。”② 恩格斯认为卢梭的《论人类不平等的起源和基础》也是“辩证法的杰作”，因为“卢梭把不平等的产生看作一种进步。但是这种进步是对抗性的，它同时又是一种退步……文明每前进一步，不平等也同时前进一步。随着文明产生的社会为自己建立的一切机构，都转变为它们原来的目的的反面”③。总之，卢梭的思想是有重要的进步意义的，这里形式上的倒退包含着实质上的前进，唯其如此，卢梭的著作才能成为法国大革命的重要理论支柱。

庄子后学中的无君派所从属的阶级和时代与卢梭有根本不同，无君派的理论也没有直接成为革命的前导，他们的历史地位也无法

---

① 参见朱德生等主编：《简明欧洲哲学史》，156页，北京，人民出版社，1979。

② 马克思：《〈政治经济学批判〉导言》，见《马克思恩格斯选集》，1版，第2卷，86页。

③ 恩格斯：《反杜林论》，见《马克思恩格斯选集》，1版，第3卷，59、179页。

与卢梭相比。但是，无君派以美化原始社会的形式来寄托理想、批判现实，这一点却与卢梭极为相似。无君派并不是真的要过原始人那种茹毛饮血、架木为巢的生活，他们所向往的“织而衣，耕而食”的生活决不是原始人的生活方式，他们所幻想的“同与禽兽居，族与万物并”只是一种万物相安、众生平等的理想，决不是真的要与禽兽为伍。无君派虽然不代表先进的生产力和生产关系，但他们是劳动者的代表，因而他们的呼声也是有进步意义的。他们向往上古的至德之世是为了否定现实、批判现实，他们的理论只能得到被压迫者的共鸣，不可能得到统治者的同情。如果真有一个妄想倒转历史车轮的没落贵族分子，也决不会赞同这种人人生而平等的理论和要求。《盗跖》篇所记盗跖的言行虽非历史事实，却也说明无君派的理论只能从造反者的口中讲出，不可能从统治者的口中讲出。总之，无君派的理论是劳动人民批判现实的理论，决不是反动派开倒车的理论，说《骈拇》诸篇代表了没落奴隶主阶级的思想情绪是毫无理由的。

无君派至德之世的理想也有大同世界的意味，但他们的大同世界与儒墨两家的大同理想仍有重要区别。儒墨两家的大同世界都是由贤人来治理的，有理想的统治秩序，而无君派却非常彻底，他们把普通人的个性自由放在第一位，认为任何人、任何形式的统治都会损害人民的素朴之性，因而都是要不得的。他们幻想不要任何人的统治，不要任何社会结构，不要任何社会权利，不要任何社会义务。他们的理论非常彻底，以至彻底得成了完全的空想。所以尽管无君派的理想有进步意义，有合理因素，但这毕竟是脱离历史、脱离现实的乌托邦式的空想，是不可能实现的。因而这一派的呐喊虽然十分强烈，在空旷的原野上却难以引起回响；他们的思想虽然闪烁着耀眼的光芒，但在漫长的黑夜中却不过是稍纵即逝的闪电。

总而言之，庄子后学中的无君派对庄子思想有重要的改造，二者的区别是显而易见的。庄子对现实不满的结果是逃避现实，钻到自己的想象中去陶醉逍遥，他的自然是随顺外物之自然，他的无为是绝对安命。而无君派对现实不满的结果是抨击现实。他们的自然是因任个人性命之自然，他们的无为是取消一切压迫统治。庄子追求的是尘世之外的神秘的纯精神的自由天地，无君派向往的则是尘世之中的乌托邦式的理想社会。无君派充分发展了庄子哲学中的批判性因素，在庄子学派中独树一帜。如果说道家思想在中国传统文化中属于异端思想，那么无君派的理论就是异端中的异端。但是无君派的思想与庄子并不是没有联系的。无君派与庄子都对社会现实极为不满，都反对君主统治、反对仁义说教，都有齐是非、等尧桀的思想，都反对耳聪目明、否定正常的认识活动，都崇尚自然，主张无为。因此，所谓无君派仍是庄子学派中的无君派。无君派的作品虽不宜作为研究庄子本人思想的资料，却是研究庄子后学、研究庄学演变的重要资料。

第九章
庄子后学中的黄老派

黄老派的作品包括《天地》、《天道》、《天运》、《在宥下》、《刻意》、《缮性》、《天下》七篇（以下简称《天道》诸篇）。在这一组文章中，《天下》篇是比较早的，其他篇都是《庄子》书中年代较晚的文章，但大体说来仍是先秦作品。这一组文章与内篇思想有重要不同，与庄子后学中述庄派、无君派的作品也有明显区别，与汉墓《黄老帛书》的思想特点及司马谈对道家的评述却基本一致，因此我们称这一组文章的作者为庄子后学中的黄老派。黄老派的作品既是研究庄子哲学演变情况的资料，也是研究黄老之学的重要资料。

今日所谓黄老之学是道家的一支。道家的含义在历史上的不同时期是有所不同的。道家之实源于先秦，道家之名则始见于汉初。《史记·陈丞相世家》载："始陈平曰：我多阴谋，是道家之所禁。"陈平曾佐刘邦打天下，死于汉文帝二年，因而肯定道家之称最晚起于汉文帝以前是不会有错误的。《齐悼惠王世家》又载召平曰："嗟乎！道家之言'当断不断，反受其乱'乃是也。"召平此言在吕后初崩之时，也可证明汉文帝之前已有道家之名。《史记·礼书》又载"孝文好道家之言"，《魏其武安侯列传》载魏其等人"贬道家言"，说明道家之称在汉初已比较流行。此外，司马谈《论六家要旨》始以阴阳、儒、墨、名、法、道德并称，继以阴阳之术、儒者、墨者、名家、法家、道家并举，可见当时所说的道德家也就是道家。

黄老之称也始见于《史记》，但其确切年代难以查明。《史记·乐毅列传》司马迁赞语曰："乐臣公学黄帝老子，其本师号曰河上丈人，不知其所出，河上丈人教安期生，安期生教毛翁公，毛翁公教乐瑕公，乐瑕公教乐臣公，乐臣公教盖公，盖公教于齐高密、胶西，为曹相国师。"据此，似乎黄老术流传已久。但先秦诸子之书及汉初的《新书》、《新语》、《淮南子》等都没有提到"黄老"之名，只有

《史记》屡称黄老，如“窦太后治黄老言”（《孝武本纪》等），邓章“修黄老言”（《袁盎晁错列传》），王生“善为黄老言”（《张释之冯唐列传》），田叔“学黄老书”（《田叔列传》），汲黯“学黄老之言”（《汲郑列传》），郑庄“好黄老子言”（同前）等，褚少孙补《日者列传》也说到司马季主“术黄帝老子”，这些材料都不足以说明黄老并称出现的确切年代，对这个问题只好暂时存疑。《史记·孟荀列传》记慎到、田骈等人“皆学黄老道德之术”，可知“黄老”与“道德”是一回事。总之，在汉代，道家、道德家、黄老术的说法都是相通的，都是指今天所说的黄老之学。

魏晋以后，道家渐以老庄之学为主流。老庄并称始见于《淮南子》（《要略》：“考验乎老庄之术”），流行于魏晋时期。今日所谓道家是指历史上以道为中心概念、以自然无为为基本理论的一大思想流派，主要包括老子之学、杨朱之学、庄子诸学和黄老之学。

这里我们不准备全面剖析庄子后学中的黄老派的作品而仍是从庄子哲学演变的角度勾勒出这一派思想的主要特色，这些特色主要表现于对待百家之学的态度、道与天的关系、无为论的内容等几个方面。

一、从剽剥儒墨到融合儒法

老子之学与儒墨显学是鼎足而立的，他对各家的批评都很尖锐。“夫礼者，忠信之薄而乱之首”（《老子》三八章），这是对儒家的批评。“法令滋彰，盗贼多有”（《老子》五七章），这是对法家的责难。“不尚贤，使民不争”（《老子》三章），这是对墨家的否定。庄子继承了老子的基本立张，他批评“儒墨之是非”乃“道隐于小成，言隐于荣华”的结果（《齐物论》），认为仁义是凿额之黥刑，强调忘仁义、忘礼乐是“坐忘”的基本条件。正如司马迁所说，庄子“善属书离辞”、“用剽剥儒墨”（《史记·老子韩非列传》）。

与此相反，《天道》诸篇不但不排斥儒墨法诸家，反而融会吸收各家的基本观点，形成了兼容并蓄的学术倾向。《天道》篇说：“古之明大道者，先明天而道德次之，道德已明而仁义次之，仁义已明而分守次之，分守已明而形名次之，形名已明而因任次之……是非已明而赏罚次之。赏罚已明而愚知处宜……知谋不用，必归其天。

此之谓大平，治之至也。”这里“仁义”是儒家的概念，“形名”、“赏罚”是法家的手段，“知谋不用”是道家的主张，作者从道家的立场出发，给仁义、形名、赏罚以一定的地位，使儒道法思想融为一体，并行不悖。值得注意的是“形名”二字。汉人常说黄老刑名之学，刑名即形名，可见“形名”是黄老派的重要概念。《天道》篇有云：“书曰：‘有形有名。’形名者，古人有之，而非所以先也。古之语大道者，五变而形名可举，九变而赏罚可言也。”这里并不完全排斥“形名”、“赏罚”，而是主张把“形名”、“赏罚”放在特定的位置上，所反对的只是“骤而语形名，不知其本也；骤而语赏罚，不知其始也”，只要不“倒道而言，迕道而说”，“形名”、“赏罚”都是“可举”、“可言”的。作者批评了商鞅之类的法家极端派，又吸收了法家的形名赏罚之术，把形名、赏罚纳于“道”之下，形成了以道家为主而融合儒法的黄老之学。

同样的倾向也表现在其他文章中。《天下》篇云：“不离于宗，谓之天人。不离于精，谓之神人。不离于真，谓之至人……以仁为恩，以义为理，以礼为行，以乐为和，薰然慈仁，谓之君子。以法为分，以名为表，以参为验，以稽为决，其数一二三四是也，百官以此相齿。”这里首先提出自然无为的天人、神人、至人，然后提到倡导仁义礼乐的君子，最后又提到重视法术形名的官吏。道、儒、法三家顺次介绍，虽有阐扬道家之心，却无否定儒法之意。《天下》篇对墨家的介绍也是既有批评又有肯定，并非一味排斥。《天道》篇讲“行事尚贤”，即是对墨家也有所吸收。

又如《在宥下》篇云：“故圣人观于天而不助，成于德而不累，出于道而不谋，会于仁而不恃，薄于义而不积，应于礼而不讳，接于事而不辞，齐于法而不乱……”这里的圣人也是以道为本、兼行仁义与法术的。《刻意》篇在谈到儒法之士时说：“语仁义忠信，恭俭推让，为修而已矣；此平世之士，教诲之人，游居学者之所好也。语大功，立大名，礼君臣，正上下，为治而已矣；此朝廷之士，尊主强国之人，致功并兼者之所好也。”显然作者对儒家之士和法家之士的长处都是有所肯定的。

值得指出的是，上述文章的作者都有意地排列比较了各家学说，而且每次都是先道家、再儒家、后法家。这说明《天道》诸篇的作者对百家之学有自己明确的态度和一贯的立场，他们并不是杂乱地撮拾各家学说，而是以一定的取舍标准融诸家为一体的。

礼治和法治都是为了维护君主至高无上的地位，儒法两家都讲尊卑上下之义。这一倾向在《天道》诸篇中也有鲜明的反映。《天地》开篇就是："天地虽大，其化均也；万物虽多，其治一也；人卒虽众，其主君也。"从天地万物的统一性引出了君权的重要性。《天地》接着说："以道观言而天下之君正，以道观分而君臣之义明，以道观能而天下之官治，以道泛观而万物之应备。"这里的道也是明君权之正、别君臣之义的根本原则。《天道》篇又说："君先而臣从，父先而子从，兄先而弟从，长先而少从，男先而女从，夫先而妇从。夫尊卑先后，天地之行也，故圣人取象焉。天尊地卑，神明之位也。春夏先，秋冬后，四时之序也……夫天地至神……而有……尚齿，行事尚贤，大道之序也。"不仅强调君为臣先，而且强调父为子先、兄为弟先、男为女先、夫为妇先，希望通过尚亲、尚尊、尚齿、尚贤等原则维系整个社会上上下下的秩序，于是老庄的混冥无别的道变成了秩序井然、层次分明的道，所以说，"语道而非其序者，非其道也"（《天道》，下同）。同时，超现实的道变成了维系社会秩序的道，所以说："愚知处宜，贵贱履位，仁贤不肖袭情，必分其能，必由其名。"儒家尊卑有序的思想和法家君权独尊的思想都被统一在"道"的原则之下了。

《天道》诸篇在评论儒法两家时总是把儒家放在比法家更重要的地位上，这说明他们对儒家比对法家更为重视。从文章内容来看，他们确实更多地谈到了仁义、礼义、爱人等观念。《天运》篇说："吾奏之以人，征之以天，行之以礼义，建之以太清。"又说："古之至人，假道于仁，托宿于义，以游逍遥之虚。"这都是亦道亦儒、儒道相契的语言。《天地》篇说："无为为之之谓天，无为言之之谓德，爱人利物之谓仁……"这也是以道家的外衣包容儒学的观点。此外，老庄皆讲恬淡无欲，去智去知，儒家则以智为"四端"之一，而《缮性》篇却把老庄的恬淡与儒家的智慧结合起来了。《缮性》说："古之治道者，以恬养知；知生而无以知为也，谓之以知养恬。知与恬交相养，而和理出其性。""知"，张君房本作"智"，知、智互通。作者认为恬淡的胸怀与智慧是可以相辅相成的。《缮性》还讲道："夫德，和也；道，理也。德无不容，仁也；道无不理，义也……"这段话与上文不相连属，可能是错简所致，但内容还是应该注意的，其与《天道》诸篇融合儒道法的倾向是一致的。

此外，以天下"有道"与"无道"来决定个人的行藏也始于儒家的孔孟。孔子曰："天下有道则见，无道则隐。"（《论语·泰伯》）

孟子曰："天下有道，以道殉身；天下无道，以身殉道。"（《孟子·尽心上》）《天道》诸篇也承袭了孔孟的这种说法。《天地》说："天下有道，则与物皆昌；天下无道，则修德就闲。"《缮性》也说："当时命而大行乎天下，则反一无迹；不当时命而大穷乎天下，则深根宁极而待，此存身之道也。"这和孟子的"穷则独善其身，达则兼善天下"（《孟子·尽心上》）也有明显的相通之处。总之，《天道》诸篇兼采儒法墨、而尤重儒家的学术倾向是很明显的。

司马谈说道家："其为术也，因阴阳之大顺，采儒墨之善，撮名法之要。"（《论六家要旨》）司马谈所说的道家正是黄老之学。采儒墨之善，撮名法之要，这是黄老之学摒门户之见，集众家之长的根本特点。《天道》诸篇正体现了这一特点。《天地》篇说："不同同之之谓大"，这说明《天道》诸篇的作者们懂得只有博采众家之长才是最为高明的，说明他们对儒法各家是自觉地吸收，有机地融合，而不是盲目地摭拾拼凑。这是他们能形成别具一格的思想流派的根本原因。

马王堆出土的汉墓帛书《经法》、《十六经》等是目前公认的研究黄老之学的重要资料，许多学者称之为《黄老帛书》。《黄老帛书》的基本特点也是融合儒道法的倾向，但《黄老帛书》和《天道》诸篇又各有特点。比较起来，《天道》诸篇吸收儒家的东西多一些，而《黄老帛书》吸收法家的东西更多一些。总起来说，《天道》诸篇的道家立场十分鲜明，而《黄老帛书》的法家色彩比较突出。因而，虽然同是黄老之学的资料，《天道》诸篇的内容仍然是《黄老帛书》所无法代替的。虽然《经法》等帛书的内容比《天道》诸篇更为系统、丰富，但是，如果考虑到黄老之学基本上是道家的一支，而不是法家的一翼，那么我们就有理由说，作为黄老之学的资料，《天道》诸篇或许比《经法》等帛书更有代表性。

二、从生天生地之道到法天之道

老子首创了超越于天地万物的道的概念。"道生一，一生二，二生三，三生万物"（《老子》四二章），道是生天生地的世界本源。"人法地，地法天，天法道"（《老子》二五章），道是万物存在运动的依据。庄子也认为道是"自本自根"、"自古以固存"的独立存在，也说道“生天生地”（《大宗师》）。老子和庄子都以道为最高最根本的概念。

到《天道》诸篇这里情况却发生了变化。《天道》诸篇中虽然也有类似于老庄的说法，但在更多的情况下却是以天为根本存在的。这里讲的道常常是天地之道，老子的“天法道，道法自然”变成了以天为宗，以道法天。《天地》篇云：“技兼于事，事兼于义，义兼于德，德兼于道，道兼于天。”生天生地之道变成了兼于天之道。《天道》亦云：“是故古之明大道者，先明天而道德次之，道德已明而仁义次之，仁义已明而分守次之……”这里的道德不会是儒家的仁义道德，而可能是道家的道与德，“先明天而道德次之”，说明天比道更根本。《天地》篇又说：“故通于天地者，德也；行于万物者，道也。”认为道与德皆行于天地万物之中，而非在天地万物之上、之前。此语与“道兼于天”一致，但在表述上将道置于德之后，与道家思想惯例有所不合，查此语在江南一古藏本作“故通于天者，道也；顺于地者，德也；行于万物者，义也。”① 句义相同，但句式、语序更为严整，可取。道不再是独立于天地之外的绝对，而是贯通于天地万物的一般规律。所以，在同时谈到道和天之时，天常常被放在道之上。如《在宥下》云：“节而不可不积者，礼也；中而不可不高者，德也；一而不可不易者，道也；神而不可不为者，天也。”《天道》亦云：“夫帝王之德，以天地为宗，以道德为主，以无为为常。”天地比道德更根本，道是服从于天的，因而《刻意》篇说：“无江海而闲，不道引而寿，无不忘也，无不有也，澹然无极而众美从之。此天地之道也，圣人之德也。”老庄至高无上的道变成了“天地之道”，即变成了服从于天地之道。②

上文的“道兼于天”、“先明天而道德次之”、“以天地为宗”等说法都表达了一种宗天法天的思想，这些思想在《天道》诸篇中是屡见不鲜的。《天下》篇说：“以天为宗，以德为本，以道为门，兆于变化，谓之圣人。”明确提出圣人是“以天为宗”的。《天运》篇说：“天有六极五常，帝王顺之则治，逆之则凶。”“六极五常”的具体内容难以确知，但它肯定是天的根本属性或规律，对于天的属性或规律只能因顺，不能违逆。《天道》篇也说：“夫天地者，古之所

---

① 见郭庆藩辑：《庄子集释》，406 页校记㊀所引《庄子阙误》之引文。

② 关于《天道》篇中的天高于道，关锋已有论述（见《庄子内篇译解和批判》），但关氏是把《天道》篇作为宋尹学派的资料来进行分析的。

大也，而黄帝尧舜之所共美也。故古之王天下者奚为哉？天地而已矣。”作者以天地为宇宙的根本存在，以天地的规律为根本规律，认为黄帝尧舜也没有什么神秘，不过是法地而行罢了。显然，《天道》诸篇所宗的不是有意志有目的神秘的存在，而是自然之天。《刻意》篇说：“夫恬惔［淡］寂寞虚无无为，此天地之本而道德之质也。”（“本”原作平，据马叙论说校改）《天道》篇也有类似的说法，说明天是自然无为之天，这与道家的基本立场是一致的。

这种以自然之天为宗的思想与《经法》等帛书是相通的，如《伊尹·九主》就强调：“法君者，法天地之则也。”《十六经·观》也强调“正以待天”，“与天同道”。《经法·论》也说：“天天则得其神，重地则得其根。”不过，帛书的作者并没有明确地论述过道与天的关系。在道与天孰先孰后的问题上，《天道》诸篇与《庄子》内篇有不同意见，这或许是《天道》诸篇的作者有意论述这一问题的原因，而帛书的作者似乎无须论及这一问题。无论怎样，天与道的关系确是先秦哲学中一个重要理论问题，《天道》诸篇的作者明确论述这一问题是对黄老之学的一个贡献，也是我们理解老庄唯心主义如何转化为黄老的唯物主义的一个契机。

道与天的关系的变化反映了先秦唯物主义与唯心主义相互影响又相互否定的辩证发展过程。孔孟以天为最高的有意志的存在，他们讲天道人道，不讲独立于自然和人世之外的道。老庄把道从天道人道中进一步抽象出来，改造成在天之上的无意志无目的的最高存在，这是对天命论的否定。但道是虚构的超越世界的绝对，这就无法与唯心主义从根本上划清界限，因而未能最后完成向唯物主义的转化。道的概念的出现是中国古代哲学发展的一个重要阶段，标志着中华民族抽象思维能力的一个进步。其一进步既否定了天命论，孕育着天道无为的唯物主义自然观的出现，又把中国古代的唯心主义引向了精致和玄虚的道路。道作为中国古典哲学的基本概念与唯物主义和唯心主义的发展都有密切的联系。当黄老之学又抬出物质之天并将其压在抽象的道之上时，就完成了从唯心主义向唯物主义的转化。命运之天——实体之道——物质之天，这是哲学思想发展过程中的一个否定之否定。当思想的发展似乎又回到它的起点上的时候，唯心主义的天道观已经变成了唯物主义的天道观，于是向上发展的螺旋又增加了一个新的圆环。

《天道》诸篇的唯物主义还有一些表现。如先秦重要的唯物主义思想家荀子提出过“天行有常”的思想，否定了天的赏罚意志，《天道》篇就有类似的说法：“天地固有常矣，日月固有明矣，星辰固有列矣，禽兽固有群矣，树木固有立矣。”荀子讲的是天体运行有一定的规律，《天道》讲的是天地万物有自己的常规，二者都认为天之上没有超自然的力量支配，天地万物的存在运动都有自己的规律，规律的根源不在世界之外，而在天地万物自身，这是从自然界自身说明自然现象的朴素唯物主义观点。这一立场与《黄老帛书》是一致的，如《经法·道法》说：“天地有恒常。”《十六经·行守》也说：“天有恒榦，地有恒常。”看来，黄老之学与荀子的唯物主义是相通的。

肯定天行有常，就必然要得出顺应天地之常，即顺从自然规律的结论。《刻意》篇有云：“去知与故，循天之理。”“循天之理”即顺应自然规律，顺应自然规律显然是正确的，但以“去知与故”为条件则是错误的。《天运》篇也说过：“顺之以天理，应之以自然”，“以物为量”。这些大体上也是顺应规律、尊重客观存在的思想，不过这种思想也包含着轻视和排斥主观能动性的消极内容，这就是《天运》篇说的：“知谋不用，必归其天。”“必归其天”即一切听凭于大道之自然，还包含着听任客观事物自然发展的含义，而“知谋不用”否定了人运用思维器官、发挥主观能动性的必要性则完全是消极的。这种把人的认识与自然规律对立起来、割裂开来的观点是站不住脚的，抛开人的认识就谈不上对规律的理解，也谈不上对规律的服从。但是真正解决主观意识与客观规律的关系问题是辩证唯物主义出现以后的事，我们不能要求朴素唯物主义者完成辩证唯物主义的任务。因而从历史发展的角度来看，《天道》诸篇的“循天之理”的思想还是应该得到某种肯定的。这种“循天之理”的思想与《黄老帛书》也是相合的。《称》篇云“因天之则”，《经法·论约》云“参之于天地之恒常”，都是这同一思想的表述形式。

此外，《天运》篇还提出了顺应时势的思想。文中说：“夫水行莫如用舟，而陆行莫如用车。以舟之可行于水也而求推之于陆，则没世不行寻常（八尺为寻，二寻为常）。古今非水陆与？周鲁非舟车与？今蕲行周于鲁，是犹推舟于陆也，劳而无功，身必有殃。”水陆不同是客观之异，舟车之别则是行路方法之不同，思想所选择的方法必须适应客观的情势。周鲁之异是地域时代的不同，时移世异，治世方法必须相应变革。这种随顺时势的思想在社会大变革的时代尤为可贵，而水陆舟车之喻也殊为精彩。作者显然受到了商鞅的思想影响。《天运》篇还说道："故礼义法度者，应时而变者也。今取猨狙而衣以周公之服，彼必龁齧挽裂，尽去而后慊。观古今之异，犹猨狙之异乎周公也。"这种应时而变的思想是符合历史发展要求的，与荀子法后王的理论和商鞅革新变法的理论是异曲同工的。黄老帛书也很重视这种"应时"或"因时"的思想。《十六经·兵容》篇说："圣人之功，时为之庸［用］……因天时，与之皆断，当断不断，反受其乱。"《十六经·观》篇又说："圣人不巧，时反是守。"《十六经·姓争》篇也说："静作得时，天地与之，静作失时，天地夺之。""时"也是黄老之学的重要概念。

司马谈评黄老之学说："有法无法，因时为业，有度无度，因物与合。与时迁移，应物变化，立俗施事，无所不宜。指约而易操，事少而功多。"这种议论似乎不无溢美之词，但细忖起来，任何事业如果真能"与时迁移，应物变化"，那么确能收事半功倍之效，也就是"无所不宜"、"事少而功多"，因而司马谈所说也不无道理。司马谈接着说："其术以虚无为本，以因循为用，无成势，无常形，故能究万物之情。不为物先，不为物后，故能为万物主。"（《论六家要旨》）"以虚无为本，以因循为用"反映了道家消极无为的基本态度，凡事不抱成见，注意"究万物之情"则包含着合理因素。《天道》诸篇的思想内容与司马谈的这些评述也是默契的。

《天道》诸篇的唯物主义主要表现在两个方面：一是宗自然之天；二是讲"因时""应物"。宗自然之天的思想毕竟保留了宗天的形式，还不能与天命论完全决裂。这种直观的唯物主义观点在今天已失去了原有的积极意义。而因时应物的思想则是先秦思想史中的精华，这种思想不仅适应了战国时期历史大变革的需要，而且无论历史怎样发展，这种思想本身都不会陈腐。司马谈在评述黄老之学时反复讲到"因时为业"、"与时迁移"、"时变是守"、"究万物之情"、"因物与合"、"应物变化"，说明因时应物是黄老之学的一个基本观点，这似乎是黄老之学在汉初得以流行的一个重要原因。遗憾的是这种思想在漫长的封建社会中并没有得到重视，恐怕这与中国封建社会发展迟缓是互相作用、互为因果的。历史是不停地前进的，历史上的任何事物最终都会成为过时的陈迹，然而因时应物的原则却是永远不会过时的。忘记这一点就会成为时代的落伍者，否认这一点就会受到历史的惩罚。黄老之学因时应物的原则是值得我们重视的。

三、从逍遥无为到君无为而臣有为

无为是道家的基本概念，黄老之学也讲无为，但黄老的无为与老庄的无为已有明显不同。老子的思想基本上是以弱胜强、转败求胜之道，他的无为是等待矛盾的自然转化。庄子的思想基本上是逃脱现实、寻求自由之言，所以他的无为是逍遥无为，实即无心无情、自我陶醉。除了逃避现实以外，这种无为没有任何实际意义。黄老之学实际上是“君人南面之术”（《汉书·艺文志》），他们的无为是统治术的一部分。

《天道》诸篇很重视统治术。黄帝见广成子、云将东游遇鸿蒙的寓言（《在宥》），禹见伯成子高、将闾勉见季彻的寓言（《天地》），颜渊问师金、巫咸袑讲天运之道的寓言（《天运》）以及尧问舜的寓言（《天道》），大抵都与统治术有关。这组文章还常讨论“帝道”、“圣道”、“帝王天子之德”、“玄圣素王之道”、“用人群之道”，还常提到“事上”、“畜下”、“北面”、“南乡［向］”及“治天下百姓”之事，这与《黄老帛书》注意讨论政治问题的倾向是接近的。

黄老之学是道家思想转向现实政治的产物，他们所讲的无为常与统治术有关。《天地》篇云：“君原于德而成于天，故曰：玄古之君天下，无为也，天德而已矣。”无为不是消极地等待转弱为强的时机，也不是绝望地逃避现实，而是“君天下”的基本原则。《天地》又说：“古之畜天下者，无欲而天下足，无为而万物化，渊静而百姓定。”这里的无为不再是无可奈何的产物，而是对某种必然趋势充满信心的结果。所以鸿蒙告诫云将说：“汝徒处无为，而物自化。”《天道》篇也说：“无为也，则用天下而有余；有为也，则为天下用而不足。故古之人贵夫无为也。”《天道》诸篇认为，无为是最好的统治原则和方法。

道家讲无为，但道家并不认为一切人都可能做到无为。事实上，老子讲的主要是圣人无为，庄子讲的主要是至人（真人、神人）无为，而黄老派讲的主要是君主无为。如果普天之下的人都真的实行起无为的原则，那么人类就只能回到穴居野处的时代，根本谈不上治天下。黄老之学是道家中最重视现实问题的一派，他们看到了这一问题，因而提出了君无为而臣有为的思想。

黄老帝书《伊尹·九主》批评“劳君”说：“自为其邦者，主劳臣逸，为人君臣之口……臣因主为知，倚事于君，逆道也，凶归于主，不主。”（据李学勤释文）文中虽有缺字，但文句的意思还是清楚的，这就是反对主代臣劳，反对为君而代臣之职，认为臣事事依赖于君，就会主劳而臣逸，以致首尾倒置，君将不君。司马谈批评儒者“以为人主天下之仪表也，主倡而臣和，主先而臣随，如此则主劳而臣逸。”（《论六家要旨》）司马谈和《黄老帛书》的作者都反对主劳而臣逸。这就是提倡主逸而臣劳，与君无为而臣有为的思想是一致的，但他们都没有正面讲到君无为而臣有为的命题。

《史记·孟荀列传》云：“慎到，赵人……皆学黄老道德之术，因发明序其指意，故慎到著十二论。”《老子韩非列传》云：“申不害者，京人也……申子之学本于黄老而主刑名，著书二篇，号曰申子。”可见申子与慎子的著作中包含着黄老之学。《申子·大体》篇对君道与臣道作过对比论述：“明君如身，臣如手；君若号，臣如响；君设其本，臣操其末；君治其要，臣行其详；君操之柄，臣事其常。”“主处其大，臣处其细。”阐明君臣的主次轻重不同。《大体》篇又说：“有道者不为五官之事，而为治主。君知其道也，官人知其事也。”君知道，官知事，这是君无事而臣有事的思想萌芽。大约是慎子首先提出了君无事而臣事事的思想。《慎子·民杂》说：“君臣之道，臣事事而君无事，君逸乐而臣任劳，臣尽智力以善其事，而君无与焉，仰成而已，故事无不治，治之正道然也。”慎子还讲一步论述了君臣之道的顺逆治乱，但没有明确讲过君无为而臣有为。

先秦其他古籍讲无为之治的不少，但明确讲君无为而臣有为的却很少见。《管子·心术上》说：“心之在体，君之位也；九窍之有职，官之分也。”重点是讲心与感官的关系，君臣关系仅是比喻之辞。《吕氏春秋》对君臣之道讲得比较多。《任数》篇说：“古之王者，其所为少，其所因多。因者君术也，为者臣道也，为则扰矣，因则静矣……故曰君道无知无为而贤于有知有为则得之矣。”《君守》篇说：“大圣无事，而千官量能。”这些材料说明先秦确已有君无为而臣有为的思想，但上述各书都没有明确点出这一命题。

在现有古籍中，明确讲到君道无为、臣道有为的便是《天道》诸篇。《在宥下》云：“何谓道？有天道，有人道。无为而尊者，天道也；有为而累者，人道也。主者，天道也；臣者，人道也。天道之与人道也，相去远矣，不可不察也。”君臣南面之术分为天道与人道两部分，君行无为之天道，臣从有为之人道，君以无为而尊，臣以有为而累，二者泾渭分明，不可混淆。《天道》说："上无为也，下亦无为也，是下与上同德，下与上同德则不臣；下有为也，上亦有为也，是上与下同道，上与下同道则不主。上必无为而用天下，下必有为为天下用，此不易之道也。"无为与有为是相辅相成的，君道之无为必须以臣道之有为为补充。如果君臣皆无为，则臣失其职；如果君臣皆有为，则君失其尊。君必无为，臣必有为，君臣之道互为补充，无为有为相得益彰。《天道》接着说："本在于上，末在于下；要在于主，详在于臣。"显然，无为是本，有为是末；无为为要，有为为详。有为之臣要以无为之君为核心，无为之君要以有为之臣为辅翼。这就把无为与有为统一起来了，把道家的基本原则与儒法的君权巧妙地结合起来了。

值得注意的是，《天道》诸篇关于君无为而臣有为的论述比《淮南子》更为集中明确。《淮南子·主术》篇说："人主之术处无为之事而行不言之教，清静而不动，一度而不摇，因循而任下，责成而不劳。"这里只讲了人君无为，没有讲臣下是否应该无为。《主术》篇又说："上操约省之分，下效易为之功，是以君臣弥久而不相猒[欺]。"似乎主张君臣都应以虚无为本，以因循为用。接下去是："主道员者运转而无端，化育如神，虚无因循，常后而不先也。臣道员者运转而无方①，论是而处当，为事先倡，守职分明，以立成功也。是故君臣异道则治，同道则乱，各得其宜处其当，则上下有以相使也。"这里讨论了君道与臣道的区别，认为主道应"常后而不先"，臣道应"为事先倡"，但未明确以有为、无为为二者的分界。《主术》又说："不正本而反自然，则人主愈劳，人臣愈逸，是犹代庖宰剥牲而为大匠斫也。"反对主劳而臣逸，却仍未从正面说明君无为而臣有为的主张。

《淮南子》把无为改造成"不先物为"，并讲了不少君臣之道的不同，为什么不直接讲君无为而臣有为呢？司马谈《论六家要旨》反对君劳而臣逸，为什么不正面宣传君无事而臣事事的好处呢？汉初其他著作（如《新书》、《新语》）为什么也都对君无为而臣有为讳莫如深呢？这纯粹是偶然的吗？恐怕不是的，这其中应该有一定的必然性，应该有社会时代的根源。在秦始皇统一中国以前，百家争鸣，各执异

---

① 据王念孙此句当作"臣道方者"。

说，诸家蜂起，以干世主，那时一种学说不管是否被采用都没有人能全面禁止，也不至于招来灭门之祸，那时讲君无为而臣有为是完全可以的。但秦始皇统一中国后，大权在握，唯恐有失。汉朝以来，防止侯王叛乱始终是重要的政治议题。这样，在秦汉时期如果有人明确讲君无为而臣有为，恐怕就逃脱不了架空君上、阴谋篡权的猜疑或攻讦，或许这就是刘安和司马谈只反对君劳而臣逸，不宣扬君无为而臣有为的原因。由此我们似乎可以说，君无为而臣有为的观点只能流行于先秦，不能产生于秦汉以后。如果此说成立，那么《天道》、《在宥下》篇作于先秦而非作于秦汉就有了一个新的旁证。

君无为而臣有为对于君主来说可以藏拙掩愚，对于臣下来说必须尽职尽责，对于国家来说意味着限制独裁。君无为而臣有为不失为政治思想史上一个有特色的学说。此外，无为以有为为补充，有为以无为为核心，无为与有为相反而相成，对立而统一，这中间也包含着辩证思维的因素。要而言之，君无为而臣有为是庄子后学中黄老派的重要观点之一，是黄老派对于道家无为理论的改造和发展。从先秦到汉初，论述君无为而臣有为最为明确集中的便是《天道》诸篇，在这一方面，《天道》诸篇的史料价值也是其他古籍所无法代替的。但是，自王夫之以来的学者多认为这一组文章中的许多内容，特别是关于君无为而臣有为的论述，应当删去，殊不知如果真的删去这些内容，就会丧失重要的黄老之学的资料，君无为而臣有为的思想就会找不到来源，那将是学术史上的一大憾事。

以上介绍的是《天道》诸篇中所体现的黄老之学的主要观点。据司马谈说，形神静定也是黄老之学的重要主张。“凡人所生者神也，所托者形也。神大用则竭，形大劳则敝，形神离则死者……神者生之本也，形者生之具也，不先定其神形，而曰我有以治天下，何由哉?”(《论六家要旨》) 黄老之学的这种观点在《天道》诸篇也有所反映。如《天道》云：“圣人之静也……万物无足以饶心者，故静也……水静犹明，而况精神！圣人之心静乎！天地之鉴也，万物之镜也。夫虚静恬淡寂寞无为者，天地之平［本］而道德之至，故帝王圣人休焉。”又云：“‘其动也天，其静也地，一心定而王天下；其鬼不崇，其魂不疲，一心定而万服物’。言以虚静推于天地，通于万物，此之谓天乐。”《天地》篇亦云：“德全者形全，形全者神全。神全者，圣人之道也。”《在宥下》也说：“无视无听，抱神以静，形将自正。必静必清，无劳女形，无摇女精，乃可以长生。目无所见，耳无所闻，心无所知，女神将守形，形乃长生。”《刻意》篇也说：“形劳而不休则弊，精用而不已则劳，劳则竭。”所有这些说法与黄老之学“定其神形”的主张都是相通的，都是反对“神大用”、“形大劳”的，但这些内容没有重要的理论意义，在《天道》诸篇中也不占重要地位，所以这里就不展开分析了。

实际上，本章所说的《天道》诸篇的三个特点都可以归结为黄老之学的融合诸子百家的根本特点。宗天因时的思想，君无为而臣有为的观点都可以看作道家与儒法诸家相互吸收融合的结果。看到黄老之学的这一特点，看到这一特点在《管子》、《黄老帛书》、《庄子》和《吕氏春秋》等书中的反映，我们对战国时期的百家争鸣就会有一个新的认识。那就是诸子百家之间不仅有相互排斥否定的趋势，而且有相互吸收融合的潮流。这种潮流不仅在儒家的荀子和法家的韩非子身上有所反映，而且实际上形成了一个新的思想流派。这一思想流派吸收了百家之长，又避免了各家之偏。他们承认道的普遍性，却很少讲道的超越性；既讲天地有常，又讲因时而变；既讲无为之术，又不主张完全无所作为；既重视法术形名的强制作用，又不忽视仁义礼治的教育手段；既维护君臣上下的尊卑秩序，又不赞成君主专制；既有自己的一贯立场，又不盲目排斥诸家之学。这是黄老之学的特点，也是黄老之学的优点，反映了黄老学者开明通达、兼容并蓄的思想风格。黄老学者不可能跳出时代的局限，他们未能提出全新的思想与儒墨法各家相抗衡。他们受道家基本立场所局限，未能接受儒家积极进取的精神，宣传了一切因任自然的消极思想。但是，他们确实吸收了同时代学术思想中的许多精华，避免了各执一偏的极端化倾向，创造了曾在汉初产生过一定历史影响的思想流派。司马谈积极赞许这一流派不是没有道理的。

黄老之学的特点说明，在思想发展的历史洪流中，不仅不同思想的斗争分化能促进思想史的发展，在一定条件下，不同思想的相互吸收与融合也可以促进人类思想走向进步。斗争与融合是人类思想发展史中的两种基本趋势，不可能只有斗争分化，没有吸收融合；也不可能只有吸收融合，没有斗争分化。那种只许讲斗争，不许讲融合的倾向显然是一种“左”的片面性。问题不在于有没有吸收与融合，而在于吸收什么、融合什么。吸收融合那些代表人民利益、推动历史前进的思想就是正确的、进步的，吸收融合那些违背人民意志、阻碍社会发展的观点就是错误的、有害的。同样，与那些反对客观真理的腐朽思想斗争就是革命的、前进的，与那些代表科学与民主的思想相抗衡就是反动的、倒退的。为了人类思想的进步与发展，既要肯定斗争分化的合理性，也要承认相互吸收融合的必要性。

总之，《天道》诸篇对黄老之学的发展有特定的贡献，是先秦黄老之学发展成熟的反映，是《黄老帛书》及其他古籍所无法代替的历史文献。充分利用《天道》诸篇的资料，将有利于深入地研究黄老之学，也有利于探讨思想发展史中的一些现象和规律。但是，这并不意味着《天道》诸篇与庄子学派没有关系，相反，《天道》诸篇虽然提出了一些内篇所没有的思想观点，但它们与《庄子》内篇及外杂篇的其他文章仍有明显的联系。比如爱用寓言、重言、卮言的表达形式，有相同的寓言人物、相近的比喻，也有相通的观点，近似的语言，并且有直接记述庄子言行的段落，因此《天道》诸篇也是庄子后学的作品。所谓黄老派仍是庄子后学中的黄老派（参见本书第三章第二节）。黄老派的作品既是研究黄老之学的资料，也是研究庄子后学及庄学演变的资料。

总括则言，《庄子》一书基本上是庄子学派的作品总集，所谓庄子学派包括庄子本人以及庄子后学中的述庄派、无君派和黄老派。这四种思想流派虽然各有不同的特色，但他们都以道、德、天为基本概念；都重视自然与人生的原初状态；都有举本统末的思想倾向；他们都崇尚自然无为，有任天然而去人为的倾向；他们都以不知为真知，排斥正常的认识活动；他们大都有齐是非、同万物的观点，喜欢抹杀矛盾差别；他们都在不同程度上抨击或批评了社会现实，有超然物外的思想趋势；他们都追求着飘逸狂放的语言风格，喜欢编创离奇的寓言或比喻，所以，他们是一个各有特色又大体一致的道家学派。

从庄子到庄子后学中的述庄派、无君派、黄老派，庄子哲学发生了许多重要的变化。庄子在安命无为的基础上提出了精神自由论，述庄派在阐释庄子思想的同时提出了道家的性超善恶论，无君派喊出了取消一切统治的最强音，黄老派融道儒法为一体，把庄子哲学引向了唯物主义。庄子哲学内部的分化演变使我们看到思想的河流是不会冻结的。一种思想观点从它诞生的那一天起就加入了流动着的浪涛之中，在思想的长河中，同一流派可以分出许多支脉，不同流派又可以合而为洪流，不同思想流派之间既有明显的区别又不可能筑起分水大堤把它们完全隔开。思想的发展就是这样一个散同为异、合异为同、同异交融、新旧相续的过程。总而言之，庄子学派思想是中国古代哲学中的宝贵遗产，庄子及其后学为中华民族的传统文化的发展提供过丰富的营养，庄子学派思想演变的轨迹为我们探索意识形态继承发展的规律提供了有益的线索，继续对庄子及其后学的思想进行深入的考察研究，将会使我们在中国古代哲学的宝库中发现新的有价值的思想矿藏。

附 录

庄子与萨特的自由观

把庄子与萨特联系起来进行比较研究，在许多人看来，似乎有些奇怪，然而这并不是什么新发明。我国研究存在主义的专家熊伟教授就多次讲到道家思想与存在主义有相通之处，日本学者福永光司也写过一本书，名为《庄子——古代中国存在主义》①。庄子与萨特都是颇有才华的一身而二任的哲学家和文学家，都善于用文学形式表达他们的哲学观点；他们都敢于向传统挑战，敢于标新立异；他们都有知识分子清高孤傲的气节，蔑视权贵和名利；他们都对现实不满，拒绝与统治者合作。更重要的是，他们都以个人如何生存的问题为哲学思想的核心，都以个人的自由为哲学理论的第一要义和人生的最高目标。因此，对庄子与萨特进行比较研究既是可能的，也是必要的。本文作为这种比较研究的尝试，仅对庄子与萨特的自由观做一些剖析，旨在揭示两种自由观的异与同及其理论上的得与失。或许这不仅有助于对庄子与萨特思想研究的深入，而且有裨于我们对自由观问题的理论探讨。

一、两种自由观的重要区别

庄子生活在古代的中国，萨特生活在现代的西方。他们的思想不可能完全一致。事实上，庄子与萨特的自由观是有重要区别的。

(1) 从命定论出发的自由和排斥命定论的自由

庄子是一个命定论者。他在社会生活中是一个失意儿，无情的

① 该书中译本名为《古代中国存在主义——庄子》，李君奭译，台北专心企业有限公司1978年发行。此书不是庄子思想与存在主义之间的比较研究，而是从存在主义的角度理解和发挥庄子思想。本文立意与该书并不相同。

现实使他感到有一种不可抗拒而又无法摆脱的力量压迫着他。他把这种必然性力量叫做“命”，并把这种必然性归之于“道”和“天”。他在《大宗师》中说：“死生，命也；其有夜旦之常，天也。人之有所不得与，皆物之情也。”死生有命，这是典型的命定论思想。庄子认为人的命运与万物之情一样是无可奈何的。据《德充符》记载，惠施曾问庄子：“人而无情，何以谓之人?”庄子回答：“道与之貌，天与之形，恶得不谓之人?”是道和天决定了人的形貌、使人成之为人的。庄子还嘲笑惠施说：“天选子之形，子以坚白鸣。”这说明人的形体及思想观点都是天定的必然。总之，一切都是道和天所决定的，一切都是不可抗拒的命定的必然。因此，庄子认为只有认识到命运是无法改变的，从而无心无情、安之若命，才能摆脱痛苦，进入自由境界。简而言之，庄子是在承认命定论的基础上追求自由的。

与庄子相反，萨特是在否定命定论的基础上追求自由的。萨特认为承认命定论就扼杀了人的自由，坚持人的自由就得否认命定论，自由与命定是相互排斥、不可共存的。要推翻命定论首先就要推倒上帝。萨特说：“事实上我们是存在于一个只有人没有上帝存在的世界上。陀思妥耶夫斯基说：‘假如上帝不存在，一切事物都有可能。’这就是存在主义的出发点。”① 萨特在这里所说的存在主义是无神论的存在主义，不同于以雅斯贝尔斯为代表的基督徒的存在主义。萨特认为，如果我们把上帝当作人类和万物的创造者，那么人就是上帝预设的存在，正如工匠事先设计的裁纸刀一样。这样一来，个人就成为神智之中的某一概念的实现，也就是说，上帝的神明剥夺了人实现自由的可能性。萨特坚决否认上帝对人类的干预，他说：“世间并无设定人类本性的上帝。人不仅就是他自己所设想的人，而且还只是他投入存在以后，自己所志愿变成的人。”②

“存在先于本质”，这是存在主义的基本命题。萨特说：“假如上帝不存在，那么世间至少有一种存在物可证明是‘存在先于本质’；这一种存在物，在可受任何概念予以规定之前，就已存在；而这一种存在物就是人。”③ 人这种存在物可以证明存在先于本质，所以人是自由的，决定论是错误的。这就是萨特所说的：“假如存在确实是

---

① 《存在主义是一种人道主义》，见《存在主义哲学》，342页，北京，商务印书馆，1963。

②③ 《存在主义是一种人道主义》，见上书，342、337页。

先于本质，那么，就无法用一个定型的现成的人性来说明人的行动，换言之，不容有决定论。人是自由的，人就是自由。”① 萨特从“存在先于本质”的基本命题出发，不仅否定了上帝的存在，而且否定了各种形式的决定论。那么，什么是“存在先于本质”呢？简单地说，“存在先于本质”就是强调首先要有人的“存在、露面、出场”，然后才能“说明自身”，亦即决定自身的本质。所以萨特又说：“人不外是由自己造成的东西，这就是存在主义的第一原理。”②

庄子是从极端命定论的立场出发追求自由的，萨特是以反对决定论的极端出发追求自由的，这是两种自由观出发点的不同。

（2）绝对无为的自由和反对无为的自由

现实的遭遇变幻莫测，社会的矛盾纷纷攘攘，这使庄子感到无比厌烦，因此他要追求一种宁静和谐的心境。他提出“心斋”、“坐忘”等实现精神自由的方法，就是为了达到内心的绝对虚静。何谓“坐忘”？《大宗师》说：“堕肢体，黜聪明，离形去知，同于大通。此谓坐忘。”“堕肢体”、“离形”就是忘却自身的存在，“黜聪明”、“去知”就是摒绝任何思虑，“同于大通”就是一切因任大化之自然，这样连自己的形体都忘尽了，真是内心空无一物，虚静一片。什么是“心斋”？《人间世》说：“虚者，心斋也。”“心斋”的实质就是要让精神超然于物外，保持绝对的安宁。不难看出，庄子把老子的无为推向了极端，把无为变成了无心无情、绝对虚静。

那么精神虚静和“逍遥游”是什么关系呢？让我们来看一下“逍遥游”的实质吧。“逍遥”或“游”都是无牵无挂、无拘无束的自由状态。是什么在游呢？庄子讲“游心乎德之和”（《德充符》），“乘物而游心”（《人间世》），所谓“游心”就是心之游，即思想的遨游。这说明“逍遥游”的主体是自己的心。心在哪里游呢？庄子说要“游乎无人之野”（《山木》）、“无何有之乡”（《逍遥游》），又说要“游乎四海之外”（《逍遥游》）、“游乎尘垢之外”（《齐物论》）。这一类世界既不是现实世界，也不是海外仙境或伊甸乐园，庄子所游之处仅仅是个人的精神世界，思想在头脑中飞翔，“逍遥游”是纯精神的享受，是没有任何现实内容的玄想式的自由。这种自由同思想的虚静是没有什么区别的。同样道理，庄子的“得道”或“与天地万物为一”的神秘体验也是在思想上荡净一切现实映像之后的玄想，

①② 《存在主义是一种人道主义》，见《存在主义哲学》，337页。

是内心的宁静与和谐。总之，不管庄子怎样描写他的精神自由，其实质都离不开内心的虚静安宁，即绝对的无为。

与庄子相反，萨特不但坚决反对清静无为，而且竭力主张投入行动。萨特提出，社会历史的发展没有一定的规律，人类事业的明天难以预料，“这是否意味着我应该沉迷于清静无为呢？不。首先，我应该使自己有所行动，然后照着古代格言而行动：‘不冒险，无所得。’……我不能抱任何幻想，我该尽力而为”。“我现在讲的理论，与清静无为恰恰相反，因为我们主张：除行动外，无所谓现实。不但如此，还主张：人不外是人所设计的蓝图。人实现自己有多少，他就有多少的存在。因此，他，就只是他的行动的总体。”① 尽管明天的一切都是未知的，但我仍要行动。行动，行动，不怕冒险，不抱幻想，行动就是人的现实，人就是行动的总体。

萨特从现象学的立场出发，不仅反对本质与现象的二元论，而且反对潜力与行动的二元论，他主张一切都在行动中，他说：“潜力与行动的二元性也消亡了。一切都在行动中。在行动的背后，既没有潜力，又没有陈迹，也没有潜在。”② 一切都没有了，剩下的只是一连串无缘无故地发生着的行动。这些行动失去了客观的依据或原因，也无须任何主观的目的或动机。所以萨特反复宣传一个人不必有所希望才从事工作，应当不怀希望地行动着，行动便是使人生活下去的唯一事情。显然，这种为行动而行动的主张很容易导致冒险主义和盲动主义。不管怎样，“存在主义决不可称为是清静无为的哲学，因为它以行动来解释人”③，存在主义“是一种行动学说”④。

显而易见，萨特的自由不是逍遥自适的自由，而是不断行动的自由，这种行动的自由又表现为选择的自由。萨特说：“我们在这里所考察的关于自由的专门概念和哲学概念，则是这样一个概念，它意味着：选择的自主。”⑤ 自由意味着自己选择，这种自由是无法摆脱的，“事实上，我们就是进行选择的自由，而并非选择自由状态。

---

① 《存在主义是一种人道主义》，见《存在主义哲学》，347页。

② 《存在与虚无》，见上书，267页。

③ 《存在主义是一种人道主义》，见上书，349页。

④ 《存在主义是一种人道主义》，见上书，359页。

⑤ 《存在与虚无》，转引自王克千等：《存在主义述评》，125页，上海，上海人民出版社，1981。

我们被判处了自由这样一种徒刑”①。这就是说，人们不必考虑如何获得自由，不必选择通往自由的道路，选择本身就是自由，自由就是自由选择，这样，不论一个人选择了什么，也不管这种选择的后果是什么，他永远是自由的。萨特认为只要一个人存在着，他就必然要进行选择，他不可能不进行选择，也就不可能不是自由的。这种自由显然是荒谬的，萨特自己也丝毫不否认这一点。他说：“自由之为自由却仅仅是因为选择永远是无条件的。这样选择由于它毫无支撑点，由于它向自己规定着自己的动机，所以可能显得是荒谬的，而事实上也的确是荒谬的。”② 自由的选择是荒谬的，即使荒谬也仍然要不停地选择。这与庄子主张绝对无为、逍遥自得、超脱放达是截然不同的。

（3）否认偶然的自由和否认必然的自由

庄子从命定论立场出发，把必然与偶然完全割裂开来，极力夸大必然，抹杀偶然。他把人的伤残命困完全归之于天或命，惊呼“天也，非人也”（《养生主》），“至此极者命也夫”（《大宗师》）。羿是有名的神射手，有人在他的靶子中心散步却没有被射中，这本来是意外的偶然，而庄子却强调说：“中央者，中地也；然而不中者，命也。”（《德充符》）庄子哲学中没有偶然的因素。抹杀偶然是为了夸大必然，从而强调“安命无为”，他认为只有安命无为才有可能获得自由，否则就只有无穷无尽的烦恼。庄子的自由是以顺从必然为前提的。

与庄子相反，萨特根本不承认必然，把一切归之于偶然。他认为承认必然就没有自由，他把一切必然性都当成自由的障碍。他认为一切都是偶然出现、偶然发生的，所以人有充分选择的自主权。萨特提出，存在是没有理由、没有原因、没有必然性的。存在的定义本身就向我们表明了它所固有的偶然性。这说明存在就是一系列偶然事件的集合，人的本质也就是一系列偶然选择的结果。偶然是存在的本质属性。存在既不能从可能性中派生，也不能归结为必然性。一切都是偶然，没有任何可赖以因循的必然，所以人生是“绝望”。“绝望”是什么意思呢？萨特说：“绝望这一名词意义很简单。它指我们该自限于只期待那些有赖于我们的意志的东西，或只期待

① 《存在与虚无》，转引自［匈］卢卡奇：《存在主义还是马克思主义?》，63页，北京，商务印书馆，1962。

② 《存在与虚无》，转引自王克千等：《存在主义述评》，125页。

那些有赖于使我们的行为成为可能的种种或然性。”① 人们行为成功的可能性不在于顺应了客观的必然性，而在于种种不可捉摸的偶然性。萨特还说：“我认为自己的价值正在于我能感到其他人感不到的偶然性。于是我就成为谈论偶然性的那个人。”② 庄子的自由在于因任必然，萨特的自由则在于强调偶然，二者的不同也是很明显的。

（4）有条件的自由和无条件的自由

庄子获得精神自由的最高境界是“得道”，《大宗师》在讲到得道的过程时说：“参日而后能外天下……七日而后能外物……九日而后能外生……已外生矣，而后能朝彻；朝彻，而后能见独；见独，而后能无古今；无古今，而后能入于不死不生。”“见独”就是得道。得道要经过逐步忘天下、忘外物、忘自身的过程，由此才能体验到与宇宙同其辽远宏阔的光明境界。这与前面讲的“心斋”、“坐忘”一样都是进入自由境界的必要修养过程。显然，庄子的自由是有条件的，不是随便可以得到的。

《庄子》内篇两次讲到“悬解”。“悬解”即解脱于痛苦，进入自由境界。《大宗师》说：“且夫得者，时也；失者，顺也。安时而处顺，哀乐不能入也。此古之所谓悬解也，而不能自解者，物有结之。”这里讲了两点：第一点是安时而处顺，第二点是哀乐不能入。只有安时处顺才能超脱于哀乐，进入无心无情的世界。在精神上，庄子主张超脱一切；在现实中，庄子主张因任必然。因任必然是保持精神超脱的必要基础或前提。因而，说庄子的自由是无条件的自由并不符合庄子思想的实际，庄子的自由是有条件的。

与庄子不同，萨特的自由是与存在合而为一的，存在是无条件的，因而自由也是无条件的。萨特强调：“我们所说的自由是不能同‘人的现实’的存在相区别的，人并不是首先存在着以便在后来成为自由的，在他的存在和他是自由的这二者之间并没有什么区别。”“一个人不能一会儿是奴隶，一会儿是自由人，因为他是完全地而且永远地自由的，要不然就根本没有他存在。”③ 非常清楚，存在与自由没有区别，它们是一而二，二而一的关系，存在就是自由，自由

① 《存在主义是一种人道主义》，见《存在主义哲学》，346 页。

② 《七十岁自画像》，见柳鸣九编选：《萨特研究》，108 页，北京，中国社会科学出版社，1981。

③ 《存在与虚无》，转引自徐崇温等：《萨特及其存在主义》，52 页，北京，人民出版社，1981。

无须条件。一个人只要存在，他就必定是自由的，因而自由是普遍的、绝对的，是每个人每时每刻都有的。这种自由不同于庄子的自由，它不再是少数人经过特殊修养过程以后才能获得的理想境界中的自由。

自由为什么是无条件的？对此萨特曾作过详细的解释。他说："一种限制只能加于世界上的实在力量之上，人们限制一种物体的物理作用是通过限定该作用的因素之一来实现的。而自由不是一种力量……它不受因果关系的制约。"① 萨特进一步解释说，自由不能被限制，因为它没有轮子，没有爪子，也无颌可放嚼子，它决定于自身的行动。萨特认为唯物主义者把人当成了受必然性制约的物，而他要提高人的尊严，于是就割断了人与物的联系和共性，把人当成了不受任何限制的抽象存在，他宣布这种存在不具有物的属性，而有着绝对的自由。这种自由也就是无条件的选择。萨特说："自由之为自由仅仅是因为选择永远是无条件的。"② 在萨特看来，存在、选择、自由都是一回事，都是绝对的、无条件的。

（5）客观唯心主义者的自由和主观唯心主义者的自由

庄子与萨特在自由观上的一系列区别根源于他们在自然观上的基本立场的不同，庄子的基本立场是客观唯心主义，萨特的基本立场是主观唯心主义。

萨特以提高人的尊严为旗帜，在反对神学命定论的同时，把客观世界和历史规律一起反掉了，于是世界上只剩下了人的抽象存在，这种人的存在不是肉体，也不是思想或理智，而是非理性的抽象意识，说它抽象是因为它不包含任何现实的内容。萨特说得明白："一种哲学的第一个步骤应当是驱逐意识中的事物。"③ 这种不包含任何客观内容的纯意识完全是独立自存的，意识是他自己"存在"的原因，没有任何事物是意识的原因。简言之，"意识由自身而存在"，"而意识的存在又是一切可能性的源泉和条件"④。萨特还说过："当我欣赏一处风景的时候，我很明白不是我创造出这处风景来的，但是我也知道，如果没有我，树木、绿叶、土地、芳草之间在我眼前建立起来的关系就完全不能存在。"⑤ 萨特认为，外物之间的关系是

① 《答加缪书》，见柳鸣九编选：《萨特研究》，38 页。

② 《存在与虚无》，转引自王克千等：《存在主义述评》，125 页。

③④ 《存在与虚无》，见《存在主义哲学》，274、278、279 页。

⑤ 《为什么写作》，见柳鸣九编选：《萨特研究》，13 页。

依赖于人的感知而存在的，这显然是一种主观唯心主义的世界观。尽管萨特对贝克莱的极端唯心论有所不满、有所批评，但他自己并没有跳出贝克莱的基本立场，他也明确宣布：“除了一种人类的宇宙、即人类主观性的宇宙外，无其他宇宙。”“我们提醒人注意：除了自己以外，无所谓其他立法者。”① 萨特的这一立场与他强调个人的无条件的选择自由是完全一致的。萨特的自由观是建立在主观唯心主义基础之上的。

有些学者因为庄子抹杀一切矛盾，追求绝对的精神自由，就说庄子也是一个主观唯心主义者，这种观点是值得商榷的。庄子在现实生活中感受到一种不可抗拒的必然性力量，他把这种力量归之于“道”，道是自本自根的世界本原，道“无为无形”，“神鬼神帝，生天生地”，是“万物之所系”、“一化之所待”（《大宗师》）。庄子认为，最高的认识就是对道的直觉体认，以至忘却万物及自身的存在，达到与道融为一片、虚廓光明的境地。这种神秘的体验就是庄子的自由。值得注意的是：第一，庄子要忘却天地万物，并没有否认天地万物的独立自存；第二，庄子追求与道融为一体的神秘体验，并不是要取代道去支配天地万物。的确，庄子也讲过“胜物”、“物物”之类的话，但究其实质，这都不过是超然于物外、不为物伤的意思。庄子说“不伤物者，物亦不能伤也”（《知北游》），这是主张虚心而应物。所谓“物物而不物于物”也是说要在万物之变中保持超然独立、不为外物所动心的意思，决不是主宰万物之义。庄子哲学以绝对的观念性的道为世界的本原，因而大体上属于客观唯心主义。②

总而言之，庄子的自由是从命定论的跑道上起飞的，萨特的自由是以个人意志的主动性为出发点的；庄子的自由实际上是心灵的遐想，萨特的自由则是无条件的自由选择；庄子的自由观是从属于客观唯心主义体系的，萨特的自由规则是主观唯心主义体系的派生物。庄子的自由与萨特的自由有重要的区别，二者是不能简单地相提并论的。

---

① 《存在主义是一种人道主义》，见《存在主义哲学》，359页。

② 关于庄子哲学属于客观唯心主义还是主观唯心主义，学术界有不同意见。笔者的观点和根据详见《庄子哲学讨论中的若干方法论问题》，载《哲学研究》，1982（9），54～61页。亦可见本书第六章第三节。

二、两种自由观的相同之处

尽管庄子的自由观与萨特的自由观有许多不同甚至相反之处，但他们一个是在历史唯物主义还不可能产生的条件下追求自由的，一个是在拒绝接受历史唯物主义指导的情况下追求自由的，他们都不懂得自由与必然、必然与偶然、主观与客观、个体与群体之间的辩证关系，因则，他们的自由观也有着本质上的相同之处。

（1）纯个人的自由

庄子生活在古代中国，那时平等观念尚未产生，因而他的自由表现为超凡脱俗的至人、真人或神人的自由。萨特生活在现代西方，平等已成为时髦的口号，因而他的自由在理论上是人人相同的，在形式上也是人人平等的。然而，不管是庄子的超凡入圣的自由，还是萨特的人人生而具有的自由，它们都是脱离社会、脱离群体的自由，即纯个人的自由。

庄子对现实生活的厌倦使他对围周的一切人都冷漠了，他虽然“不谴是非，以与世俗处”（《天下》），但精神上却“游于无人之野”（《山木》），反对“与人为徒”，而追求“与天为徒”的境地（《大宗师》），即忘却一切人的存在，把自己托付给造化之自然。庄子讲的“与造物者为人，而游乎天地之一气”（同上）也就是天马行空、独往独来式的个体的精神自由。庄子讲一个譬喻：“泉涸，鱼相与处于陆，相呴以湿，相濡以沫，不如相忘于江湖。”这段话的喻意是说：人们与其相处于世，以恩相惠，以力相救，不如相忘相离，各自去追求与道为一、“独与天地精神往来”（《天下》）的崇高境界。据《天运》篇记载，庄子还说过“忘亲易，使亲忘我难；使亲忘我易，兼忘天下难；兼忘天下易，使天下忘我难”，不仅自己要忘亲忘天下，而且还要使亲人和天下人忘掉自己，这是多么彻底的孤独啊。

萨特的自由虽然是积极入世的，但他也否认人群共有的自由。他认为人是“无依无助”的，是“孤寂”的，每个人的自由都是对他人的自由的限制。萨特说：“每个人仅仅在反对别人的时候，才是绝对地自由的。”① 在他看来，个人的自由必须以邻为壑，否则不仅

① 《存在与虚无》，转引自刘放桐等编著：《现代西方哲学》，565页，北京，人民出版社，1981。

自己得不到自由，而且存有限制他人自由的可能性。他说："对别人进行宽容，就是用暴力把别人抛进宽容的世界中。这是原则上剥夺他如果在不宽容的世界里可能有发展机会的勇敢反抗、坚持斗争、贯彻自己主张的自由的可能性。""因此，尊重别人的自由是一句空话。而且，即使我们能够做到尊重这种自由，我们对别人采取的任何态度也都会成为对我们所尊重的这种自由的侵犯。"① 照此说来，要不妨碍别人的自由，只有对任何人都毫无同情，漠不关心，这就是萨特所谓对任何人都不信赖的无依无助的"孤寂"。萨特还有一句名言："地狱就是别人。"一般人认为"地狱里有硫磺，有熊熊的火堆，有用来烙人的铁条"，萨特则强调"用不着铁条；地狱，就是别人"②。照此说来，人和人之间必须彻底离异，一切社会联系必须彻底割断。显然，庄子与萨特的自由都是纯个人的自由，是以个人的孤独寂寞为特点的。

（2）抽象化的自由

这里说的抽象化即空洞化，脱离具体事物，没有现实目标。庄子的自由只是一种得道的神秘体验，是一种绝对虚静无为的精神状态。庄子在《应帝王》中说："无为名尸，无为谋府，无为事任，无为知主。体尽无穷，而游无联；尽其所受乎天，而无见得，亦虚而已。至人之用心若镜，不将不迎，应而不藏，故能胜物而不伤。"这是至人的自由境界，这种境界不求名、不求利，无知无为，虚而任天，没有任何现实的内容。至人的自由之心像镜子一样是宁静的、被动的，因而这里的"胜物"也不过是独立于物外的意思。他在《齐物论》中又说："圣人不从事于务，不就利，不违害，不喜求，不缘道；无谓有谓，有谓无谓，而游乎尘垢之外。"这段话清楚地说明庄子追求的自由境界是完全超脱于现实生活的，是没有什么具体目的的。

萨特与庄子相似，也主张为自由而自由，强调自由除自身以外没有任何目的。萨特强调："明确地说明'是自由的'这种表述不意味着'获得人们所要求的东西，而是由自己决定（按选择的广义）去要求。'换言之，对自由来讲，成功与否是无关紧要的。"③ 萨特强调，经验上的和通俗的自由概念是历史情况、政治情况和道德情况的产物，

① 《存在与虚无》，转引自［匈］卢卡奇：《存在主义还是马克思主义？》，66页。

② 《间隔》（独幕剧，又译《禁闭》），见柳鸣九编选：《萨特研究》，303页。

③ 陈宣良等译、杜小真校：《存在与虚无》，602页，北京，三联书店，1997。

相当于达到被选中的目的的努力，而他所说的自由则是专门概念和哲学概念，这一概念只意味着选择的自由，并没有一定的目的。后来萨特还说过："今天，我们的自由仅仅是自由选择，为了自由而斗争。"①自由即自由选择，自由选择的目的还是"为了自由"，自由没有自身以外的目标。1968年5月法国发生了一次学生运动，萨特事后回顾这一运动时说："五月运动是第一个暂时实现了某种与自由相近的东西的大规模社会运动；从这一点出发，这个运动曾经努力探求什么是行动中的自由……当自由被理解为政治目的的时候，现在必须努力去从正面描述自由。因为，归根结底，在街垒上造成1968年5月事件的那些人要求的是什么呢？他们什么也不要求，至少不要求政府可以让给他们的任何明确的东西。这就是说他们要求一切：要求自由。"② 可见，萨特所赞赏的"从正面描述自由"就是"什么也不要求"，就是不要求"任何明确的东西"，而这恰恰是"要求一切"，是"要求自由"。这说明萨特的自由在理论上、实践上都是盲目的、抽象化的自由。

（3）绝对化的自由

所谓绝对是指无条件的、无限的、永恒的。前面曾讲到庄子的自由是有条件的，那是就实现自由的过程而言；这里讲庄子的自由是绝对化的，是就其所获得的自由境界本身而言。借用佛教的语言来说，庄子的自由是从"渐悟"到"顿悟"，"渐悟"的修养过程是有条件的，而一旦"顿悟"，就进入了绝对圆满的境界。在庄子的自由境界里，没有时间的流逝——无古无今，无死无生；没有空间的限制——无形无迹，无穷无朕。这里无爱无恶，无失无得，无喜无忧，摆脱了尘世的一切矛盾纠纷，超脱了现实的一切束缚局限。当自由的体验超越了一切有限的、相对的事物之后，便进入了一片虚廓、静谧，享受到了绝对的和谐、恬悦。

同样，萨特的自由也是绝对化的。萨特说："我们要求的是以自由为目的的自由，是在各种特殊环境下均有的自由。"③ 这种自由是没有例外的，所谓不自由只是没有意识到自己有选择的自由。"自由是选择的自由，而不是不选择的自由。不选择，实际上就是选择了不选择。"④ 经过萨特这样巧妙地解释一切人在一切状态下都是自由

① 《答加缪书》，见柳鸣九编选：《萨特研究》，39页。

② 《七十岁自画像》，见上书，95页。

③ 《存在主义是一种人道主义》，见《存在主义哲学》，355页。

④ 陈宣良等译、杜小真校：《存在与虚无》，599页。

的，自由成了没有例外的绝对。萨特把不相信这种绝对自由的人称为“想向自己隐藏他们的存在的绝对任意和绝对自由的人”，他对这些人“加以评判”说：“对于那些出自严肃精神或借决定主义的辩词来向自己隐藏他的绝对自由的人，我将称之为懦夫。”① 这真是绝好的“评判”，你不承认自己是懦夫吗？那你就得接受萨特的“绝对自由”。

（4）乐观与悲观相交织的自由

庄子与萨特对社会及人生的看法都是悲观的，然而他们都要为自己的悲观主义罩上一层乐观主义的轻纱。庄子在《齐物论》中说，人“一受其成形，不亡以待尽。与物相刃相靡，其行尽如驰，而莫之能止，不亦悲乎！终身役役而不见其成功，苶然疲役而不知其所归，可不哀邪！人谓之不死，奚益！其形化，其心与之然，可不谓大哀乎？”庄子还借楚狂人接舆的口说道：“凤兮凤兮，何如德之衰也！……天下有道，圣人成焉；天下无道，圣人生焉。方今之时，仅免刑焉。”（《人间世》）庄子认为人忙碌一生的结局是可悲的，社会现实是毫无指望的，能避开祸害、保全生命就很不错了。这种悲观主义论调和他的命定论立场是完全一致的。然而庄子有着比一般悲观论者高明的地方，这就是他对现实持一种超脱放达的态度，在不幸的地基上构筑了乐观主义的宫殿。他追求与道为一的精神境界，向往个体人格的超然独立，在思想的纵横飞翔中，悠然自得、融融自醉。这就给庄子哲学染上了一片乐观主义的霞光，给人一种馨宁、静谧、怡悦的美感，使人忘却现实中的不平，得到精神的慰藉和享受。正是这种乐观主义因素使庄子哲学赢得了更多的欢迎，使中国历史上的许多失意的知识分子获得了精神的避难所。

存在主义一向被批评为悲观哲学、死亡哲学，萨特虽然与其他存在主义者有所不同，但其基本倾向也是悲观主义的。他认为：“人生来就带着烦恼……人只要不肯自欺，就无法避免这种令人苦恼的思想。”② 他甚至断言，那些无忧无虑的人只是在隐藏忧虑，逃避烦恼，并非真的在烦恼之外。他还经常讲到“孤寂”、“绝望”。所谓“孤寂”就是“在他身内或身外，都不能找到任何可依恃的东西”③，他必须独自对自己的不幸遭遇负责。所谓“绝望”就是对自己的未来、自己的事业、世界的明天不能有希望，因为没有任何必然性的

① 《存在主义是一种人道主义》，见《存在主义哲学》，356页。

②③ 《存在主义是一种人道主义》，见上书，339、342页。

力量能保证你的目标实现。然而萨特却硬不承认他的哲学是悲观主义的，他说："当我们把这一些话说完做完后，我们遭受他人指责，这实际不是因为我们主张悲观主义，而是因为我们有一种乐观主义的顽固。"① 他还说存在主义"不可称为是悲观主义的人生观，因为它主张人的命运在自身，再没有比它更乐观的学说了"②。其实，在萨特那里，悲观主义也罢，乐观主义也罢，出发点都是一个，即人是自由的。萨特的逻辑是：因为人是自由的，他没有任何依恃，全靠自己选择一切，所以人生充满了烦恼、孤寂和绝望；同样，因为人是自由的，他可以自由选择一切，所以人生又是高度乐观的。用乐观主义的花瓣装饰悲观主义的灵棺，这对于庄子和萨特来说是共通的。

（5）虚假与真实的二重性的自由

前面已经说过，庄子在现实面前是一个退却者，他的基本态度是无心无情，安然顺命，所以庄子的自由在本质上是虚假的。庄子说："自事其心者，哀乐不易施乎前，知其不可奈何而安之若命，德之至也。"（《人间世》）"德之至"即精神的自由境界，在这种自由境界中包括三方面内容：第一，自由是以"知其不可奈何而安之若命"为条件的，这种态度完全是消极的、被动的；第二，所谓自由境界要做到"喜怒哀乐不入于胸次"，即摒绝一切人世的感情、意志和思想，做到心如死灰，形如槁木；第三，所谓自由人只是"自事其心"，就是要让思想在自身的领域中做"逍遥游"。这三方面内容充分表现了庄子自由观的虚假本质，他的自由不过是在命定论基础上幻演出来的海市蜃楼。

但是，庄子的自由也还有其真实的一面，他要保持不为任何事物所左右的超然态度，生死得失、是非好恶、喜怒哀乐都不足以动心，这确实能在一定程度上减轻或摆脱现实生活带来的精神痛苦；傲视权贵，淡泊名利，安贫乐道，这种态度确实能在一定条件下保持自己出淤泥而不染的人格独立。庄子辛辣地嘲讽为国君服务是"舔痔"，把国相之尊位比作"腐鼠"，对楚王的重金之聘不屑一顾，这种不与权贵同流合污的气节也是他的精神自由的表现。庄子的这种超脱态度和孤傲气节往往要激怒专制主义者。韩非子就曾说过："赏之誉之不劝，罚之毁之不畏，四者加焉不变，则其除之。"（《韩

① 《存在主义是一种人道主义》，见《存在主义哲学》，348页。

② 《存在主义是一种人道主义》，见上书，349页。

非子·外储说右上》）显而易见，像庄子这样不受官爵赏誉、不惧刑罚罪祸、不与统治者合作的知识分子，当然不会被专制主义者所容。这也从反面证明庄子的自由不完全是虚假的。

萨特的自由不同于庄子的纯玄想的自由，但其实质也是虚假的。这种自由不要理智的支配，没有现实的目标，因而表现为极大的盲目性和随意性。萨特根本否定客观规律的存在，因而他的主观随意性不能不受到客观必然性的惩罚，自由选择必然会表现为自由碰壁。萨特告诉人们，选择自己的行动时不必有目的、不应抱希望，“我们应当不怀希望地行动着”，没有希望也就无所谓失望，于是自由就成了没有例外的绝对。我们认为，在德国法西斯统治时期的法国是没有自由可言的，自由必须通过斗争去争取，萨特本人实际上也参加了这种斗争。但是他在理论上却不认为斗争是获得自由的手段，也不认为自由是斗争的目的，相反，他认为在法西斯的占领之下，每个人仍然是自由的，因为每个人都可以在心里说个“不”，这本身就是自由。显然，这种自由是软弱无力的。萨特认为这种理论可以剥夺那些叛徒懦夫向法西斯投降的口实，可以激励人民奋起反抗。然而，这种理论上的自由并不是真实的自由，而且很容易转化为对敌人的宽赦，那就是说：法西斯从来没有剥夺法国人民的自由。萨特取消了实现自由的条件和争取自由的目标，把自由夸大为普遍永恒的绝对存在，从而使自由成了一种虚假的东西。

如果说萨特的自由观是百分之百的空话，那也不符合实际。萨特的自由观中包含着这样一个合理内核，即人具有选择自己行为的自觉性和能动性，因此人应该对自己的行为负责；如果不把这一点夸大为无条件的绝对，那么这一点是正确的。正因为萨特的自由观中包含了这样的合理内核，所以他的自由观在某种特定环境下可以起到一定的进步作用，具有一定的真实性。这也是他的理论为什么曾被人们誉为反对投降的哲学宣言的根本原因。萨特本人拒绝接受诺贝尔奖金等“任何来自官方的荣誉”，他毫不畏惧右派势力多次的暗杀威胁，这也说明他的自由观具有某些真实的因素。

庄子与萨特的自由观具有虚假与真实的二重性。如果不批判它们的虚假性，就会把人们或者引向看破红尘、无所作为的冥想，或者引向不要理智、乱碰乱闯的冒险。但如果不承认它们的真实性，则无法解释这两种理论为什么会在社会生活中产生广泛的影响。

三、两种自由观的理论得失

人类对自由的理论探索已经经过了漫长的历程，简单地回顾一下这一历程对于我们认识庄子与萨特的自由观的历史地位和理论上的得失是有好处的。

回顾自由观的发展简史，我们可以看到三条主要的演进线索。第一条线索是从脱离必然的自由到承认必然的自由。在一个很长的历史时期内，无论是唯物主义哲学家还是唯心主义哲学家都没有把自由与必然联系起来。在西方哲学史上，第一个把自由与必然联系起来的是斯宾诺莎。他曾讲过："说必然和自由相互对立……这在我看来是和理性相违背的。"① 斯宾诺莎认为，人之所以受奴役，不是由于他服从着必然性，而是由于他盲目地服从着必然性。人的自由在于对必然有自觉的认识，在于通过理性对感情的控制和指导而达到对必然的顺应。斯宾诺莎把自由与必然联系起来，这在人类认识史上有着重要意义。然而斯宾诺莎的自由观是建立在机械论基础之上的，他还没有深入地揭示自由与必然的辩证关系。第一个辩证地解决自由与必然的关系的是黑格尔。恩格斯对黑格尔的这一贡献作过很高的评价，他说："黑格尔第一个正确地叙述了自由和必然之间的关系。在他看来，自由是对必然的认识。'必然只是在它没有被了解的时候才是盲目的。'"② 黑格尔在《小逻辑》中讲到："无疑地必然作为必然还不是自由，但是自由以必然为前提，包含必然性在自身内，作为被扬弃了的东西。"③ 然而，黑格尔关于自由与必然的辩证法仅仅是"绝对理念"外化过程中的一个环节。真正把自由与必然的辩证关系放到社会物质生活之中的是马克思主义。马克思主义的自由观强调自由是对客观规律的认识和利用，"自由不在于于幻想中摆脱自然规律而独立，而在于认识这些规律，从而能够有计划地

---

① ［荷兰］斯宾诺莎：《信札·致包赛尔》，转引自［法］茄罗蒂著，江天骥译：《论自由》，125页。

② 恩格斯：《反杜林论》，111页，北京，人民出版社，1970。

③ ［德］黑格尔：《小逻辑》，323页，北京，商务印书馆，1981。

使自然规律为一定的目的服务”①。马克思主义开拓了人类走向自由的正确道路。

现在，我们以上述历史为背景考察庄子和萨特的自由观的历史地位。我们已经说过，庄子看到了贯穿世界万物之中的客观必然性，他的自由观包含着要顺从客观必然性的合理因素。不错，庄子有“摆脱”客观必然性的愿望，然而，这种愿望正是承认必然性存在的反映。庄子要通过因顺必然而取消与必然性的摩擦，通过无心无情的修养而忘却必然性的压力，他是在承认客观必然性的基础上追求自由的。仅就这一点来说，庄子接近了斯宾诺莎，即肯定了自由与必然的联系。在人类认识史上，庄子是第一个在承认必然性的同时追求自由的，这是庄子自由观中的一个合理因素。然而庄子抹杀了人在现实生活中的主观能动性，一切“寓于不得已”（《人间世》），采取完全被动的生活原则，这是庄子自由观的主要错误。萨特的自由观与此不同，他把自由与必然对立起来，为了充分肯定人的自由，他不仅反对对上帝的信仰，而且抹杀一切客观必然性。他武断地说："每一位建立决定论的人，都是一个不老实的人。"② 他一方面抹杀一切必然性，一方面把人的能动性强调到极致。他认为每一个人都可以自由选择自己的本质，可以选择自己成为英雄，也可以选择自己成为懦夫。在庄子和萨特的自由观中，我们可以看到两种对立的思想倾向：一种是强调客观必然性，抹杀主观能动性；另一种是抹杀客观必然性，强调主观能动性。而马克思主义的自由观则强调在认识客观必然性的基础上发挥主观能动性，显然，马克思主义的自由观包括了庄子与萨特自由观中的合理因素，达到了更为全面、更为高级的理论形态。

自由观发展的第二条线索是从非历史性的自由到历史性的自由。这里所说的历史性可以有两层含义：一，人的自由本身是不是有一个历史发展的过程；二，人的自由与社会历史的发展有没有联系。这两层含义在观念上是不同的，在实际中却是一致的，我们可以把这两层含义统称为自由的历史性。在奴隶社会和封建社会，几乎没有人考虑到自由与历史的关系或自由本身有没有历史性的问题。在这个问题上，斯宾诺莎也没有超出他的前辈，他讲的对必然的认识也没有涉及历史演进的过程。第一个提出自由的历史性的是黑格尔，

① 恩格斯：《反杜林论》，111页。

② 《存在主义是一种人道主义》，见《存在主义哲学》，355页。

他认为自由是有程度有过程的，自由随着对必然性的认识的深化而逐步发展。但是黑格尔所说的历史仍然是绝对精神异化并复归的历史，不是人类真实社会生活的历史。真正把自由与人类社会的发展史联系起来阐明自由的历史性的是马克思主义。恩格斯说："自由是在于根据对自然界的必然性的认识来支配我们自己和外部自然界；因此它必然是历史发展的产物。最初的、从动物界分离出来的人，在一切本质方面是和动物本身一样不自由的；但是文化上的每一进步，都是迈向自由的一步。"①

庄子和萨特的自由观都是没有历史性的。庄子认为，自由的实现是需要一个修养过程的，如"坐忘"、"外物"等，但一旦"顿悟"，便得到了绝对永恒的和谐，自由境界本身不再有发展和演化，与现实的历史更没有丝毫联系。萨特认为，自由只是一次次任意的选择，是一次次行动的偶然堆积，自由没有程度的深化，也没有历史的发展。庄子的自由是一次完成的，萨特的自由是始终存在的，这两种自由观都在理论上取消了人们不断追求自由的必要性，取消了人类的自由从低级阶段逐步走向更高阶段的可能性。

自由观发展的第三条线索是从思想的自由到实践的自由。斯宾诺莎认为自由是理智对情感约束的结果，通向自由的唯一之路就是认识之路，知识越多，自由的程度越高。黑格尔也强调认识对于自由的重要意义，他说："必然性的真理就是自由"②，每个时代所能达到的对必然的认识也就是自由的尺度。斯宾诺莎和黑格尔关于自由的论述都是崇尚理性的，我们可称之为理性的自由。叔本华是唯意志论的鼻祖，他把意志当作世界的本质，贬低理性，否认客观规律，他所说的自由是意志的自由，意志自由只有在那种自我意识的直觉行动中才能实现。尼采继承了叔本华的唯意志论，并用权力意志取代了叔本华的抽象的世界意志。理性的自由和意志的自由虽有区别，但它们都是思想领域内的自由，而不是实践中的自由。真正把自由引入实践领域的是马克思主义，马克思主义第一次把人的自由与人的社会实践联系起来，创立了科学的自由观。

庄子与萨特的自由基本上都是思想领域中的自由。庄子追求的是纯精神的享受，是玄想的自由，这种自由与人类的社会实践不发生任何关系（庄子要泯灭情感、思维和意志，因而他的自由既非意

---

① 恩格斯：《反杜林论》，112页。

② ［德］黑格尔：《小逻辑》，322页。

志主义的，亦非理性主义的)。萨特的自由基本上是意志的自由，他的自由选择就是意志的自由决定，他虽然强调行动，但他的行动不过是意志的冲动。总之，庄子的自由和萨特的自由距离马克思主义所讲的实践的自由都是相去甚远的。

综上所述，无论从哪一个方面看，庄子与萨特的自由观都没有达到马克思主义自由观的科学水平。尽管萨特表示要补充和修正马克思主义，但他在理论上和实践上都未能给马克思主义提供更多有价值的东西。对此，我们应该有明确的认识。但是，这决不是说马克思主义已经穷尽了真理，也决不是说一切非马克思主义的思想家都是在胡说八道。庄子在中国历史上产生了两千多年的影响，萨特在现代西方世界也曾掀起过思想热潮，其中的原因是复杂的，但可以肯定的一点是，他们的思想中必定有能够拨人心弦的因素，否则就无法解释为什么千千万万的人会自觉或不自觉地接受他们思想的影响。就以庄子为例，庄子提出了许多荒谬的命题，但他揭示了社会生活中隐藏着客观必然性，他提出了如何在无可奈何的社会现实中寻求精神解脱的问题，他教人如何在更高的认识层次上摆脱名利欲望给人带来的烦恼，这些对于人类思想的发展史都不是毫无意义的。再看萨特，他鼓吹个人的自由选择，强调个人要对自己的行为负责，强调个人道德意识的责任感，强调人格的独立和尊严，反对把一切过失都归咎于外在的必然，反对把有血有肉的人当成没有思想的物质存在，这些也不是全无合理因素的。庄子与萨特各自在不同的时代从不同的角度追求个人的自由，他们分别抓住了人类认识曲线上的一些片断，把它们夸大为绝对的，于是最终陷于荒谬。

那么，通过剖析庄子与萨特的自由观，我们可以得到什么有益的启示呢？

首先应该看到，不承认必然性的存在，就不可能了解自由。没有必然的世界是混沌的世界，脱离必然的自由是虚假的自由。自由的可能性就在于必然性的存在，对必然性的认识为我们指明了行动的方向并提供了达到预期效果的保障。萨特的自由以否认一切必然性的存在为前提，因而他的自由只能是盲目的、任性的自由。黑格尔早就批判过这种任性的自由，他说："就任性作为决定这样或那样的能力而言，无疑是自由意志的一个重要环节；不过，任性却不是自由的本身。""任性的内容是外界给予的……就这种给予的内容来说，自由只在于选择的形式，这种表面上的选择，也只是一种形式的自由，因此也可看成只是一种主观假想的自由。”① 黑格尔的批判是精彩的。尽管萨特极力贬低黑格尔的辩证法，但是在我们看来，萨特所追求的自由正是黑格尔所批评的那种任性的自由。同时我们还应该看到，仅仅承认必然性的存在还是很不够的，还必须认识和把握必然，达到利用必然改造世界的目的。自由在于认识必然，在于“借助于对事物的认识来作出决定的那种能力”②。庄子虽然承认了必然性的存在，但他的必然性不是可认识的客观规律，而是无法捉摸的“天”和“命”，他的自由不是能动地认识必然的结果，而是对必然无可奈何的消极态度。这种盲目地随顺必然的态度也不能导致真正的自由。

此外还应该看到，脱离群体、脱离社会是不可能得到自由的。青年时代的马克思就曾经指出：“只有在集体中，个人才能获得全面发展其才能的手段，也就是在集体中才可能有个人自由。”③ 这是马克思主义自由观的一个重要原则，违背这个原则就不可能有真正的自由。庄子和萨特的自由都是脱离人群的、纯粹个人的自由。庄子虽然没有隐遁山林，但他身在人群之中，心在人群之外，在思想上主张彻底脱离社会。萨特也不是要漂流于孤岛，而是要单枪匹马地冲闯拼杀，主张对他人的劝告听而不闻，对他人的存在视而不见，甚至认为他人就是地狱。这两种纯个人的自由都是不可以实现的。鲁滨逊一个人在荒岛上没有自由，只是在得到“星期五”的帮助之后才有了一点儿自由。脱离人群的纯个人的自由在原始时代是不可想象的，在人类生活高度现代化、社会化的今天同样是不可能实现的。

最后还应该看到，关于普遍的绝对的自由的神话只能把人引入空想或盲动，不能给人以任何实际利益。只有具体的实践的自由才可以把人们一步一步带入更高的自由领域。庄子的“顿悟”不能给人带来现实的自由，萨特的与生俱来的个人选择也只能是乱碰运气。这两种脱离社会历史进程的自由都只能是主观假想的自由。

总而言之，真正的自由在于对必然的认识，在于历史的发展、人类的实践。真正的自由只能是现实的自由、具体的自由、集体中

---

① ［德］黑格尔：《小逻辑》，302页。

② 恩格斯：《反杜林论》，111页。

③ 马克思：《德意志意识形态》，见《马克思恩格斯选集》，1版，第1卷，82页。

的自由。脱离必然性的自由、纯粹个人的自由、绝对普遍的自由都是不存在的。尽管庄子与萨特的自由观都不无合理之处，尽管他们的人格都不无伟大之处，但他们的自由观在总体上是不足取的。用马克思主义的观点和方法对庄子与萨特的自由观进行深入的研究，肯定其合理的因素，批判其错误的内容，对我们正确寻求获得自由的道路是不无裨益的。

(1983 年 5 月初稿，1985 年 12 月修改，
原载《中国社会科学》，1986 [2])

本版附录一
学术自述

《庄子哲学及其演变》再版，出版社要求写学术自传，不知如何下笔。一位朋友说，想想是怎么走到今天的。思绪的闸门一打开，汩汩涌动。如何疏导？想出两个原则：第一，写些在个人学术生命中最有影响的事件和经验；第二，写点可能对年轻学子有启发的经验和感想。这些都是在正规学术著作中不可能出现的内容。

从内蒙古到北京

思绪闪回无法磨灭的 1966 年。一张大字报掀起的革命风暴，最终将我们大批中学生吹到边疆和农村。1973 年，趁邓小平复出之机，我经考试成了内蒙古师范学院中文系的“工农兵”学员。1978 年，又借邓小平再次复出之机报考了北京大学哲学系研究生，师从张岱年先生。

中文系毕业，要考哲学系，又“不得不”考北大，一来是兴趣，二来是寻求机遇。困难很大，从未正式学过哲学，甚至从未参加过大学里的考试（刚上大学就遇上“反击右倾翻案风”，完全不考试了）。但很幸运，内蒙古自治区党校哲学教研室的孟和巴图主任给了我第一推动力，当时尚在内蒙古大学哲学系任教的杜继文（后任中国社科院世界宗教研究所所长）辅导我中国哲学，辅导我学马列哲学、政治和英语的老师也最终找到。

没有基础，两个月时间太短。每天都要充分利用，有的放矢，不放空枪。先要摸一摸底，就请一些老师给我出模拟考题，以便试试自己尚在什么水平。我将足足答了 3 小时的中国哲学史的模拟答卷交给杜先生，他匆匆看罢，叹口气，说：“还行吧，今年考不上，明年再考。”我说：“我知道不行，就是想知道哪里不行，好对症下药。”他说：“你不懂哲学原理。不懂马列哲学，怎么研究中国哲学?”一记当头棒喝，赶紧修正学习计划，将平均分配给四门课的时间拨出一半给马列哲学。当时的老师们还在半赋闲状态，都能全心全意地教我，更没有收费酬谢之说。特别是内大的刘老师（名字记不准了）给了我很好的指导，让我在一个月内掌握了当时马列哲学经典的全部要点。考试结果意外地好，我如梦般进入北大，成为“文化大革命”后第一批研究生。现在，遇到想考研究生的学生求助，我都愿意帮一把，或与此幸运经历有关。不过，故事的要点在于杜先生的一句话：“不懂马列哲学，怎么研究中国哲学?”这句话二十年后被重新勾起，是我提出“反向格义”之讨论的契机。下文再谈。

在北大，记得最清楚的一件事是张岱年先生第一次召集我们研究生开会。他上来就说：“北大的中国哲学史研究有两个特点：一个是重训诂考据，一个是重理论分析。”当时对这两个特点的说法并不真懂，但这句话却奠定了我一生治学的方向和特点。选择研究方向和课题时，我选择了《庄子》研究，一来想从先秦开始往下梳理，二来听说张先生会指导先秦部分。此外，我也觉得《庄子》不太难也不太容易，而且不枯燥。当时学界关于应该依据《庄子》哪一部分研究庄子思想有四种意见，分别以张岱年、冯友兰、任继愈、严北溟四位老权威为代表。不辨析这一问题就依据导师和主流意见研究庄子哲学，感觉心里不踏实。但是我不可能找到老一辈学者所没有看到的资料，广泛搜罗资料的路是一定走不通的，唯一的可能性是看文本本身是否能够提供一些“暗码”。花了半年多时间，看出不少有价值的线索，其中最重要的是发现《庄子》内篇只有道、德、命、精、神这些单音词，而外杂篇有36个道德、性命、精神这三个复合词。这成了我证明内篇应该或可能早于外杂篇的主要根据（当然不是唯一根据）。用半年多的时间是有风险的，如果找不到有客观性的根据，半年的时间就会毫无所得。当时的同学陈小于后来对我说：你还真做出来了，我一直为你捏一把汗。①

理论分析不是训诂考据，但有了训诂考据的意识，理论分析就不能天马行空。我对庄子思想的分析主要依据内篇，严格根据原文

---

① 迄今为止，笔者尚未看到对这一考证的有力挑战和质疑。本书“再版引论”对不同意见有较全面的讨论。

最可能的意思揭示和分析庄子的思想。我的做法是从术语或概念的分析入手（道、天、命、德），扩展到几个理论侧面，如安命论、逍遥论、真知论以及齐物论，再讨论诸概念和理论之间的关系，得出分析庄子思想的比较完整的、立体式的结构。这就摆脱了当时盛行的自然观、认识论、方法论、历史观的四大块模式。后来才知道流行的诠释学将这种做法称之为“重构”，但近来我不满足于仅仅说“重构”。因为“重构”可以是以严格理解文本自身为导向的，也可以是试图创造和表达现代人思想的，二者取向、目的、方法、标准皆有不同，所以我提出应该将“重构”区分为“拟构”和“创构”两种情况，“拟构”意在模拟原有思想体系，“创构”意在回答和表达现实或未来的需要。这里涉及我近年提出的“两种定向”的问题，下文再谈。

80年代的中国有一股文化热，包括比较文化，动不动就是五千年如何如何，中国与西方如何如何。这种热潮的出现有多重原因和动力，有其必然性与积极意义。但是作为学术研究，我很不满意这种大而化之、一味歌颂西方、贬低中国传统的做法。我认为比较中西只能从具体人物、具体理论入手。当时我研究庄子，看到关锋等很多人将庄子断定为主观唯心主义、不可知主义，并与西方嬉皮士、存在主义等相比附。于是我就追踪“主观唯心主义”的起源和本义，发现西方的主观唯心主义（subjective idealism）和关锋等人所用的意思完全不同，与庄子思想的精神也完全不同，甚至相反。我感到奇怪的是冯友兰也说庄子是主观唯心主义。他不可能不知道主观唯心主义是什么意思，他为什么也这样说呢？我去拜访他。他听完我的看法后很平静地说，按照我的说法，中国根本没有主观唯心主义，王阳明也不是主观唯心主义。我愣了，也一下子明白了。原来他知道当时学术界所流行的主观唯心主义的说法与西方哲学中的本义就是不同，但他可以“随俗”、“从众”，而我作为初学者，比较“较真”。但是，我认为学术研究就应该严肃认真。如果连基本术语和概念的含义都不厘清，跟着误解讨论，哪里还有像样的学术工作呢？

我还花了不少时间去看存在主义，看庄子和存在主义有何关系。我选定萨特（Sartre）为目标，看了当时在北京所能找到的所有关于存在主义和萨特的著作，中文加英文，不过一二十种。我写了一篇长文，比较庄子的精神逍遥和萨特的行动的自由（本书附录《庄子与萨特的自由观》）。张岱年看后转给了熊伟先生，并说他只懂庄子部分，不懂萨特，熊伟是存在主义专家，让他看看。文章转给熊先生，没想到他读得很快很高兴，旋即复信说“能够速覆，殊为意外”，又称该文“主题思想适时而不多见，不随俗，不冲动，有见地，能中肯”。我后来去拜访他，问他今后如何改进，他说，不是不够味，而是味不够。他的话很中肯，我研究萨特也是临阵磨枪，缺少深入体味。实际上，我是到了美国以后，没有了组织关怀，没有了单位安排，才突然理解为什么萨特说人生来就是自由的，而自由就是荒谬、就是孤独、就是恶心等。我的文章发表于当时的权威性刊物《中国社会科学》，受到注意，来了不少约稿，但因为种种原因，不能出版，直到1994年才有一本小册子面世。① 当时百废待兴，西方哲学资料比较少，所以研究萨特“竭泽而渔”还不太难。现在信息大爆炸，出版物铺天盖地而来，无论什么课题都难以将资料搜集完整并仔细阅读，所以再无勇气专门涉猎西方哲学的研究了。朋友约我为纪念萨特写文章，我只能谢绝好意。过去是因为相关资料太少而难以研究，现在是相关资料太多而难以下手。但是，在研究中国哲学时，凡涉及西方哲学理论之处，如霍布斯的自然状态、伽达默尔的诠释学、马斯洛的道家式科学等，我还要读他们的原著或译本，写出来的相关文字都尽可能请相关专家过目。

从北大到美国

当年，我的博士论文答辩获得通过。杜维明先生见到我时说：“你的论文很好，做法和 A. C. Graham（葛瑞翰）一样。”Graham 是何方神圣？我怎会和他一样？1988年，一到美国，先找他的书。原来都用了语言材料的比较，都赞成内篇可能是庄子之作。但我认为他引的材料很琐碎，不如我的 0∶36 有说服力，而他重组内外杂篇的推理有问题。密歇根的 Donald J. Munro（孟旦）教授看了我的论文第一部分的英文提要认为很好，便向大学的中国研究中心申请经费，请人翻译出版第一部分。译稿出来又请专家匿名评审。审稿通过后，编辑将编辑过的译稿寄到哈佛，嘱我校阅译稿以及他们的加工、回答他们编辑中的疑问，查出所有引文页码（大概上千条），补

① 刘笑敢：《两种自由的追求——庄子与沙特》，台北，正中书局，1994。

充脚注，辑录引用书目，编辑词汇对照表，再写一篇后记，他们还编制了索引。① 我花了半年多的时间处理译稿，与编辑反复沟通，充分领教了英文学术界和出版界的认真与严肃，以及对学术和作者的尊重。这种感受在以后的英文著作出版时一再印证，令我感叹不已，真盼望有一天中文学术界和出版界也能有这种态度和精神。

显然，那一份英文提要是最重要的契机。而提供这一契机的是全如瑊先生。他是旗人，燕京大学的预科，协和医学院毕业班的学生，不幸被当成“右派”送到新疆监狱关了二十年。出狱后到中国大百科全书出版社工作，对学问、后辈热情而无私。他知道我的研究成果之后，多次建议我用英文发表。我坦言英文程度不够，他说我帮你。他哪里有时间呢？就在我要去机场飞美国的那天早上，天色未明，他从香山骑几十里路自行车将译稿送到我家。当时他在香山开审稿会，是连夜译出又骑车送来。他当时也有六十了吧，望着他那风尘仆仆却面带喜悦的神情，除了谢谢，说不出别的话。此事终生难忘，却是第一次用中文写出，而且写得这样平淡，让我心意难平。在正常情况下，以他过人的才智、勤奋和医学训练，他应该是大专家，我是无缘相识的。不过，他从未抱怨过，幽默而愉快地把自己的聪明才智传递给了后辈。

我的英文书引起了内行人注意，十年后出了平装本。在一次会议上，有一位哈佛毕业的年轻教授见到我，马上向别人介绍，说我的书很重要，挑战了 A. C. Graham。国内也有人认为我反驳了任继愈先生。其实，我并没有想到挑战或反驳什么人，只是想对学术问题提供新的发现和新的证据。我的书受到重视，可能是沾了 Graham 和任继愈的光，是幸也是不幸。学术研究是为了发现真相和真理，或发明创造新理论、新学说。挑战某人、反驳某人都是副产品，不能作为重要目的。将反驳和挑战当作学术研究的目的，很难不影响研究的客观性和观察的全面性。

一次在芝加哥开会，遇到韩国的郑仁在教授，他听说我是刘笑敢，非常高兴，说正在翻译我的书，要我写个前言。后来知道译者是他的学生崔珍皙。成中英教授则安排 *Chinese Studies in Philosophy*（《中国的哲学研究》）将我的书的第三部分翻译成英文分两期发表。

---

① *Classifying the Zhuangzi Chapters*, Ann Arbor, MI: Center for Chinese Studies, The University of Michigan, 1994, 2004.

特殊机缘让我开始用英文写作。在加拿大 McGill 大学任教的 Arvind Sharma 教授要编一本关于世界七大宗教传统的书，独特之处是要找本民族（native）的作者来写本民族的宗教传统。儒家当然找杜维明先生，杜又介绍我写 Taoism。这个字在英文不分道家或道教。我问主编，是写老庄道家还是写道教，还是都写。他说随我便。这大概就是他们的学术自由，完全尊重作者意愿。我想，既然是世界宗教，只写道家，不写道教，就有些不当。虽然道教不是我的专长，也应该勉力为之。当时，关于道家和道教的英文资料很少，难的是可参考的资料少，容易的是没有太多相关资料必须读。我没有在美国读过书，用英文写作当然困难。想过自己写中文，找人翻译，但除了少数教授，没有什么人既懂中文，又懂道家道教，还可以写英文，况且教授不可能为我做翻译。商业的翻译都不懂中国思想和宗教，我也付不起翻译费。只好自己耐心起草、反复修改，最后主编和读者都认为不错。此书虽然是导论式的，但各位作者都有自己本民族内在传统的滋养，也有个人独特的研究成果，所以有其独特价值。王德威教授知道此书之后，安排台北的麦田出版社买版权，翻译成七个分册。主持翻译的陈静教授又安排了简体本的出版。这是我唯一一本有繁体、简体和英文版的书（韩文版也在翻译中）。① 但这是最小（英文稿限定三万字）、最通俗的书。

我在美国时正是 80、90 年代之交，常有一些关于中国文化或文化中国的讨论会，我应邀写了一些文章。这些文章都是对近代中国思想文化问题以及相关人物的反思，特别批评两极化的价值观和斗争崇拜的病态心理。这种观点的形成也有一个特别的契机。一次 Benjamin J. Schwartz（史华慈）教授请我和 Hilary Putnam 教授到他家吃饭。席间他们两个讨论热烈，批评美国社会中的问题，包括医疗保障方面的问题。我当时脱口而问："你们这样批评资本主义，是否赞成社会主义呢？"他们两个立刻异口同声地喊："No way!!!"他们本能而强烈的反应让我感到非常尴尬。事后我想，为什么我会问出这样"傻"的问题？这在母国不是很普通的推理吗？我的问话出于"本能"，他们的反应也是"本能"。我由此认识到，尽管一向

① "Taoism", *Our Religions*, ed. Arvind Sharman, San Francisco: Harper San Francisco, 1993, pp. 229-289. 陈静译：《我们的宗教 · 道教》，台北，麦田出版社，2002（简体字版，上海，上海古籍出版社，2008）。

不算激进，但生活已经将两极化的思维定势植入头脑：要么这个主义，要么那个主义，要么正确，要么错误，只有黑与白两端，没有彩色的光谱。一不小心，两极化的价值立场就不假思索地冒出来，完全看不到真实世界的复杂和生动。以此来观察世界，当然不真实；以此来区别人和事，当然很可怕。陆续写的十来篇文章大都与这种反思有关，后来改编成了《两极化与分寸感》一书。[①]这些文章既非纯学术课题的研究，又不是报刊杂志的时论，不知该如何定位。恰巧张灏教授到哈佛来，我谈起这一困惑，他说应当属于文化批评。我问他今后如何提高发展，他说应该重视方法论的探讨。这是我近几年讨论中国哲学研究方法比较多的远因和外缘。

在哈佛期间，我也访问过 Hilary Putnam 和 Robert Nozick 教授，并旁听过他们的课。虽然不能全懂，但他们的风格、风范给我留下很深印象。遗憾的是没有去拜访 John Rawls（罗尔斯）教授。想起来，在哈佛，思想受刺激、激发比较多，在普林斯顿则比较安静，较多的是潜心思考与研究写作，在美国的作品大多是在普林斯顿完成。

在普林斯顿期间，傅伟勋先生约我为他主编的世界哲学家丛书写一本关于《老子》的书。在研究《老子》时，又遇到老子的年代问题。我知道，找不到可靠的新资料为这个问题作定论，或许还得从文本本身入手（当时郭店竹简还没有出土，而郭店竹简也没有最后决定《老子》的年代）。但《老子》只有五千多字，没有一个专有名词。我当时在犹豫要不要从韵文的角度探索其可能的年代。有一天，在普林斯顿大学校园碰到美学和诗词专家高友工先生，他问我在做什么研究，我就讲不知是否可以从韵文特点入手考察《老子》的年代。他说可以试试。试的结果又是意外的清晰：在韵文句式、韵式（句句韵、富韵、句中韵、叠韵、交韵）、合韵、修辞（回环、顶针、对偶、倒字换韵）等方面，《老子》与春秋末年完成的《诗经》都非常一致，与战国中期完成的《楚辞》有明显不同。排除地域等方面的因素以后，我们可以推断，司马迁说孔子时的老子作《老子》五千言比后来的各种假说和质疑都有更多更客观的根据。这和我的《庄子》考证一样，也是寻找文献内部客观的语言资料作根据。

---

① 刘笑敢：《两极化与分寸感——近代中国精英思潮的病态心理分析》，台北，东大图书公司，1994。

从美国到新加坡

因为特殊的机缘，我到新加坡国立大学中文系教书八年。这个环境与北大哲学系、美国的东亚系、后来的香港中大的哲学系都不同，这里不是中国语言文学系，而是中国研究系（Department of Chinese Studies），包括有关中国的语言学、文学、历史、哲学、翻译和比较研究，和这些同事的交往扩大了思想视野和知识领域。系里成立研究中心，系主任陈荣照让我报研究课题。我在北大作《庄子》考证时就幻想用计算机做语言资料的统计和分析，到美国后发现事情远不像我想象得那么容易。这里有教语言学的陶红印和张敏，都对计算机操作和语言材料的分析有兴趣、有技术，我们就一起申报了以计算机为辅助手段的儒家的四书和道家典籍分析的课题，后来还请到在北京任教的白奚来帮忙。

想到这一课题的另一个原因是我还在为傅伟勋邀约的《老子》一书工作，要做全面的研究就要注意新发现的《老子》帛书本。帛书本发现后研究的人不少，但是对帛书本的研究与传世本的研究整合不够，要整合起来，就要将二者作全面的比较。帛书本的出土令学术界注意到傅奕本的价值。傅奕本的底本是项羽妾冢中发现的古本，与帛书本最接近。我就想到需要将帛书本、傅奕本以及通行的河上公本及王弼本做一全面细致的比较，避免简单地依据一个版本作结论下断言。这是最初完成的四种版本逐字对照通检，后来郭店竹简本也发表了，我们又重起炉灶，完成了五种版本对照的逐字通检。① 这种逐字通检（concordance）在西方有悠久传统。一部《圣经》就有许多逐字通检，任何一个字都可以查出所有出处，这与只提供重要词语的“索引”（index）是不同的。《老子》只有五千字，一般的通检必要性不高，但是要查同一字同一句在不同版本的情况就不容易了。所以多种版本对照的通检就是必要的工具。我指导学生编制通检的目的大致有两个：一是看一下从古到今《老子》五千言的演变是否有某些有趣的或规律性的现象；另一个是希望对老子思想的研究提供一个可靠的文献基础。

---

① 参见刘笑敢：《〈老子〉五种原文对照逐字通检》，后来作为《老子古今》的下卷出版（北京，中国社会科学出版社，2006）。

结果又是出人意料地令人兴奋。我发现从竹简本、帛书本，经过唐代的傅奕本，到流传至今的王弼本、河上本，两千年中贯穿着一个明显的按照《老子》古本固有内容逐渐“改善”原文的努力，如整齐的四字句和三字句的增加，对偶句和排比句的增加，一章之内和章与章之间的回环的增加等，我将这种现象叫做“语言趋同”。这种现象也引起了思想的强化，如“道”和“无为”使用次数的增加，为突出中心概念而对句子顺序的调整，我将这种现象叫做“思想聚焦”。初稿完成，寄给 *Harvard Journal of Asiatic Studies*（《哈佛亚洲学刊》），审稿人评价很好，同时希望我讨论这种现象是《老子》特有的还是普遍的。我的回答是类似“改善”的情况是比较普遍的，在其他文献的演变中都有零散而明显的表现，但如此长期、广泛、分散而类似统一的“改善”式努力，恐怕是《老子》的韵白相间的文体、短小的篇幅、非常识性的内容所决定的特有的现象。[①] 这一发现令我特别兴奋。它和我的《老子》考证、《庄子》考证一样，是发现，不是发明。发现不同于发明。正如你有很好的设备和技术，也很辛劳和努力，但你未必可以在选定的地方发现石油或金矿。发明新理论、新概念的人几乎天天都有，但很多都无法验证，难免无病呻吟或自吹自擂。但发现是揭示本来就有的东西，一旦发现，没有人可以否定它的存在。

这一发现证明传统的考据学和校勘学的一个前提假设是错误的。很多学者认为古本应该文通字顺，合乎逻辑，从而断言某句某字古本应当如何如何。事实证明依据后人的逻辑推理并不能还原古本原貌。因为前人写作是完全不懂、也不在乎后人的逻辑和通顺标准的。按照后人的理所当然的逻辑推断古本应当如何如何是无效的，断定其“铁证如山”也是无益的。

我答应傅先生研究《老子》的时候，想得比较简单。我在北大讲课时关于《老子》的教学提纲就有一个笔记本，稍事扩充，即可成书。但要动笔时，感到原来的思路方法与海外的学术标准有明显不同，既然到了海外，就不能仍停留于北大的眼界和标准，然而如何突破呢？先秦诸子，老子、庄子，无论多么离奇的观点都有人讲过，总不能为了标新立异而胡说吧？要严谨，有根据，还要有新的

① 参见 *Harvard Journal of Asiatic Studies*（《哈佛亚洲学刊》），vol. 63，No. 2，Dec. 2003. 此文曾由陈静译为中文发表，以后又由笔者不断修改补充为不同版本，并改写为《老子古今·导论一》。

见解，这是最难的。比如，关于老子的道、自然、无为，各种解说，包括各种相反的解说，多如牛毛，令人无所适从，又难以突破。当时是诠释学流行的时期。哲学诠释学又给个人的“创造性”诠释提供了颇大的空间。傅伟勋就发明了我曾经相当赞赏和佩服的“创造性诠释学”。但是我个人的学术背景决定我还是不能有随意创造的冲动。创造也要有根据、有目的、有意义，不允许随意性。这样，我的《老子》研究就有点举步维艰。

对老子思想之可能的本义的探求离不开考据性工作。但这不仅是为了写考据文章，而是让我多了一种探求文本“原意”或“本义”的眼光和工具。比如，《老子》中三次讲到“取天下”，一般人会想到“夺取”天下，这似乎与老子自然、无为的主张相矛盾，于是很多当代的学者就跟从河上公注将“取”解释为“治理”。然而，老子明明有很多“爱民治国”、“以正治国”的说法，为什么又要发明“取”来代替“治”呢？查来查去，古代并无以取为治的用法，河上公之注不足为据。近人蒋锡昌的论证有明显的逻辑漏洞。“取”到底何意？终于查出《左传》中多次讲到“取，言易也”，即不动干戈，容易获得的意思，如“取鄟，言易也……鄟叛而来，故曰取。凡克邑不用师徒曰取”（《左传·昭公四年》）。按照不兴兵戈、轻易取得城邑的意思来理解老子之“取天下”就与自然、无为的主张完全没有矛盾了，而且让我们对老子关于国与国之关系的思想有了更全面的理解。[1]最终我还是以紧密依据《老子》原文解释来重新解释老子的道、自然、无为，正反等观念的“可能的”本来意义，再探讨这几方面的理论之间的关系，从而较准确地“诠释”老子的重要观念，并“拟构”了老子思想的体系。我渐渐地领悟到，严谨而深入的研究自然会发现真问题，找到真答案，得到新的与众不同的发现和见解，不必故意标新立异。只是这种道理和做法与当前急功近利、重数字统计的学术评价体制不合，不易让年轻学者理解和实践。

当然，作为一个经历世事沧桑的读书人，我并不满足于对老子思想的纯学术、纯客观、纯历史的探索，也想探讨老子思想的不同侧面对现代社会的意义。于是，我在每一个概念的分析之后都有一节专门讨论它的现代价值。我尽力将自己对现代社会的思考、老子思想在现代世界的应用与我对《老子》本义的研究区别开来。后来

① 参见《〈老子〉“以无事‘取’天下”考》，载《汉学研究》（台湾），第18卷第1期，2000，23～32页。

我从方法论的角度探索“两种定向”的问题与这种实践是有密切关系的。①

说到老子思想与现代社会的关系，我到新加坡以后陆续接到美国的一些开会和写稿的邀请，都与现代课题有关，如道家与女性主义、道家与生态问题、道家与天主教关于静修（meditation）的对话等，这方面也有很多故事和经验可说，限于篇幅，也只好留待他日了。这些工作刺激我思考如何严肃而不是随意地将古代思想运用到现代社会，后来我以老子思想为例作了一些探索，作为方法探索的实例收入《诠释与定向》一书。②

从新加坡到香港

从新加坡来香港，学术环境又有了一个重大转变。这里曾经是唐君毅、牟宗三、劳思光创建的中国哲学重镇，但我来的时候，系里的绝大多数同事都是西方哲学的专家。他们并不轻视中国哲学，但从他们对人对事的议论中，我感到专业眼光、评价标准、追求目标的不同。特别是英美哲学的主流似乎集中于对概念、命题的逻辑分析和语言分析，而不重视经典和历史。以此为标准，中国几乎没有哲学，我所从事的研究也不够“哲学”。这促使我思考到底什么是中国哲学，什么是正确的或好的中国哲学研究。幸运的是当时的系主任关子尹和后来的系主任张灿辉都积极推动我建立中国哲学与文化研究中心，并帮助筹得第一笔捐款。中心的成立促使我从更广阔的角度，包括全球的现状来思考中国哲学作为现代学科和文化现象的近况和未来，包括中国哲学的身份、方法、标准等一系列问题。来香港以后，终于完成了历时十年的《老子古今》上下卷，并将有关中国哲学方法问题的文章改编成了《诠释与定向》一书，英文期刊 *Contemporary Chinese Thought*（《当代中国思想》）的主编 Carine Defoort（戴卡琳）教授为我的文章出版了一个关于两种定向的专辑。③

---

① 刘笑敢：《老子——年代新考与思想新诠》。

② 刘笑敢：《诠释与定向——中国哲学研究方法之探究》。

③ 参见 *Orientational Issues in Textual Interpretation*：*Essays by Liu Xiaogan*，*Contemporary Chinese Thought*，Winter 2008-09。

最先引起注意和讨论的是“反向格义”的问题。在港台，多次有人提到：不懂康德，怎么研究孟子？这让我马上想起杜继文说的“不懂马列，怎么研究中国哲学”。显然，在不少人看来，用西方哲学（包括马列）的角度、框架、概念来研究、解释、重构中国古代的思想理论是天经地义的，或者是必须的。我并不完全反对这一倾向，因为这是中国哲学作为一个现代学科建立的客观历史。但是，对这种做法的盲从造成中国哲学研究的一个困境就是不能、不会或不想客观地理解中国古代思想家的术语、理论、目的和意义。我关心的是如何处理西方哲学与中国古代思想典籍的关系问题，这个问题难以有简单的答案。魏晋时期，中土僧人用本国熟悉的老庄思想的概念（无、无为、自然）解释外来的陌生的佛教概念（空、涅盘）。近代中国的哲学家反过来用外来的哲学概念来解释传统的儒释道理论。有人称此为洋格义或逆格义，我称之为“反向格义”①，凸显其做法与魏晋时期传统格义之不同。这一观点引起了比较广泛的注意和讨论。但这不仅是哲学领域的问题，而是 20 世纪中国文化与西方文化之间互动的大背景中的一个小领域。从更大背景来看，才可以对这一问题有更全面和深刻的理解。比如，学中国哲学的必须懂西方哲学，否则就叫不懂哲学，或没有资格研究中国哲学，但学西方哲学的完全不必学中国哲学，不必懂孔孟老庄。正如学中医的必须懂西医，但学西医的不必学中医。为什么这样？这里恐怕的确有某种文化特权和崇拜西方的问题，但无可否认，西方哲学和西医的确有中国儒释道和中医所没有的长处（当然我们也可以说西方哲学和西医也有不如中国哲学和中医的短处）。但就短期来看，这种不平衡的文化交流还难以改变。我相信，无论何人、何方、出于何种原因，盲目傲视他人或崇拜他人，都是非理性和非健康的态度，不仅于己无利，而且有害于人。我还在慢慢地组织地理、宗教、文学、戏剧、汉语、中医、音乐等方面讨论中西学术相互关系的稿子②，以期更全面、更理性地思考中国文化在 20 世纪以来与西方文化碰撞、交流、互动的经验和教训，对百年来中西文化的相互激荡、中

① 代表性文章可见拙作《“反向格义”与中国哲学研究的困境——以老子之道的诠释为例》，见《中国哲学与文化》第一辑，《反向格义与全球哲学》，桂林，广西师范大学出版社，2007。

② 部分不同领域的讨论文章可见《南京大学学报》“思想史研究”专栏（2007 [4]，2008 [2]，2009 [2]）。

学西化、西学中化的现象作更广泛、更深入、更冷静的考察。

另一个问题是中国古代哲学诠释传统中的“两种定向”问题。北大既重视训诂考据，又重视理论分析，这二者是密切联系在一起的。理论分析也是建立在训诂考据的基础上的。我要研究《庄子》，就尽可能直接读《庄子》原文，避免按照郭象的注释读《庄子》；研究《老子》，就直接依据《老子》分析，避免陷入王弼注的窠臼；同样，研究《论语》，也有意识避免陷入朱熹注释的轨道。相反，如果没有这种自觉意识，往往会跟着郭象讲《庄子》，跟着王弼讲《老子》，跟着朱熹讲《论语》，自以为在讲《庄子》、《老子》和《论语》，实际上是在讲郭象、王弼和朱熹的思想。遗憾的是一些大家、名家也意识不到这类问题，以为朱熹讲的就是真《论语》，王弼讲的就是真《老子》。这里要注意注释著作与注释对象之间的关系，不能将注释者的思想和注释对象的思想混为一谈。其实，道理很简单，如果我们承认王弼、郭象、朱熹本人是思想家，而他们的思想主要表现在他们的《老子注》、《庄子注》和《论语集注》中，那么我们就不能将他们的这些注释著作当作《老子》、《庄子》和《论语》本身的思想。如果他们的这些注释性著作表达的确实是《老子》、《庄子》和《论语》的思想，那么他们本人就没有资格称为哲学家。

在中国历史上，注释性著作汗牛充栋，其中够得上思想家、哲学家的著作凤毛麟角，而这凤毛麟角的少数作品在中国思想史和哲学史上却可能构成主流，如王弼、郭象、朱熹、王夫之等。陆九渊、王阳明虽然没有注释性著作，但其思想也建立在对《孟子》和《大学》的诠释的基础之上。所以我认为中国哲学思想发展的一个特点就是借助注释（commentary，annotation）或诠释（interpretation，hermeneutics）的形式建立自己的思想理论体系。以“论”的形式写作的也有，如王充《论衡》，嵇康《释私论》、《养生论》、《明胆论》、《声无哀乐论》、《难自然好学论》等，虽然有不错的观点和思想，但理论成就和历史影响都不能与上述人物同日而语。

中国思想史或哲学史发展的这一特点，提醒我们要特别注意区别注释者本人的思想和注释对象作品的思想。而注释作品可能以揭示原作的思想为目标，也可能以表达自己的思想为依归，这就是我所说的诠释中的“两种定向”。这不仅是为了揭示古代传统的特点，更是提醒当代的研究者要先明确自己研究或写作的目的：到底是为了揭示和解释研究对象的本身的思想，还是为了借研究对象表达自己的思想，回应当下世界的问题。伽达默尔的哲学诠释学强调“视域的融合”，任何诠释工作都是诠释者本人的视域与诠释对象之视域的融合。如果这样，所谓两种定向的理论就没有了立足之地。但是，视域融合的理论仅仅是对理解和诠释现象而言的，而且往往是以艺术作品为例的。这种说法忽略了在不同场合、不同诠释者之间必然存在的不同目的、不同取向的差异，并不是对经典诠释现象的全面研究。同时，我们也要看到，哲学诠释学的重点是人的存在方式问题，绝不是诠释方法问题，更不是学术研究的方法问题。我们不能将哲学诠释学当作研究中国哲学的方法，不能将它作为随意解释古代经典的盾牌。

与经典诠释中的两种定向相对应的是中国哲学或中国思想研究中的两种定向。我的著述强调客观性的学术研究比较多，但是我绝不轻视或反对学者提出自己的思想观点和建立自己的理论体系，我本人也提出过“道家式责任感”的说法和“人文自然”的概念。我只是强调要意识到二者性质不同、方法不同、标准不同。中国哲学这个学科有些特殊。比如，在中文系，研究汤显祖的不必写剧本，研究《红楼梦》的不必写章回小说。但是，研究中国哲学的人似乎就得有点哲学家的味道，要写点自己的哲学。但是，真的当哲学家又太难了，似乎最容易的做法就是沿袭古代传统，假借讲古人的思想来讲一点自己的新哲学。这样做会有脍炙人口的好作品，并且可能比纯学术研究和纯理论建构有更多读者和更大思想影响。但作为学术研究和理论创造，其结果就是对原有经典之思想的解释不准确，建构的新思想又不够新或不够系统、严谨；二者混淆的结果更可能是两头不到岸，误人子弟。

与“两种定向”理论密切相关的就是中国哲学的身份、性质和方法问题。我最新的提法是两种身份、四种角色。即是说，中国哲学这个术语同时代表“现代学术”与“民族文化”两种身份。前者同时担当现代学科和世界文化资源两种角色，后者同时担任民族文化价值载体和个人生命之精神导师的角色。当然，我们还可以从中分析出更多的功能。

中国哲学研究的对象主要是儒、释、道思想传统。这些传统已经有两千年。这在中国古代是学问、学术，也是民族文化的主体和个人修身养性的精神指南。所谓“国学热”的出现凸显了儒、释、道作为民族文化代表和个人精神生命资源的功能在现代社会复兴的需要，于丹、易中天大受欢迎就是这种需要的明证。即使斥之为“糟蹋学术”或“精神鸦片”也无法否认这种需要，除非有人能够提供高级的替代品。于是，中国哲学这四个字所代表的儒释道传统就有了民族文化的身份，而这一身份就有了民族文化载体的角色以及个体精神生命之导师的角色。中国哲学的这种身份和角色在古代以父母、乡贤、绅士、官员甚至皇帝为载体和传播者，但现代的父母、官员、中小学老师和大学教授是否应该、是否可能担当和胜任这种角色就是亟需讨论和厘清的大问题。

而中国哲学的名称出现、作为现代大学中的一个学科不到百年，开始是借用西方哲学和思想的眼光重新整理中国固有的思想，渐渐地一些人就想建立自己的现代的中国哲学体系。中国哲学这四个字一开始就是作为大学里的现代学科的身份而出现的。除了学科的角色以外，由于一些海外中国哲学教授将儒释道引入美国及世界文化之中的不懈努力，中国哲学又有了未来世界文化之资源的角色。这种身份和角色毫无疑问是由大学中的教授来承担的。问题是大学教授要不要、能不能或如何同时承担民族文化和精神生命导师的功能。无论有多少教授自愿承担民族文化和精神生命导师的功能，我们都不应混淆现代学术和民族文化的两种身份。身份、角色和功能的不同，决定其方法、目标、标准的不同。这并不是说一个教授不可以从事不同的工作，而是说，不论从事哪一种工作都要自觉意识到身份、角色、方法和目标的不同。正如，不能在知识的殿堂中宣道布教，也不应在追求精神生命的时刻提供枯燥乏味的纯知识。难道二者不可结合吗？是的，我们可以用油画笔法画出水墨画的意境，也可以用二胡演奏小提琴曲，但这是自觉到二者之不同后的尝试，不是无意识的混淆。泾渭不明，何论结合？

行文至此，已觉太长。知识的海洋无垠，思想的天空无涯，一叶漂浮，何敢奢望？然天高海阔，又怎不神往？

本版附录二
郭象之自足逍遥与庄子之超越逍遥
——兼论诠释方向之转折及其评价标准问题

郭象《庄子注》对《庄子》一书的诠释和流传贡献颇大。然而，庄子之逍遥追求超越现实的精神自由，郭象《庄子注》之逍遥却强调安于性分之自我满足。二者似有根本不同。对郭象之《庄子注》历来有高度赞赏和强烈批评的两类评价，其原因在于两种不同的评价标准，即忠于文本的标准和思想创造的标准。而这两种标准的必要性则植根于经典诠释活动中内在的必然的两种定向，即立足文本、回归历史的定向和立足当下、自我表达的定向。两种逍遥彰显了中国古代经典诠释活动中的两种定向之间的张力，并向我们提出了许多西方诠释传统中所没有的诠释学课题。本文尝试通过郭象之《庄子注》探讨这些课题，提出跨文本诠释、融贯性诠释，以及文本之异质性等概念来解释郭象之独特的诠释活动的特点，并就这种借注释形式进行哲学创构的诠释学课题进行讨论，强调对诠释作品进行评价必须自觉运用两种不同的标准。

脍炙人口的《庄子》一书凭借着郭象注的形式得以单脉相传。对郭象注，有推崇备至者，也有反唇相讥者，二者势成水火。两种评价背后隐藏许多与诠释学有关，但西方诠释学却没有讨论过的课题。本文即借对庄子之逍遥与郭象之逍遥的不同之处的考察，对其中的诠释学课题进行深入的探讨和分析。

笔者近年来始终关心有关中国哲学方法论以及诠释传统研究中的一些根本性课题，曾提出经典诠释中的两种内在定向的理论①，

① 参见刘笑敢：《经典诠释中的两种内在定向及其外化——以王弼〈老子注〉与郭象〈庄子注〉为例》，载《中国文哲研究所集刊》，2005（26），287～319。

以及顺向诠释、逆向诠释和异向诠释的概念①。本文以郭象对庄子之《逍遥游》的诠释和改造为例，尝试以跨越性诠释、融贯性诠释以及文本的异质性等概念来分析和解释从庄子之超越的逍遥到郭象之足性之逍遥的转折的内在机制，以及对郭象之诠释结果的评价及其标准问题。希望这种讨论可以使学界对中国哲学研究的方法论问题和经典诠释中的理论问题有更高的自觉性，使中国哲学及思想史的研究达到更高的学术水平和理论高度。

本文第一部分简单介绍笔者对庄子之逍遥论的分析，第二部分主要讨论郭象如何转化和改造了庄子的理论立场和人生方向，第三部分分析对郭象之诠释的不同评价及其原因，第四部分则分析郭象如何借注释和诠释的形式完成思想创造的。

一、庄子之超越现实的逍遥

关于庄子思想的理解，历来颇多歧出。现代研究庄子思想者，更是众说纷呈，似乎横看成岭侧成峰。笔者对庄子的研究奠基于严格的文本考察。第一，研究庄子思想，基本上只以内篇为据，同时注意以外杂篇中类似之文为参照。② 第二，将《庄子》内篇的思想看作大致的整体，而不将《庄子》书或内篇看作散乱的文章汇集。第三，对庄子思想的分析以主要概念及其相互之间的关系为骨架，力图贴近内七篇所可能有的思想体系。

根据以上原则，笔者的研究结果认为，庄子的《逍遥游》是在安命的基础上追求的一种超越现实的纯精神的自由。这种纯精神的自由是庄子在无可奈何的现实境遇中所找到的精神家园，同时对现实世界中的价值标准和价值方向有一种提升和指引的功能。③ 笔者

① 这里所说的“逆向诠释”是在“实验室条件”下所作的考察和判断，即就庄子原文和郭象注文的最基本的语言意义直接对比来说的，奠基于郭象对庄子原文的直接否定、漠视和扭转，而不是就义理层面的不同理解来说的。显然，就义理的层面来说，理解、诠释的可能性很多，也很难说诠释的方向性，很难作“顺”、“异”、“逆”之类的判断。参见上引拙作。

② 参见本书之前编关于文献疏证的部分。

③ 笔者原来偏于强调庄子之精神自由与现实的分离和对立，对二者之间的联系有所疏忽。这里关于庄子纯精神的自由对现实中的价值生活的提升和指引功能，是接受了本系硕士研究生黄玉娥的意见，亦是对前述拙作的补充或修正，参见黄玉娥：《从逍遥游看庄子之超越性价值观》，见《中国哲学与文化》第二辑，《注释、诠释，还是创构》，370～378页，桂林，广西师范大学出版社，2007。

以《庄子》内篇为依据，模拟了一个庄子哲学可能的思想体系，就是说，庄子哲学以安命论为起点或基础，以逍遥论为终点或目标，而齐物论和真知论则是庄子哲学的方法论，是从安命之起点到逍遥之终点过渡的桥梁。① 本节重点讨论庄子之“命”的观念及安命的理论，以及从安命到逍遥的转化问题。

先讨论庄子之命的观念。在最基本的意义上，庄子所说的命，与孔门所说似乎相似，都是指人生无可奈何之事。《论语·颜渊》记载子夏说过“死生有命，富贵在天”，《庄子·大宗师》也说过“死生，命也。”所不同的是，儒家所说的命来源于有某种赏罚意志的天，而庄子所说的命没有这种客观意志的赏罚意义，所以庄子每每以自然现象来比喻和解释所谓的“命”，比如说“死生，命也。其有夜旦之常，天也。人之有所不得与，皆物之情也”。儒家将命运的根源归之于似乎有意志的天，庄子则以自然之现象来比喻、解释“命”的存在和变化。庄子虽然也讲“天”，但庄子所说的天接近于大自然的含义，完全是无意志、无目的、无情感的。孔子讲君子要“畏天命”，因此，人不应该试图改变天命，只能接受天命。庄子虽然也认为不应该、不可能改变天命，但完全没有“畏天命”的意思，而是主张欣喜地接受既定的命运，不试图影响作为命运之根源的“天”和“道”。《大宗师》说：“不忘其所始，不求其所终；受而喜之，忘而复之，是之谓不以心捐道，不以人助天。”这一点，《庄子·达生》篇表述更为明确：“达命之情者，不务命之所无奈何。”庄子学派承认命，主张安命无为。这不同于儒家一方面讲安命，另一方面又有“知其不可而为之”的精神。儒家讲究“知天命”，庄子学派则说“不知吾所以然而然，命也”，认为从根本上来说命是不可知的，因此只能接受，不能改变。

庄子之命是不是前定的呢？《大宗师》中有这样一个寓言：

> 子来有病，喘喘然将死，其妻子环而泣之。……子来曰：“……夫大块载我以形，劳我以生，佚我以老，息我以死。故善吾生者，乃所以善吾死也。今之大冶铸金。金踊跃曰‘我且必为镆琊’，大冶必以为不祥之金。今一犯人之形，而曰‘人耳！人耳！’，夫造化者必以为不祥之人。今一以天地为大炉，以造化为

① 此处关于庄子之《逍遥游》的分析与上述拙作观点大体上相同，但表述和观念有所发展。

大冶，恶乎往而不可哉！”成然寐，蘧然觉。①

这里“大块”或曰即“道”，或曰即“大朴”，不论具体内容是什么，都和下文“造化者”一样是指万物之命运的决定性力量。“大冶”用来比喻“大块”和“造化者”，决定冶铸对象的形体、功能和资质。人如大冶的冶铸对象，不能自己要求成为某种器物或人物。如果我们拘泥于“大冶”的比喻，将人生命运看作“造化者”所铸就，庄子思想似乎就有了前定论的色彩。但是，这段寓言的重点显然是提倡“恶乎往而不可”的态度，而不是有意肯定人之命运的前定。如果命运是前定的，那就需要假定命运的决定者是有意志和有目的的，这与庄子强调天和道无意志、无目的的整体思想不合。总起来看，中国的主流文化或精英文化中很少有前定论的思想。②

庄子认为，命运的决定者是没有意志、没有目的的。命运的变化如日夜、寒暑等自然界的变化一样没有对特定个人的特别的决定意义；所以，庄子一方面强调要安然随顺命运的变化，另一方面又强调不必为命运的无可奈何而悲哀。《庄子》中的《人间世》和《德充符》两次讲到“知其不可奈何而安之若命”，“若”字说明庄子的命不同于一般人所说的命，只是“若命”，重点是要“安之”，“安之”的原因是认识到人生的变化、遭遇是“不可奈何”的。从行文来看，庄子似乎将人世的盛衰荣辱都看作无可奈何的命之行。但是，庄子毕竟没有明确宣布人的一切境遇都是无可奈何之命。庄子、孔子都是将无可奈何的境遇归之于“命”，凡是人力可以改变的则不属于“命”。现代人多数都不相信“命”，但是，正常人都无法否认，人世中的确有很多不幸之事是无可改变的。承认无可奈何的境遇、接受不可改变的现实，然后再决定进一步的选择，这正是理智的态度。所以，不应该将庄子的思想看作一般的命定论，我们姑且称之为安命论，这里的“命”字也是“若命”之“命”，有比喻之意，仅仅是强调安于既定的人生境遇，而不是一般命定论所讲的前定论，不是神意所决定的不可改变的人生轨迹。或许，我们可以将庄子所讲的“命”理解为“既定境遇”。这种“既定境遇”只描述已经发生

① 本文所引《庄子》和《郭象注》原文均出自郭庆藩辑：《庄子集释》，为节省篇幅，下文只注篇名，或在括号中注明在该书中的页码。

② 道教的承负说和佛教的轮回说似有“前定”的意味，但这种“前定”是个人前辈或前生行为的后果，而且可以通过个人的努力有所改变，这与西方神话中的无可改变的前定论仍然有重要不同。

的、无可奈何的状况，没有道德的或报应的含义，也不预设这种境遇在未来的必然趋势。

庄子之“安命”实际是安于“既定境遇”。“既定境遇”有如日夜更替或四季变化，所以，它不是任何神灵或客观意志的安排，没有任何道德赏罚的意味，尤其不是针对个体的特别预设，因此，在接受和承认“既定境遇”的基础上，个人仍然有某种选择和追求的空间。正如人们虽然无法改变日夜交替、四季运转的事实，但不同的人还是可以因应白天黑夜的变化和四季的交替来安排自己不同的生活方式，特别是可以有不同的生活态度。

在承认和接受“既定境遇”的前提下，每个人都可以有不同的态度或追求。对于庄子来说这种追求就是“逍遥游”的理想。庄子之为庄子不是因为他的“安命”的主张，而是因为他的“逍遥游”的追求和遐想。“安命”不是庄子哲学的重点，而是追求更高目标的一个起点。这里的关键是要实现从安命到逍遥的转化。下面《德充符》中的一段话可以作为从“安命”到精神“逍遥”过渡、转化的一个代表性的说明。

> 死生存亡，穷达贫富，贤与不肖，毁誉，饥渴，寒暑，是事之变，命之行也；日夜相代乎前，而知不能规［窥］乎其始者也。故不足以滑和，不可入于灵府，使之和豫，通而不失于兑［悦］，使日夜无郤［隙］而与物为春，是接而生时于心者也。是之谓才全。

这一段前半部分是将人生的各种遭遇或境遇，如“死生存亡，穷达贫富，贤与不肖，毁誉，饥渴，寒暑”等都看作命运一样的变化，而这些变化如“日夜相代”的自然现象一样，不知其起始原因，因而对之无可奈何。对于普遍的无可奈何之事，不必有喜怒哀乐之心，不必徒劳地试图改变之，这就是“不足以滑和，不可入于灵府”，即保持心灵的宁静，达到无心、无情的境地。这种心境是精神怡悦的转折点，是精神自由飞翔的起点。达到这种心境之后，就可以进一步体会“通而不失于兑［悦］，使日夜无郤［隙］而与物为春”的更高境界，此处称之为“才全”。庄子虽然没有将这种境界称之为“逍遥”，但已经与“逍遥”的境界相去不远了。

关于逍遥游，庄子有许多夸张或浪漫的描述，除了大家熟悉的“抟扶摇而上者九万里”的鲲鹏所代表的自由形象之外，类似的描绘还很多。比如：

乘云气，御飞龙，而游乎四海之外。(《逍遥游》)

予方将与造物者为人，厌，则又乘夫莽眇之鸟，以出六极之外，而游无何有之乡，以处圹埌［垠］之野。汝又何帛［为］以治天下感予之心为？(《应帝王》)

显然，这里所说的“四海之外”、“六极之外”、“无何有之乡”、“圹埌［垠］之野”都不是现实的世界，而是精神感受的世界。

在这种精神世界逍遥的其实只是个人的意识，用庄子自己的话来说就是“游心”，也就是“心之游”。

汝游心于淡，合气于漠，顺物自然而无容私焉，而天下治矣。(《应帝王》)

且夫乘物以游心，托不得已以养中，至矣。(《人间世》)

自其异者视之，肝胆楚越也；自其同者视之，万物皆一也。夫若然者，且不知耳目之所宜，而游心乎德之和。(《德充符》)

简单说来，上述引语都说明庄子之逍遥游是精神的悠然自得的体验，是忘却世俗世界、包括个人身体之存在的超越的精神境界。由于这种境界超出了任何现实的、具体的存在，只是无垠的空寂、无尽的澄明、绝对的同一，因此也可以描绘为“与道为一”、“与万物为一”或“与造化者为友”等。这种境界的实现当然不是任何人都可以达到的，更非一蹴而就的，而是需要特殊的修养或修炼的。《庄子》内篇提出的修炼方法包括“心斋”、“坐忘”和“外物”，限于篇幅，这些修炼的具体内容和步骤从略。

如果我们把自由理解为个人的“无拘无束”的状态，那么逍遥游显然是一种自由的境界。这种境界是在承认和接受现实的“既定境遇”的不自由状态下对超现实的精神自由的追求，是对自由的精神家园的向往和探索。显然，这种自由和现代人讨论的政治的、经济的、社会的自由都不同，和西方哲学及宗教理论上所讨论的意志的自由、行动的自由、选择的自由也都不同。在承认、接受、因顺外在的无可奈何的既定境遇的前提下追求逍遥游，又涉及了现代或西方哲学中所讨论的自由与必然的关系问题。①

庄子之逍遥游的实现是一个纵向的追求和提升的过程，是从顺应到超脱再到终极的超越之体验的过程。安于既定境遇和实现逍遥

① 有关庄子和郭象之自由的课题，可参见本书本版附录三《两种逍遥与两种自由》。

游是两个层次、两个阶段的不同，是条件和目标的不同。但是，到了郭象《庄子注》中，安命和逍遥却变成了同一层面的问题。

二、郭象之满足现实的逍遥

从形式上看，郭象仍然讲安命、逍遥、齐物，似乎是对庄子思想的直接阐释。事实上，如果我们深入阅读郭象的注释，就会发现郭象借着注释的形式发展出了一个全新的哲学体系。唯其如此，郭象才能凭借注释而取得哲学家的资格。郭象哲学的最大特点是独化论体系。这个体系否定了庄子哲学中“自本自根，生天生地”的道的存在，“道”在郭象哲学中变成了空无所有。

在《知北游》中，《庄子》原文有一段说：

> 物物者与物无际……彼为盈虚非盈虚，彼为衰杀非衰杀，彼为本末非本末，彼为积散非积散也。(《知北游》，752 页)

“与物无际”显然是强调“物物者”与万物没有明确的区隔界限，这是从存在的角度来说。但是，从功能作用上说，“物物者”与万物又有根本不同。“物物者”是引起万物“盈虚”、“衰杀”、“本末”、“积散”等运动变化的原因。虽然“物物者”引起万物的这些运动变化，但是它本身却没有这些运动变化。这里的“物物者”相当于内篇所说的“生天生地”的道。“道”是万物变化的根源或原因，但是本身却没有万物的各种的变化。这是强调“道”作为“物物者”之“即万物而超万物”的特点。但是，郭象对这一段的注释却明确地将“物物者”解释为“无物”。郭象说：

> 明物物者无物，而物自物耳。物自物耳，故冥也。……不际者，虽有物物之名，直明物之自物耳。物物者，竟无物也，际其安在乎！既明物物者无物，又明物之不能自物，则为之者谁乎哉？皆忽然而自尔也。(《知北游》注，753～754 页)

否定“物物者”的存在，是独化论体系的需要和必然结果。在独化论体系中，万物只能是“自物”、“自尔”、“自生”、“自化”，等等。

郭象在万物个体独化的理论体系中讲“命”和“安命”，因此与庄子承认自本自根之道的“命”和“安命”有所不同。《德充符》原文说：“游于羿之彀中。中央者，中地也；然而不中者，命也。”在神箭手的靶心中散步，应该是必然被射中的，没有射中，应该是偶然，然而偶然之事也是“命”，即“既定境遇”，并非神意或规律的决定。一般讲“命”，多就必然性而言，但庄子所说的“命”实际也包括偶然性，即包括一切既成状态，无论是必然或是偶然，作为既成状态则是一样的，都是人应该安然顺之的。对这一段，郭象注说：“则中与不中，唯在命耳。而区区者各有所遇，而不知命之自尔。”（199 页）认为一切既成境遇（中与不中）都是命，这是颇合《庄子》原文之旨的。不过，庄子认为命的根源在于“道”和“天”：“道与之貌，天与之形……天选子之形，子以坚白鸣!”（《德充符》，221 页）人的形貌和思想都是“道”和“天”所决定的，即由外在的不可改变的力量所决定，虽然这种力量是无目的、无情感的。但是，因为郭象取消了“道”和“天”的独立的存在和功能，主张万物独化，因此，命的根源也在于“自尔”，从而与庄子开始分道扬镳。

庄子和郭象之安命都是安于“既定境遇”，不过，庄子的既定境遇是外在的，普遍的，有如天地自然之变化；而郭象的既定境遇则是万物自身决定的，是内在的，个体的，即由万物自身的本性决定的。因此，与庄子及其学派所不同的是，郭象常将“命”与“性”和“分”联系起来，以“性命”、“性分”作为万物独化的根据和安命、逍遥的基础。

值得注意的是，郭象常用“性命”的概念，似乎是“性”、“命”不分的。“无为而性命不全者，未之有也；性命全而非福者，理未闻也。”（184 页）郭象以“性”和“性命”来讲祸福与命运的变化，这就将命运的根据从外在的绝对性力量转移到个体自身。祸福不再取决于外在的超然的决定作用，而是取决于个体之“性命”全与不全。这里的全与不全是什么意思呢？显然，性命本身是“既定境遇”的综合表现和结果，本无不全的可能。这里的“全”即是全然依付、托付于性命之意，亦即全无外在他求，所以下文说“故夫福者，即向之所谓全耳，非假物也”（184 页）。这里的个体之“性”或“性命”也不再是自然之性，而是包括了社会地位和身份以及道德方面的内容。如《天地》篇“爱人利物之谓仁”一句，郭象注曰“此任其性命之情也”（407 页）。显然将仁爱等道德内容引入了“性命之情”的概念之中。《骈拇》注中也明言“夫仁义自是人之情性，但当任之耳”（318 页）。也是将道德内容注入了“性”的概念。这和庄子及其后学的思想都是不同的。《庄子》内篇讲命，但是不讲“性”或

"性命";外杂篇,主要是《骈拇》、《在宥》两篇多次讲到"性命"和"性命之情",但是,这里的"性命"侧重的是自然之性而不是命,即强调万物的自然本性之宝贵,而不涉及命运的变化或社会之价值。《骈拇》所说的性命之情以骈拇、枝指为例,以凫、鹤胫之长短为喻,而与仁义、名利相对照;《在宥》所说的性命之情也明确与聪、明、仁、义、礼、乐、圣、智相对立。郭象之性和性命却包括了社会和道德方面的内涵,这与《庄子》原文之性命有重要不同。

因为万物独化,所以命运的变化之决定性因素全在独化之个体自身之性,所以"天命"和"性分"成为一事。请看郭象对《秋水》篇的一段注文:

> 人之生也,可不服牛乘马乎?服牛乘马,可不穿、落之乎?牛马不辞穿、落者,天命之固当也。苟当乎天命,则虽寄之人事,而本在乎天也。穿落之可也,若乃走作过分,驱步失节,则天理灭矣。……所得有常分……真在性分之内。(《秋水》,591页)

《秋水》原文说"牛马四足,是谓天;落马首,穿牛鼻,是谓人。"明确将"落马首,穿牛鼻"看作人事,是人加之于马、牛的。郭象从独化论立场出发,以马、牛自身为考察对象,将"落马首,穿牛鼻"归之为"天命之固当"。这里的"天命"和下文的"常分"、"性分"以及"真"的内容都是一致的。这里讲"天命之固当",《德充符》注中则说到"明性命之固当"。"天命"、"性命"都是万物中"固当"之事,可见"天命"、"性命"、"性分"在郭象思想里都是同类概念。实际上,郭象摄命入性,其"性"、"命"是合而为一的,而以"性"为中心。将命运的外在主宰改变为内在之性的决定作用,从学术史的角度来说,从诠释作品与原典的关系来说,这是一个根本性的转换。

性是万物独化之内在根据,也是万物逍遥的内在根据,因此,郭象认为,万物只要足于其性,就都可以逍遥无别。在《逍遥游》中,大鹏是逍遥游的主体和象征,小鸟则是不理解大鹏、不懂得逍遥的反面代表。庄子原文歌颂大鹏、嘲笑小鸟的立场是十分鲜明的。但是,郭象以万物之性为逍遥的内在根据,则泯灭了大鹏与小鸟之间的区别。郭象说:"苟足于其性,则虽大鹏无以自贵于小鸟,小鸟无羡于天池,而荣愿有余矣。故小大虽殊,逍遥一也。"(10页)这就是说,万物不论大小高低,只要自足其性,就可以同样逍遥,也就是同样可以达到自由之境。

“小大虽殊，逍遥一也”的关键在于“足于其性”，而“足”的标准则与世俗的价值标准，如大小多少、贫富贵贱都了然无涉，纯在一切个体之“性足”与否，即性足者为大。郭象《齐物论》注中有云：

> 夫以形相对，则泰山大于秋毫也。若各据其性分，物冥其极，则形大未为有余，形小不为不足。苟各足于其性，则秋毫不独小其小而大山不独大其大矣。若以性足为大，则天下之足未有过于秋毫也……苟足于天然而安其性命，故虽天地未足为寿而与我并生，万物未足为异而与我同得。（《齐物论》注，81页）

这里所说“各据其性分”、“物冥其极”、“足于其性”、“足于天然”、“安其性命”，用词不同，意思都是一样的，都是要达到内在之自足与满足，我们可以简称之为“性足”或“足性”。郭象提出的“性足为大”是“齐万物而为一”的新标准，也是逍遥游的新标准。这个标准可以有各种不同表述，如“物各有宜，苟得其宜，安往而不逍遥也”（《逍遥游》注，38页）。这里的“宜”是相宜之义，所宜的标准应该就是本性，一旦本性相宜，则无往而不逍遥。又如“此数子者，所好不同，恣其所好，各之其方，亦所以为逍遥也”（《刻意》注，536页）。这里的“各之其方”相当于个人志向的实现和满足，一旦个人志向满足，尽管个人志向不同，都可以视为达到了逍遥的标准。志向的满足也可以归之为本性的实现。

以“各足于性”为逍遥的标准，则万物都可以逍遥，即皆可获得精神自由，无须庄子式的“心斋”、“坐忘”、“外物”等修炼过程。所以郭象有云：“至人知天机之不可易也，故捐聪明，弃知虑，魄然忘其所为而任其自动，故万物无动而不逍遥也。”（《秋水》注，593页）至人“捐聪明，弃知虑”，一切“任其自动”，则“万物无动而不逍遥”，也就是万物本性的满足和实现。

郭象又说：“乘万物御群材之所为，使群材各自得，万物各自为，则天下莫不逍遥矣，此乃圣人所以为大胜也。”（《秋水》注，594页）“使群材各自得，万物各自为”也就是万物本性的满足和实现，如此则天下万物皆可逍遥，这是圣人之治的最高境界。这样说来，万物皆可逍遥似乎还取决于是否有圣人来治理天下。郭象认为，有识之士的志向各自满足，固然是一种逍遥，但是“此仅各自得，焉能靡所不树哉！若夫使万物各得其分而不自失者，故当付之无所执为也”（《刻意》注，536 页）。这是在提倡道家无为而治的理想，主张圣人“无所执为”，从而“使万物各得其分”，即万物本性的实现和满足。这样说来，逍遥有两种，一种是普通人的个体的逍遥，就此来说，一切个体都可以自足其性而逍遥；另一种是圣人的逍遥，即能实现万物的逍遥。郭象还说过：“任万物之自然，使天性各足而帝王道成。”（《大宗师》注，273 页）由此看来，他似乎有着令天下百姓万物各足其性的现实理想，这也是万物独化而和谐的理想的社会秩序。

圣人的逍遥和万物的逍遥之不同又可以称之为“有待”的逍遥和“无待”的逍遥。关锋明确将“有待”“无待”看作庄子哲学的基本概念，这是不当的。《庄子》内篇或外杂篇都没有将“有待”“无待”作为哲学概念来运用和讨论。“有待”“无待”只能是郭象的哲学概念。关锋还替庄子构造了一个“有待—无已—无待”的三段式结构，影响所致，一般人都将“有待”和“无待”看作对立的两个概念，似乎郭象肯定“无待”而否定“有待”。这都是想当然的，没有文献上的根据。① 事实上，郭象虽然认为“无待”的境界高于“有待”的境界，但是他并没有否定“有待”。“有待”也是可以逍遥的。

> 所遇斯乘，又将恶乎待哉！此乃至德之人玄同彼我者之逍遥也。苟有待焉，则虽列子之轻妙，犹不能以无风而行，故必得其所待，然后逍遥耳，而况大鹏乎！夫唯与物冥而循大变者，为能无待而常通，岂［独］自通而已哉！又顺有待者，使不失其所待，所待不失，则同于大通矣。（《逍遥游》注，20 页）

“无待”是“所遇斯乘”、“与物冥而循大变”的境界，即没有特定的“待”；“有待”是“得其所待”，是特定的“待”。就实际过程来说，没有特定的具体的“待”似乎与“无所待”相似。但是，从理论上来说，无所不待与无所待的境界有本质不同。就“独化”二字来说，郭象似乎应该坚持“无待”就是“无所待”，但是，他强调不是“无所待”，而是“无所不待”，这是因为他认为现存的秩序是合理的，其中的一切个体都是缺一不可的。因此，郭象的“无待”主张的不是个体主义的，不是个体中心的，而是总体秩序结构中的个体独立。“无所不待”正是对现实之总体合理性之肯定的体现。总之，“无待”

---

① 关锋之说影响颇大，并被收入新编《辞海》而广泛传播。笔者的讨论见于本书第四章第四节第三部分。

高于“有待”是因为它无所不待，而不是因为它可以无所待。所以郭象接上文说到“有待无待，吾所不能齐也”。但是，“有待”和“无待”又没有绝对的不同，因为二者都是“各安其性，天机自张，受而不知”，所以“不能殊也”。

郭象的独化论将命运的决定权以及逍遥的根据都交给了万物之性命本身，这似乎是对万物个体本性的极大解放和提升。然而矛盾的是，郭象的各足其性和各安其命是一回事，安命本身就是逍遥。《秋水》篇说道：“知穷之有命，知通之有时，临大难而不惧者，圣人之勇也……吾命有所制矣。”（596 页）郭象注曰：“命非己制，故无所用其心也。夫安于命者，无往而非逍遥矣。”（597 页）如此说来，郭象之“逍遥”就是“安命”，“安命”就是“无所用其心”，而“无所用其心”则是因为“命非己制”，个人是无可奈何的。这样，个体之性命反而成了对个体意识之束缚。

值得注意的是，郭象主张各安其命，而其“命”、其“性”其实包括了个人的社会身份。对于《齐物论》“其臣妾不足以相治乎”一句，郭象注曰：

> 臣妾之才，而不安臣之任，则失矣。故知君臣上下，手足外内，乃天理自然，岂真人之所为哉！夫臣妾但各当其分耳，未为不足以相治也……夫时之所贤者为君，才不应世者为臣。……凡得真性，用其自为者，虽复皂隶，犹不顾毁誉而自安其业。故知与不知，皆自若也。若乃开希幸之路，以下冒上，物丧其真，人忘其本，则毁誉之间，俯仰失错也。言性各有分，故知者守知以待终，而愚者抱愚以至死，岂有能中易其性者也！（《齐物论》注，58～59 页）

这里有几个值得注意的理论要点：一，人的社会地位和身份是天然合理的（“天理自然”）；二，每个人无论地位高低、身份贵贱，都应该“各当其分”，这个“分”乃性中所有（“性各有分”），因此不应有非分之想；三，性分是不可能或不应该改变的（“岂有能中易其性者”）。这种理论似乎认为“凡是存在的都是合理的”，凡是现实的都是性分之中的。如果说性分侧重的是个体的自然本性和本能，那么不能“中易其性”就有肯定和保护个性的意义。如果性分侧重于社会身份，那么不能“中易其性”就否定了社会各阶层的升迁和流动。就此来说，郭象的理论是相当保守的，他抹杀了庄子哲学原有的对现实的批判和不满，也取消了庄子向上、向外、与道为一、与天地万物为一的精神境界的追求，因此，郭象的逍遥已经没有多少主体之自由的意味。就此来说，郭象哲学比庄子哲学就消极、保守得多了。①

综上所述，郭象之逍遥义与庄子之逍遥义的不同是相当显著的。庄子的逍遥是要超越现实，是与道为一的精神体验；郭象取消了超越之道的存在，其逍遥只是安于现实的精神满足。庄子之逍遥实现的关键是不满足于现实因而追求彻底忘却现实，郭象之逍遥实现的关键则是满足于个体及其存在于其中的一切现实。庄子之逍遥要忘却个体人生，追求与万物融为一体的宏大境界；郭象之逍遥恰是个体性分的满足和充足，不必有所谓大的追求。庄子之逍遥要经过“心斋”、“坐忘”、“见独”等修炼才能实现，郭象之逍遥只要能自足其性就可以实现。简言之，庄子之逍遥是超越现实的，郭象的逍遥是自足其性的。

三、两种评价，两类标准

以上以逍遥论为中心证明从庄子哲学到郭象哲学发生了一个根本性的转折。那么，如何评价这种转折，或者如何评价郭象《庄子注》的成就或不足呢？当然，对一部著作有不同的评价，是司空见惯、不足为奇的。然而，对郭象《庄子注》的不同评价之对立、批评之尖锐却是在对其他人物和著作的讨论中所少见的，其中所涉及的经典注释和诠释学课题内容之丰富、问题之复杂也是罕见的，而这一课题背后所隐含的对诠释学和中国哲学研究的方法论的启示和挑战更是弥足珍贵的。

对郭象《庄子注》较早的赞评见于晋张骘所说“象作《庄子注》，最有清辞遒旨”②，这是在文辞和思想宗旨两方面的高度评价。

① 郭象的自足其性的理论有很大的值得讨论的模糊地带。比如，足性之足的标准是什么，足性和满足现状是什么关系？“足”是否意味着充分实现个体的潜能？“足性”是否可以理解为充分利用特定的性分——社会角色所允许的范围来实现个体的价值？比如，君要充分体现君之性分，臣要充分体现臣之性分，臣妾和皂吏也都一样，都应该充分利用自己的社会角色所提供的潜在空间和实现个体的价值。这样，万物各安其位、百姓各尽其责，这应该是社会的常态或理想状态。这样的社会中是否允许个体地位、身份因为充分尽职尽责而带来的升迁变化，郭象似乎完全没有考虑。这种理论上的空白或许意味着郭象的否定性态度，但也可以从不反对的角度来理解。如果这样理解，郭象的足性理论似乎又有某种程度的主动、积极的一面。不过，这种积极的可能性只是潜在的，并没有发展成比较确切的理论。

② 张骘：《文士传》，见余嘉锡：《世说新语笺疏》修订本，206页，上海，上海古籍出版社，1993，转引自《世说新语·文学》刘孝标注。

唐代陆德明说："［各家］惟子玄所注特会庄生之旨，故为世所贵。"① "特会庄生之旨"是认为郭注准确地领会和表达了庄子思想的宗旨。"为世所贵"则强调此非个人之见，而是历来的共识。早期的十余种版本只有郭象注本流传下来，或许也足以说明郭注在历史上得到了认可、赞赏，所以才能一枝独秀，单脉相传。但这些评论对郭象注与庄子原作在思想上的不同，似乎还没有足够的认识。

明代焦竑认为向、郭之注"旨味渊玄，花烂映发，自可与庄书并辔而驰，非独注书之冠也。嗣后解者数十家，如林凝独、陈详道、黄几复、吕惠卿、王元泽、林希逸、褚秀海、朱得之诸本，互有得失，然视子玄，奚啻盖壤"②。认为《庄子注》一方面是所有注释性著作中最好的（"注书之冠"），另一方面又远远超过注释性著作的水准，达到可与原典"并辔而驰"的境地，可以单独流传诵读。这说明，郭注作为独立的思想著作的地位已经得到承认。

但是，批评郭象注的评论也很多，有些态度还比较强烈。

唐代道士文如海说："郭象《注》放乎自然而绝学习，失庄生之旨。"③ 这是明确以原文之义（"庄生之旨"）为批评的标准，揭示郭象哲学主张纯任个人已有的性分（"自然"），不像庄子那样追求超越现实的个人修养（"绝学习"）。

宣颖是清代注释庄子的代表人物之一，他说："古今同推郭《注》者，谓其能透宗趣。愚谓圣贤经籍虽以意义为重，然未有文理不能晓畅而意义得明者。此愚所以不敢阿郭《注》也。"④ "古今同推"之说，证明欣赏郭注者很多，"透宗趣"说明赞赏的原因多在思想内容方面。但宣颖却不能随俗阿奉，因为郭注"文理不能畅晓"，大意应该是郭注对庄子原文的解释文理不通。宣颖认为，文理晓畅是意义明的前提，文理不畅就是不能正确理解原文。宣颖的"文理"标准显然是以原文本义为导向的。

今人对郭象批评的也很多。如王叔岷说"郭象之注庄子，乃郭

---

① 陆德明著、邓仕樑校订、黄坤尧索引：《新校索引经典释文》，17页，台北，学海出版社，1988。

② 焦竑：《焦氏笔乘》卷二，见《续修四库全书》第1129卷，525页，上海，上海古籍出版社，1995。

③ 晁说之引文如海：《庄子疏》，见马端临撰：《文献通考·经籍三十八》第211卷子部，1734页，台北，新兴书局，1963。

④ 宣颖：《庄解小言》，见《庄子南华经解》，3页，台北，宏业书局，1969。

象之庄子，非庄子之庄子也”①。这也是批评郭象《庄子注》以自我表现为主，而不能贴近《庄子》原文、原旨。

王中江一矢破的地击中了郭象注扭转庄子原文之价值取向的要害之处。王说：“**与庄子相反**，郭象在《庄子注》中，把庄子‘重估一切价值’的方向，**完全逆转**为‘认同一切价值’的方向。如果说，庄子的逻辑是‘一切现实的都是非合理的’的话，那么，郭象的逻辑则是‘一切现实的都是合理的’；如果说，庄子彻底审查和否定了儒家的价值观念的话，那么，郭象则是全面为儒家的价值观念进行辩护并要求重新恢复其有效性。这是**极为惊人的反差**，然而却是事实。”②（引文黑体为引者所加）王文尖锐指出，在价值认同上，郭象与庄子根本相反。这表现于二者对现实之评估、对儒家之态度的根本不同之上。王说鲜明而准确。

上引王说是理论的概括。唐端正则在认真比较过郭注与庄子原文之后说：“……庄子为此再三嗟叹曰：‘不亦悲乎’、‘可不哀邪’、‘可不谓大哀乎’。《齐物论》篇首这段文字，对众生为是非所累所表示之深切悲悯与哀悼，无论如何也不应有所误解。而郭象注庄，以得其所待为无待，以性分之适为逍遥游，以天为万物之总名，以成心为真宰，以顺是非为无是非，竟然对庄子之悲悯情怀，**完全颠倒过来**，谓‘物各性然，又何物足悲哉’？‘凡所哀者，不足哀也’。这简直是入室操戈，那里是注解庄子呢？”（引文黑体为引者所加）③作者通过对照《庄子》原文和郭《注》原文看到了郭象与庄子的“完全颠倒过来”的关系，这一点也是很重要的。唐氏直叱郭象“入室操戈”，对这种逆向诠释非常不满。此外，揭示和批评郭注与庄学不合的文章所在多有，不必尽举。④

---

① 王叔岷：《郭象庄子注校记》序言，1页，上海，商务印书馆，1950。

② 王中江：《从价值重估到价值认同——郭象与庄子哲学的一个比较》，载《中州学刊》，1993（6），90页。

③ 唐端正：《郭注〈齐物论〉纠谬——论天籁、真宰、道枢、环中、天钧、两行》，载《鹅湖月刊》，2002（326），21页。刊文中“何物足悲”、“不足哀也”中的“足”字均误为“是”。

④ 其他相关文章如尚永亮：《魏晋名士的注〈庄〉解〈庄〉及其误读》，载《湖南社会科学》，2002（1），104～107页；吴小洪：《齐大小，还是辨大小？——谈逍遥游中的“小大之辨”》，载《承德民族师专学报》，第23卷，2003（1），40～42页；王运生：《郭象解庄有误》，载《昆明师范高等专科学校学报》，第24卷，2002（1），33～36页；方勇：《借注庄以创新说——论郭象《庄子注》对庄子学说的多所修正》，载《天中学刊》，第16卷，2001（1），15～19页。

虽然上述所引诸家对郭象借庄子悠悠之言发自己相反之宏论的做法有尖锐的批评，但是，并非所有人都赞成这种批评，并非所有人都能看到庄、郭之根本不同，也并非所有人都认为这种根本不同是个问题。这是因为不同人对郭象之诠释评价的标准不同。赞赏郭象注的大多是着眼于郭注所表达的思想内容本身，而批评郭注的大多是着眼于郭注与庄子原文的思想倾向的关系。各种不同的评价标准，归根结底不过是两类：一类关注的是注经者自身的见解和水平，另一类关注的是注经者对经典本身的理解和解释。赞赏者所表彰的是郭象以六经注我的方式所表达的玄远宏论，批评者所谴责的是郭象扭转庄子之本意，却归之于庄生之旨的做法。

无著妙总禅师说过："曾见郭象注《庄子》，识者云：却是《庄子》注郭象。"① 这揭示了郭象注庄子的基本态度是为我所用（六经注我），而不是忠于原典（我注六经）。也就是说郭象注的成就在于个人思想的建构和表达，而这同时也就是他的过错或局限，即背离了原作的基本精神。

一般情况下，大家对一部注释作品的期待是忠于原作、解释原作，而不应该借题发挥、偷梁换柱。但是，总有不同意见。明代文震孟说："自晋宋清谈炽盛……独郭象注流传至今，而说者犹谓庄子注郭象也。夫惟庄子注郭象，象注所以传；若使郭注庄子，则吐弃时贤久矣。"② 按照这种说法，郭象注的价值，或者说郭象注之所以能在上千年中独占鳌头，恰恰在于其借经文抒己意的做法和结果。此说似乎有理。郭象独特的理论或令人赞叹、或令人开怀、或令人疑惑，都是其思想之趣味魅力所在，这的确可能是郭象注得以独家流传的重要原因。不过，此说也有明显不足。中国古代经典中流传下来最多的还是我注六经式的作品，说明忠实解释经典的著作更有广泛的需要及流传的可能。当然，借经文抒己意并非易事，能够达到高水平的更是凤毛麟角，所以中国古代注释著作汗牛充栋，但是像郭象《庄子注》这样值得作为哲学著作研究的作品并不多。

高度赞赏郭象《庄子注》的往往着眼于郭象本身的思想，而不计较郭象思想与庄子原著是否一致。这一点在牟宗三的著作里表现得最为明显。牟氏在《才性与玄理》一书中对郭象《庄子注》只有抄引和赞扬，完全没有批评。在《圆善论》一书中专论"道家之圆

① 普济：《五灯会元》卷二十，1348页，北京，中华书局，1984。
② 文震孟：《南华经评注·序》，杭州，杭州古旧书店，1983。

教与圆善”一节中，牟氏完全依据郭象《庄子注》讲道家之思想。在《才性与玄理》中，牟氏似乎没有注意到郭象注与庄子思想之不同，只说：“魏晋所弘扬的玄理就是先秦道家的玄理。”① 但是在《圆善论》中，牟氏大段大段地抄引庄子原文和郭象注文，相互对照，明确指出了二者在价值取向上的对立和不同，但仍然毫无保留地赞赏郭象，多曰“此注甚美”。《逍遥游》“尧让天下于许由”一段，《庄子》原文是赞扬许由而贬抑尧的，但郭注却既婉转又明确地赞扬尧而批评许由。牟氏引《论语》赞尧之语，印证“向、郭注庄即本此而明圆境在尧也。……庄子本人是不是如此则难说，也许庄子本人只是愤世嫉俗、一往不返之狂者，未能就尧以明迹本圆。然而无论如何，就迹本圆以说圆境固应是道家之所许可，向、郭之注固有其推进一步‘辩而示之’之新发明也”②。显然，牟氏对郭象注的赞赏恰在于其扭转了《庄子》原来的立场，而与牟本人援儒入道、以道援儒的立场相一致，至于郭注与《庄子》原文价值判断相反，不但不是问题，反而是其成就或优点。牟氏的分析进一步说明，对郭象注高度评价者往往强调其本身思想内容之新奇，或立场之正确，而不顾及郭注与《庄子》原文的关系。

综上所述，褒贬不一的两种评价背后实际上隐含了两类完全不同的批评标准。一个是忠于原文或者合乎原文“文理”的标准，亦即“庄生之旨”的标准，也就是回归文本的原则。这是强调经典注释和学术研究的客观性、严肃性的一面。这方面的创造性工作主要体现在对经典原文“本义”、深意的开掘和阐发上，而不是诠释者个人思想之创造和建构。另一个标准是注释者本身思想的新意和玄妙，如“清辞遒旨”、“旨味渊玄”或“明迹本圆”等，这是注释者思想创造与自我表达的标准，强调的是诠释者本人的超乎经典原文的独特的创造和建构的一面。

两种评价标准的说法虽然是笔者明确提出的，但从上文所引述的从古到今对《郭象注》的不同评价来看，两种评价标准是客观的存在，只是评价者没有分别明确讲出而已。这里值得提到的是建构“创造性诠释学”的傅伟勋先生。傅先生应该已经意识到两种标准的存在，而且运用了两种标准来评价郭象在思想史上的地位。不过由于他的研究重点在于诠释学的创造性功能，在于郭象突破老庄、综

---

① 牟宗三：《才性与玄理》三版自序，1页。

② 牟宗三：《圆善论》，291～292页，台北，学生书局，1996。

合儒道、预示禅宗的现世解脱精神的历史贡献①，而不同于笔者对方法论的探究，所以他没有明确提出两种评价标准的主张。但是，他说郭象很可能是中国哲学史上第一个“误读天才”（a misreading genius）②，这显然是运用了两种评价标准的结果。“误读”的评价显然以文本本义为标准，是贬义，是批评；“天才”的评价显然是以思想创造和理论贡献为标准，是褒义，是高度赞扬。这样既对立又统一的评价背后正是两种标准的运用。

从不同的评价标准出发，其评价结果就自然对立，正如“天才”与“误读”之褒贬的不同。但这只是就郭象《庄子注》的个案来说的，并非一般情况。一般来说，从两种标准出发对同一部作品的评价结果不一定总是对立的。比如，无论从对原文的解释或从本身的思想创造的角度来说，大家对王弼《老子注》的评价都是比较肯定、比较一致的。

两个标准，或两重标准的存在不是偶然的现象，而是有着深刻的必然性的。它植根于经典诠释活动中两种内在定向之间的对立和紧张，即回归历史、忠于文本的定向和立足当下、自我表达的定向之间的矛盾。哲学诠释学强调“视域的融合”，深刻地揭示了理解和诠释过程的本质现象，但是对这深刻思想的简单化的理解却完全忽略或掩盖了理解和诠释活动中的内在的相反的两种定向。在诠释者和文本对象的视域融合过程中，文本的视域是被动的，有待于诠释者的开掘；诠释者的视域是主动的，活跃的。诠释者自身可以有意识（或无意识）地决定自己的诠释方向或目标，或以趋向文本的历史和原意为主，或以构造和抒发自己的新见为主。当然，这两种取向是相反的，但是却融合、发生在同一个诠释过程之中。

在西方哲学的发展过程中，两种定向的概念或现象可能并不重要，并不明显，因为西方经典的注释往往就是注释，不必担当起思想体系之建构或创构的任务；而哲学的创造和体系的建构也往往以论文、专书的形式直接表现之、呈现之，而不必纳入经典注释或诠释的形式外壳之中。在先秦以后的中国哲学的发展过程中，以经典注释的形式创造新理论、建构新体系是主要形式，至少对于多数最重要的哲学家是如此。注释的形式往往天然地要求贴近文本、重视历史；而理论创新和体系建构则要求立足当下、思考未来，构新旨、创新说。因此两种定向之间的冲突就更紧张、更突出，由之而来的

① 傅伟勋：《从西方哲学到禅佛教》，431页，台北，东大图书公司，1986。

② 同上书，422页。

对经典诠释作品评价的两重标准的纠缠、冲突也就更根本、更显豁。但是学术界对此似乎见怪不怪，没有给予足够的重视，缺少深入的研究和探讨。

以两重标准的角度来看，郭象《庄子注》在思想创造和建构方面成绩卓著，在回归文本、尊重历史方面则明显不足。从两种定向的角度来看，郭象《庄子注》所体现之诠释活动显然以独标新意、自我表达为依归，而不以真正揭示庄生之旨为宗旨。

四、郭象之诠释学方法初探

本文前两个部分比较了庄子与郭象两种逍遥之不同，第三部分介绍了对郭象《庄子注》的不同评价，从中引出了注释与诠释活动中的两种内在定向及两种评价标准的问题。然而，郭象是如何通过逐名、逐章的注释而实现这种根本转向并能建构一个颇受好评的新的思想体系的呢？要回答这一问题，我们需要对郭象的诠释活动做一些深入的分析和考察，作出理论性概括。现在，我们就尝试分析一下郭象是如何借注释的形式来创造和建构（创构）新的思想体系的。[①] 这应该是十分复杂的课题，本文不准备进行全面深入的研究，只能做一些尝试性或开创式的探索，希望能吸引更多的关注和进一步的探究。笔者初步的研究认为，在以注释的形式创构新体系的活动中，有三个新概念是值得注意的，即跨文本诠释、融贯性诠释以及文本的异质性。

论者多谓郭象的注释方法，或诠释方法，或哲学方法是“寄言出意”、“辩名析理”等。[②] 此说或有不惬之处。“寄言出意”本来是郭象对《庄子》原文风格的一种定义或描述，是为了弥缝自己的

---

① 本文“创构”的说法是为了与通常的“建构”或“重构”的说法相区别。笔者认为“建构”或“重构”的概念不能反映经典注释和诠释活动中的两种不同定向，因此以“创构”的概念反映以新体系之创建为目的的重构，而以“拟构”的概念来反映以模拟原来可能的思想体系为目标的重构。创构和原文的关系可以是顺向的，也可以是异向或逆向的。而“拟构”只能是以模拟原文的可能的体系结构为鹄的，因此，“拟构”与“顺向创构”之间可能是难以截然区别的，但它绝不应成为异向或逆向的创构。此说涉及笔者诠释之定向的理论，参见刘笑敢：《诠释与定向——中国哲学研究方法之探究》。

② 如汤一介：《郭象》第 6 章，台北，东大图书公司，1999。

"注释"与《庄子》原文明显不合的一种托词。与其说"寄言出意"是郭象的方法，不如说是郭象自觉本人思想与庄子原文不一致时的托词或辩解之方。"辩名析理"更是一般的理论讨论的基本方法，也不足以说明郭象注释及诠释的体现的独特性。

从庄子的超越性逍遥到郭象之足性逍遥之转折的关键就是从超越之大到足性为大。分析庄子之精神逍遥，首先要分析《庄子》开篇之作《逍遥游》。《逍遥游》中胜赞其翼若垂天之云的鲲鹏，怜悯"数仞而下"的斥鷃，明言此乃"小大之辩也"，绝无齐大小为一之意。《逍遥游》又明确讲到"小知不及大知，小年不及大年"，绝无齐大小之暗示。文末庄子嘲笑惠施"拙于用大"的寓言，也是明确地肯定大的境界，希望跳出狭小的眼界胸怀。《逍遥游》中描述蜩与学鸠嘲笑鲲鹏"奚以之九万里而南为"之后，评论说"之二虫又何知"。原文歌颂鲲鹏的远大宏图、悲悯"二虫"无知无识之意十分明确。这里的"二虫"指前文所说主语之蜩与学鸠，上下文毫无误会的空间。但是，郭象注释却说"二虫，谓鹏、蜩也。对大于小，所以均异趣也。……此逍遥之大意。"（10页）这里明目张胆地将"蜩与学鸠"改换为鲲鹏与蜩而遗弃学鸠，从而抹杀鲲鹏与"蜩与学鸠"的大小不同。这究竟是无意的疏忽还是有意的窜改？我们无法判断。"鹏"与"学鸠"之字形、字数都不同，疏忽误读的可能性应该不高。如果确是误读，那说明郭象阅读原文异常草率。如果不是误读，则是郭象有意为抹杀原文小大之辩而为之。无论是哪一种情况都说明郭象诠释的取向不是历史的、文本的，而是主观性、创构性的。

此外，《逍遥游》开篇就讲鲲与鹏的寓言，郭象注则说："鹏鲲之实，吾所未详也。夫庄子之大意，在乎逍遥游放，无为而自得，故极小大之致以明性分之适。达观之士，宜要其会归而遗其所寄，不足事事曲与生说。自不害其弘旨，皆可略之耳。"（3页）在郭象看来，鲲鹏是什么，二虫指什么，都不重要，如果你要想追问究竟，你就不是"达观之士"。那么郭象所强调的"大意"、"会归"、"鸿旨"是什么呢？那就是郭象在《逍遥游》题注中所说的："夫小大虽殊，而放于自得之场，则物任其性，事称其能，各当其分，逍遥一也，岂容胜负于其间哉！"（1页）此说作为全书开篇题注先声夺人，将《庄子·逍遥游》原文的"小大之辩"的主题转换为郭象自己的"各当其分，逍遥一也"的观点，即大小为一的观点。

熟悉《庄子》一书的读者都会想到，郭象实际上是在挪用《齐物论》中大小为一的观点来扭转、抹杀《逍遥游》中的大小之辩。《齐物论》有云："天下莫大于秋毫之末，而泰山为小；莫寿于殇子，而彭祖为夭。天地与我并生，而万物与我为一。"（79页）按照这种万物为一的观点，鲲鹏和斥鴳、蜩与学鸠似乎就应该没有大小分别，不仅鲲鹏可以逍遥，万物皆可逍遥。这应该是郭象哲学的逻辑。很多人赞赏郭象对庄子的诠释，或者看不出郭象注与庄子思想的根本不同之处，也是自觉或不自觉地将《齐物论》的观点转移到对《逍遥游》的理解之上。

在通常情况下，用一部书的这一篇对照解释另一篇似乎是天经地义的，但是问题在于《庄子》一书的特殊性，在于《逍遥游》和《齐物论》两篇之间的复杂关系。从形式上看，《逍遥游》中的大小之辩的主张与《齐物论》中大小为一的主张似乎是有冲突的，郭象试图调和这种冲突、统一全书的观点，似乎是完全必要或正当的。但实际上，郭象的做法完全漠视和抹杀了《庄子》内篇中立体的思想结构。《逍遥游》中所讲的大小之辩是对逍遥游境界的推崇，是庄子哲学追求的最高目标，而《齐物论》中所讲的大小为一是对现实世界观察的角度和方法，正是为了实现无大小、无是非、无生死的无差别境界。二者在庄子思想体系中分属于两个不同的层面，一个是最高的境界，一个是通向最高境界的方法论。二者不但没有矛盾，反而是一个不可分割的有机体。"齐物"是为了上升至"逍遥"的境界，岂可为了"齐物"而抹杀"逍遥"之无限恢弘的追求？庄子哲学（以内篇为代表）从道生天地到安命无为，经过齐物、真知上升到无心无情的境界，再进一步上升到与道为一、与造物者为友的逍遥之境，是一个连续的立体的结构。郭象的理论体系事实上是把《逍遥游》和《齐物论》摆在同一个层面，将一立体结构的思想体系压缩成了一个万物独化的平面化的理论结构。

进一步说，郭象也并不是简单地将《齐物论》的论点和方法用来改造《逍遥游》的观点。郭象也改造和发展了《齐物论》的观点。他在注释《齐物论》时引入了"性"和"性分"的观念，从而对《齐物论》原来"齐物"的视角作了根本性改变。庄子之齐大小的论证是多方面的，比如"彼亦一是非，此亦一是非"是从事物的相对性的角度来论证彼此为一的；又如正处、正味、正色的寓言说明"仁义之端，是非之途，樊然殽乱"，是从认识的相对性的角度说明各种学说理论没有本质区别；再如朝三暮四的寓言讲"名实未亏而喜怒为用”，是从事物的根本状态的同一性来论证不必区别大小多少的。这些论证大多是从事物的相对性和人类认识能力的角度出发的，都没有涉及事物个体内在的本质性因素。但是郭象却明确地将“性”和“性分”这种个体内在的本质性因素作为齐万物的统一标准和根据。他在注释《齐物论》时讲到的“各据其性分”、“各足于其性”、“以性足为大”、“足于天然”、“安其性命”（81页）等等说法都是《齐物论》和内篇中完全没有的概念，“安其性命”一语正来于外篇《马蹄》、《在宥上》等文。这是借外篇之概念加以发展来充实、发挥《齐物论》的理论。郭象对《齐物论》的补充和改造，对大小的新定义和对齐物的新解说都是相当精彩和富于创造性的。从自我表现和建构的角度，我们不能不为之喝彩；然而从文本定向的角度来说，我们却不得不说，这不是应有的注释的方法和忠于文本的诠释取向。

总结上文，郭象将庄子之超越的逍遥扭转为足性的逍遥的关键是跨文本的诠释方法，即借助《马蹄》等篇的概念改造《齐物论》的理论，再以改造过的《齐物论》的观点来改造《逍遥游》的观点，于是，至人、真人的超越的逍遥就变成了万物无论大小高低都可以自足其性地逍遥了。此处“文本”（text）是一个相对独立的诠释对象，可称为诠释单元。《庄子》全书是一个诠释单元，内外杂篇也可以看作独立的诠释单元，而一篇也可以是一个诠释单元。这里将《齐物论》、《逍遥游》看作两个诠释单元或两个文本，关键在于两篇的主题不同，在形式上有似乎矛盾的理论中心，如大小之辩和大小为一。这与下文所讨论的文本的异质性有关。①

当然，仅仅讲跨越文本的诠释远不足以说明郭象的方法何以走到逆向的诠释和全新体系的建构。仅仅靠跨越文本的诠释还不足以保证能够建构一个新的哲学体系。一个新的哲学体系必须有自己的完整的概念系统和结构，以及一以贯之的理论主题。而跨越文本的诠释仅仅指以甲释乙，以丙释丁的现象，但这种以彼释此的做法可能是就事论事，见水说山，见谷说川，这样并不能建立起一个新的哲学体系。要通过对一部著作的完整注释而建立一个新的哲学体系，其注释和诠释就必须将新的思想理论贯彻始终，这就是融贯性的要求，或曰**融贯性诠释**。也就是说，要建立新的哲学体系，跨越性的诠释必须同时是融贯性的，也就是能够将甲、乙、丙、丁各篇的内

---

① 这里所说的异质性主要是从诠释研究的角度来说的，与《庄子》一书原文各篇的作者是谁无关。

容或山、水、川、谷改塑成一致的、可以融贯为一体的思想结构。郭象的思想体系毫无疑问是圆融的、贯通的，其独化、自生、性分、逍遥、齐物、安命等观念不仅贯通于《逍遥游》和《齐物论》，而且贯通于全书各篇。这就是所谓跨文本诠释和融贯性诠释。

虽然本文所说跨越性和融贯性诠释是从郭象《庄子注》的讨论中发现的。但是，这却是有相当普遍性的概念，是借注释的形式建构新的哲学体系的必要条件。如王弼借《老子》思想诠释《周易》和《论语》，就是跨文本诠释。朱熹借注释《论语》、《大学》、《中庸》、《孟子》四书表达他的理学体系也是跨文本诠释，同时也必须满足于融贯性的要求，才能完成思想体系的建构。①

但是仅有跨越性诠释和融贯性诠释的普遍性概念，还不足以充分说明郭象之独特思想体系的建构。从诠释学兴趣出发，我们更关心的是一部以注释为形式的哲学著作如何逆转原有作品的思想，从而建构出一个全新的思想体系。郭象哲学在很多关键问题上构成了对《庄子》内篇以及全书思想的否定或逆向发展，比如完全否定超越性的道的独立存在，将道生天生地的宇宙生成论扭转为万物独化的存有论，将大小有别的逍遥扭转为大小无别的逍遥，将齐物论的视角从外在的相对性扭转为内在之性，将安命——齐物——逍遥的立体上升的结构压缩为以足性为中心的安命、齐物、逍遥一体的平面结构。这种多方面的根本性的扭转的发生固然会有郭象之独特人生、社会、时代的因素，但是《庄子》原书的独特性质和复杂内容却是更直接的思想资源和契机，这就是**文本的异质性**问题。

《庄子》一书的异质性是明显的。全书三十三篇，分为内外杂三部分。对三十三篇的分类众说纷纭，或分为十二类（罗根泽），或分为八类（关锋），或分为六类（张恒寿）。② 英国学者 A. C. Graham 则将《庄子》一书分为五类作品，分属于庄子、庄子学派、原始学派（primitivist）、杨朱学派以及综合学派（Syncretist）。③ 各种不同的分类方法和结果就是《庄子》一书内部异质性的反映。

---

① 参见刘笑敢：《从注释到创构：两种定向，两个标准》，载《南京大学学报》，2007（2），89～102页。

② 参见本书第三章。

③ 参见 A. C. Graham，*Chuang Tzu：the Seven Inner Chapters and Other Writings from the Book Chuang-Tzu*，London：George Allen & Unwin，1981。

从内容看，《庄子》内篇要超越儒墨之是非，外篇《马蹄》、《骈拇》等篇“剽剥儒墨”，而《天地》、《天道》、《天运》等篇又“采儒墨之善，撮名法之要”。《庄子》内篇不讲“性”字，《马蹄》、《骈拇》、《在宥上》等篇却高扬“性命之情”。内篇讲“逍遥无为”，《天地》、《天道》等篇却主张君无为而臣有为。① 这些相互否定、反对的观点构成了少有的异质性文本。

如果注释者以注释原文本意为主（即“文本性定向”，“顺向诠释”）注释和诠释一部异质性的文本，那么见山说山，见水释水，完全不必在各篇之间的不同中勉强寻求一个统一的、贯穿性的理论解说。但是，对于一个要借经典注释和诠释的形式建立自己的哲学体系的哲学家来说，他必须游于山水之间而不拘泥于山水，见山不必说山，见水不必说水，从而能将山水之外的理论贯穿于对山水的另类解释之中。

《庄子》原书内容丰富而复杂，包含了在语言形式上和思想内容上的不同和冲突，表现出独特的异质性。这种丰富的异质性决定郭象的跨越性、融贯性的注释和诠释不必或不能拘泥于任何具体的一篇文本，却可以利用原典的丰富性和异质性游刃有余地吸收、融会、创造，从而能够建构一个全新的思想体系。朱熹所注的《四书》虽然是四部书，而《庄子》只是一部书，但《四书》之间的异质性似乎远不如一部《庄子》突出。《四书》之间内容、观点虽然不同，但是很少有观点、立场相反的情况，所能提供的想象和发展的空间就远不如《庄子》一书为多。《庄子》内篇以精神逍遥为追求，外杂篇无君派以天然本性为最高价值，黄老派以现实的政治运作为目标；内篇以超越儒墨之是非为玄妙，无君派以抨击儒墨为快事，黄老派以吸收儒墨为高明。② 所有这些复杂的异质性都为郭象的创造发挥提供了自由驰骋的思想空间。这或许是郭象之所以能够借庄子之注释创造奇异之思想体系的重要原因和凭借。当然，郭象并没有立足于《庄子》原书中不同观点中的任何一种，而是创造了空前绝后的独化论。这里的研究重点在于注释性及诠释性作品如何达到逆向“创构”的内在机理，至于分析郭象思想体系的结构和体系建构的方法，则不是本文的任务。

跨文本诠释、融贯性诠释，以及文本的异质性的概念反映的是

---

① 参见本书第三章。

② 参见本书后编。

郭象《庄子注》中显而易见的现象，可以有效地解释和说明郭象是如何通过注释的形式创构一个新的思想体系的。不过，这三个概念虽然是有效的或必需的，却仍未必是充分的，如何更全面、更深入地剖析借经典注释和诠释的形式创构新的思想体系的内在机理或奥妙，还有待于今后的研究和高明之士。

跨文本诠释和融贯性诠释的关系是比较复杂的。跨文本诠释不必然导致融贯性诠释。融贯性诠释也不以跨文本诠释为前提条件。在通常情况下，二者没有必然联系。只有当跨文本诠释成为创构之形式时，融贯性诠释才是必需的条件。融贯性诠释是各种创构性诠释的必要条件，也就是说，没有诠释的融贯性，就不会有成功的创构。无论是顺向创构还是逆向创构都必须达到相当程度的融贯性。而文本的异质性则可以为假借跨文本诠释的形式创构新体系的活动提供一个比较有利的地形或空间。

郭象《庄子注》可能是逆向创构最成功、最有代表性的作品。对其创作活动的内在机理进行剖析，不仅有利于深化我们对郭象之诠释和创构本身的理解，有利于深化我们对中国哲学中的诠释传统之特点的理解，而且会有利于提高中国哲学在现代社会进行理论创造和建构的方法论之自觉性，也会有利于建设中国自身的哲学方法论和中国式的诠释学理论。

（原载《中国哲学与文化》第二辑，桂林，广西师范大学出版社，2007。2005年11月初稿，2006年7月扩充修改，2007年5月补充修订）

本版附录三
两种逍遥与两种自由

庄子的自由追求逍遥于四海之外，无极之野，是超越现实既定境遇的精神感受。郭象的自由则是安于性分或自足其性的逍遥，是安于现实的既定境遇的心境。庄子与郭象是两种逍遥的代表，也是中国古代传统中的自由传统的主要代表。

庄子和郭象这种内在感受式的自由传统与现代的或西方的突出个人自主性的自由传统有根本不同。然而，这两种不同的自由传统并不是完全不相干的，而是可以衔接或转化的。

按照柏林（Isaiah Berlin）的自由理论，庄子和郭象的逍遥就是从否定方面定义的自由或曰有限定性的自由的进一步发展。因此，中国古代的逍遥传统与现代的政治方面的自由是人类所追求的自由光谱中的不同区域。二者各有不可替代的现实意义和理论意义，并且是可以互补的。

笔者曾撰文比较郭象之逍遥与庄子之逍遥的异同①，也曾比较过庄子之自由与萨特之自由之异同②。在这两种比较中笔者都涉及了柏林关于两种自由的概念。但是，有一个问题始终在心中悬而未决。那就是庄子式的自由与现代人或西方人所追求的自由是一种什么样的关系，是有某种关涉，还是毫无关系，不必讨论比较？二者是人类所追求的不同形式、不同区域中的自由，还是本质上完全不相干的两种文化、两种类型的自由？如果两种自由之间毫无共性可言，那么，是否可以用同一个词“自由”来描述和讨论他们？如果二者之间毕竟有某种本质上或形式上的共同之处，那么如何描述、定义它们？换言之，庄子式的自由与现代西方式的自由（以政治自

① 参见本书本版附录二。

② 参见刘笑敢：《两种自由的追求——庄子与沙特》。

由为代表）在理论上和实践上有没有衔接或转化的可能，是不是可以将两种自由看作人类追求自由的光谱上的不同区域？本文即是对这一问题的最新思考的结果。

经过长期思考，笔者逐渐明确认识到，虽然柏林所说的自由是以政治自由为中心的，他所讨论的自由完全不包括庄子式的自由。但是，根据他的论述，他并没有否认庄子式的自由也是一种自由，尽管不是他所讨论的自由。因此，我们或许应该将庄子式、郭象式的自由，或者说中国传统的自由观念与西方式或现代人的行动性的自由看作同一个自由光谱中的两个不同区域，而不应该看作风马牛不相及的两种自由。

一、两种逍遥

本文所谓两种逍遥是指庄子之逍遥和郭象之逍遥。郭象通过《庄子注》建立了一个新的玄学体系。其逍遥与庄子之逍遥有了本质上的不同。但是，相对于现代的自由观念，庄子之逍遥与郭象之逍遥毕竟都是中国传统社会的自由形式，二者又有明显的一致性。仅以庄子之逍遥来说，可能不足以代表中国古代的传统的自由观念和风格，但是，将庄子之逍遥和郭象之逍遥结合起来，二者或许可以大体上代表中国古代特有的逍遥观念或自由理想。

当然，还有其他的逍遥理论。比如，支道林批评庄子之逍遥时说："庄生建言大道，而寄指鹏鷃。鹏以营生之路旷，故失适于体外；鷃以在近而笑远，有矜伐于心内。"① 支道林否定了庄子之逍遥游的典型形象——鲲鹏，认为鲲鹏"失适于体外"。同时，支道林也批评郭象之逍遥说："若夫有欲当其所足，足于所足，快然有似天真，犹饥者一饱，渴者一盈，岂忘烝尝于糗粮，绝觞爵于醪醴哉！苟非至足，岂所以逍遥乎！"认为郭象的逍遥不过是鼹鼠饮河。那么，什么是支道林的逍遥呢？支氏说："夫逍遥者，明至人之心也……至人乘天正而高兴，游无穷于放浪。物物而不物于物，则遥然不我得；玄感不为，不疾而速，则逍然靡不适。此所以为逍遥也。"这里的关键似乎在于"物物而不物于物，遥然不我得"，即佛

① 此处及下文支道林引语均见于郭庆藩辑：《庄子集释》，1页。

教的无我之境。支氏之逍遥虽然也独树一帜，但数据太少，不足以作深入讨论，所以这里暂不作一种独立的逍遥讨论。

成玄英之《庄子疏》当然也讲逍遥，但大体说来，不外“逍遥适性”、“任命逍遥”、“任性逍遥”、“逍遥遁世”、“自得逍遥”①。他对逍遥比较明确的解说是“逍遥是任适之称”②。这些说法大体不出郭象之意，也不足以代表一种独立的逍遥理论。所以，就现有的研究成果来看，比较成熟和系统的逍遥理论还是只能以庄子和郭象为代表。

“逍遥”一词在中文中成了某种自由的代名词，这归功于《庄子》。虽然《诗经》、《楚辞》中都用过逍遥一词，但是将逍遥作为精神自由的象征，显然是从庄子开始、由郭象强化的。与逍遥密切相关的字是“游”，在很多情况下，“游”字所表达的就是逍遥的意思。在重视逍遥和游的观念方面，郭象与庄子思想上的相似之处是明显的，二者也都讲“安命”，都有类似于“齐物”的观念，这当然是郭象以《庄子注》的形式建立思想体系的必然结果。

此外，二者的逍遥都是承认和接受现实中未尽如人意的既定境遇以后的回应方式，也都是一种纯精神的满足，是一种高于常人的思想境界和人生境界。二者的安命和逍遥也都在某种程度上涉及必然的现实与个体自由之间的关系问题，二者都认为在接受无奈的既定境遇的同时是可以实现逍遥或自由的，即实现自由与必然的某种统一。而他们的自由也都是个人的、精神的，并不涉及对现实的改造或直接的现实目的的实现。

当然，二者的不同也是明显的。③

第一，就逍遥的处所以及逍遥与现实和个体的关系来说，庄子之逍遥是游于尘世之外、无何有之乡、无极之野，是追求精神的超越，摆脱现实的精神束缚；郭象之逍遥则是立足于现实的性分或性

---

① 成疏引文俱见郭庆藩辑：《庄子集释》。

② 郭庆藩辑：《庄子集释》，664页。

③ 对于庄、郭之不同，本文所说简略而概括。关于郭象之逍遥与庄子之逍遥是否有重要的本质的不同，学界或有不同意见。笔者认为郭象之逍遥改变了庄子游乎四海之外、无极之野的超现实的方向，而强调安于性分、自足于性分的纯现实的取向，因此与庄子之思想有本质不同。对于反对者的观点，笔者早有较深入的回应。参见刘笑敢：《经典诠释中的两种内在定向及其外化——以王弼〈老子注〉与郭象〈庄子注〉为例》，载《中国文哲研究所集刊》，2005（26），287～319页。本书本版附录二的文章详尽地讨论了庄子与郭象两种逍遥的不同。本文不再详细罗列论证这一点。

命之中，是满足于现实、安于个体之性命。郭象说："苟足于其性，则虽大鹏无以自贵于小鸟，小鸟无羡于天池，而荣愿有余矣。故小大虽殊，逍遥一也。"① 郭象也常讲"与物冥而循大变"②，而不讲游乎四海之外，或游乎无极之野。所以说庄子的逍遥是超越的，郭象的逍遥是现实的。或者说，庄子的逍遥比郭象的逍遥有明显的主动向外、向上追求的取向，是在承认现实的"既定境遇"不可改变的前提下由"内在"（纯精神的）向"超越"（与道为一）的追求，而郭象的逍遥就是比较被动地接受"既定境遇"中的性分，虽然可能是"积极地"接受被动的境遇。

第二，就逍遥的主体和过程来说，庄子之逍遥是少数至人、真人潜心修养后所实现的精神境界，郭象之逍遥则是万物自足其性、安于性命的结果，不需要特殊的修养，人人可以逍遥。所以，庄子的逍遥是特殊的境界，郭象的逍遥是普遍的现象。就庄子来说，逍遥游不仅需要对既定境遇的态度的转变，而且需要特定的持之以恒的修养锻炼；而对郭象来说，自足其性似乎主要是态度的转变，不需要其他的条件或努力。

第三，就逍遥的境界本身来说，庄子的逍遥所达到的是精神境界的提升和个人的摆脱束缚的自由的体验以及与宇宙万物融为一体的感受，是一种无我的经验和无差别境界的实现。这种境界是绝对的、没有层次的。郭象的逍遥则是满足于现实的无可奈何的既定境遇，遂顺万物的存在现状，即"冥然与时世为一"③。这种境界可以有高低不同的层次，所以有一般人的逍遥，有圣人的逍遥，有"有待"的逍遥，有"无待"的逍遥。简单说，庄子的逍遥游的境界是无差别的，不同人之间的逍遥游似乎没有重要差别，至少可以说庄子不关心不同人的逍遥境界的不同，而郭象之逍遥则包括了高低水平的不同。

第四，就理论体系的结构来说，庄子的思想体系是立体的，由起点（安命），经过方法论的桥梁（齐物），然后才能实现的最高的境界（逍遥）。换言之，庄子的逍遥是从现实到现实之外的。而郭象的逍遥和安命以及齐物则是同一层次上的概念。因为人人可以自足其性，所以万物一齐，自足其性也就是逍遥，而自足其性也就是安

① 郭庆藩辑：《庄子集释》，10页。

② 同上书，20页。

③ 同上书，184页。

命，所以安命、逍遥、齐物的实质内容都是一样的，没有起点和归宿的区别，没有高低先后的不同，即同在现实中的概念。庄子的思想体系是立体的结构，而郭象思想的体系是平面结构。

第五，就个体与社会秩序来说，庄子之逍遥关注的是纯个人的精神体验，不涉及现实社会的秩序问题，而郭象讲逍遥，实以现实的社会秩序为依归。郭象之逍遥是个体的独立自足，同时又观照着全体的相依与和谐。所以，庄子的逍遥是纯个人的，而郭象的逍遥是有社会秩序之关照的。

第六，庄子之无可奈何之“命”有如外在的自然现象，郭象之“命”植根于个人的性命或性分之中。所以，庄子之逍遥要摆脱外在之束缚，郭象之逍遥要利用和满足于个体内在之性分。

庄子之逍遥与郭象之逍遥有某种根本的对立。从庄子的理论角度看郭象，可以说郭象将超越的逍遥游拉到了现实的泥淖之中，完全没有精神的、超越的追求，是对逍遥游的严重歪曲和庸俗化，将批判的、超越的庄子哲学转化为安于现实、维护现实的郭象哲学。从郭象的理论立场看庄子，可以说庄子的逍遥只是少数个人的精神享受，与现实社会和人生毫不相干，对一般人毫无意义，对社会秩序的维系毫无贡献。

二、两种自由

显然，就郭象之逍遥与庄子之逍遥的直接对比来说，二者有明显的根本的不同，但是，就二者与现代的自由概念来对照，则二者都是传统社会的自由的形态，基本上是一致的，而与现代的自由构成了更大的根本性的不同。从现代理论的角度来看庄子和郭象，似乎可以说，无论是庄子还是郭象所讲的逍遥都不是真正的自由，至多只能算是一种逃避的、消极的自由。① 他们的逍遥都不是自由意志的体现，都不是对现实的改造，也不是现实的愿望的实现。他们的逍遥只是对现实的顺应、接受或逃避。

逍遥之所以被当成传统社会的自由的概念，显然是因为逍遥所描述的是无拘无束、自得自在的状态和感受。这种无拘无束的感觉

① 这里所说的消极的自由是日常语言中被动、退缩的意思，与柏林所说的“消极的自由”无关。柏林所说的“消极的自由”完全没有逃避、退缩的意义。详见下文。

与现代自由的概念有相通之处。但是，庄子、郭象所代表的无拘无束的感觉只是内心的与现实没有摩擦和冲突的状态，并不涉及对现实的改造或在现实生活中的任何要求。这似乎是中国古代自由观念的主流。陶渊明“悠然见南山”的心境，李白的“安能摧眉折腰事权贵”的追求，大体都是精神意境中的自由，不出庄子、郭象逍遥之范围。

讲到自由，人们很容易想到柏林的两种自由的概念，即 positive freedom 和 negative freedom。① 这两种概念通常译为“积极的自由”和“消极的自由”，这种译法极容易导致误解。其实，柏林讲的是对自由的两种描述或定义方法，不涉及自由的分类问题，也不涉及自由本身是否被动、消极（passive）的问题。所译“消极的自由”（negative freedom）其实是从否定的（negative）角度所定义或描述的自由，是在一定范围内免于束缚的自由（freedom from），也就是在一定范围内自主行动、不受干涉的自由。其要点是要保障最基本的不受干涉的范围或领域。所谓“积极的自由”是从“正面”、“肯定”（positive）的角度定义和描述的自由，即充分肯定个体的自主性，主动性，不受束缚的各种权利，而不考虑自由的范围和界域问题。这两种定义自由的角度都不涉及自由境界本身是否被动、消极的问题，就自由的内容或性质本身而言（而不是就是否强调自由的范围、领域而言），二者所说的自由并没有本质区别。在充分比较两种自由的概念之后，柏林认为从否定意义描述的自由更真实、更符合人性的理想。无论取何种定义，柏林所讨论的都是政治自由，与庄子和郭象所说的内向的精神体验似乎是不相干的。

值得注意的是，柏林对庄子或郭象式的自由是有所论及和批评的。他说：“我可以不去抗拒或移除加诸于我身上的压力，而将它们予以‘内化’（internalize）。……我可以漠视障碍的存在，忘记它们，‘超越’着别人的恐惧和怨恨，保持一种超然的距离，从某种意义而言，这也确是一种自由，但却不是我所说的自由。”② 对这种内向追求的自由，柏林有详细的介绍和批评。柏林指出，一个人可能因为种种原因而无法达成自己的目标，不能做自己的主人。造成这种困难的原因可能是自然法则，可能是偶发事件，可能是人的活动

① 关于柏林的理论，笔者曾向林鸿信、慈继伟教授请教，特此致谢。

② ［英］柏林著、陈晓林译：《自由四论》，39 页，台北，联经出版公司，1977。

或是社会制度，而且往往不是有人故意设计的后果。这些力量可能会使人受不了，人要想办法从已知无法实现的欲望中解放出来。“我希望能成为我自己王国中的主人，但是我的边境绵长而不安全；因此为了减少或消除易受攻击的地方，我把我的国度缩小。我起初欲求幸福、权力、知识或某些特定的东西。但是我却无法随心所欲。于是，我选择了避免失败和枉费来面对这一情境，因此……我决心不去欲求自己得不到的东西。暴君威胁我，要毁灭我的财产、要囚禁我、要放逐我或者要杀死我钟爱的人。但是，如果我不再眷恋财物，不再介意我是不是入狱，如果我已经扼杀我内心的自然情感，那么，他就无法强迫我屈从他的意志了……如此一来，我就好像是作了一种战略性撤退，退入了一个内在碉堡——退入了我的理性、我的灵魂、我的物自身，而退入这些之后，不论人们怎么做，外界的盲目力量以及人类的邪恶意图，都已无由触及。我已经退隐到我的内心之中了——在那儿，也唯有在那儿，我才是安全的。”① 柏林说，这是禁欲主义者、寂静主义者、斯多葛学派、佛门圣徒以及各种教徒或非教徒所一贯使用的“自我解脱”（self-emancipation）之途。柏林对这种自我解脱之途的揭示、描述和批评大体适用于庄子及郭象式的自由。

总之，柏林所说的从否定的角度所定义的自由是要划出一个不受侵犯的自由领地。人们应该明确这属于自己的或每一个人的自由领地，捍卫自己的领地和权利。根据上述柏林对“自我解脱”式的自由的描述，我们似乎可以说，当庄子和郭象认为找不到这块领地或无法捍卫自己的领地时，他们就完全放弃了外在的、社会的领地，而退缩到心灵的无极之野（庄子）或个人的性分（郭象）的领地之中。他们只能在这种纯个人内心的感觉的领地中寻找和享受无拘无束的感受。就此来说，庄子和郭象的自由的确是另一种自由。

根据柏林的理论，我们就可以将现代的政治自由和庄子与郭象所代表的传统的自由看作人类自由领域的转化的结果，而不将其看作互不相干的两个世界的自由。我们可以将现代的自由与中国传统的自由看作两个不同但可以衔接转化的领域。下面的示意图就是这种关系的一种说明。

① ［英］柏林著、陈晓林译：《自由四论》，246～247 页。

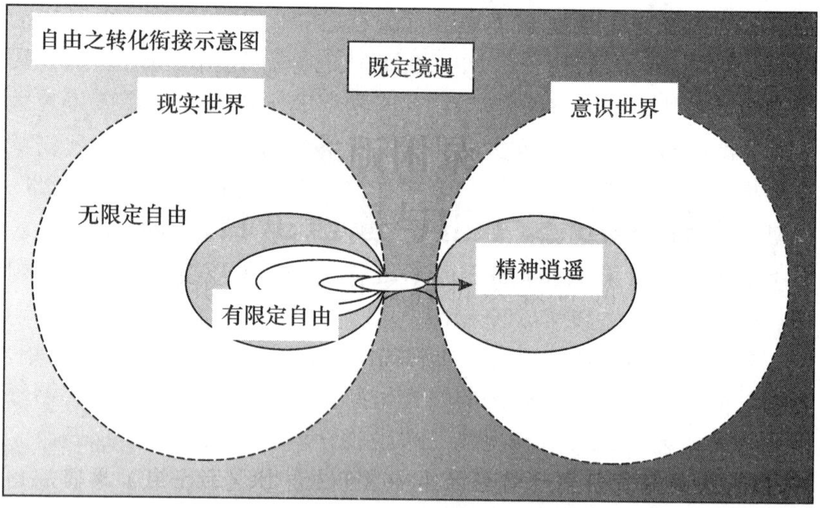

无限定自由：Positive Freedom；有限定自由：Negative Freedom

图上左边的圆代表现代的现实世界和现实世界中的自由，右边的圆代表意识世界以及意识世界中的自由。两个圆的外面是现实的既定境遇。右边的背景颜色较深，代表意识世界和其中的自由境界所面对的外在的既定境遇更困难、更无法改变的情况。而左边底色较浅，意味着现实的自由是在既定境遇不太困难、个人主动性比较可能发挥的情况下而实现的。

左边的圆中的主要部分代表现实世界中的自由，即柏林所说的肯定性描述的自由（positive freedom），笔者称之为无限定的自由，其中的小椭圆代表柏林所说的否定性描述的自由（negative freedom），笔者称之为有限定的自由。小椭圆形中又有几个更小的椭圆象征柏林所说的不断缩小自己的可能的自由疆域。最后，当现实中完全找不到这种自由的疆域时，一种可能的选择就是退缩到自己的意识世界或精神世界之中，即进入右边的圆形之中，追求意识世界之中的逍遥游，即庄子和郭象所代表的传统社会的精神自由。

虽然，我们接受了柏林关于退缩的、纯自我意识的自由的解说，但是我们必须指出，右边的圆所代表的自由虽然是一种撤退的结果，但实际上这种自由不一定像柏林所描述的那样被动、那样无奈。自我解脱的追求者往往不是到了柏林所描述的那样极端的情况下才不得不选择退却，而往往是更早、更主动地选择，是预见到了柏林所说的无可奈何的境地和结局，因而做出的更明智的抉择，从而彻底地避免柏林所说的不利境遇，这显然是一种生活智慧的体现。就此来说，我们所说的庄子和郭象所代表的意识的自由并非像柏林所描述的那么被动消极，而是有着对现实的敏感的感受和对避免不幸的主动的应对，尽管这种应对不是向外行动的。

当然，这种避免不幸的决定是否正确，是否明智，可能是有争议的。一方面，有些人认为，宁可抗争而死，也不应放弃自由和逃避暴力；另一方面，人们也无法证明抗争是否真的毫无成功的可能。如果无法证明抗争必然失败，那么提前退却就没有必然的合理性。因此，对很多人来说，庄子和郭象式的态度是不值得同情的，他们的逍遥是不值得争取和肯定的。这实际是价值选择和偏好的问题，而不是精神自由是否有意义的问题。

如果我们的关切从纯理论的探讨转向更为实际的人生态度，那么，庄子和郭象的思想似乎可以弥补柏林式现代理论的不足。现代社会讲各种自由，如政治自由、言论自由、思想自由，但是较少讨论个人的精神自由以及自由的体验，较少讨论在无可奈何的既定境遇中如何摆脱精神的困苦，如何在不自由的状态中实现某种精神的享受和自由的感受。事实上，任何现代人都无法避免无可奈何的既定境遇。即使曾经指挥百万大军、横扫世界的强人也无法避免无可奈何花落去的结局。如果现代人无法完全避免无可改变的既定境遇，那么就要思考如何在不愉快的既定境遇中生活得好一些、轻松一些、高尚一些。在这方面，庄子和郭象的理论正好可以补充现代西方政治理论的不足。

现代关于自由的讨论似乎有两种倾向与中国古代的传统不同。一种是从正面、理论上谈自由，谈如何争取现实中的政治自由或行动自由，很少明确讨论面对无可奈何的既定境遇时是否有可能以及应该如何实现自由，这一方面，恰恰是中国古代思想家落墨较多的地方。另一种倾向是将自由和必然作绝不相容的对立的区别，似乎肯定了必然性的存在，就不能有自由，反之亦然。从纯理论的角度，我们当然可以将自由定义得一清二楚；从逻辑上，我们可以将自由与必然区分得泾渭分明。然而，一旦回到现实中，自由的讨论就不可能完全漠视现实境遇的局限，自由总是在特定环境中，包括无可改变的环境中的选择、回应和决定。无视既定境遇而一味追求实现某种既定目标的意志自由，其结果可能事与愿违，彻底失败，完全得不到想要的自由。因此，接受某种必然的或无可改变的现实并不等于完全放弃对自由的向往和追求，至少不等于完全失去自由之体验的可能性。

柏林提出否定性描述的自由就是承认现代人仍然不可能在所有的情况下或界域中都有随意而为的可能性。其实，即使明确了一个具体的不受侵犯的自由领地，仍不能保证每一个人能够在实际上占有和守卫住这块领地。尽管这种现象可能是不合理的，但却是无法完全避免的。我们不得不承认，总有些人不可能完全避免和摆脱不幸的既定境遇，总有些人会主动选择或不得不选择放弃争取自己无法得到或无法守卫的自由，这时，庄子和郭象的逍遥理论就仍然有参考价值。庄子的逍遥游的体验与马斯洛所说的“高峰经验”相一致①，与气功得气之后的精神体验相关，的确可以给人以超越的自由的精神享受。这虽然不能改变不幸的现实，却可以让可能陷于不幸之中的人生活得更好一些、更愉快一些、更有尊严一些。郭象的逍遥似乎有自欺欺人之嫌，但是，面对无可改变的外在境遇，从内在性分寻求自由和愉快的感受也未尝不是一种不坏的选择。事实上，郭象的自足其性的理论有一个模糊领域，这就留下一个很大的发展的空间。如果自足其性仅仅是安命无为，仅仅是满足现状，其理论

① 高峰经验，或曰超越经验或核心宗教经验，是马斯洛人文心理学的重要的理论概念，是和“自我实现”密切相关、同等重要的概念。此概念最初与宗教体验有关，但马斯洛的研究发现，这种经验是每个人都有过或可能有的私人经验，它植根于人性之中，而不依赖任何具体的宗教或文化。他说，这种私我的经验是世界各大宗教，包括无神论的佛教、道家、人文主义或者儒学都共享共有的。这种内在固有的核心经验是人类的汇合之地(meeting ground)，这汇合之地不仅是基督教徒、犹太教徒、伊斯兰教徒的，也是神职人员和无神论者的，也是共产主义和反共产主义者的，也是保守主义和自由主义者的，也是艺术家和科学家的，也是男人和女人的，也是运动员和诗人的，也是思想家和实干家的。(参见 Abraham H. Maslow，*Religions*，*Values*，*and Peak-Experiences*，Columbus：Ohio State University Press，1964，p. 28.）高峰经验的特点很多，比如，感觉世界和宇宙是一个整体从而产生万物统一和充满意义的感觉，感觉个人脱离了对人世的关心，感觉失去了世界感和空间感，感觉抛开了一切对立的界限等等。见上引书 59、61、63、66 页。马斯洛所列举的高峰经验的特点有些与庄子的见独、坐忘或逍遥相似，有些则不同，但是作为纯粹个体的自我的最高的生命体验则是十分相似的。马斯洛的思想来源相当复杂和丰富，其中也有道家的影响，他的两部重要著作中都将老子列为参考书，他发明了不少以道家命名的新概念，如道家式的认知（Taoistic cognition)，道家式的客观性（Taoistic Objectivity)，道家式的科学（Taoistic science)，道家式的倾听（Taoistic listening)，道家式的接受性（Taoistic receptivity)，道家式的态度（Taoistic attitude)，道家式的帮手（Taoistic helper)，道家式的情人（Taoistic lover)，等等。(参见 Maslow，*The Farther Reaches of Human Nature*，New York：Penguin，1993，*Motivation and Personality*，2nd edition，New York：Harper & Row，1970.）不过，马斯洛的目的不是研究道家思想，他主要是利用道家的概念来表达和命名他的新观念，因为他说他找不到更好的词汇。他对道家的理解主要在于不干涉、不控制、不操纵等方面，这些观念主要是对道家无为精神的理解。这种理解虽不全面，但基本精神却相去不远。

固然太被动消极。但是如果自足其性意味着努力实现和扩充个体本性中的潜能，意味着充分利用和发展个人之性分，则未必不是一种积极的态度和选择。只是郭象并没有提到充分实现个人性分之后，个人的境遇是否可以提升或改善。郭象哲学是社会切片式的，完全不考虑个人性分历时变化的可能性①，完全不考虑社会各阶层之间流动的可能性。但是，在今天，即使是完全服膺郭象理论的人，应该也不反对自然而然的社会阶层的流动。

中国人喜欢讲尽人事，听天命，西方也有类似的谚语：People propose，God disposes。这些民间的古老智慧暗示着自由与必然难分难解的关系。人总会遇到外在的无可奈何的既定境遇，但是人们总可以在既定境遇下作出较好的选择和努力，而不应该在痛苦的既定境遇中垂头丧气、怨天尤人、自暴自弃、无所追求。在真实的生活中，自由的选择和体验与必然的境遇不是完全不可共存的。既定的不幸并不意味着人们不可以有较好的选择，不意味着人们不可以、不应该有某种精神的追求和满足。

从人生实践的角度来讲，庄子和郭象的学说都触及了人生的真问题，他们都主张在无可改变的既定境遇之中选择较好的可能的生活态度，并且去追寻某种自由的体验。和现实的政治自由来比，庄子和郭象的自由都可说是消极的或内向的，但是和完全接受既定境遇而没有任何追求相比，庄子和郭象的逍遥还是有其积极的现实意义的。从个人主动性的发挥来说，庄子的逍遥比郭象的逍遥更积极一些；从普通人的实践来说，郭象的自足其性似乎比庄子的超越的逍遥更容易实现。在现实的自由无可追求的时候，继续不懈地奋斗、拼搏固然是一种从道义上值得肯定的方向和行为，但是从实效的角度来看，既然任何人都无法避免无可奈何的既定境遇，那么，在无可奈何的既定境遇降临时，有些人选择不作堂吉诃德，不作殉难的

① 郭象反复强调性分是无可改变的，如“言性各有分，故知者守知以待终，而愚者抱愚以至死，岂有能中易其性者也！”（郭庆藩辑：《庄子集释》，59页）。“天性所受，各有本分，不可逃，亦不可加。”（同上书，128页）“夫假学可变，而天性不可逆也。”（同上书，496页）“性之所能，不得不为也；性所不能，不得强为；故圣人唯莫之制，则同焉皆得而不知所以得也。”（同上书，937页）可见，性分、天性对人是一种无可改变的束缚力量。庄子感受到的束缚主要来自于外在社会，而郭象将这种不自由归结为内在性分。下面似乎是一个反例，“夫仁义者，人之性也。人性有变，古今不同也。故游寄而过去则冥，若滞而系于一方则见。见则伪生，伪生而责多矣”（同上书，519页）。但这是随文做注，谈的是历史长河的演变，不涉及具体性分是否可变的问题。

烈士，转而追求纯个人的精神的满足，应该是可以获得理解或同情的，至少是不应该受到谴责的。① 这是对价值的多元主义的一种肯定。柏林说："在我看来，多元主义以及它所蕴涵的'消极'自由，是比较真确、比较合乎人性理想的主张，要比那些在大规模的、受控制的权威结构中，寻求阶级、民族、或全人类'积极'自我做主之理想的人士所持有的目标更为真确，也更合乎人性。"② 如果将这里的柏林的"消极自由"换成庄子和郭象的内向的自由体验，其论说应该也是大体成立的。

（原载《哲学与文化》[台湾]，第 33 卷第 7 期，2006；重刊于《华中师范大学学报》，2007 [6]）

① 关于郭象的逍遥，吴根有教授在较早的评论信中说："从思想史的角度看，郭象《庄子注》当然是自成一家的哲学著作，对某些哲学问题的思考有所深化。但就人类追求自由的思想进程来说，郭象的'足性的逍遥'更多的具有乡愿的性质，而且也将批判的庄子变成了一个自欺的、退缩的庄子。从自由主义所应当具有的批判锋芒角度看，郭象的《庄子注》在思想上是一种倒退！"在一般意义上，我可以赞同其说。我唯一可以补充的是，如果我们不能要求所有的人在无可奈何的既定境遇中都作自由主义的斗士和烈士，那么有些人选择郭象式的自足其性或许就仍然有其合理性，至少不应该受到谴责。一个需要很多斗士和烈士的社会历史时期一定是一个非正常、非常规的社会阶段，在这样的社会中可能会有更多的人去选择作斗士和烈士，但也可能会有更多的人选择郭象或庄子的精神上的自我满足。在非常时期，他们不应该受到谴责，在和平时期或正常的社会中，他们的选择也是无可厚非的。

② [英] 柏林著、陈晓林译：《自由四论》，293 页。

本版附录四
庄子之苦乐观及其现代启示

庄子所感受的苦、所追求的乐都在于精神感受。现实之苦在于世俗生活中的拘束或奴役，在于人类认知能力的有限，在于人们无法摆脱现实的处境。现实的地位、财富、欲望的满足并非庄子之苦的主要内容。庄子认为人类的有限性是人类之苦的根源。

庄子之逍遥之乐在于超越现实束缚的自由的感觉，在于独与天地万物相往来的体验，这也是一种精神的满足，但不是现实欲望的满足。这种精神境界的提升可以是无限的，可以达到与天地万物融为一体的精神体验。

从现实之苦到逍遥之乐的转化的关键在于心灵的宁静，而心灵的宁静在于认识到世界的客观性和非目的性，避免面对苦难时的狭隘的、个人的、目的性的解释；在于认识到人类自身的有限性，避免对个人或群体抱过高的期待。在这样的基础上人们才可能超越现实之苦去追求精神境界的无限的提升。

前　言

苦乐问题是古今中外所有人都会遇到的基本问题。然而，学术界对苦乐的研究似乎还不够深入。本文试图以《庄子》思想中的苦乐观为切入点，讨论一些面对苦难或不幸的可能的选择。

虽然苦与乐是我们在实际生活中经常遇到的问题和观念，但是从学术或哲学的角度研究苦与乐却有相当困难，因为苦与乐的界定或定义相当不易。什么是苦？什么是乐？如何定义？对这些问题很难有确切或一致的看法。不过，这不应该成为我们放弃对苦乐问题进行研究探讨的理由，因为这个问题与人类的生活、存在关系太密切了。而所有重要的活着的思想概念都会有模糊性和定义困难的情况，我们不能因此而放弃研究。

作为学术研究，为了进行交流，概念的清晰仍是必要的，因此我们必须对本文所涉及的所谓苦乐问题的概念作一个大体的厘定。苦与乐的观念涉及人生哲学和伦理学是毫无疑问的，但所谓苦与乐两个字在中文中似乎还不是哲学概念，或者还不具有哲学概念的属性和地位。① 从概念上厘清苦与乐的含义的中文学术著作还没有见到，因此，我们暂时只能借助于西方哲学中类似的讨论。与“乐”关系比较密切的西方术语似乎是“幸福”（happiness）和“快乐”（pleasure）。Luo Lu 等人的研究报告认为，中文中没有相当于 happiness 的字，比较接近的是“福”或“福气”。在中国人看来，长寿、成功、健康、平安、德性、善终都是最高的价值。因此，根据中国的民俗学，幸福（happiness）的概念大致包括财产富足、身体健康、道德高尚而宁静平安的生活以及死而无忧的结局。② 这一幸福的概念是从社会生活着眼的，侧重于物质的、身体的生活状态和条件。在西方的研究中，古代的幸福概念也是包括物质生活条件的，而近代的研究则更侧重于主观的心理感受。③ 笔者认为，即使在世俗生活中，即使人的幸福不可能完全脱离最基本的物质生活条件，但快乐或幸福的有、无、多、少，主要还是来自于个人的精神感受，这一点在庄子的逍遥之乐和儒家的“孔颜之乐”中表现得尤其明显。事实上，一个人是否幸福或快乐“不完全”取决于物质生活条件，特别是在基本温饱可以满足的条件下，幸福或快乐与否就更不取决于物质生活条件或肉体感官的享受。在中国文化中，在传统的儒家、道家、佛家的理论中，相对于精神的或道德的满足，身体享受、感官之乐（pleasure）一般上都不具有正面的重要的价值意义。这种传统与现代追求享乐、刺激消费的社会潮流不合，但是，无论有多么高的消费，无论有多少感官的享受，没有精神或心灵的满足，就仍

① 笔者曾提出一个词转化为哲学概念需要具备四个基本条件：词语形式固定化，语法功能名词化，涉及内容普遍化，已经用作判断的主词和宾词。见本书第四章第四节，以及《老子——年代新考与思想新诠》，77～79 页。

② 参见 Luo Lu，Robin Gilmour and Shu-Fang Kao：“Cultural Values and Happiness：An East-West Dialogue”，*Journal of Social Psychology*，Vol. 141，Aug.，2001，pp. 477－493.

③ 参见 Wolfgang Glatzer，“Happiness：Classic Theory in the Light of Current Research，” *Journal of Happiness Studies* 1：501－511，2000.

然不会感到快乐和幸福。就此来说，古代关于精神满足的观点和理论就仍然可能有参照价值和启示意义。

既然中国传统文化中的乐侧重于精神感受，那么乐的反面，所谓苦也是侧重于精神方面的。“苦”离不开肉体的痛苦（pain）和身心俱痛的苦难（suffering），但是对于外在的痛苦或引起痛苦的原因，人们还是可以有不同的态度和感受，所以，这种苦也可以是侧重于精神方面的。

具体到庄子哲学来看，庄子思想中的苦乐观更是十分独特的。《庄子》中有不少寓言涉及苦乐问题，但苦乐问题并不是庄子哲学的中心关切。庄子哲学的重点是精神自由的问题，是摆脱精神束缚和心灵痛苦的问题。然而自由不自由的问题同时就涉及是否快乐的问题。这里，我们所谓的快乐不是一般的幸福（happiness），也不是一般的感官快乐（pleasure），而是集中于精神的自我满足（satisfaction），而自我满足是所谓幸福的核心，是诸多不同的关于幸福的定义都无法回避的基本特点。① 不过，心理的满足仍然有不同的对象，有对外在生存条件的满足，有自身感官欲望的满足，而庄子之乐则是侧重于对自由自在、无拘无束的精神状态的满足。而庄子所谓“苦”，主要也不是指肉体的痛苦或贫穷的困境，而是指心灵受到拘禁和限制的不自由的状态。庄子的这种苦乐观对于我们现代的关于幸福与痛苦的研究可以提供一个独特的样本、视角和参照系，也可以为现代人追求幸福与快乐呈现一种不同的视域。

下面我们就从现实之苦、化苦为乐、逍遥之乐三个部分来评述庄子的苦乐观，最后一部分则专门总结庄子思想对现代社会与人生的一些启示。

一、现实之苦

据《史记》记载，“楚威王闻庄周贤，使使厚币迎之，许以为相”。庄周笑谓楚使者曰：“千金，重利；卿相，尊位也。子独不见郊祭之牺牛乎？养食之数岁，衣以文绣，以入大庙。当是之时，虽欲为孤豚，岂可得乎？子亟去，无污我。我宁游戏污渎之中自快，

① For example, Daniel M. Haybron, “What do We Want from a Theory of Happiness,” *Metaphilosophy*, Vol. 34, No. 3, April 2003. p. 306.

无为有国者所羁，终身不仕，以快吾志焉。”① “衣以文绣”之牺牲之牛和“游戏污渎之中”的小猪的对比形象地表达了庄子的苦乐观。这虽然不一定是历史事实，但根据《庄子》全书来看，认为它大体上反映了庄子的苦乐观的基本特点则是没有疑义的。这些特点包括：

第一，庄子认为世俗的价值，如财富、地位、权利，并不是乐的根源，反而是苦的原因。因为人们在接受这些世俗价值的同时，也就失去了精神的自主，陷入了世俗价值和权利等级的网络之中，在名利的追求中甚至可能伤害自己的生命。因此庄子轻视这些世俗的欲望追求。

第二，由以上观点可以引申出，庄子认为在世俗或现实中，没有真正的快乐。“游戏污渎之中自快”纯粹是比喻，其真意在于“自快”，这种“自快”不同于一般人所理解的随心所欲或意志自由，并不是满足于世俗的卑下的生活。对于庄子来说，世俗的世界充满束缚和限制，因此是苦而不是乐。

第三，庄子提出了乐的另外一个标准，就是“自快”或“快吾志”，这是精神舒适、无拘无束的感觉，和鲲鹏式的逍遥游是一致的。也就是说，庄子将个人的精神满足、心理自由当作真正的快乐的内容和标准。孤立地看这里的“自快”或“快吾志”，或许可能理解为个人在现实中的意志、目的的实现，但是“游戏污渎之中”的比喻已经说明庄子之追求不在世俗世界目的的实现，不是一般人所追求的意志自由。如果联系庄子的逍遥游来看，庄子所追求的精神自由和自我满足显然是超脱现实的，是纯精神的。对于庄子来说，乐只能到超越的精神世界去寻求。

现实世界为什么是苦而不是乐呢？庄子认为，关键是人们在现实生活中精神受拘束和奴役，没有真正的自由。这是人类的有限性的体现。人们自以为自己在追求和实现自己的愿望，而实际上，愿

---

① 司马迁：《史记》第63卷，2145页，北京，中华书局，1959。此段内容与《庄子》所述略有不同。原文作“庄子钓于濮水，楚王使大夫二人往先焉，曰：‘愿以境内累矣！’庄子持竿不顾，曰：‘吾闻楚有神龟，死已三千岁矣，王巾笥而藏之庙堂之上。此龟者，宁其死为留骨而贵乎？宁其生而曳尾于涂中乎？’二大夫曰：‘宁生而曳尾涂中。’庄子曰：‘往矣！吾将曳尾于涂中。’”见郭庆藩辑：《庄子集释》，603～604页。《史记》原文可能是司马迁根据《庄子》原文有所加工，也有可能是另有所本。因为原本《庄子》有五十二篇，今本《庄子》只有三十三篇。就本文内容来看，司马迁的故事更有相关性，也更符合庄子思想的基本精神。从《庄子》大多数篇章内容来看，庄子并不是恋生而恶死，他更重视的是自由自在的快乐。

望的实现是不能完全由自己决定的。所以庄子说："大知闲闲，小知间间；大言炎炎，小言詹詹。其寐也魂交，其觉也形开，与接为构，日以心斗。……小恐惴惴，大恐缦缦。其发若机栝，其司是非之谓也；其留如诅盟，其守胜之谓也；其杀若秋冬，以言其日消也；其溺之所为之，不可使复之也……近死之心，莫使复阳也。喜怒哀乐，虑叹变慹，姚佚启态；乐出虚，蒸成菌。日夜相代乎前，而莫知其所萌。已乎已乎，旦暮得此，其所由以生乎！"① 在庄子看来，人生百态，但免不了"与接为构，日以心斗"，人们陷溺于自己的追求之中而不能自拔，"不可使复之也"。"喜怒哀乐"等等变化"日夜相代乎前，而莫知其所萌"。人们无法成为自己的行为的主人，无法控制自己行为的后果。这是庄子要追求超脱现实的自由的根本原因。

更有甚者，人来到世界上，"一受其成形，不亡以待尽。与物相刃相靡，其行尽如驰，而莫之能止，不亦悲乎！终身役役而不见其成功，苶然疲役而不知其所归，可不哀邪！人谓之不死，奚益！其形化，其心与之然，可不谓大哀乎？人之生也，固若是芒乎？其我独芒，而人亦有不芒者乎？"② 这里"终身役役而不见其成功，苶然疲役而不知其所归"是庄子对社会与人生的深刻观察。人们劳碌终生，真的知道自己能否成功吗？真的知道自己的努力会有什么结果吗？这些问题，对普通人来说，可能是可笑的、多余的，可是，深入思考一下，我们每个人虽然都在按照自己的目标去行动、选择，但是众多不同人的活动却可能相互影响，而最终结果却往往不是任何一个人的设计或设想。只有庄子这样冷静的观察者才会有这样的发现，也只有庄子这样的哲学家才会想到自己是不是真的清醒而不糊涂。对于庄子来说，不能实现自己行动的后果，不能主宰自己的命运，也就是没有个人自由，这才是真正的苦、真正的哀。庄子认为，在世俗的网络中，人们无法支配自己的命运，只有在纯精神的逍遥游式的享受中，才能体验到个体的自主。值得注意的是，庄子这里讲的不是个人或少数人不能实现自己的意志的痛苦。个别人、少数人不能实现自己的愿望，这是尽人皆知的。庄子的深刻之处在于指出所有人都不能真正实现自己的愿望。很多人自以为是按照自己的意志行动，而实际结果却并不知道、不能掌握，甚至事与愿违。庄子一方面不相信人格神的意志操控的结果，另一方面也看到没有

① 郭庆藩辑：《庄子集释》，51页。
② 同上书，56页。

个人绝对的意志自由。这才是道家思想的深刻与沉重之处。

庄子对宫廷、官场之苦也有深刻体会。他写道："叶公子高将使于齐，问于仲尼曰：'王使诸梁也甚重，齐之待使者，盖将甚敬而不急。匹夫犹未可动，而况诸侯乎！吾甚慄之。子常语诸梁也曰："凡事若小若大，寡不道以欢成。事若不成，则必有人道之患；事若成，则必有阴阳之患。若成若不成而后无患者，唯有德者能之。"吾食也执粗而不臧，爨无欲清之人。今吾朝受命而夕饮冰，我其内热与！吾未至乎事之情，而既有阴阳之患矣；事若不成，必有人道之患。是两患也。'"① "朝受命而夕饮冰"形象地表现出在官场中讨生活的困境，而人道之患和阴阳之患的两难处境更说明世事的艰辛与进退维谷的境遇。另一个类似的故事说："颜阖将傅卫灵公大子，而问于蘧伯玉曰：'有人于此，其德天杀。与之为无方，则危吾国；与之为有方，则危吾身。其知适足以知人之过，而不知其所以过。若然者，吾奈之何？'"这些故事可能是庄子早期尚未彻底脱离现实政治时的作品，反映了庄子对现实世界错综复杂的矛盾的切身感受。事实上，每个人都处在一定的社会网络之中，常常有不得不面对的两难的尴尬局面，这的确是一种难以摆脱的精神痛苦。

人的认知能力的不足也可以构成一种苦。比如，人类无法知道死后之事，难免为生死所困扰。"予恶乎知悦生之非惑邪！予恶乎知恶死之非弱丧而不知归者邪！"② 死后的世界是无法知道的，这是古今中外的人都会遇到的困惑。庄子举例说："丽之姬，艾封人之子也。晋国之始得之也，涕泣沾襟。及其至于王所，与王同筐床，食刍豢，而后悔其泣也。予恶乎知夫死者不悔其始之蕲生乎？"③ 庄子并不认为死后的世界是可怕的，说不定比生的世界更好。但是，活在现实之中的人，"梦饮酒者，旦而哭泣；梦哭泣者，旦而田猎。方其梦也，不知其梦也。梦之中又占其梦焉，觉而后知其梦也。且有大觉而后知此其大梦也，而愚者自以为觉，窃窃然知之"④。庄子看不起自以为清醒、自以为全知的人，但是如何证明谁是真清醒呢？在庄子看来，人们连自己生命的归宿都不知道，实在是可悲的，现实中何乐之有呢？人们无法参透生死的奥秘，特别是死后的世界如何是至今人类还不能确知的，这的确是困扰着很多人的一种痛苦。

---

① 郭庆藩辑：《庄子集释》，152～153页。

②③ 同上书，103页。

④ 同上书，104页。

关于人世间有没有真正的快乐，《庄子·至乐》篇有一段专门的讨论。作者首先提问："天下有至乐无有哉？有可以活身者无有哉？今奚为奚据？奚避奚处？奚就奚去？奚乐奚恶？"① 这里第一句的"乐"作名词，相当于快乐，最后一句的"乐"与"恶"相对，相当于喜欢，喜欢的对象就是引起快乐的原因。这里的"天下"囊括所有的世俗世界。作者所要讨论的问题是，在世俗的世界中有没有最高的快乐。作者首先陈列了一般人之好恶选择。这就是有所尊、有所乐、有所恶、有所苦。"天下之所尊者，富、贵、寿、善也"，"所下者，贫、贱、夭、恶也"；"所乐者，身安、厚味、美服、好色、音声也"，"所苦者，身不得安逸，口不得厚味，形不得美服，目不得好色，耳不得音声"②。人们如果得不到所想要的，"则大忧以惧"，所以说"其为形也亦愚哉"！

接着，作者重点分析了"富、贵、寿、善"是否可以作为乐的标准或对象。"夫富者，苦身疾作，多积财而不得尽用，其为形也亦外矣。"③这是说"苦身疾作"地追求财富，终不能充分享受财富，也只是一种外在的追求。"夫贵者，夜以继日，思虑善否，其为形也亦疏矣。"④地位高贵的人难免有更多的忧虑而不能自安，也不是养生之道。关于长寿，作者则说："人之生也，与忧俱生，寿者惽惽，久忧不死，何苦也！其为形也亦远矣。"⑤人生充满忧患或忧虑，长寿无益，如果已经失去正常生活能力仍然要过一种纯为他人负担、没有个人尊严的生活，更是一种苦。关于名誉、赞誉，作者说："烈士为天下见善矣，未足以活身。吾未知善之诚善邪，诚不善邪？若以为善矣，不足活身；以为不善矣，足以活人。"⑥ 烈士之美名是以自我牺牲为代价的，是否值得追求也是值得怀疑的。就人们最尊崇的"富、贵、寿、善"四个方面来看，每一种受人羡慕、追求的价值都有它的另一面。也就是说没有纯粹之乐，乐与苦总是形影相随。人世间其实是没有什么值得无保留地追求的，也就是没有所谓"至乐"。所以作者的结论是："今俗之所为与其所乐，吾又未知乐之果乐邪，果不乐邪？吾观夫俗之所乐，举群趣者，誙誙然如将不得已，而皆曰乐者，吾未之乐也，亦未之不乐也。果有乐无有哉？吾以无为诚乐矣，又俗之所大苦也。"⑦ 苦与乐的标准因人而异，因时而

---

① 郭庆藩辑：《庄子集释》，608 页。

②③④⑤ 同上书，609 页。

⑥ 同上书，609～610 页。

⑦ 同上书，611 页。

异，因此，世俗之乐是不能当作真乐的。显然，《庄子》中所表达的苦乐观和本文开始所介绍的 Luo Lu 等人的所发现的一般人的幸福标准是很不相同的。庄子所感到困苦的主要是基于现实的精神痛苦，而不是物质享受得不到满足的欲望之苦。

庄子看到人生活在人际关系的社会网络之中无法逃脱，无法摆脱特定的不幸地位和尴尬处境，无法真正了解和掌握自己的命运，无法摆脱苦乐形影相随的困境。这是个人及人类的有限性所决定的，是人生之苦的最根本的原因。

二、化苦为乐

上节说到人世间有许多苦。“终身役役而不见其成功”是看到人类自身处在各种力量的交错之中，无法实现各自的目的，因而不能不感到精神疲惫之苦。叶公子高所面对的两难处境是人生无法逃避的尴尬。不能确知死后的真相是永远无法摆脱的困扰。世俗所追求的富、贵、寿、善都有其不可逃避的反面。显然，庄子所着重的是对现实生活中各种现象的感受，而不是具体意志或欲望是否能够满足。庄子所说的苦是深刻观察思考之后的生命体验，而不是一般人的失望之苦。因此，庄子所追求的“乐”之重点也在于转化对世界的认识和精神感受，而不是世俗欲望的满足。

庄子之所以为庄子不仅在于他看到了别人所看不到的人世之苦，而且在于他能化苦为乐，并追求另一种怡悦之乐。如何将痛苦化为一种乐呢？庄子相信，我们无法改变个人肉体的不幸、社会的困难，但是我们可以转化和提升自己的精神境界，这种超越的精神境界不仅可以帮助我们忘却现实之苦，更可以让我们享受到精神之愉悦。下面的一则寓言就说明，超越的道德、精神、气质可以胜过世俗的价值，突破世俗的不幸，产生无法想象的令人怡悦的魅力。

这则寓言是假托于孔子的。鲁哀公问于仲尼曰：“卫有恶人焉，曰哀骀它。丈夫与之处者，思而不能去也。妇人见之，请于父母曰‘与为人妻，宁为夫子妾’者，十数而未止也。”① 这是讲哀骀它的人格魅力。无论男人、女人都倾倒于他的人格力量。“未尝有闻其唱

① 郭庆藩辑：《庄子集释》，206 页。

者也，常和人而已矣。无君人之位以济乎人之死，无聚禄以望人之腹。又以恶骇天下，和而不唱，知不出乎四域，且而雌雄合乎前。是必有异乎人者也。”① 此人不主动做任何事，也不主动提倡任何事，又没有博施济众的钱财地位，相貌又是天下震惊之丑（“以恶骇天下”），但是却有奇妙的感召力，连动物都可以在他面前雌雄合欢。“寡人召而观之，果以恶骇天下。与寡人处，不至以月数，而寡人有意乎其为人也；不至乎期年，而寡人信之。国无宰，寡人传国焉。闷然而后应，泛（而）若辞。寡人丑乎，卒授之国。无几何也，去寡人而行，寡人恤焉若有亡也，若无与乐是国也。是何人者也？”② 鲁哀公受其人格感召，授之以宰相之位，却泛然而辞；让之以一国之尊，却隐然而去。哀公只好向孔子请教，这是一种什么样的人呢？孔子的回答是：“形全犹足以为尔，而况全德之人乎！今哀骀它未言而信，无功而亲，使人授己国，唯恐其不受也，是必才全而德不形者也。”③ 根据孔子所说，哀骀它大大超过了形全、德全的境界，其魅力的根源在于“才全”。

什么是“才全”呢？下文说：“死生存亡，穷达贫富，贤与不肖，毁誉，饥渴，寒暑，是事之变，命之行也；日夜相代乎前，而知不能规［窥］乎其始者也。故不足以滑和，不可入于灵府，使之和豫通，而不失于兑［悦］。使日夜无郤［隙］而与物为春，是接而生时于心者也。是之谓才全。”④ 才全的境界包括三个层次：第一个层次是认识到人世的死生存亡、穷达贫富、贤与不肖等情况和变化如日夜之变，是人类无可奈何的，如“命之行也”，无法操纵或改变，哀骀它之丑陋就是这种命运流变的一种情况；第二个层次是要认识到，既然人类对命运中的不幸和流转不知原委，无可奈何，那么人们就不应该让这种不幸干扰心灵，即“不足以滑和，不可入于灵府”，正如哀骀它丝毫没有因为自己的丑陋而影响心灵的平和与宁静，这一层次是从苦的现状向乐的方向转化的关键；第三个层次是心灵的怡悦，是“日夜无郤［隙］而与物为春”，也就是达到了超越现实与万物同体的怡悦之乐。哀骀它达到了这一境界，所以百姓、国君、动物都与之相处宁静而愉悦。才全的三个层次也就是从承认现实的无奈到摆脱现实之困扰的过程，其中转折的关键就是心灵的超脱与宁静。

①②③ 郭庆藩辑：《庄子集释》，206 页。

④ 同上书，212 页。

这个寓言有明显的夸张的浪漫的成分，似乎与现代的真实世界毫不相干。其实，夸张、浪漫仅是艺术风格，其内涵、道理却是真实的、可信的，这就是一个人可以超越肉体、外在之不幸而达到崇高的精神境界，从而具有崇高而感人的精神魅力。在真实的生活中，我们不是也可以发现一些人虽然残疾了，其自重、自敬、自强的精神却赢得很多人的尊敬，相反，一些面目姣好的男男女女却常常抱怨自己得不到理解和尊重吗？

关于面对人生之疾苦的态度，《庄子·大宗师》中还有一个很有代表性的寓言。这则寓言也是为了说明，对待世俗的公认的不幸或痛苦，人们可以有完全不同的态度和感受。

子祀、子舆、子犁、子来四人相与语曰："孰能以无为首，以生为脊，以死为尻；孰知死生存亡之一体者，吾与之友矣。""四人相视而笑，莫逆于心，遂相与为友。"① 这四个寓言人物成为莫逆之交的关键就是都参破了"死生存亡之一体"演化的道理，这是他们面对人世困难而气闲神定的哲理基础。不久，子舆有病，"曲偻发背，上有五管，颐隐于齐［脐］，肩高于顶，句赘指天"②。这样严重的病、这样拘挛的形体，当然是苦中之苦了。但是，子舆知道这不过是"阴阳之气有沴"，是自然的变化，因此"其心闲而无事，跰《足》而鉴于井，曰：'嗟乎！夫造物者又将以予为此拘拘也。'"③

子祀问子舆："女恶之乎？"他回答说："亡，予何恶！浸假而化予之左臂以为鸡，予因以求时夜；浸假而化予之右臂以为弹，予因以求鸮炙；浸假而化予之尻以为轮，以神为马，予因以乘之，岂更驾哉！且夫得者，时也；失者，顺也。安时而处顺，哀乐不能入也，此古之所谓县解也，而不能自解者，物有结之。且夫物不胜天久矣，吾又何恶焉！"④ 这里的关键是"安时而处顺，哀乐不能入"，这是解除"倒悬"之苦、化苦为乐的枢纽。

下面的故事接着说："俄而子来有病，喘喘然将死。其妻子环而泣之。子犁往问之，曰：'叱！避！无怛化！'倚其户与之语曰：'伟哉造化！又将奚以汝为？将奚以汝适？以汝为鼠肝乎？以汝为虫臂乎？'"⑤

---

①② 郭庆藩辑：《庄子集释》，258 页。

③ 同上书，259 页。

④ 同上书，260 页。

⑤ 同上书，261 页。

子来曰："父母于子，东西南北，唯命之从。阴阳于人，不翅于父母；彼近吾死，而我不听，我则悍矣，彼何罪焉！夫大块以载我以形，劳我以生，佚我以老，息我以死。故善吾生者，乃所以善吾死也。今大冶铸金，金踊跃曰：'我且必为镆琊！'大冶必以为不祥之金。今一犯人之形，而曰：'人耳！人耳！'夫造化者必以为不祥之人。今一以天地为大炉，以造化为大冶，恶乎往而不可哉！"说完则"成然寐，蘧然觉"①。这是对万物存在演化的一种哲学解释，也是对人世幸与不幸的非宗教性解释，是庄子提倡在不幸和灾难面前保持心气平和的理论基础。庄子并不相信有意志、有目的的造物者，这里的造化者也是抽象的比喻，并非人格化的神灵。庄子面对苦难的理论前提是承认万物造化是无心无意的，因此人们不必为此而忧虑、烦恼、抱憾，在此基础上就可以达到心灵的宁静，并进而追求或体验精神的轻松和怡悦。

心灵的宁静是化苦为乐的转折点。所谓"不足以滑和，不可入于灵府"，所谓"哀乐不能入"都是追求心灵的宁静，这也就是"无情"。《德充符》说："有人之形，无人之情。有人之形，故群于人，无人之情，故是非不得于身。"② "无情"是摆脱人世是非困扰的关键。关于"无情"，庄子与惠施有一段对话。惠子谓庄子曰："人故无情乎？"庄子曰："然。"惠子曰："人而无情，何以谓之人？"庄子曰："道与之貌，天与之形，恶得不谓之人？"惠子曰："既谓之人，恶得无情？"③ 这里庄子和惠施所说的"情"意思不同。惠施所说之"情"是"实情"之意，所以问，既然叫做人，怎么能没有人的实情？但是庄子所说的是感情之情。所以庄子回答说："是非吾所谓情也。吾所谓无情者，言人之不以好恶内伤其身，常因自然而不益生也。"惠子曰："不益生，何以有其身？"庄子曰："道与之貌，天与之形，无以好恶内伤其身。"④ "无情"的实际意思是"不以好恶内伤其身"，即免除痛苦的感受，同时达到心灵平和，在这个基础上才可能有进一步的精神愉快的享受。

庄子所谓的无情虽然是为了实现精神的超越，但从现实生活来讲，则意味着面对苦难而不动心，即心灵不随苦难而起伏波动，

① 郭庆藩辑：《庄子集释》，262 页。
② 同上书，217 页。
③ 同上书，320～321 页。
④ 同上书，221～222 页。

不让现实的不幸和苦难破坏自己应有的精神状态和心灵的平和。这里的关键是看到每个人在现实生活中都有无可奈何之时，都有无能为力之事，这是任何人，不论地位多高、权利多大、财富多多，都无法完全避免的真实的存在。庄子认为，这时最好的办法是从超越的、自然造化的角度看待不幸的处境本身，不从任何宗教目的论的角度来解释这种不幸，纯然接受、因应、转化这种不幸，从而达到心灵宁静，进而可以升华到崇高的精神境界。从现实生活的角度来说，这时也可以寻求外界的精神支持，但最终还要将外在的支持转化为自己内心的超越和平静。而常见的怨天尤人、自怨自艾、自暴自弃、誓死相拼、玉石俱焚，对社会对本人都是有百害而无一益的。①

这里庄子苦乐观的最大特点之一就是没有任何类似于因果报应或道德惩罚的解释，完全没有当时的子孙受报的观念，也没有后来道教的“承负”观念和佛教的“轮回”观念。庄子的纯从天地万物自然运转的角度看待苦乐处境的思想更接近于科学的或无神论的立场，或许更有利于宗教情绪淡薄的华人在困境中舒缓痛苦的心境。这是一种哲学的理性的态度，是承认包括人类社会在内的世界的客观性和非目的性，即要意识到人生苦难不是任何人或神有意为任何人安排的，是人无从抱怨和改变的，因此人应该像接受日夜春秋一样地接受不幸的到来，这是庄子化苦为乐的理论前提。

---

① 不同社会中都会有个别人因为不能接受生活中的不快或不幸而“突然”走向残暴的杀人泄愤之路。2004 年 4 月，新闻媒体广泛报道的昆明大学的学生马加爵因家境贫寒，穿着、行为常受人耻笑、歧视，忍无可忍，最终一次锤杀了四个同学，造成令人震惊的惨案。这种惨案在各地都时有发生，其原因有相当复杂的一面，但最终是事主个人不能较好地面对、接受、转化自己的不幸。其实，这类人物并不是社会底层最不幸的人。1991 年 11 月 1 日，刚获美国爱荷华大学太空物理博士的中国留学生卢刚，因认为学校对他存在歧视而开枪射杀三位教授、一位副校长和一位同样来自北京同时获博士学位的中国留学生山林华。这些愤而杀人的大学生、留学生都是时代的幸运儿，怎能算是不幸的人群？他们所谓的不幸是相对的，是很多人都可能遇到的。这里的关键是如何面对无可奈何的不幸处境或苦难。承受不幸的错误态度和不当的处理方式往往是这类案件发生的直接原因或根本原因。这类案件震惊社会是因为杀人者的特殊身份和极端残忍，但日常生活中不知有多少普通人有类似的愤懑不平，他们或者没有发泄出来，或者发泄的方式并非极端，因此不受注意。但一般人和上述惨案的罪犯的内心的不平和痛苦只是程度不同，外在表现不同，其心理本质是一样的。只有大家都能消除心中极端的痛苦感，恶性案件才可能杜绝和减少。事实上，除了个别先天生理和心理障碍以外，一般的心理问题都与对待不幸和灾难的态度有关。在这方面，庄子的苦乐观对于现代人化解心中的不平和痛苦是可以有积极意义的。

三、逍遥之乐

以上化苦为乐的内容所介绍的主要是在人世间如何避免痛苦，这样虽然可以达到心灵的宁静，而这种宁静也有某种“乐”的意味，但并不是庄子所追求的超越之乐或极限之乐。庄子真正追求的是逍遥之乐，这是一种精神的自我满足，是一种非常识、非世俗的怡悦之乐。是超脱现实中我之有限性达到精神之无限的境界。

《庄子》开篇即鲲鹏的“逍遥游”。“北冥有鱼，其名曰鲲。鲲之大，不知其几千里也；化而为鸟，其名为鹏。鹏之背，不知其几千里也；怒而飞，其翼若垂天之云。是鸟也，海运则将徙于南冥。南冥者，天池也。……”① 这是以文学语言寄托的精神超迈、心胸无限的理想。这种理想是一般世俗之人不能理解的。正如蜩与学鸠笑之曰：“我决起而飞，抢榆枋，时则不至，而控于地而已矣，奚以之九万里而南为？”② 庄子接着评论道：“适莽苍者，三餐而反，腹犹果然；适百里者，宿舂粮；适千里者，三月聚粮。之二虫又何知？”③庄子清楚地知道，自己的超越的理想追求是一般人无法理解的。

庄子最好的朋友惠施也不能理解他对远大境界的追求。惠子以寓言的形式批评庄子说：“吾有大树，人谓之樗。其大本臃肿而不中绳墨，其小枝卷曲而不中规矩，立之涂，匠者不顾。今子之言，大而无用，众所同去也。”庄子回答说：“子独不见狸狌乎？卑身而伏，以候敖者；东西跳梁，不辟高下；中于机辟，死于罔罟。今夫斄牛，其大若垂天之云。此能为大矣，而不能执鼠。今子有大树，患其无用，何不树之于无何有之乡，广漠之野，彷徨乎无为其侧，逍遥乎寝卧其下。不夭斤斧，物无害者，无所可用，安所困苦哉！”④ 显然，这种“无何有之乡”是与现实世界无干的。其逍遥游是脱离现实生活的。然而，正因为庄子认为现实中没有真正的乐，所以只能在纯精神的世界中享受真正的精神之乐。

关于这种超越现实世界的逍遥，庄子有很多描述，比如：“乘天

---

① 郭庆藩辑：《庄子集释》，2页。

②③ 同上书，9页。

④ 同上书，39～40页。

地之正，而御六气之辩，以游无穷。”① “乘云气，御飞龙，而游乎四海之外。”② “予方将与造物者为人，厌，则又乘夫莽眇之鸟，以出六极之外，而游无何有之乡，以处圹埌［垠］之野。”③ 又比如：“体尽无穷，而游无朕。”④ “立乎不测，而游于无有者也。”⑤ “游乎尘垢之外。”⑥ 这种文学的夸张的描写都是为了突出逍遥游的境界之高远、超越、宏大，是一种人世间所不可能有的精神享受。

逍遥游的尘垢之外的世界不是上天，不是天国，不是西方净土，而是自己的心灵世界，所以逍遥游也叫做“游心”。“汝游心于淡，合气于漠，顺物自然而无容私焉，而天下治矣。”⑦ “且夫乘物以游心，托不得已以养中，至矣。”⑧ “自其异者视之，肝胆楚越也；自其同者视之，万物皆一也。夫若然者，且不知耳目之所宜，而游心乎德之和。”⑨（《德充符》）“游心乎德之和”的说法突出了庄子之逍遥实际上是心灵的特殊状态。就逍遥游内在的体验来说，其境界极其遥远、广大，但是就这种境界与现实世界的关系来说，则是一种对现实没有任何摩擦的宁静、和悦。

这种精神的逍遥当然不是随便可以达到的，必须经过适当的修炼，摆脱世俗的价值观念，以及对个体自我的牵挂。这种修养的方式之一就是“坐忘”。《人间世》借颜回与孔子的对话引出坐忘的内容和方法。

> 颜回曰：“回益矣。”仲尼曰：“何谓也？”曰：“回忘仁义矣。”曰：“可矣，犹未也。”他日复见，曰：“回益矣。”曰：“何谓也？”曰：“回忘礼乐矣。”曰：“可矣，犹未也。”

以上都是一种铺垫，说明忘却一切世俗价值是修养的一个基本过程和要求。接下来，

> 他日复见，曰：“回益矣。”曰：“何谓也？”曰：“回坐忘矣。”仲尼蹴然曰：“何谓坐忘？”颜回曰：“堕肢体，黜聪明，离形去知，同于大通。此谓坐忘。”⑩

---

① 郭庆藩辑：《庄子集释》，17页。
② 同上书，28页。
③ 同上书，293页。
④ 同上书，307页。
⑤ 同上书，296页。
⑥ 同上书，97页。
⑦ 同上书，294页。
⑧ 同上书，160页。
⑨ 同上书，190～191页。
⑩ 同上书，282～284页。

这种坐忘的最后是忘记自身肉体的存在，真正无私无虑，然后体验到与天地万物合为一体的崇高境界。得到这种境界的体验，自然是一种享受、一种怡悦，或者说，是一种特殊的快乐。

这种精神追求并非没有任何实际的意义，一方面它是美国社会心理学家马斯洛（1908—1970）所说的一种“高峰经验”（peak experience）①，是个人自我感受的最高境界。另一方面它也是身体修炼的一种方法。《大宗师》记载女禹年纪很高，但是“色若孺子”。再三追问他年轻不老的秘诀，他才说：“吾犹守而告之，参日而后能外天下；已外天下矣，吾又守之，七日而后能外物；已外物矣，吾又守之，九日而后能外生；已外生矣，而后能朝彻；朝彻，而后能见独；见独，而后能无古今；无古今，而后能入于不死不生。”② 这种逍遥游的体验可能类似于今天所说的气功式修炼的结果，并非完全幻想。道家式的精神追求虽然重在心灵的解放与升华，但它同时可以身心共调，体智并养，不仅有利于心理的健康，而且有利于身体机能的恢复和增长。

四、现代启示

庄子的苦乐观是通过寓言表达的，又是两千多年前的思想，是否与现代社会的需要完全脱节，没有意义了呢？其实不是的。在美国的华人常说，中国人不需要找心理医生，因为中国人有老庄。这种说法是有道理的。这不是说我们现在不应该引入西方的心理治疗，但是，西方的心理治疗并非针对中国文化圈而建立，照搬西方教科书的公式用于中国社会难免隔靴搔痒。我们不应该丢弃传统文化中有益、有效的内容，而盲目照搬西方的思想和方法。

那么，庄子的苦乐观对今天的中国人可能提供哪些可能的启示呢？

首先，应该认识到世界的客观性和非目的性，避免对人生的困境作狭隘的、个人的、目的性的理解。

庄子的苦乐观强调，现实中很多苦及苦的根源并不是针对我们而发生的，它们像日夜交替、春去秋来一样是自然而然的，因此

---

① 关于高峰经验参见本书本版附录三之相关注释。

② 郭庆藩辑：《庄子集释》，251～252页。

我们不必为此而悲哀、痛苦。同时，很多苦难或不幸也是我们自己的能力无可奈何的，因此痛苦、悲伤是无济于事的。此外，现实中的苦与乐是交织在一起的，生活对任何人来说都不可能永远是顺利和快乐，也不可能永远是痛苦和悲伤，因此，我们不必为顺利和成功而得意忘形，也不必为挫折和苦难而过度悲伤。这是要承认世界的客观性和非目的性。这样的哲学认识有利于我们实现和维持心理平衡，有利于心理健康，避免精神情绪的极度波折和崩溃。

许多人认为道家给人的印象是消极、被动的，似乎道家一味主张逃避现实。还有人把老庄思想与所谓"阿Q精神"混为一谈。事实上，老子、庄子都是对现实的深刻观察者和剖析者，他们的思想是正视现实、接受现实，寻求可能的、最好的结果，并不是逃避现实。这是混混沌沌的阿Q完全无法相比的。① 人们常常以一种肤浅而不负责任的貌似积极的精神鼓励年轻人去奋斗、拼搏，甚至是"爱拼才会赢"，"与人奋斗，其乐无穷"，以为这才是积极的人生观。但是，无论我们如何积极、进取，我们都不能永远掌握努力、奋斗的最终结局，除非我们自己是上帝。如果我们自己不是全知全能的上帝，我们就要承认很多境遇是我们无可奈何的，很多不幸是我们个人或群体的力量一时无法改变的，在这种困苦的境地中，我们可以去祈求神佛保佑，或向上帝祷告，向心理医生或社会工作者求助，但是我们也不妨从庄子的苦乐观中寻求一些智能和慰藉。这就是要承认和接受很多困苦不是任何外在意志有目的地加在我们个人身上的，是我们无法控制和改变的外在事实，与其无益无谓地陷溺其中，不如让自己从困苦的缠绕中脱离出来，从而让心灵得到休息、宁静，并进而进入豁达、怡悦的状态。这样才可能更有效地继续生活、努力、前进。比如，每个人都可能突然遭遇某种不幸，如果将这种不幸理解为报应或惩罚，就会倍感不公、不平，这只能加重不幸带来的痛苦和忧愤，却丝毫无助于摆脱不幸。如果将这种意外之祸看作有人不巧让冰雹砸到，有人碰巧躲开了冰雹一样，无可抱怨，那么心中会平静许多，更有利于较好地面对灾难，减少损害。

其次，应该认识到人类的有限性，避免对个人或群体能力的过

① 关于庄子精神与阿Q精神的辨析，详见本书158～161页。

高期望。

面对世界、宇宙、自然以及人类历史和社会风云，人必须承认自己的能力的有限性。个人是有限的，全人类也是有限的。这种有限性表现在很多方面，如有限的生命，有限的体力，有限的认识能力，等等。庄子哲学所揭示的有限性之一就是人类自身并不能确切掌握所谓真理或真相，至少无法充分证明什么是真相。这是现代哲学反复讨论的课题。庄子的“辩无胜”的论证就说明人自身并不能最终决定谁代表真理，因此我们不应该、不必要过分执著于自己所认为正确的真理，这样不仅可以减少社会的摩擦，而且有利于在冲突、斗争中维持心理的适当平衡。这并不是说不相信任何真理，不坚持真理，而是说，我们没有足够的理由相信自己就完全代表真理，也无法让别人完全接受自己的真理，在这种情况下，正视现实，尊重现实，也就包括了对他人的尊重，耐心等待事实的发展和别人思想的转变。否则，自以为自己掌握、代表了真理，就可以不顾一切地推行真理，就会造成意想不到的灾难。

庄子又有关于正色、正味、正处的寓言，也说明认识标准和价值标准总是相对的，没有绝对的统一的标准来决定生活中的是非对错，因此我们不应该把自己所认为正确的原则当作大家都可以接受的普遍原则。这样的思想方法和思想原则，更适应现代多元化发展的社会现实，一方面有利于防止全球化、普世化所带来的所谓的普遍真理对其他文明和文化的强权式压迫，另一方面也有利于我们比较客观、平静地面对主流社会、强势价值给某些人带来的压迫感。

庄子化苦为乐的关键是心灵宁静。承认人类的有限性才能正视、承认、接受无可奈何的现实，才能达到心灵宁静，这是前提条件。除了前提条件，我们还需要具体的思想方法，这方面，庄子也提供了不少有益的启示。比如庄子讲过朝三暮四的故事，故事的本义是提醒我们，许多事情我们要选择、要争取、要改变，但是总的结果丝毫没有变化，正如 4＋3＝3＋4 一样。看到这一点，我们会为自己一时的失败减少很多焦虑、担忧和痛苦，从而有利于心灵的宁静。我们个人的焦虑往往是从个人的处境出发的，因而是狭隘的、有限的。只有承认我们的有限性，才能突破这种有限性，不断追求对世界更广更深的了解和体悟，而不至于在个人的小天地中痛苦万状。

或者有人要说，在庄子的时代人类的能力是有限的，但是现代人却有无限的潜力，可以创造无数奇迹，因此不应再强调人类能力的有限性。这样说似乎不错，很多实例可以证明这一点，如越飞越远的宇宙飞船，效率越来越高的计算器，速度越来越快的飞机火车，等等。可以推断，未来科学技术的发明会彻底改变我们的生活方式，就像手机和电邮的出现大大改变了传统的通信方式一样。但是，无论如何，我们个人、我们的群体以及全人类的能力仍然是有限的。我们还是无法让世界尽遂人意，无法让地球永无不幸。

有人相信权力，有人相信武力，有人相信金钱，但是事实上没有一种东西可以让人们顺利实现自己的各种愿望。秦始皇横扫六合，二世而亡；大不列颠曾经是日不落帝国，如今已雄风不再；希特勒雄霸欧洲，难免灭顶；美国富矣、强矣，却在阿富汗、伊拉克深陷泥潭，进退两难；高速发展带来的生态危机和能源危机更是无论多少财富都不足以彻底解决的。或曰，我们已经可以从植物中提取酒精燃料代替石油，却不知这种燃料的推广却增加了温室效应，破坏了森林，并造成食物价格飙升。① 表面看来，人类创造的财富越多，解决生态危机和能源危机的资本就越雄厚，然而这种资本的积累本身又是以进一步破坏生态、消耗能源为前提的，如何突破这个怪圈，尚是未知数。总之，庄子当年对人类能力的有限性的认识并没有随着科技的进步和经济的起飞而改变或消失。

最后，应该看到人生境界的无限性，看到个人之外的无限天地，避免自我中心的狭隘心态。

人生是有限的，甚至是渺小的，但是人的思想境界、精神境界却是可以无限提升的。因此，无论个人目前的思想、精神境界处在哪一个层次，都可以无限提升。庄子式的逍遥游可能是多数人无法追求、无法实现的，但是追求本身就是有启示意义的。虽然庄子所描述的逍遥游的境界不是一般人可以实现的，但是追求逍遥游境界的过程本身，不论你可以达到哪个层次，都会在不同程度上改变自己在不幸的处境中的心境，得到不同程度的精神怡悦的感受。按照庄子哲学，我们在达到心灵平静之后，还可以有更高的追求，即使

① 参见 Michael Grunwald："The Clean Energy Scam," *Time*, April 7, 2008, pp. 28-33。

不去追求逍遥游的境界，也可以有自己的对人生、社会、宇宙的终极关切（ultimate concern）①，可以追求自己在宗教、艺术、科学、哲学、爱情生活中的高峰体验，从中可以达到精神的超越的怡悦和满足。这是提升我们的胸襟、扩展我们的视野、陶冶我们的人格的过程。《庄子·秋水》篇中海若与河伯的对话就为我们提供了一个很好的实例，帮助我们从不同的角度、更高的角度观察、认识世界，使自己的精神视野极大地扩展和提高。总起来看，即使我们不赞成或不能实现庄子式的逍遥游，至少应该看到我们还可以有一种超越的、精神的、个体的自我满足和怡悦的体验。这种精神的怡悦并非奠基于感官的快乐，也不受制于外界的物质条件，它主要取决于我们自己的态度、方法和追求，因此是每个人都可以尝试逐步接近或实现的，而一旦进入这个过程，人们就会发现这个过程是无限的，可以无限提高、提升，也可以不断享受永远提高的乐趣和情趣。

结　论

总之，庄子所感受的苦、所追求的乐都在于精神感受。现实之

---

① 终极关切是基督教神学家和哲学家 Paul Tillich（1886—1965，蒂利希，或译为田立刻）的重要概念。蒂利希对宗教和上帝的概念和基本内容都作了全新的阐发。他认为一个每周去教堂的信徒不一定有宗教性或“是宗教的”（being religious），相反，一个从来不去教堂、没有具体宗教信仰的科学家、艺术家、哲学家等，如果他有自己的超越人类有限性的根本性关切，那么他就是有宗教性或“是宗教的”。他所说的上帝不是传统神学中的人格化的上帝，他认为人格化的上帝也是万物中的一物，尽管是最高的物。（参见 Paul Tillich，*Theology of Culture*，ed. Robert C. Kimball，London：Oxford University Press，1964，pp. 130-132.）他强调，所谓上帝是对人类的有限性的回答，是使人类产生终极关切的称号。这并不是说先有了一个称为上帝（God）的存在，然后才要求人们对他有终极的关切。事实上，无论什么，能够引起人们终极关切的东西就是他们的神或上帝（god）；反过来说，人们只能对那些对他们来说是神或上帝的东西产生终极性的关切。（参见 Paul Tillich，*Systematic Theology*，Volume 1，Chicago：The University of Chicago Press，1951，pp. 211-213.）根据蒂利希的理论，宗教性的终极关切的对象不必是基督教的上帝。老庄的道显然是道家超越人类有限性的终极关切的产物，又是道家终极关切的对象。道和上帝一样是一种符号性语言。不过，本文强调的并不一定是道家的终极关切，任何类型的终极关切对于提升人的精神境界，摆脱有限世界的烦恼都是有益的。关于蒂利希的观点还可以参见 F. Forrester Church，ed.，*The Essential Tillich*：*An Anthology of the Writings of Paul Tillich*，New York：Macmillan Publishing Company，1987，pp. 1～40 页. 关于道家与蒂利希理论的比较可参见刘笑敢：《老子之道——超越并兼容科学与宗教》，载《新亚学术集刊》，2001（17），17～36 页。

苦在于世俗生活中的拘束或奴役，在于人类认知能力的有限，在于人们无法摆脱现实的处境。现实的地位、财富、欲望的满足与否倒不是庄子讨论的苦乐的主要内容。逍遥之乐在于超越现实束缚的自由的感觉，在于独与天地万物相往来的体验，这也是一种精神的满足，但不是现实欲望的满足。从现实之苦到逍遥之乐的转化的关键在于心灵的宁静，而心灵的宁静在于认识到人类自身的有限性和世界的客观性和非目的性。庄子的逍遥游也提示我们，精神境界的提升可以是无限的。

（原载《汉学研究》［台湾］，第23卷第1期，2005；
修订稿发表于《社会科学》，2008［3］）

本版附录五
关于庄子研究的回顾与反思*

一、从概念、学说到体系

《庄子哲学及其演变》一书是笔者的博士论文，完成于1985年。因为我是在中国刚刚结束“史无前例的文化大革命”，开始实行改革开放政策的时候进入学术界的，又是国内的第一批博士研究生，因此既有压力，也有动力①，最重要的就是如何突破长期形成的“几大块”（自然观、认识论、方法论、历史观）的研究写作模式，但又不能故意标新立异；此外就是既不能回避、绕开所谓的哲学基本问题（唯物主义与唯心主义的斗争，辩证法与形而上学的斗争），又不能陷于这些问题。这种转折时期的大环境使我感到研究方法的问题特别重要，因为不能也不愿意完全按照过去的习惯性的方法去做研究，又看不到现成的好的方法可以用在我的庄子研究上。

现在回想起来，压力和困惑对我的研究并没有构成太多实际的干扰，因为当时的气氛和60年代毕竟不同，而且一旦深入到学术问题内部以后，还是有相当大的自由天地。尽管如此，毕竟是那种正在变化的氛围刺激了我对方法论问题的兴趣，促使我在这方面不断思考探索。在博士论文写完以后，我仍然注意方法论方面的思考和探讨。到美国以后，学术天地又是天壤之别，这又进一步逼迫我思考和探索有关中国哲学史研究的方法论问题，虽然不可能找到普

---

* 本文原是1997年5月为拙著《庄子哲学及其演变》台湾修订版所写的序言，后来因教务和其他学术活动太多，修订工作完全中断。

① 如朱伯崑老师对我说：“你们是新中国的第一批博士，论文一定要写出高水平，要让港台学者不下工夫写不出来，下了工夫也写不出来。”

遍性的或大家都能接受的最好方法，但毕竟可以找到自己比较满意的或适合自己特点的研究模式。

在我研究庄子的时候，国内正盛行范畴或概念的研究，我自然不能超然于外，所以本书在分析庄子思想时以概念篇开始。但是我认为概念的研究虽然是必要的，用于对中国古代哲学家的思想体系的解剖却有明显不足，因为中国古代哲学的传统不同于西方哲学，不自觉地运用概念、判断、推理的方式建立自己的理论体系，往往是随缘立说，因事辩理，联想模拟，直抒胸臆。虽然中国哲学中也有大量的重要的概念、范畴，这方面的研究既有丰硕之成果，也有广阔天地，但不能代替或代表对中国哲学的全面研究，这一点在庄子研究中尤为突出，因为《庄子》“寓言十九，重言十七，卮言日出”，基本上不是靠概念的推演来表达思想，因此以概念的剖析为主要研究方法不能展现庄子思想复杂而深刻的内容。另外，研究古典哲学的概念时，哪些词汇术语可以看作哲学概念，哪些不可以当作哲学概念，这一问题也给我带来不少困扰。思考的结果，我提出了判断一个词或词组是不是哲学概念的标准，其中最重要的是具有名词的特点，并用作判断的主词或宾词。① 根据这一标准，在概念篇中我只分析道、德、天、命、气五个概念，并说明“有待”“无待”不是庄子哲学的概念的原因。

因为看到概念分析之不足，所以本书在概念篇之后就有学说篇，以寓言、议论、对话等原文为基础分析庄子哲学的主要理论部分，这就是庄子哲学的安命论、逍遥论、真知论和齐物论。这一部分虽然是分别讨论庄子思想的不同方面，却是为了模拟或重构庄子哲学的体系。笔者的做法是力图摆脱历代解说（包括郭象注）和流行观点的束缚，从反复阅读原文入手，分析并体会庄子思想所要回答处理的主要问题，及其哲学思想中的主要内容和基本部分，进而考虑这些主要部分之间的关系，从而拟构出庄子哲学可能的思想体系结构。

我的结论是，庄子哲学以安命论为基础，以逍遥论或自由论为归宿，以真知论和齐物论为起点与归宿之间的桥梁。安命论又以道对万物和人生的决定作用为起点，逍遥论又以“体道”或“与道为一”为最高境界，所以道既是庄子哲学的起点，又是庄子哲学的归

① 见本书第四章第四节（三）“关于‘有待’和‘无待’的问题”。

宿。安命论和逍遥论大体上属于人生论，真知论和齐物论又相当于一般的方法论，所以庄子哲学也可以概括为以人生论为起点和归宿，以方法论为内部的桥梁。

安命论的说法是为了区别一般的宿命论或决定论，因为庄子只是强调“安时而处顺”的生活态度，并不是论证命的概念本身的重要性和无可改变的严酷性。命的概念在庄子哲学中并没有很确切很重要的意义，“安之若命”的“若”字就表明命的概念虚而不实，大概只是一个借用的术语，所以庄子没有一般命定论者的悲观情绪，反而把安命看作向自由过渡的前提条件。在庄子看来，生活中一切无可奈何的事都可看作命，但这个命并不是任何超自然的力量对某人的先天的界定或有意的安排。庄子说：“道与之貌，天与之形，无以好恶内伤其身。”这里的道或天的决定作用都不是事先的或有目的的安排，而只是对安命的态度提供一个理论前提和根据，一种类似于形而上的解释。安命论在庄子哲学中完全是为自由论做准备和铺垫的，是自由的鲲鹏振翅高飞之前奏。

庄子哲学的归宿或目的，庄子哲学的特点和精彩之处全在于精神自由，即本书所说的逍遥论。庄子一方面讲任意翱翔的逍遥游，一方面讲与道为一的虚静而恢弘的玄冥境界，这一动一静，看起来完全不同，实际上不过是他的自由境界的两种形式或两种表述，都是有关个人自由的精神体验。这种虚寂而宏大的玄冥之境不是通过感觉经验和理性思考所能理解的，不是一般人可以体验到的，因此有神秘主义的特点，但是我们却不能因此而认为庄子的自由完全是虚幻而无法实现的。根据一些气功师的经验，我们相信庄子式的精神升华的体验在某种形式和程度上是可能实现的，当然，这并不是说，庄子的精神自由可以归结为气功式修炼，而只是说，气功师得气或入静的体验可以从一个侧面证明庄子式的最高精神境界是有可能实现的。① 庄子的自由的体验，既有哲学式思辨与直觉的内容，又有精神境界升华与超越的追求，也有养心怡性、强身健体的效果，因此对不同时代不同背景的知识分子都有相当广泛的吸引力。

庄子的自由境界当然是浑然一体的，而且是在修炼的最高阶段顿悟式地实现的。但是从今天的学术观点来看，这种境界既是悟性体验的极致，也是理性认识的突破；因此既有精神修养的意义，又

① 最近一位关心人类现代命运的在新加坡的企业家多次对我讲到他对企业管理和社会、人生的根本性思考也与他练习道家功的体验有关。

有认识论的意义。本书在讨论庄子的逍遥论时，侧重于其悟性体验的一面，在处理方法论的时候，侧重于理性分析的一面。这是为了在理论上展现庄子思想的各个主要方面，实际上，在庄子思想中的这两个方面是密切交融、不可分割的。

庄子哲学是怎样从安命转化为逍遥的呢？是以他的真知论和齐物论为枢纽的。从安命到逍遥转化的关键是达到无心无情的境地。无心无情是安命的极致，也是悟道与逍遥的前提条件。只有对现实生活中的一切“安之若命”才能无心于得失，无情于爱恶，这样才能够通过“外天下”、“外物”、“外生”而得到“朝彻”的体验和“见独”得道的境界。庄子的真知论和齐物论就是论证为何以及如何达到无心无情的境界的。

真知论主要包括怀疑主义和直觉主义两方面。庄子的怀疑主义反复论证人的认识能力大有局限，认识的对象不断变化流转，认识的标准因人而异，因此人们在世俗生活中不可能得到真知，不应该再执著或追求世俗的真理和价值。这些论证在于说明人们在世俗生活中不应该有所追求，也教导人们通过什么思考方式达到心灵的宁静，从而有利于实现精神的自由。庄子的怀疑主义为最高的认识和自由的境界扫除了世俗认识和偏执的障碍，直觉的方法则是通向自由之境的必由之途，“心斋”、“坐忘”、“见独”则是具体的修养方法。通过这些独特的全面的修炼，逐步超越世俗，脱离现实，最后会突然进入一种神秘的境界，如白日飞升，如鲲鹏翱翔，似化入寰宇，似化为宇宙。认识的真理和人生的真谛一起呈现，心灵的修养和身体的健复一同完成。自由的体验，精神的升华，通身的舒泰，一切尽在不言之中。

庄子哲学中最有理论色彩和思辨色彩的部分是齐物论，然而这也不是为理论而理论、为思辨而思辨的。齐物论的思辨也是论证为什么要超越纷繁复杂的现实，以及怎么样面对危机起伏不断的世俗生活而保持超然的态度和宁静的心灵，从而在安命之时无心无情，以便进一步达到逍遥的境界。庄子和老子一样看到了对立的事物和概念之间的统一性和同一性，但老子的目的是在现实生活中实现无为而无不为的理想之治，达到自然的和谐与秩序，庄子则放弃了对现实的直接改造，一心追求个人精神的提升。庄子看到了现实中彼此、是非、有无、生死、大小、虚实、成毁、然与不然等众多对立的方面，但他进一步看到了这些对立的相对性，并因此而突出了对立概念与价值之间的统一性和同一性，由此达到“和之以是非而休乎天钧”或“得其环中，以应无穷”的境地，彻底摆脱是非彼此的对立与冲突，在心灵超然而宁静的基础上实现与道为一或逍遥游的自由体验。

总起来看，庄子哲学从道对天地万物的决定作用和安命论出发，经过真知论和齐物论的思辨和体悟达到无心无情的境地，进而追求逍遥恰悦、融入宇宙的得道的境界。① 至此，我们对庄子哲学的剖析和“有机重构”工作大体完成。(更严谨地说法应该是“拟构”，特点是尽可能忠于文本的意义，与利用经典创造个人之新说的“创构”不同。②) 笔者以为，一般的哲学史研究多以现代理论为准绳或工具对古代哲学进行剖析，其特点是以解剖、分析为主，以“化整为零”为特点，或者以为把分析后的各个部分排列起来就是古代思想家的思想体系。这种通常的做法自然是研究的一种基本方法，但忽视了思想家的思想作为一个“有机”整体所可能有的内在结构和生命形态。笔者的研究也不得不用现代哲学或西方哲学的某些概念，也不得不以分析为主，然而自始至终以“整体模拟”式的“有机重构”为目的，希望能够逼近庄子哲学的整体的本来面目。

本书完成之后，多年来一直没有放弃关于方法论问题的思考。从当年对概念分析的重视发展到对老子的研究，就演化出所谓“概念的深层剖析”，即对老子的自然与无为从词汇的语言构成、词汇意涵、文本意涵、理论意涵、绝对意涵、现代定义、现代意义等多方面进行纵深分析。由当年重构庄子哲学体系的尝试，发展到对老子的研究，就形成了比较明确的模拟式的“体系的有机重构”，认为老子哲学体系可以描摹为以“自然”为中心价值，以“无为”为方法性原则，以“道”与“德”为“自然”、“无为”做超越的贯通的论证，以“正”与“反”的辩证法为“自然”、“无为”提供主要来自社会生活经验的论证。③ 这种探索或尝试可能有失有得，希望方家同好不吝赐教。

---

① 见本书第五章最后的“庄子哲学体系结构示意图”。

② 此为笔者近年提出的“两种定向”的理论，参见刘笑敢：《诠释与定向——中国哲学研究方法之探究》。

③ 见刘笑敢：《老子——年代新考与思想新诠》。

二、通论与评价

本书对庄子思想的研究是按照点（主要概念）、面（主要学说）、体（总体通论）三个步骤进行的，以上介绍的是点（概念篇）和面（学说篇）两部分，是在概念、学说的深入分析的基础上重新描摹庄子哲学的体系结构。接下来的是总体的讨论和评价问题（通论篇）。在以上的介绍中，笔者基本上是在概述相关的内容要点，虽然语言或细微之处与原书不必尽同，但没有重要的改变。在这一部分则会涉及一些原书写作过程中的曲折之处或一些新的想法。

通论篇首先讨论了庄子哲学的内在矛盾。笔者认为，越是成熟的思想家，其思想体系所包含的不同侧面越多，而不同侧面之间的张力或矛盾就会越深刻。庄子一方面讲“形莫若就，心莫若和”，另一方面追求“与天为徒”，游乎“无何有之乡”，即“外化而内不化”，也就是随俗与孤傲的对立和统一。一方面似乎或牛或马，无所用心，极为卑贱；另一方面又似乎超然卓拔，睥睨一切，极为傲慢。事实上，庄子思想既不是无所用心的卑贱，又不是睥睨一切的傲慢，更不是二者之间的折中调和。庄子的境界是谦顺与自尊的统一，但这种统一并不是有时谦顺，有时自尊；也不是对某些人表示谦顺，对某些人故意自尊，而是谦顺与自尊的时时处处的一致，是两个方面的真正一体化。

同样，庄子一方面处于“昏上乱相之间”，高呼“与物相刃相靡”“不亦悲乎”，“其形化，其心与之然，可不谓大哀乎”，似乎完全是悲观绝望；另一方面又相信可以“乘云气，骑日月，而游乎四海之外”，似乎是相当乐观自得。他还主张化鸡则司鸣报晓，化弹则猎鸟而食，幽默而浪漫。他一方面主张“知不可奈何而安之若命”，形若枯槁，心如死灰，似乎是绝对消极；另一方面又要“独与天地精神往来”，“上与造物者游，而下与外死生无终始者为友”，其志向之高超、追求之殷切又是何等积极。这种消极与悲观、积极与乐观也不是因时而异的，而是始终如一的，是庄子人生态度的一体之两面。单讲一面总不能体会到庄子哲学的妙处。

上述内在矛盾归根结底是社会的、世俗的现实与个人的、精神的追求之间的矛盾，具体说来则是外界无可奈何的大趋势与个人的精神自由之间的矛盾和紧张。在庄子哲学中，一方面是世俗的、现实的、社会的、无可奈何的存在，一方面是超越的、理想的、个体的、逍遥自得的追求。比如说，在现实中随顺世俗，在精神上孤傲自立；在社会中安于外化，在个人的内心中卓然不化；在世俗生活中心灰意冷、悲观绝望，在精神追求中乐观炽烈、充满憧憬；在现实世界中消极被动、无所作为，在理想境界中积极主动、追求自由。从形式上看，庄子哲学中确有现实社会与个人精神之对立，然而从内容上来看，这种对立并不是割裂或脱离，而是一种人生的两个方面。庄子确实追求超越的境界，但并不是完全逃脱现实，他的哲学恰恰是对现实的因应之道，是希望在现实中得到世俗生活中所没有的精神自由。

通论篇也讨论了庄子哲学的性质和主要特色问题。庄子哲学的性质，这是在当时人人必须讨论回答的一个问题，当时的主流思潮认为庄子哲学属于主观唯心主义，少数人认为属于客观唯心主义，也有个别人坚持庄子是唯物主义者。我当时已经意识到这些概念都不适合庄子哲学，但也不得不在当时的"话语环境"中认真讨论这一问题，寻求一个比较合适的解释。这些讨论在台湾朋友看来可能不相干或没有意义，但在我看来，我所作的概念的比较分析仍然有方法论的意义。

我的重点是反驳庄子思想是主观唯心主义的说法，我的做法是考察主观唯心主义这一概念的起源和原意，以此原意与庄子思想作比较。这样做的结果是我发现通行的主观唯心主义的概念与哲学史上的主观唯心主义毫不相干，其意义甚至相反。当时的学者或批评家大都把主观唯心主义当作个人主观精神膨胀的同义语，这完全是根据汉字而望文生义，和西方的主观唯心主义强调个人认识范围和能力的局限性的基本精神南辕北辙。这个发现使我相当困惑，难道那么多学者都不知道这一概念的本义吗，难道冯友兰也不知道主观唯心主义的含义吗？为什么他也承认庄子是主观唯心主义者呢？①

我曾经向冯先生讲了我的疑惑，他的回答是："按照你的说法，中国根本没有主观唯心主义，王阳明也不是主观唯心主义。"这时我才明白，他的庄子是主观唯心主义者的说法完全是沿用当时通行的说法，但他心里明白从概念的本身或原意来说是怎样的。所以，当他晚年可以"修辞立其诚"的时候就明确肯定陆九渊不是主观唯心

① 参见冯友兰：《中国哲学史新编》第一册，385页。这本第一册完全不同于1980年的修订本第一册。

主义者，王阳明基本上也不是主观唯心主义者。①

这一讨论已经过去了，当年的历史条件已经不再存在，在海峡两岸，大家都有相当多的空间傥言高论，时髦的名词又层出不穷，所以对于基本概念望文生义的现象不但没有成为过去，反而有愈演愈烈之势，不求甚解、人云亦云在学术“明星”中更是常见的情况。毕竟外行多，内行少，内行的严谨抵不过“明星”大胆的光芒，因而明星所传播的时髦概念往往不可靠。如果是今天写这本书，我不一定要辨析什么是主观唯心主义，什么是主观主义，什么是不可知主义，但一定会追根究底地考察一些时髦术语的基本意涵。

本书坚持庄子哲学不是主观唯心主义，这是认真的学术研究的结果，但说庄子哲学是客观唯心主义则是当时的权宜之计。因为当时的氛围是你必须说他是个什么主义，而说他是客观唯心主义的麻烦相对少一些。事实上，中国古代哲学家并没有意识到他们必须回答道是物质还是精神或观念的问题，我们硬要替他区分，难免牵强。为此，我提出，不仅应该研究一个哲学体系的性质，还应该研究它的主要特色。所谓判断一个哲学体系的性质是拿一把只有唯物、唯心两个刻度的尺子去量所有的思想家，而研究哲学体系的主要特色则是“量体裁衣”，是在全面研究的基础上寻找思想家最主要或最有代表性的特点。庄子哲学的主要特色就在于追求精神自由，这一结论来自于对概念的剖析和体系的有机重构。

通论篇体现了对庄子思想的评价。从现在看来，本书对庄子哲学的评价不够高，这是当时局势和个人认识之局限。评价庄子的关键是如何认识他的精神自由，对此，我的认识有一个变化过程。在我写博士论文的时候，大的气氛还是不能对庄子有太多的肯定，我所反驳的对象主要是曾经有重要影响的理论权威关锋，他认为庄子是没落奴隶主阶级的代表，其思想是最反动的主观唯心主义、虚无主义、滑头主义、悲观主义、阿Q精神。我的分析是庄子在肯定客观必然性的前提下追求自由，这就肯定了自由与必然的统一，因而是有合理因素的，但认为庄子的自由不是行动的自由，没有主观见之于客观的作用，因而本质上是虚假的。在后来发表的庄子与萨特

① 参见冯友兰：《中国哲学史新编》第五册，202～203页。遗憾的是80年代修订本的前两三册尚未走出“文化大革命”的阴影，所以仍称庄子为主观唯心主义者，参见冯友兰：《中国哲学史新编》第二册第14章，北京，人民出版社，1984。

的比较研究中，我提出庄子的自由包括了虚假与真实的二重性。所谓虚假，即没有改造客观世界的内容，所谓真实则在于保持了人格的独立与尊严。这些说法在当时已经是有所突破了①，但在今天看来则是不够的。

事实上，庄子哲学不仅因为在抽象的形式上肯定了自由与必然的统一而有合理的因素，更因为这种自由的追求本身也有其实际的意义。庄子的自由的神秘体验是生命的提升、灵魂的净化、心灵的享受，是身、心、情、性诸方面的修养和升华。庄子的自由虽然不能直接改变不幸的现实，却能保证人格的独立和尊严，摆脱尘世的纷扰和忧烦，使精神生命进入纯净和谐的新境界。当然，在现代繁华的大都市中，在无休无止的关于名利的竞争与追逐中，这种境界的实现要比庄子的时代困难得多了。不过，也许正因为如此，庄子哲学就更弥足珍贵。

三、关于道的客观意义与境界意义

本书与其他的庄子研究不同的地方很多，其中关于庄子之道的解释似乎是台湾学界朋友最为注意并不大赞同的。② 我的做法是明确提出庄子之道有两层意涵：一层是本根论（形上学）的道，一层是认识论和修养论的道，这是两个同性不同体的道。这种分析不完全是创新，张岱年师的书中已经体现了这种理解，只是本书从剖析与重构的需要出发把这一点强调得更鲜明罢了。庄子所说的道是一个意义还是两个意义，是一个同一的道还是两个不同的道，这一点笔者与台湾学者的看法，特别是与牟宗三先生开创的一派学脉很不相同，与冯友兰所讲“道就是全”也很不同。

说庄子之道是世界之本根或类似于形上实体的依据是《大宗师》中的一段话：“夫道，有情有信，无为无形；可传而不可受，可得而不可见；自本自根，未有天地，自古以固存。神鬼神帝，生天生

---

① 参见刘笑敢：《两种自由的追求——庄子与沙特》，128～129页。

② 参见杜保瑞：《庄子哲学及其演变》（书评），载《哲学杂志》，1994（9），286～294页；王邦雄：《从修养工夫论庄子“道”的性格》，载《鹅湖月刊》，第21卷第6期（总第246期），7～15页。笔者在此感谢杜保瑞博士和王邦雄教授评介和评论拙作，并感谢戴琏璋教授向我介绍王文。笔者对牟宗三之学的理解也得益于戴教授的启蒙。

地……”如何理解这段话？由于现代教育给我的客观主义或科学主义的影响，我的主观愿望，至少在自觉的层面是尽可能摆脱其他哲学体系的影响，尽可能仅仅依据原文、白文作解释，而不试图构造自己的思想体系，也不试图把这段话的理解纳入某一个大的解释系统。尽管我有重构庄子哲学体系的愿望，但目标是尽可能客观地从庄子原文出发。这又涉及我们对古代哲学的一个基本估价的问题。我认为，一方面，中国古代的大思想家大都有一个大致圆通的思想体系，但另一方面，他们不一定是很自觉地创造一个相当严谨的哲学体系。因此，不宜把庄子哲学讲得太松散，好像庄子中只是一堆互不相干的寓言、故事和浪漫的描写，但也不宜讲得太严谨，好像庄子要构造一个现代式的严密的逻辑体系。这就是笔者要强调的相对的系统性或融贯性，即适当尺度和分寸的概念，反对极端的观点。将孔孟老庄等古代著作看成现代意义的哲学论著或杂乱无章的短篇的汇集都不合历史的事实，也不是慎重的严谨的学术态度。

因此，我认为上面一段话只能直截了当地解释为道是自本自根、生天生地的宇宙万物的根源与根据。这样的道是绝对的、完足的，不依赖任何其他事物或条件，反而是万事万物的条件。人们可以通过特殊的修养方式体验到它的存在（可传、可得），却不能把它当作普通之物接受或观察（不可受、不可见）。这个道不受人的认识和意志的支配影响，它是人直觉体认的对象，但并不是人的主观境界本身。

有的学者认为这段话在内篇中是孤立的一段，因此不重要，应该略而不论。① 笔者认为这段话后面还有很长的文字论证道的决定作用，不是偶尔混入的只言词组，不能有意视而不见。这段关于道的论述与“天”、“命”、“造物者”、“造化者”、“造化”等观念对人的无可奈何的影响与作用相一致，与“道与之貌，天与之形”的说法完全一致，与“万物之所系，而一化之所待”的思想相一致，与“大块载我以形，劳我以生，佚我以老，息我以死”的思想相一致，与“大宗师”“长于上古而不为老，覆载天地刻雕众形而不为巧”的思想相一致，与外篇记载庄子说道“无所不在”的思想相一致，与外篇所说“本根”的概念也完全一致。因此，这一段关于道的描写对庄子思想和庄子学派来说都不是可有可无的。再者，这里关于道

① 王邦雄先生也认为这一段是“例外”，或“仅有形式的意义”（见王邦雄：《从修养工夫论庄子“道”的性格》，载《鹅湖月刊》，第21卷第6期［总第246期］，10页）。

的论述与老子“万物生于有，有生于无”的理论有明显的继承关系，与“道生一，一生二，二生三，三生万物”的说法也密切相合，略去这一段，那么庄子和老子的继承关系就被削弱或掩盖了。

这里所说的道“自本自根”、“自古以固存”，显然独立于人的认识、情感、境界之外，不受人的意识活动影响，这和下面《齐物论》所说的道的概念有明显的不同。“是非之彰也，道之所以亏也。道之所以亏，爱之所之成。”“道恶乎隐而有真伪？言恶乎隐而有是非？……道隐于小成，言隐于荣华。故有儒墨之是非。”这里的道因是非的分辨而亏损，因为人囿于“小成”而隐没不现，与人的爱恶情感密切相关，所以与前述的作为宇宙本根的独立于人类之外的道明显不同。

如果把这个道仍然看作“自本自根”的道，而所亏、所隐、“有真伪”的道就不是道本身，而是对道的认识或主观经验，孤立地看，这样讲是讲得通的，但从训诂学的角度看就绕了弯了。原文多处把道当作有所亏、有所隐、“有真伪”的主语，我们不如直接把这个道看作就是对本根之道的直觉体认的境界。验之于道在其他各处的意义，我们也没有必要回避道的主观境界或认识的含义。比如“道枢”之道显然是超脱是非彼此的境界与方法。庄子说“彼亦一是非，此亦一是非。果且有彼是乎哉？果且无彼是乎哉？彼是莫得其偶，谓之道枢。枢始得其环中，以应无穷。是亦一无穷，非亦一无穷也”。显然，“道枢”之道是脱离彼此之对立、是非之争执的无差别境界，是超越现实的方法，也是超越的精神境界，我们不能把“道枢”之道也看作本根之道。

这样，从原文出发，我们只能说道有两个基本的意义：一个是客观的、绝对的、无条件的道，这个道决定天地万物，包括人的存在，不以人的情感、认识或修养而改变，另一个道则是个人修养和认识的境界，这种境界因人的是非判断、彼此对峙而有所亏、有所隐。这样解释道的含义和笔者对庄子哲学体系的分析与重构契合无间。道产生并决定天地万物和人世起伏，因此要安之若命（安命论），在此基础上通过真知论（怀疑主义与直觉主义，理性思辨与修养体验）和齐物论（辩证法与诡辩论，理论分析与精神超越）达到与道为一的体验，这与道为一的境界就是道的另一层含义，是回归于世界之本根。所以庄子哲学是从本根之道出发，回到对本根的体验与认同的圆环。这样解释的学术意义是扣紧庄子原文，从文本出发展开对庄子思想的分析与重构。其实际意义则是澄清当时很多学者把庄子的修养和认识境界与生天生地之道混为一谈，从而断定庄子哲学是主观唯心主义的错误。

由于笔者非常强调从原文出发，因此希望排除郭象《庄子注》附加给庄子思想的内容。冯友兰先生说庄子的道就是全，其根据就是郭象对庄子的一段话的解释。庄子说："有成与亏，故昭氏之鼓琴也；无成与亏，故昭氏之不鼓琴也。"冯先生引用了郭象的注释之后说："照郭象的解释，声音的全就是一切的声音，可是他所说的一切声音实际上是无声音，因为，照他说，一有声音，它就是偏而不全了。照同样的逻辑，'道'是一切事物的'全'，可是这个'全'就是无事物，因为一有事物，它就是偏而不全了。"① 十分清楚，冯先生是以郭象对音乐的解释为依据，再"照同样的逻辑"推论庄子之道是"全"，显然，这不是从庄子原文出发的，不能反映庄子之道的特点。当然，庄子之道作为修养所实现的境界也有全的含义，但冯先生并非由此说全，而是从纯逻辑的推论，从全与偏、无与有、道与万物的关系讲道就是全，而这是庄子哲学中所没有的关于形而上学之本体的纯思辨。庄子哲学中的理性的思辨集中于齐物论与怀疑论，而不是本根论。

本书承认庄子之道有境界的意义，这和牟宗三先生的说法有相通之处。不过本书多用认识论意义或最高认识来指代这种境界意义，一方面这是因为中国哲学中的认识论问题和修养问题总是紧密联系在一起的，另一方面是因为当时中国的学术界对修养问题或工夫论不够重视。如果今天写这本书，当然会在人生修养方面有更多的讨论。

本书与牟先生的解释的最大不同在于明确肯定了道的两种意义：一个是客观的道，一个是境界的道。牟先生则通过实践体证和"纵贯横讲"的方法把客观实体的道统摄、消化在境界之中，达到了更为圆融的高度一元化的解释。虽然笔者知道牟先生的见解有高超之处，但并不准备放弃自己的立场，因为这种不同不是疏忽或错误造成的，而是因为笔者研究的路径、背景与牟先生不同，因而笔者对庄子之道的解释和牟先生的解释可以并行不悖，并不构成必然的或直接的冲突。

牟先生对老庄之道的解释，较早较集中的见于《才性与玄理》，此书"以魏晋'玄理'为主"，与老庄之道相关的即第五章"王弼之

① 冯友兰：《中国哲学史新编》第一册，377～378页；第二册，125～126页，北京，人民出版社，1984。

老学：王弼老子注疏解”和第六章“向、郭之注庄”，显然牟先生是透过王弼、郭象来看老庄之玄理的，并且断定“魏晋所弘扬的玄理就是先秦道家的玄理”① 牟先生的诠释奠基于对儒道释的综合把握、对中国哲学史的逾千年的宏观考虑以及关于人类思想及生命之学的宏观构思，这种角度自有其成就和价值。然而笔者作为初学后进，只是就《老子》论老子，就《庄子》论庄子，因而感觉王弼之老学不同于老子之学，而郭象所说庄子之道不同于《庄子》本书所说之道。

牟先生对老庄思想的进一步的集中解释见于《中国哲学十九讲》的第五、六、七三讲。标题分别是“道家玄理之性格”、“玄理系统之性格——纵贯横讲”、“道之‘作用的表象’”。牟先生在第一讲就开宗明义，说明本书不是“直接从正面叙述，把它的内容简单地表示出来”，而是“比较高层次的讲法”，“是带点批导性的”，用逻辑术语来说，“这是属于第二序上（second order）的讲法”②。因此这本书比《才性与玄理》讲得就更高、更抽象，不再就王弼、郭象讲道家或老庄，而是就儒、释、道以及西方哲学的宏观比较的角度讲道家的特点，认为一般的形而上学“大体上都是实有形态的形而上学（依实有之方式讲形而上学）”，而道家则是“境界形态的形而上学（依境界之方式讲形而上学）”，“境界式地讲，从作用上讲，讲之以透显无与有的心境”③。“道家只有作用层，没有实有层。儒家两层都有，佛教也两层都有。道家只有一层，以作用层上所显示的无作为本体，两层不分，合而为一。”④ 由于这本书是从“更高”的层次讲，所以在《才性与玄理》中还提到过的老子之道的实体性意义在这里就不大提了。而我们从《老子》或《庄子》原文出发，认为老庄之道的实体性意义在中国哲学史上是非常重要和独特的，是不应该忽略不计的。

在老庄之道的实体意义和境界意义之间，牟先生强调其境界意义，把实体意义看作仅仅是一种“形式”或“姿态”，以此来消化道的两种意义之间的紧张或冲突，达到了一元化的圆通的解释。牟先生说“《道德经》之实有形态，本只是一姿态”，庄子之道“则纯为

---

① 牟仲三：《才性与玄理》三版自序。

② 牟仲三：《中国哲学十九讲》，1 页，台北，学生书局，1991。

③ 同上书，128 页。

④ 同上书，154 页。

境界形态”。“庄子以其芒忽恣纵之辩证的描述，辩证的融化，将老子之分解的系统化而为一大诡辞，将其道之客观性、实体性，从天地万物之后翻上来浮在境界上而化除，从客观面收进来统摄于主观境界上而化除，依是，道、无、一、自然，俱从客观方面天地万物之背后翻上来收进来而自主观境界上讲。”① 牟先生的确提供了一个相当独特也相当圆融的解释进路，这种进路有利于建立新的解释体系和思想体系，然则，如果道是纯主观境界，那就无法解释命从何来以及为什么要安命。

牟先生强调庄子之道是把客观性、实体性的内容收进来而自主观境界上来讲。这似乎是一种“发生程序”或“体认途径”的论证，认为庄子之道是从认识境界和修养境界中体验而来的，是从实践体证的角度认识到道的存在，证实道的存在。正如牟先生谈到老子之道时所说的：“一说到本体，我们就很容易想到这是客观实有层上的概念。可是你要了解，道家实有层上实有这个概念是从主观作用上的境界而透显出来，或者说是透映出来而置定在那里以为客观的实有，好像真有一个东西（本体）叫作‘无’。其实这个置定根本是虚妄，是一个姿态。”② 王邦雄先生曾引用这段话说明庄子之道也是境界形态。③

笔者认为，老庄之道的确都是只有通过体认才能获得、才能认识的。然而这只是对他们所设定的客观实有的认识方法的不同，并不能由此而推导出他们所设定的客观实有本身不如其他思想家所设定的客观实有实在。天、天道、天理、理念、绝对精神等等和道一样都是思想家所设定的客观实有，这些客观实有的性质有所不同，对这些客观实有的认识或体验的方法也各有不同，然而这些不同并不能抹杀它们本身作为客观实有的特性。简言之，体认方法的不同不能证明客观实有的实在与否。从老庄文本出发，道不论人们是否能够体认它或承认它的存在，都是自本自根、独立而不改的。道的境界意义和道的实有意义应该是可以同时成立的，不必把其中一方归结为另一方。④

① 牟仲三：《才性与玄理》三版自序，177～178页。

② 牟仲三：《中国哲学十九讲》，131～132页。

③ 参见王邦雄：《从修养工夫论庄子“道”的性格》，载《鹅湖月刊》，第21卷第6期（总第246期），13页。

④ 本文重点讨论庄子之道的解释问题，关于老子之道的讨论，请参看上述笔者关于老子之拙作第六章。

牟先生倾毕生之力建立了一个庞大的中国哲学史的诠释体系和自身的哲学体系，这构成了一个完整的“话语系统”。笔者写本书时完全生活在另一个“话语系统”之中，因此研究方法之不同是显而易见的。牟先生的方法强调老庄对道的体认之途，本书的方法，只是把《庄子》一书当作已经完成的哲学体系来分析，庄子对道的体认方法只是庄子认识论和修养论的一部分，而庄子思想概念的来路只是偶尔作为已经完成的思想体系的背景来处理的，这种研究方法或可称之为“逻辑程序”的研究。① 或说者，牟先生的方法是把庄子哲学中的客观性内容“收入到”主观境界进行解释，而本书是把庄子哲学的客观性内容和主观性内容都“摊开来”进行分析与重构。方法的不同导致结果的不同，而二者并不构成直接冲突，并不是只能舍此取彼的。

总起来说，本书的写作动机中有一种接近庄子哲学本来面目的愿望。然而，按照解释学的理论，我们是不可能真正还原或得到本来面目的，那么，这种愿望还有什么意义？笔者以为，这是一种基本的定向（orientation），是学术研究中不可或缺的一个方向。虽然不必人人都以此为目标，但学术研究中总要有这种目标。同样，如果我们宣称要研究庄子，就要有逼近庄子思想本来面目的愿望。当然，这不否认，有的学者可以借用庄子来表达一种新思想，也可以把庄子哲学纳入一个新的思想体系。正如我们可以以荷花本身为主要的再现对象，也可以借荷花表达“出淤泥而不染”的志向，也可以以荷花为一幅巨作的组成部分或装饰部分。不同取向所表现的荷花自然会有所不同，评论者的评价标准也会不同，我们不必也不能

---

① 关于“发生程序”与“逻辑程序”的说法，借自袁保新：《老子哲学之诠释与重建》，65 页，台湾，文津出版社，1991。顺便说明，本书说到庄子“把自己虚构的无差别性赋予世界的本根，又反过来以本根的无差别性作为自己所追求的认识和修养的最高目标”。王邦雄先生说“由此说道，不仅独断，抑且是循环论证了”（见王邦雄：《从修养工夫论庄子“道”的性格》，载《鹅湖月刊》，第 21 卷第 6 期［总第 246 期］，8 页）。实则，笔者所说他“把无差别性赋予世界的本根”是从发生程序说的，而“以本根的无差别性作为自己所追求的认识和修养的最高目标”则是对已经完成的思想体系的分析，属于逻辑程序。哲学家往往把自己对生活的观察、对宇宙的思考凝结为一个根本性的哲学概念或命题（发生程序），而在他的哲学体系中又会以此根本性概念或命题为其他概念或命题的前提或目标（逻辑程序）。这既不是循环论证，也不是独断论。笔者还提到《齐物论》中的道总是与“言”对举，王先生举《老子》道与名并称作反驳（参见王邦雄：《从修养工夫论庄子“道”的性格》，载《鹅湖月刊》，第 21 卷第 6 期［总第 246 期］，10 页）。实则笔者有三点较详细的举例论证，并非只依据一句话立论。王先生对讨论对象的本义或有疏忽。如所引崔大华对“道的三层意义”的诠释其实是崔氏对庄子之自然哲学所概括的三点，崔氏实将庄子的哲学之道概括为另外三种六类。

强求一致。

不过，笔者清醒地知道，本书虽有“还原”的追求，却不敢自称已经达到了这一目标，因为我们无法以一个简单的标准确定谁的“重构”更符合庄子哲学的原貌。然而，这又不等于完全没有标准，学术研究总有一些大致的原则，我们还是可以通过比较、讨论，来判断、促进对客观性的追求，而不应该完全放弃学术研究中客观性的标准。

四、年代与分类的考证

本书最受注重的是前编，特别是内篇没有道德、性命、精神三个复合词的发现。现在，很多学者的考证和思想分析都注重某些语言现象或词汇的统计，这当然是很好的现象。然而，很多问题光靠某种语言现象的统计是不足以说明问题的。比如，本书如果仅仅指出《庄子》内篇没有道德、性命、精神三个复合词，而外杂篇出现了这三个复合词，那就只能推测内篇早于外杂篇，不能作任何肯定的判断。本书的结论还有赖于这样一些历史事实，即战国中期《孟子》以前的各书中都没有这三个复合词，而战国后期《荀子》以后各书中都出现了这三个复合词，而庄子恰巧是战国中期的人。有了这些条件的聚合，本书的判断才有足够的说服力。一个考证往往要有很多客观条件和前提条件的配合，不能仅仅靠三个复合词的统计。比如，我们不能认为外杂篇中没有道德、性命、精神三个复合词的篇章都一定是早于外杂篇其他篇章的。因为，晚出的文章也可能因为内容的原因或作者的习惯风格等原因而不使用这三个复合词。脱离开一定的具体的历史条件，孤立地考察词汇的有无和数字，不一定有重要意义。

笔者关于内篇早于外杂篇的考证完成之后，一些知名学者鼓励我用同样的方法去考证其他典籍，惭愧的是我在这方面没有新的成绩。我关于《老子》年代的考证也经过很久的思考，最后采用《诗经》和《楚辞》作参照系进行语言现象的比较，虽有所前进，但达不到本书考证的确切性。笔者的做法是全面比较《老子》与《诗经》、《楚辞》三者之间在韵式、句式、回环手法等各方面的异同，并作语言数据的全面的客观的统计比较，发现《老子》中的韵文部分与《诗经》相当一致，相比之下，与《楚辞》的特点很不相同，由于各项不同的统计比较都指向了这同样的结果，因而有相当的客观性和可靠性。我们可以相信，《老子》更可能是春秋末年的作品，而不大可能是战国中期的作品。① 这一考证的基本精神和我关于《庄子》的考证是一致的，即注重全面的客观的语言数据的穷尽性的统计和比较，不靠举例论证，然则终未发现类似于《庄子》考证中的“0∶36”（道德、性命、精神三个复合词在内篇出现零次，在外杂篇出现三十六次）那样有说服力的主证。这说明学术研究的复杂性和艰巨性，不是一个方法就可以在各方面都能“所向披靡”的。不过，笔者并没有放弃这方面的努力，目前正在和几位语言学家合作，希望利用语言数据的客观的统计和比较，在早期经典的考察中能够有新的发现。②

本书的另一个考证结论是认为《庄子》成书于战国末期以前，此说与多数学者观点不同。明清以来，许多知名学者怀疑或论证《庄子》中包括汉初作品。当代学者中持此见的也很多，如冯友兰、张岱年、张恒寿等，台湾学者也多主此说。③ 笔者不赞成这种观点。主要根据是今本《庄子》三十三篇中，至少十四篇、三十段被《吕氏春秋》和《韩非子》引用过。在这十四篇中，内篇三、外篇六、杂篇五，与今本内篇七、外篇十五、杂篇十一的比例大体一致。如果战国末期以前，庄子尚未编订并流传，是不可能有这种情况的。其辅助的证据是贾谊《吊屈原赋》和《鹏鸟赋》借用或发挥《庄子》的文字共二十一处，涉及内篇三、外篇八、杂篇三。这也说明先秦时期庄子内篇、外篇、杂篇都已成形并广泛流传了。

外杂篇中最重要也最有争议的是《天下》篇。有认为是庄子亲作的，有认为成于汉初的。本书认为《天下》篇是庄子后学中较早的作品。一个证据是《至乐》篇的命名。笔者对庄子外杂篇各篇的命名原则作了详细的考察，发现大部分是以篇首前二三字作篇名，

---

① 参见刘笑敢：《老子——年代新考与思想新诠》第一、二章。

② 此即后来完成的《老子古今——五种对勘与析评引论》（北京，中国社会科学出版社，2006）

③ 参见本书第二章《序：问题的历史和现状》。此外，张岱年师说过：“外杂篇当是庄周弟子、再传弟子或汉代道家学者所写。”（《玄儒评林》，71 页，长沙，湖南人民出版社，1985）台湾学者陈品卿引刘汝霖说：“庄子一书……包括自庄子以至淮南王时之道家思想”，并认为此说“见解精辟，识力卓绝”（见陈品卿：《庄学新探》自序，1 页，文史哲出版社，1991）。

只在一些特殊条件下才有所变通。《至乐》篇首句是“天下有至乐无有哉”，按惯例应取首二字“天下”为题，其避开“天下”二字不用，显然是因为《天下》篇已经取“天下”二字为题。这证明《天下》篇不可能晚于《至乐》篇，因而是庄子后学较早的作品。

此外，根据《庄子》篇名的考察，我们也发现一个《老子》早于《庄子》的证据，先看《山木》篇首句“庄子行于山中，见大木”，篇名不取“庄子”，显然是避免与书名相重，正如《孟子·梁惠王》首句为“孟子见梁惠王”不取“孟子”为篇名显然是避免与书名相同。《庚桑楚》篇首句是“老聃之役，有庚桑楚者”，按照外杂篇的命名原则，此篇应该“老聃”为篇名，之所以不取，显然是因为当时已有老聃之书。这是《老子》早于《庄子》的一个有意思的辅证。

关于外杂篇的分类，本书以思想线索为分类的标准，以相同或类似的语言数据的穷尽性统计对比进行验证，结果发现把《庄子》外杂篇分为以下三类是比较客观、比较合乎逻辑的。第一类是所谓“述庄派”，取其对庄子思想“述而不作”之意，包括外篇六篇：《秋水》、《至乐》、《达生》、《山木》、《知北游》、《田子方》，杂篇六篇：《庚桑楚》、《徐无鬼》、《则阳》、《外物》、《寓言》、《列御寇》。这一组和内篇大体一样主张超脱儒墨之是非。是研究庄子哲学的最重要的辅助资料。

第二类是所谓“无君派”，借用《抱朴子》中所用“无君论”一词，反映其不要任何君王，包括圣君贤王的思想主张。这一组包括外篇四篇：《骈拇》、《马蹄》、《胠箧》、《在宥上》，杂篇三篇：《让王》、《盗跖》、《渔父》。这一组和内篇明显不同，不是超越儒墨之是非，而是直接抨击儒墨二家。这一组也是庄子学派的一支，但不宜直接用做庄子思想的数据。

第三类可称为“黄老派”，因为这一派明显地采儒墨之善，撮名法之要，是典型的黄老之学的特点。这一派包括外篇的《在宥下》、《天地》、《天道》、《天运》，杂篇的《刻意》、《缮性》、《天下》。如果我们以司马谈《论六家要旨》为黄老之学的标准，我们会发现这一组是最典型的黄老之学的文献，因为《吕氏春秋》、《淮南子》往往是把不同学派的思想排列或编织在一起，并没有把道、儒、墨、法各家很好地融为一体。所谓新出土的《黄老帛书》(或《黄帝四经》)有很鲜明的法家色彩，道家色彩较弱，儒家内容更少，以司马谈的标准来看，还算不上典型的黄老之学。近来多以《黄老帛书》为黄老之学的典型，于是黄老的最初的标准论《论六家要旨》反而被忽略了，而黄老之学几乎变成了法家。这对道家研究来说似乎是一缺陷。

依据对外杂篇的新分类，本书后编分析了《庄子》外杂篇三派的思想，突出了这三派各自的思想特点，强调了各派自身的思想价值和数据价值，以及各派在庄子学派中的地位。不过，本书的重点在于庄子本身的思想研究，对外杂篇的研究只是粗线条的，纲领性的，希望能有年轻的朋友继续这方面的探索。

总起来说，本书考证的基本精神是尽可能客观地、穷尽性地统计和比较所有相关的语言数据，避免传统的以某些个别例证作结论的考证方法。令人欣慰的是作者至今还没有发现不利于本书考证结论的反证。

曾经沧海难为水，除却巫山不是云。本书完成时，笔者已不年轻，但还有初生牛犊不怕虎的稚气，以今天的知识背景来看，或许已经没有足够的勇气再选择庄子这样的题目做学位论文了。众说纷纭，既难择善而从，更难有所突破。当初有一位同窗得知我的《庄子》考证受到承认时对我说，“没想到你真做出来了，我一直替你捏一把汗。”想想走过的路，也真有几分后怕，当时下很大工夫去作哲学系并不一定要求的考证，如果没有重要发现，半年多的时间就算白费了。好的动机和好的方法并不能保证好的成果。不过，现在又多了一点自信心。如果今天重写这部书，会认真吸收港台及欧美朋友的睿智，也会写得更圆融自如。本书毕竟是旧作，难免有学步的蹒跚，过时的印渍，欢迎专家大师和青年学子的批评指教。最后，再次感谢一切关心过、帮助过、激励过我的师友们。

（1997 年 5 月于新加坡，原刊于《百年》，1999 [1]）

引用书目

B

［英］柏林著、陈晓林译：《自由四论》，台北，联经出版公司，1977。

班固：《汉书》，北京，中华书局，1962。

北京大学哲学系外国哲学史教研室编：《古希腊罗马哲学》，北京，商务印书馆，1978。

［苏］布劳别尔格、潘京主编，高光三等译：《新编简明哲学词典》（据苏联政治书籍出版社 1979 年俄文版译），长春，吉林人民出版社，1983。

C

陈鼓应：《庄子今注今译》，北京，中华书局，1983。

陈鼓应：《庄子哲学研究》，台北，台湾商务印书馆，1975。

陈品卿：《庄学新探》（增订本），台北，文史哲出版社，1991。

陈治安：《南华真经本义》，见严灵峰：《无求备斋庄子集成续编》第 26 卷，台北，艺文印书馆，1974。

D

杜保瑞：《庄子哲学及其演变》（书评），载《哲学杂志》，1994（9），286～294 页。

E

恩格斯：《致玛·哈克奈斯》，见《马克思恩格斯选集》，1 版，

第 4 卷，北京，人民出版社，1972。
恩格斯：《致裴・拉萨尔》，见《马克思恩格斯选集》，1 版，第 4 卷，北京，人民出版社，1972。
恩格斯：《反杜林论》，北京，人民出版社，1970。
恩格斯：《路德维希・费尔巴哈和德国古典哲学的终结》，北京，人民出版社，1972 年第 1 版。

F

冯天瑜：《“封建”考论》，武汉，武汉大学出版社，2006。
方勇：《借注庄以创新说——论郭象〈庄子注〉对庄子学说的多所修正》，见《天中学刊》第 16 卷，2001（1），15～19 页。
冯友兰：《三论庄子》，见冯友兰：《中国哲学史论文二集》，上海，上海人民出版社，1962。
冯友兰：《中国哲学史》上册，北京，中华书局，1961。
冯友兰：《中国哲学史新编》，北京，人民出版社，1965。
［日］福永光司著、李君奭译：《古代中国存在主义——庄子》，台北，专心企业有限公司，1978。
傅伟勋：《从西方哲学到禅佛教》，台北，东大图书公司，1986。

G

葛洪：《抱朴子》，见《文渊阁四库全书》第 1059 卷，台北，商务印书馆，1983。
顾颉刚：《秦汉的方士与儒生》，上海，群联出版社，1955。
关锋：《庄子外杂篇初探》，见《哲学研究》编辑部编：《庄子哲学讨论集》，北京，中华书局，1962。
关锋：《庄子哲学批判》，见《哲学研究》编辑部编：《庄子哲学讨论集》，北京，中华书局，1962。
关锋：《庄子内篇译解和批判》，北京，中华书局，1961。
归有光：《南华真经评注》，见严灵峰：《无求备斋庄子集成续编》第 19 卷，台北，艺文印书馆，1974。
郭沫若：《屈原研究》，上海，新文艺出版社，1953。
郭庆藩辑：《庄子集释》，北京，中华书局，1961。

H

韩非子：《韩非子》，见《文渊阁四库全书》第 729 卷，台北，商务印书馆，1983。

鹖冠子：《鹖冠子》，见《文渊阁四库全书》第 848 卷，台北，商务印书馆，1983。

［德］黑格尔：《小逻辑》，北京，商务印书馆，1981。

［德］黑格尔：《逻辑学》上卷，北京，商务印书馆，1977。

［德］黑格尔：《哲学史讲演录》第四册，北京，商务印书馆，1978。

胡念贻：《屈原评传》，见辛冠洁、李曦等主编：《中国古代著名哲学家评传》第一卷，361、362 页，济南，齐鲁书社，1980。

胡适：《先秦哲学史》，上海，学林出版社，1983。

胡适：《中国哲学史大纲》（上），上海，商务印书馆，1919。

胡远濬：《庄子诠诂》，台北，商务印书馆，1967。

J

贾谊：《吊屈原赋》，见司马迁：《史记》第 8 卷，北京，中华书局，1962。

贾谊：《鵩鸟赋》，见司马迁：《史记》第 8 卷，北京，中华书局，1962。

贾谊：《新书》，见《文渊阁四库全书》第 695 卷，台北，商务印书馆，1983。

翦伯赞主编：《中国史纲要》第一册，北京，人民出版社，1979。

蒋锡昌：《庄子哲学》，见严灵峰：《无求备斋庄子集成初编》第 27 卷，台北，艺文印书馆，1972。

焦竑：《庄子翼》，见严灵峰：《无求备斋庄子集成续编》第 11、12 卷，台北，艺文印书馆，1974。

焦竑：《焦氏笔乘》卷二，见《续修四库全书》第 1129 卷，525 页，上海，上海古籍出版社，1995。

L

李昉：《太平御览》，台北，商务印书馆，1968。

李锦全：《关于庄子的哲学性质及其评价》，载《哲学研究》，1981（12），42～48 页。

李锐：《郭店简〈唐虞之道〉中出现的“性命”与〈庄子〉内篇早出的问题》，曾在台湾学术会议上宣读。

李善：《文选注》，台北，艺文印书馆，1972。

李学勤：《〈庄子·杂篇〉竹简及有关问题》，见《陕西历史博物馆馆刊》第五辑，126～131页，西安，西北大学出版社，1998。

列宁：《列甫·托尔斯泰是俄国革命的镜子》，见《列宁选集》，1版，第2卷，北京，人民出版社，1960。

列宁：《列·尼·托尔斯泰和他的时代》，见《列宁全集》，中文2版，第20卷，北京，人民出版社，1989。

列宁：《论尤尼乌斯的小册子》，见《列宁选集》，1版，第2卷，北京，人民出版社，1960。

列宁：《评经济浪漫主义》，见《列宁全集》，中文2版，第2卷，北京，人民出版社，1984。

列宁：《唯物主义和经验批判主义》，北京，人民出版社，1971年第4版。

列宁：《哲学笔记》，北京，人民出版社，1974年第3版。

林希逸：《庄子口义》，台北，弘道文化事业有限公司，1971。

林云铭：《庄子因》，见严灵峰：《无求备斋庄子集成初编》第18卷，台北，艺文印书馆，1972。

刘安：《淮南子》，见《文渊阁四库全书》第695卷，台北，商务印书馆，1983。

刘放桐等编著：《现代西方哲学》，北京，人民出版社，1981。

刘节：《"易象"和"鲁春秋"》，载《学术研究》，1981（2），57～62页。

刘咸炘：《庄子释滞》，见《推十书》第2册，成都，古籍书店影印本，1996。

刘笑敢：《从注释到创构：两种定向，两个标准》，见《南京大学学报》，2007（2），89～102页。

刘笑敢：《〈庄子〉内篇早于外杂篇之新证》，见《文史》第18辑，261～272页，1983。

刘笑敢：《经典诠释中的两种内在定向及其外化——以王弼〈老子注〉与郭象〈庄子注〉为例》，见《中国文哲研究所集刊》，2005（26），287～319页。

刘笑敢：《两种逍遥与两种自由》，载《哲学与文化月刊》第33卷，2006（7），29～42页。

刘笑敢：《庄子哲学讨论中的若干方法论问题》，载《哲学研究》，1982（9），54～61页。

刘笑敢：《老子——年代新考与思想新诠》，台北，东大图书公司，1997（2005年修订）。

刘笑敢：《两种自由的追求——庄子与沙特》，台北，正中书局，1994。

刘笑敢：《诠释与定向——中国哲学研究方法之探究》，北京，商务印书馆，2009。

[匈] 卢卡奇：《存在主义还是马克思主义?》，北京，商务印书馆，1962。

陆德明：《经典释文》，见《文渊阁四库全书》第182卷，台北，商务印书馆，1983。

陆德明著、邓仕樑校订、黄坤尧索引：《新校索引经典释文》，台北，学海出版社，1988。

陆贾：《新语》，见《文渊阁四库全书》第695卷，台北，商务印书馆，1983。

陆钦：《庄周思想研究》，郑州，河南人民出版社，1983。

陆树芝辑注：《庄子雪》，见严灵峰：《无求备斋庄子集成续编》第34卷，台北，艺文印书馆，1974。

陆西星：《南华真经副墨》，见严灵峰：《无求备斋庄子集成续编》第7～8卷，台北，艺文印书馆，1974。

吕不韦：《吕氏春秋》，见《文渊阁四库全书》第848卷，台北，商务印书馆，1983。

罗根泽：《古史辨》第4卷，台北，明伦出版社，1970。

罗根泽：《诸子考索》，北京，人民出版社，1958。

[苏] 罗森塔尔·尤金编：《简明哲学辞典》，北京，三联书店，1973。

[英] 罗素：《西方哲学史》下卷，北京，商务印书馆，1976。

M

马克思：《德意志意识形态》，见《马克思恩格斯选集》，1版，第1卷，北京，人民出版社，1972。

马克思：《〈资本论〉第一卷第二版跋》，见《马克思恩格斯选集》，1版，第2卷，北京，人民出版社，1972。

马克思：《德意志意识形态》，见《马克思恩格斯选集》，1版，

第 1 卷，北京，人民出版社，1972。

马克思：《〈政治经济学批判〉导言》，见《马克思恩格斯选集》，1 版，第 2 卷，北京，人民出版社，1972。

马叙伦：《庄子义证》，上海，商务印书馆，1930。

马王堆汉墓帛书整理小组编：马王堆汉墓帛书《老子》，北京，文物出版社，1976。

茅盾：《夜读偶记》，天津，百花文艺出版社，1979。

牟宗三：《才性与玄理》三版自序，台北，学生书局，1985。

牟宗三：《圆善论》，台北，学生书局，1996。

牟宗三：《中国哲学十九讲》，台北，学生书局，1991。

P

普济：《五灯会元》卷二十，北京，中华书局，1984。

Q

钱穆：《庄老通辩》，香港，新亚研究所，1957。

钱穆：《庄子纂笺》，台北，东大图书公司，1985。

[法] 茄罗蒂著、江天骥译：《论自由》，北京，三联书店，1962。

裘锡圭：《马王堆〈老子〉甲乙本卷前后帛书与“道法家”》，见《中国哲学》编辑部编：《中国哲学》第二辑，69 页，北京，三联书店，1980。

裘锡圭：《中国古典学重建中应该注意的问题》，见《中国出土文献十讲》，13 页，上海，复旦大学出版社，2004。

R

任继愈：《庄子探源》，见《哲学研究》编辑部编：《庄子哲学讨论集》，北京，中华书局，1962。

任继愈主编：《中国哲学发展史·先秦卷》，北京，人民出版社，1983。

S

[法] 萨特著，陈宣良译、杜小真校：《存在与虚无》，北京，三联书店，1997。

[法] 萨特：《存在主义是一种人道主义》，见中国科学院哲学研

究所西方哲学史组主编：《存在主义哲学》，342页，北京，商务印书馆，1963。

［法］萨特：《答加缪书》，见柳鸣九编选：《萨特研究》，北京，中国社会科学出版社，1981。

［法］萨特：《七十岁自画像》，见柳鸣九编选：《萨特研究》，北京，中国社会科学出版社，1981。

［法］萨特：《间隔》（独幕剧，又译《禁闭》），见柳鸣九编选：《萨特研究》，北京，中国社会科学出版社，1981。

尚永亮：《魏晋名士的注〈庄〉解〈庄〉及其误读》，载《湖南社会科学》，2002（1），104～107页。

司马迁：《史记》，北京，中华书局，1959。

［荷兰］斯宾诺莎：《信札·致包赛尔》，见［法］茄罗蒂著、江天骥译：《论自由》，北京，三联书店，1962。

［荷兰］斯宾诺莎：《伦理学》，见北京大学哲学系外国哲学史教研室编：《十六—十八世纪西欧各国哲学》，北京，商务印书馆，1958。

苏轼：《东坡全集·庄子祠堂记》，见《文渊阁四库全书》第848卷，台北，商务印书馆，1983。

T

谭戒甫：《墨经分类译注》，北京，中华书局，1981。

汤一介：《郭象》，台北，东大图书公司，1999。

唐端正：《郭注〈齐物论〉纠谬——论天籁、真宰、道枢、环中、天钧、两行》，载《鹅湖月刊》，2002（326），21～25页。

W

王邦雄：《从修养工夫论庄子"道"的性格》，载《鹅湖月刊》，第21卷第6期（总第246期），7～15页。

王夫之：《庄子解》，北京，中华书局，1964。

王国维：《王观堂先生全集》第15卷，台北，文化出版公司，1968。

王克千等：《存在主义述评》，上海，上海人民出版社，1981。

王力：《汉语音韵学》，北京，中华书局，1956。

王力：《诗经韵读》，上海，上海人民出版社，1980。

王叔岷：《郭象庄子注校记》，上海，商务印书馆，1950。

王叔岷：《庄子校释》，上海，商务印书馆，1947。

王先谦：《庄子集解》，见严灵峰：《无求备斋庄子集成初编》第26卷，台北，艺文印书馆，1972。

王运生：《郭象解庄有误》，载《昆明师范高等专科学校学报》第24卷，2002（1），33～36页。

王中江：《从价值重估到价值认同——郭象与庄子哲学的一个比较》，载《中州学刊》，1993（6），89～93页。

文如海：《庄子疏》，见马端临：《文献通考·经籍三十八》第211卷子部，台北，新兴书局，1963。

文震孟：《南华经评注》，杭州，杭州古旧书店，1983。

闻一多：《古典新义》，见《闻一多全集》第2卷，北京，三联书店，1982。

吴光：《黄老之学通论》，杭州，浙江人民出版社，1985。

吴汝纶：《点勘庄子读本》，见严灵峰：《无求备斋庄子集成初编》第26卷，台北，艺文印书馆，1972。

吴小洪：《齐大小，还是辨大小？——谈逍遥游中的“小大之辨”》，载《承德民族师专学报》第23卷，2003（1），40～42页。

X

徐崇温等著：《萨特及其存在主义》，北京，人民出版社，1981。

宣颖：《庄解小言》，见《庄子南华经解》，台北，宏业书局，1969。

荀子：《荀子》，见《文渊阁四库全书》第695卷，台北，商务印书馆，1983。

Y

严灵峰：《老列庄三子知见书目》，台北，中华丛书编审委员会，1965。

杨宽：《战国史》，上海，上海人民出版社，1980。

杨树达：《庄子拾遗》，见严灵峰：《无求备斋庄子集成初编》第30卷，台北，艺文印书馆，1972。

姚鼐：《庄子章义》，见严灵峰：《无求备斋庄子集成续编》第35卷，台北，艺文印书馆，1974。

叶国庆：《庄子研究》，见严灵峰：《无求备斋庄子集成初编》第30卷，台北，艺文印书馆，1972。

尹协理：《庄子在哲学基本问题上的矛盾》，载《贵州社会科学》，1983（1），54～59页。

袁保新：《庄子哲学之诠释与重建》，台湾，文津出版社，1991。

Z

张成秋：《庄子篇目考》，台北，中华书局，1971。

张岱年：《玄儒评林》，长沙，湖南人民出版社，1985。

张岱年：《中国哲学大纲》，北京，中国社会科学出版社，1985。

张岱年：《中国哲学史史料学》，北京，三联书店，1982。

张恒寿：《庄子新探》，武汉，湖北人民出版社，1983。

张阳明：《老子考证》，台北，黎明文化事业公司，1970。

张震泽：《孙膑兵法校理》，北京，中华书局，1984。

张骘：《文士传》，见余嘉锡：《世说新语笺疏》修订本，上海，上海古籍出版社，1993。

《哲学研究》编辑部编：《庄子哲学讨论集》，北京，中华书局，1962。

中国大百科全书总编辑委员会《外国文学》编辑委员会编：《中国大百科全书·外国文学卷》，北京，中国大百科全书出版社，1982。

《中国哲学》编辑部编：《中国哲学》第七辑，北京，三联书店，1982。

周绍曾：《鲁迅对庄子的批判与国民性问题》，载《河北大学学报》，1981（3），26～33页。

周钟灵：《韩非子索引》，北京，中华书局，1982。

朱德生等主编：《简明欧洲哲学史》，北京，人民出版社，1979。

朱谦之：《老子校释》，上海，龙门联合书局，1958。

英文书目

Chan，Wing-tsit（陈荣捷），*A Source Book in Chinese Philosophy*，Princeton，NJ：Princeton University Press，1963.

Church, F. Forrester., ed., *The Essential Tillich: An Anthology of the Writings of Paul Tillich*, New York: Macmillan Publishing Company, 1987, pp. 1-40.

Fung Yu-lan（冯友兰）, *A Short History of Chinese Philosophy*, New York: The Macmillan Company, 1948.

Graham, A. C., "How Much of *Chuang-tzu* Did Chuang-tzu Write?" in Henry Rosemont, Jr., and Benjamin I. Schwartz, eds., *Journal of the American Academy of Religion*, vol. 47, no. 3, September 1979, pp. 459-502. Reprint, *Studies in Chinese Philosophy and Philosophical Literature*, pp. 283-321.

Graham, A. C. *Chuang-tzu: The Seven Inner Chapters and Other Writings from the Book Chuang-tzu*, London: George Allen & Unwin, 1981.

Graham, A. C., *Disputers of the Tao: Philosophical Argument in Ancient China*, La Salle, Illinois: Open Court, 1989.

Graham, A. C., *Studies in Chinese Philosophy and Philosophical Literature*, Singapore: National University of Singapore, Institute of East Asian Philosophies, 1986. Reprint, Albany: SUNY Press, 1990.

Graham, A. C., trans., *Chuang-tzu: The Inner Chapters*, London: George Allen & Unwin, 1981.

Henricks, Robert, trans., *Lao-tzu: Te-tao ching: a new translation based on the recently discovered Ma-wang-tui texts*, New York: Ballantine Books, 1989.

Liu Xiaogan（刘笑敢）, *Classifying the Zhuangzi Chapters*, Ann Arbor, MI: Centre for Chinese Studies, The University of Michigan, 1994 (hardcover), 2004 (paperback).

Liu Xiaogan, "The Evolution of Three Schools of Later-Day Zhuang Zi Philosophy (Ⅰ)," In *Chinese Studies in Philosophy*, winter, vol. 23, no. 2, 1991—1992, pp. 1-88. "The Evolution of Three Schools of Later-Day Zhuang Zi Philosophy (Ⅱ)," In *Chinese Studies in Philosophy*, fall, vol. 24, no. 1, 1992, pp. 3-54.

Liu Xiaogan, "*Wuwei* (Non-Action): From Laozi to Huainanzi," *Taoist Resources*, vol. 3, no. 1, July 1991, pp. 41-56.

Luo Lu, Robin Gilmour and Kao Shu-Fang, "Cultural Values and Happiness: An East-West Dialogue," *Journal of Social Psychology*, vol. 141, August 2001, pp. 477-493.

Maslow, Abraham H., *Motivation and Personality*, 2nd ed., New York: Harper & Row, 1970.

Maslow, Abraham H., *Religions, Values, and Peak-Experiences*, Columbus: Ohio State University Press, 1964.

Maslow, Abraham H., *The Farther Reaches of Human Nature*, New York: Penguin, 1993.

Schwartz, Benjamin, *The World of Thought in Ancient China*, Cambridge, MA: Belknap Press of Harvard University Press, 1985.

Seidel, Anna, "Chronicle of Taoist Studies in the West 1950—1990," *Cahiers d'Extrême-Asie*, vol. 5, 1989—1990.

Takeuchi Yoshio（武内义雄）, *Takeuchi Yoshio zenshu*, vol. 6, Tokyo: Kadokawa syoten, 1980.

Tillich, Paul, *Theology of Culture*, eds. Robert C. Kimball, London: Oxford University Press, 1964.

Tillich, Paul, *Systematic Theology*, vol. 1, Chicago: The University of Chicago Press, 1951.

Watson, Burton, trans., *The Complete Works of Chuang Tzu*, New York: Columbia University Press, 1968.

Welch, Holmes, *Taoism: The Parting of the Way*, Boston: Beacon Press, 1966.

专名索引

（本索引包括正文及脚注中的所有人名、书名，为节省版面略去了书名号。）

D

E

F

G

H

J

K

L

R

S

T

W

X

Y

Z

外文人名

术语索引

（波浪号～代表主词条的省略，星号 * 代表在这几页中反复出现，加黑代表在此处多次出现且重要的术语）

C

D

E

F

G

H

J

Q

R

S

T

W

X

Y

Z